KB200431

하용조 강해서 전집 18

사도행전 1

성령 받은 사람들

(1-8장)

하용조 강해서 전집 18

사도행전 1
성령 받은 사람들(1-8장)

지은이 | 하용조
초판 발행 | 1999. 3. 3
개정판 발행 | 2021. 7. 21
등록번호 | 제1988-000080호
등록된 곳 | 서울특별시 용산구 서빙고로 65길 38
발행처 | 사단법인 두란노서원
영업부 | 2078-3352   FAX | 080-749-3705
출판부 | 2078-3331

책값은 뒤표지에 있습니다.
ISBN 978-89-531-3496-6 04230

독자의 의견을 기다립니다.
tpress@duranno.com   www.duranno.com

하용조 강해서 전집 18

사도행전 1
성령 받은 사람들
(1-8장)

두란노

하나님은 당신을 통해
사도행전을 완성하고 계십니다

온누리교회에서 설교하는 동안, 사도행전을 강해할 기회가 있었습니다. 첫 번째는, 교회가 처음 시작하던 때였습니다. 온누리교회의 이상과 목회 철학이 사도행전적 교회에서 시작했기 때문입니다.

온누리교회의 비전은 예수님이 인도하시고 사도행전에서 보여준 바로 그 교회를 세우는 일입니다. 예수님이 인도하신 교회란 구원받은 성도들의 예배 공동체요, 예수님이 주인이신 예수 공동체요, 음부의 권세가 이기지 못하는 능력 공동체요, 천국 열쇠를 가진 전도 공동체입니다.

그러면 사도행전적 교회는 무엇입니까? 그것은 성령으로 잉태된 성령의 공동체요, 십자가와 부활을 전하는 증인 공동체요, 예수님의 제자를 삼는 양육 공동체요, 자신의 삶을 드리는 헌신 공동체요, 땅 끝까지 복음을 전하는 선교 공동체입니다.

사도행전에 대한 저의 관심은 진정한 교회의 모습과 틀을 어떻게 만드느냐에 있습니다. 오순절 이후 2천 년이 지난 지금에도 이러한 사도행전적 교회가 가능하다는 확신과 믿음을 가지고 이 교회를 시작했습니다.

온누리교회가 창립한 지 10년이 지났을 때, 우리의 비전을 다시 확인하고 새로운 결심과 각오를 다져야 했기에 사도행전을 다시 한 번 강해했습니다. 이 책은 그 두 번째 강해를 텍스트로 사용한 것입니다.

사도행전을 통해서 우리의 가슴이 뜨거워지고, 비전은 분명해지며, 능력이 나타날 것입니다.

사도행전은 하나님 나라를 향한 모든 성도들의 나침반입니다.

차례

서문
하나님은 당신을 통해
사도행전을 완성하고 계십니다　4

1부
약속하신 성령의 임재
사도행전 1:1-2:42

1｜ 약속한 것을 기다리다　10
2｜ 성령이 임하시면　34
3｜ 오순절을 기다리다　59
4｜ 성령이 임하시다　81
5｜ 성령께서 말씀하시다　103
6｜ 성령께서 설교하시다(1)　126
7｜ 성령께서 설교하시다(2)　148
8｜ 3천 명이 회개하다　173

2부
성령으로 변화된 아름다운 공동체
사도행전 2:43-5:11

9｜ 교제하고 떡을 떼며　196
10｜ 첫 번째 기적이 일어나다　219

11 | 예수 그리스도를 증거하다   246

12 | 구원을 위해 예비된 그리스도   269

13 | 고난이 시작되다   290

14 | 예수 그리스도만이 구원이시다   314

15 | 보고 들은 것을 말하지 않을 수 없다   334

16 | 성령으로 기도하다   356

17 | 모든 물건을 통용하고   373

18 | 거짓의 영을 주의하라   392

3부

축복으로 향하는 고난의 시작

사도행전 5:12-8:40

19 | 위기로 드러나는 진정한 믿음   414

20 | 핍박이 다시 오다   436

21 | 예수를 담대히 전하다   455

22 | 성령과 지혜가 충만한 일곱을 세우다   474

23 | 초대 교회 성도의 모델, 스데반   494

24 | 스데반의 설교 1: 위기를 기회로 삼다   516

25 | 스데반의 설교 2: 믿음의 조상을 이야기하다   533

26 | 스데반의 설교 3: 모세를 통해 구원하시다   552

27 | 스데반의 설교 4: 합당한 예배, 합당한 삶을 드리라   570

28 | 스데반의 순교: 주님 품에 잠들다   587

29 | 흩어짐의 축복, 세계 선교의 시작   600

30 | 사마리아에 복음이 들어가다   620

31 | 하나님의 특별한 부르심에 순종하다   639

1부

약속하신 성령의 임재

사도행전 1:1-2:42

우리 안에 성령이 들어오시면 어떤 일이 생깁니까?
우리 삶의 진정한 의미와 목적을 발견하게 됩니다.
하나님을 '아바 아버지'라 부르게 됩니다. 구원을 체험하게 됩니다.
'거듭났다'는 것이 무엇인지를 알게 됩니다.
삶의 진정한 의미와 능력을 경험하기 시작합니다.
그것은 지금까지 세상에서 경험하지 못했던 능력이요,
누리지 못했던 평안입니다.
이상스럽고 놀라운 기쁨, 지금까지 경험해 보지 못한 완전히 다른 질,
다른 종류의 기쁨이 우리를 지배하게 됩니다.

1

약속한 것을 기다리다

사도행전 1:1-5

예수님의 부활과 승천 이후, 성령님이 오셔서 이 땅에 교회가 탄생했습니다. 성령에 의해 탄생한 교회는 전 세계의 복음화를 위한 선교의 교두보 역할을 감당해 왔는데, 그 역사를 기록한 책이 바로 사도행전입니다.

사도행전에서는 예수님의 승천 이후 제자들이 어떻게 성령을 받았는지, 교회가 어떻게 탄생했는지, 어떤 기적과 역사가 일어났는지를 볼 수 있을 뿐 아니라, 고통과 핍박 속에 있던 교회가 어떻게 힘차게 성장하며 확장될 수 있었는지 또한 볼 수 있습니다.

하나님은 이 땅의 교회들이 사도행전적 교회로 거듭나고 변화되기를 원하십니다. 그리고 저는 이 강해를 통해서 우리 안에 성령의 능력과 기적이 사도행전에서처럼 일어나기를 원합니다. 그래서 교회 안에 사도행전이 기록될 당시 초대 교회를 움직였던 베드로나 바울과 같은 사람들이 일어나게 될 것을 기대합니다.

사도행전, 그 역사의 시작

사도행전 1장 1-5절에 보면, 사도행전이 탄생하기 위해서는 그 전제가 되는 세 가지 기본적인 사건이 있어야 했습니다.

누가복음 사건

첫째, 사도행전의 성령 사건이 있기 위해서는 먼저 누가복음의 사건이 있어야 했습니다.

> 데오빌로여 내가 먼저 쓴 글에는 무릇 예수께서 행하시며 가르치시기를 시작하심부터 그가 택하신 사도들에게 성령으로 명하시고 승천하신 날까지의 일을 기록하였노라 (행 1:1-2).

사도행전의 기자인 누가는, 자신이 이 책을 기록하기 전에 썼던 누가복음을 회상하고 있습니다. 누가복음은 예수님이 행하고 가르치기를 시작하심부터 그의 택하신 사도들에게 성령으로 명하고 승천하신 날까지의 일을 기록한 책입니다. 바로 그 내용으로부터 인간의 역사 속에 일찍이 찾아볼 수 없었던 하늘의 역사, 성령의 역사, 기적의 역사를 기록한 사도행전이 탄생된 것입니다.

그러면 사도행전에 앞서 기록된 누가복음은 어떤 목적과 동기를 가지고, 누구에게 쓴 글이었습니까? 우리는 이것을 사도행전을 시작하기 전에 먼저 알 필요가 있습니다.

> 우리 중에 이루어진 사실에 대하여 처음부터 목격자와 말씀의 일꾼 된 자들이 전하여 준 그대로 내력을 저술하려고 붓을 든 사람이 많은지라 그 모든 일을 근원부터 자세히 미루어 살핀 나도 데오빌로

각하에게 차례대로 써 보내는 것이 좋은 줄 알았노니 이는 각하가 알고 있는 바를 더 확실하게 하려 함이로라(눅 1:1-4).

누가복음에 나오는 데오빌로라는 이름이 사도행전 서두에도 나옵니다. 데오빌로란 '하나님을 사랑하는 사람'이라는 뜻입니다.

누가복음을 비롯한 사복음서에 기록된 내용은 예수님의 생애에 대한 것입니다. 사복음서에 기록된 하나님의 말씀은 도서관이나 대학 캠퍼스에서 만들어지지 않았습니다. 학자나 역사가들이 기록하지도 않았습니다. 예수 그리스도와 함께하며 그의 삶의 모든 것을 목격했던 사람들에 의해서 기록된 것입니다. 예수님의 생애에 관해서는 누가 이전에 먼저 기록한 이들이 있었는데, 예를 들면, 마가 같은 사람입니다. 예수님의 생애를 글로 남긴 다른 목격자들처럼 누가도 새로운 동기와 성령의 감동을 받아 이 복음서를 기록하게 되었습니다.

누가가 누가복음을 데오빌로라는 사람에게 보내는 편지 형식으로 기록한 목적은, 자신이 예수 그리스도에 대해 알고 듣고 체험하고 믿었던 사실들을 좀 더 구체화하고 확실히 인식시키기 위함이었습니다. 우리는 예수 그리스도를 믿습니다. 우리는 예수 그리스도와 구원을 알고 또 믿지만, 아는 것을 더 분명하고 철저하게 하기 위해 매일 성경을 공부합니다. 읽고 연구하고 묵상한 말씀을 삶에 적용해서 말씀에 대한 확신을 갖게 되는 것입니다. 누가는 이런 목적으로 누가복음을 기록했습니다.

그러나 예수님의 생애를 기록함으로써 예수님에 대한 기록을 다 마친 것은 아닙니다. 대부분의 전기는 한 사람이 살아 있을 당시의 이야기를 담고 있습니다. 평범한 사람들보다는 좀 더 잘난 사람들에 대한 이야기입니다. 사람들이 죽은 후 그와 관련한 비화들을 발굴해서 전기 형태로 쓰기도 하는데, 이는 그를 잘 모르는 이들을 위해서 좀 더 자세하게 쓰는 것에 불과합니다.

하지만 누가가 쓴 글은 그런 내용이 아닙니다. 예수 그리스도가 한 생애를 사셨고, 십자가에 못 박혀 죽으셨으며, 부활하셨다는 것입니다. 누가가 쓰려는 이야기는 죽은 사람의 과거 이야기가 아니라, 죽었다가 다시 부활한 사람의 이야기입니다. 그 사람이 죽은 후에 다시 살아서 어떤 역사를 일으켰는데, 그것은 우리 인류가 살고 있는 역사와는 전혀 다른 질(質)의 역사, 다른 질의 삶, 철저하게 다른 놀라운 기적과 새로운 역사적 사건들이었다는 것입니다. 이것을 알리는 것이 누가가 1부작(누가복음)을 끝내고 2부작(사도행전)을 쓰는 목적입니다.

누가가 말했듯이, 사도행전에 담긴 내용은 인류 역사상 한 번도 경험해 보지 못했던 신비스러운 사건입니다. 이게 얼마나 기가 막혔던지, 칼 마르크스는 사도행전의 내용을 그대로 차용했습니다. 마르크스가 말하는 공산 사회, 즉 하나님 없는 이상 사회가 바로 사도행전에서 차용해 간 사회입니다. 그만큼 사도행전은 천국의 사건이 지상에 임해서 일어난, 인류 역사상 전혀 새로운 역사와 사건이었다는 것입니다.

이렇듯 놀라운 성령의 사회, 하나님 나라의 사회, 기적과 능력이 일어나는 사회의 새로운 역사인 사도행전을 이해하기 위해서는 예수님이 어떤 분이셨는가를 기록한 1부작의 내용을 필수적으로 알아야 합니다. 그래서 누가가 이 이야기를 쓰고 있는 것입니다.

예수님이 어떤 분이신지를 알기 위해서는 세 가지를 집중적으로 살펴야 합니다. 첫 번째는, 그의 탄생과 삶입니다. 두 번째는, 그의 죽음입니다. 세 번째는, 그의 부활입니다. 우리는 이것을 통틀어 '예수님의 생애'라고 말합니다. 예수님의 삶과 죽음과 부활에 대한 내용이 바로 누가복음의 전부입니다. 예수 그리스도의 삶과 죽음과 부활이 무엇입니까? 구원의 내용입니다. 즉, 그분의 삶과 죽음과 부활이 바로 구원이라는 말입니다.

누가는 예수님의 탄생에 관한 내용을 사복음서 중에서 제일 많이 기록했습니다. 그는 예수님의 탄생에 대한 두 가지 독특한 해석을 했는데, 하나는, 그리스도의 탄생이란 "지극히 높은 곳에서는 하나님께 영광이요 땅에서는 하나님이 기뻐하신 사람들 중에 평화"(눅 2:14)라는 것이고, 다른 하나는, "이방을 비추는 빛이요 주의 백성 이스라엘의 영광"(눅 2:32)이라는 것입니다.

다른 복음서의 기자들과는 달리, 누가가 예수님의 생애를 묘사할 때 보이는 몇 가지 특징이 있습니다. 그는 특별히 이방인에 대한 선교에 관심이 많았습니다. 그러다 보니 누가복음은 예수님이 이방인들을 어떻게 사랑하셨는가에 대한 이야기에 관심이 집중되어 있습니다. 그는 또한 당시 사회 문제에 예민한 반응을 보여, 예수님을 세상에서 버림받은 소외 계층에 더 특별한 애정과 관심을 가지고 계신 분으로 묘사했습니다. 마태가 왕으로서의 예수님을 묘사하고 있다면, 누가는 바로 이런 소외 계층에 대해 특별한 애정을 가지신 분으로 예수님을 묘사하고 있는 것입니다. 이러한 맥락에서, 누가는 연약한 여성들에 대한 이야기를 많이 소개하면서 그들의 이름을 자세히 언급하고 있습니다.

바로 이것이 우리의 구원이신 예수 그리스도의 삶입니다. 이 그리스도의 삶을 전제하지 않으면 오순절 성령 사건을 비롯한 사도행전 사건의 주인공인 성령이 빠져 버리게 됩니다. 생각해 보십시오. 예수 그리스도를 믿지 않고 어찌 성령의 체험을 할 수 있겠습니까? 예수님에 대해서, 또 말씀에 대해서 제대로 공부하지 않고 성령 체험이나 기적만을 강조하는 것은 매우 위험한 일이며 무서운 타락임을 기억해야 할 것입니다.

진정한 사도행전을 알기 위해서는 그리스도가 먼저 우리 안에서 역사하셔야 합니다. 그의 삶과 죽음과 부활과 구원 그리고 그가 하신 모든 일들이 올바로 선포되기 위해 이 사도행전의 사건이 있었음을 기억해야 합니다.

하나님 나라의 일을 말씀하시다

둘째, 오순절 사건의 기초가 되는 부활 후 40일 동안의 사건이 있어야 했습니다.

> 그가 고난 받으신 후에 또한 그들에게 확실한 많은 증거로 친히 살아 계심을 나타내사 사십 일 동안 그들에게 보이시며 하나님 나라의 일을 말씀하시니라 사도와 함께 모이사 그들에게 분부하여 이르시되 예루살렘을 떠나지 말고 내게서 들은 바 아버지께서 약속하신 것을 기다리라(행 1:3-4).

한 사람의 삶의 결과는 그의 죽음으로 나타납니다. 그런데 의로우신 주님, 가난한 자와 병든 자, 소외된 자를 도우며 어두운 사회의 구석구석에서 빛과 소금의 역사를 행하고 절망한 자에게 구원과 소망을 주셨던 주님이, 무엇보다 죄는 털끝만큼도 없으신 예수 그리스도가 십자가에 못 박혀 무참히 죽으셨습니다. 죽음은 언제나 죄의 대가로 옵니다. 그런 의미에서 자연적인 죽음이란 없습니다. 이 지상과 우주의 만물 그리고 인간에게 죽음이 찾아오는 이유는 죄 때문입니다.

그렇다면 완벽한 하나님으로서, 또 완벽한 인간으로서의 삶을 사셨던 예수님이 그 삶의 결과로 죽음을 맞았다는 것은 모순입니다. 그것은 절대로 있을 수 없는 일입니다. 그렇지만 예수님은 죽으셨습니다. 그 죽음은 예수님 때문이 아니라, 우리의 죄 때문이었습니다.

예수님의 죽음은 영원한 멸망이 아닌 대속적 죽음, 희생적 죽음을 의미합니다. 한 알의 밀알이 땅에 떨어져 썩으면 거기서 다시 싹이 나 많은 열매를 맺는 것처럼, 그분의 죽음과 십자가는 바로 부활을 의미하는 것입니다. 또한 그리스도가 부활하심으로 말미암아 그 죽음은 영광스런 구원의 사건으로 변했습니다. 만약 예수님이 부활하지 않으셨다면 그 죽음은 저주스런 사건에 그치고 말았을 것입니다. 그러나 부활하셨기에 그분의 죽음은 구원의 사건, 영광스러운 사건, 능력의 사건이 되었으며, 자랑스러운 사건, 축복의 사건인 십자가 사건으로 바뀐 것입니다. 이러한 이유로 교회마다 십자가를 세우고 가슴에 십자가 목걸이를 하는 등, 우리의 육과 영에 십자가를 새기고 자랑하는 것입니다.

부활하신 예수님은 바로 승천하지 않으셨습니다. 예수님은 40일 동안 이 세상에 남아 계시면서 무슨 일인가를 하셨습니다.

그가 고난 받으신 후에 또한 그들에게 확실한 많은 증거로 친히 살아 계심을 나타내사 사십 일 동안 그들에게 보이시며 하나님 나라의 일을 말씀하시니라(행 1:3).

'고난 받으신 후'란 무엇입니까? 십자가를 지셨다는 뜻입니다.

고난 받으신 후에 예수님이 부활하셨습니다. 그런데 예수님의 부활 사건에는 많은 확실한 증거가 있습니다. 실제로 무덤가에 여자들이 있었는데, 누가복음은 이들의 이름을 자세히 기록하고 있습니다.

> 이 여자들은 막달라 마리아와 요안나와 야고보의 모친 마리아라 또 그들과 함께한 다른 여자들도 이것을 사도들에게 알리니라(눅 24:10).

무슨 말입니까? 그들이 목격한 부활은 가상의 사건이나 상상의 산물 또는 일부러 꾸며 낸 얘기가 아니라, 실제의 사건이라는 것입니다. 특별히 누가복음에는 부활의 사건과 관련된 독특한 기사 하나가 삽입되어 있습니다. 엠마오 도상에서 두 제자들이 겪은 일에 대한 이야기입니다.

그들은 예루살렘을 떠나 엠마오로 가던 중 부활하신 예수 그리스도를 만나 그분과 함께 걸어가며 이야기를 나눕니다. 그럼에도 그들은 이야기를 나누는 그분이 예수님인 것을 알지 못합니다. 함께 여관에 들어가 식탁에 둘러앉아 음식을 나눌 때도 그들은 예수 그리스도를 알아보지 못합니다. 그들은 언제 주님이심을 깨닫습니까? 주님이 부활에 대한 소식을 전하며 말씀하실 때입니다. 그때 그들의 가슴이 뜨거워지면서 눈이 열렸고, 그들은 바로 영광스러운 부활의 주님을 알아보게 됩니다. 하지만 그 순간 예수님은 사라져 버립니다. 부활하신 주님을 만난 그들은 엠마오로 가지 않고 예루살렘으로 다시 뛰어 돌아옵니다. 수가 성의 물을 길러 갔던 여인이 예수님을 만난 후에 물동이를 버려두고 도성으로 뛰어 들어가, "내가 예수를 만났다"고 말한 것과 똑같은 상황입니다.

우리도 설교를 통해 가슴이 뜨거워지는 것을 경험해야 합니다. 가슴이 뜨거워지고 눈이 열려 부활하신 예수 그리스도가 우리 곁에 계심을 깨달아야 합니다. 이것이 바로 사도행전 사건에 앞서 일어나는 일들인 것입니다.

부활 사건을 체험하지 못한 사람은 그리스도인이 아닙니다. 아무리 그가 십자가를 믿는다 해도 부활을 믿지 않는다면 그리스도인이 아닙니다. 십자가만을 본 사람은 율법적일 수 있습니다. 하지만 부활을 체험한 사람은 은혜 가운데 머뭅니다. 부활하신 예수님을 만난 사람만이 기적을 이해합니다. 부활하신 예수님을 만난 사람만이 선교가 무엇인지를 압니다. 부활하신 예수님을 만난 사람만이 떠남의 의미를 압니다. 그전에는 그런 말을 들으면 섭섭하고 갈등이 많이 생겨 괴롭습니다. 그러나 부활하신 예수님을 만나면 그것이 무슨 얘기인지 전부 이해할 수 있습니다.

바울을 보십시오. 바울은 부활하신 예수를 만난 사건을 이렇게 묘사합니다.

내가 받은 것을 먼저 너희에게 전하였노니 이는 성경대로 그리스도께서 우리 죄를 위하여 죽으시고 장사 지낸 바 되셨다가 성경대로 사흘 만에 다시 살아나사 게바에게 보이시고 후에 열두 제자에게와 그 후에 오백여 형제에게 일시에 보이셨나니 그중에 지금까지 대다수는 살아 있고 어떤 사람은 잠들었으며 그 후에 야고보에게 보이셨으며 그 후에 모든 사도에게와 맨 나중에 만삭 되지 못하여 난 자 같은 내게도 보이셨느니라(고전 15:3-8).

사울이 어떻게 사도 바울이 되었습니까? 부활하신 예수 그리스도를 체험한 이후 만삭 되지 못하여 난 자와 같은 자기 자신의 모습을 발견하고 나서부터였습니다. 은혜로 말미암아 "나는 네가 박해하는 예수라"(행 9:5) 말씀하시는 살아 계신 예수님, 부활하신 예수 그리스도의 실존을 경험하고부터 그는 새사람이 되었던 것입니다.

그렇지만 과거에도 그는 하나님을 믿는 사람이었습니다. 그리고 우리도 마찬가지입니다. 우리도 하나님을 믿습니다. 예수님을 믿습니다. 교회 봉사 열심히 하며 대대로 예수를 믿어 온 사람들입니다. 그러나 능력은 없다는 것입니다. 그저 교회에 왔다 갔다 할 뿐입니다. 그러면 누가 능력이 있습니까? 이 부활하신 예수를 만난 사람들입니다. "나는 네가 박해하는 예수라" 하는 음성을 들은 사람들입니다.

우리가 십자가만 알면 죄책감을 갖게 되고, 이 죄책감을 갖다 보면 방황하게 됩니다. 예수님은 십자가에서 우리의 죄를 용서해 주셨습니다. 그러나 그가 부활하셨기에 그것이 우리에게 효능이 있는 것입니다. 그렇기 때문에 부활하신 예수를 만난 사람들은 그 인생이 달라지는 것입니다.

그런데 부활하신 후에도 예수님은 바로 승천하지 않고 40일 동안 지상에 머물러 계셨습니다. 왜 그러셨을까요?

> 사십 일 동안 그들에게 보이시며 하나님 나라의 일을 말씀하시니라(행 1:3).

예수님이 40일을 지상에 머물러 계셨던 목적은 단 하나, 하나님 나라의 일을 말씀하시기 위해서입니다.

그러면 하나님 나라의 일이란 무엇입니까? 예수님은 부활하기 전에도 하나님 나라의 일을 많이 말씀하셨습니다. 그러나 여기서 말하는 하나님 나라의 일이란 부활하시기 전의 그것과는 좀 다릅니다. 부활 후에 말씀하신 하나님 나라의 일은, "너희는 가서 모든 민족을 제자로 삼아 아버지와 아들과 성령의 이름으로 세례를 베풀고 내가 너희에게 분부한 모든 것을 가르쳐 지키게 하라"(마 28:19-20)는 주님의 지상 명령을 말합니다. 이 주님의 지상 명령에 순종해서 실천하는 것이 곧 하나님 나라의 일이라는 것입니다. 예수님은 40일 동안 이 명령을 제자들에게 심어 주셨습니다. 이 사명을 제자들의 뇌리에 새겨 주신 것입니다.

그러면 사도행전 사건이란 무엇입니까? 간단합니다. 예수님이 생전에 말씀하셨던 산상 설교나 하나님 나라에 대한 비유를 성취하는 것이 아니라, 바로 주님의 이 마지막 지상 명령을 제자들이 성취해 가는 것과 관련한 사건들을 말합니다.

약속하신 성령을 기다리다

셋째, 예수님의 말씀에 순종해서, 약속하신 것을 기다리는 사건이 있어야 했습니다.

> 사도와 함께 모이사 그들에게 분부하여 이르시되 예루살렘을 떠나지 말고 내게서 들은 바 아버지께서 약속하신 것을 기다리라 요한은 물로 세례를 베풀었으나 너희는 몇 날이 못 되어 성령으로 세례를 받으리라 하셨느니라(행 1:4-5).

위의 본문은 우리가 약속하신 것을 받아야 한다고 말씀합니다. 하나님이 약속하신 것을 받아야만 사도행전이 시작된다는 것입니다. 사도행전적 삶이 시작되고, 사도행전적 교회가 생긴다는 뜻입니다.

'약속하신 것'을 받는다는 것은 무슨 뜻입니까? 여기에는 그 내용이 세 가지로 기록되어 있습니다. 첫째는, 예루살렘을 떠나서는 안 된다는 것입니다. 둘째는, 그것을 예수님이 아닌 하나님 아버지가 주시리라는 것입니다. 셋째는, 그것이 성령의 세례라는 것입니다.

하나님이 약속하셨다는 것은 알 것 같기도 하고 모를 것 같기도 합니다. 하나님이 약속하신 것의 내용은 그것을 체험한 자만이 알 수 있습니다. 설교로 들어서는, 글로 읽어서는 잘 이해되지 않습니다. 한 예로, 지금 이 내용을 지식적으로 이해 못 할 사람이 어디 있겠습니까? 하지만 그게 그렇지 않습니다. 은혜는 받은 사람만 알지, 받지 않은 사람은 무슨 소리인지 전혀 모릅니다. 성령을 체험하고 은혜를 받은 사람은 능력이나 인격이 뛰어나지 않음에도 사람들이 뭔가 다름을 느끼게 됩니다. 찬송하는 게 다릅니다. 주님을 섬기는 자세가 다릅니다. 도덕적으로 깨끗하고 훈련도 잘 받은 세련된 지성인의 눈에는 그런 사람들이 약간 모자라게도 보입니다.

짐 그래함 목사님이 성령을 받기 전에 이런 경험을 했다고 합니다. 자기는 공부도 많이 하고 영국에서 제일 좋다는 학교를 졸업한 후 목사까지 되었는데, 성령을 받았다는 어떤 사람을 만나니 뭔가 다르더랍니다. 그 사람이 굉장히 기뻐하고 좋아하는데, 자기도 기쁘지 않은 것은 아니지만 뭔가 다르게 느껴지더랍니다. 그래서 영적으로 굉장히 열등감을 느꼈다고 합니다. '저 사람이 나보다 훌륭한 것은 아니지만 저 사람 속에는 분명 무언가 다른 게 있어.' 바로 이것입니다.

우리는 이것을 이해해야 합니다. 이게 바로 사도행전입니다. 이것을 이해하고 체험한 사람이 바로 사도행전을 이해하고 체험한 사람입니다. 하나님이 우리에게 사도행전을 공부하게 하시는 이유도 바로 여기에 있습니다. 우리의 지성과 인격과 달리 하나님이 약속하신 어떤 것이 있는데, 하나님 아버지가 주시는 그것을 받으라는 것입니다. 그것을 받아야만 사도행전이 시작된다는 것입니다. 이것이 세 번째 명령으로 나타납니다.

본문 5절은, "요한은 물로 세례를 베풀었으나 너희는 몇 날이 못 되어 성령으로 세례를 받으리라"고 말씀합니다. 이 세 번째 명령은 '성령을 받으라'는 말씀과는 다릅니다. '성령을 알게 될 것이다. 내가 너희에게 보혜사 성령을 보낼 것이다'라는 것도 다른 얘기입니다. 여기에서는 독특한 표현을 썼습니다. '이것을 받기 전까지 떠나지 말고 기다려라. 하나님 아버지가 너희에게 직접 주실 것이다.' 그런데 그것을 어떻게 받습니까? '성령의 세례'라는 형태로 받습니다.

예수님은 십자가에 못 박히기 전에 제자들을 다락방에 모아 놓고 최후의 만찬을 나누셨습니다. 그때 이것에 대해 언급하신 적이 있습니다.

그가 또 다른 보혜사를 너희에게 주사 영원토록 너희와 함께 있게 하리니 그는 진리의 영이라(요 14:16-17).

사도행전은 어떻게 시작됩니까? 오순절로부터 시작됩니다. 오순절 사건이란 성령의 점화와 같은 것입니다.

예수님의 삶과 십자가에서의 죽음과 부활 그리고 부활 이후 40일 동안의 삶 중에서 특별히 예수님이 사신 40일은 천국과 현실 세계를 뒤섞어 놓은 삶입니다. 지상에는 그런 삶이 없습니다. 예수님은 마치 투명 인간과도 같이 제자들 앞에 불쑥 나타났다가 사라지기를 반복하셨습니다. 예수님은 40일 동안 인간들이 역사상 한 번도 경험하지 못한 독특한 삶을 인간들과 함께 나누셨습니다.

예수님이 40일 동안 그런 삶을 사신 것은, "너희는 가서 모든 민족을 제자로 삼아 … 내가 너희에게 분부한 모든 것을 가르쳐 지키게 하라"(마 28:19-20), "내 어린 양을 먹이라 … 내 양을 치라"(요 21:15-17), "너희는 이 모든 일의 증인이라"(눅 24:48), "너희는 온 천하에 다니며 만민에게 복음을 전파하라"(막 16:15)는 말씀을 전하기 위함이었습니다. 이것이 바로 하나님 나라의 일이요, 우리가 말하는 구원의 내용과 같은 것입니다.

그러면 이 구원의 내용은 어떻게 폭발하고 역사합니까? 그것은 마치 달을 탐사하기 위해 미국항공우주국(NASA)의 과학자들이 온갖 지혜를 다 동원해서 만든 로켓과 같습니다. 과학자들은 그 로켓에 달착륙선을 장착합니다. 그 우주선 안에는 모든 장치가 다 들어 있습니다. 그러나 그것만으로 무슨 소용이 있습니까? 달을 탐사하려면 그 우주 로켓의 추진 장치에 점화를 하고 전기 장치를 가동시켜 그 로켓을 발진시켜야 합니다. 그 로켓을 대기권 밖으로 내보낸 후 여러 차례의 궤도 수정을 거쳐 달에까지 무사히 착륙시켜야 합니다. 문제는, 그 과정 내내 동력을 공급해서 추진 로켓과 착륙선을 움직여야만 그 과학자들이 구상하고 디자인한 모든 것이 제대로 작동할 수 있다는 것입니다.

예수님은 하나님으로서 인간의 몸을 입고 세상에 오시어 완벽한 구원의 삶을 사셨습니다. 그리고 그 결과로 우리를 구원하기 위해 사탄을 완전히 패망시켜 결박하시려고 십자가에 못 박혀 친히 피 흘려 죽은 후 다시 부활하시어, 우리가 어떻게 살아야 하는가에 관한 하나님 나라의 일을 모두 가르쳐 주셨습니다. 이 모든 사건은 달착륙선을 장착한 로켓과 같습니다. 이것이 움직이기 위해서는 엔진 내부에서 폭발이 일어나야 합니다.

이때 점화를 일으킨 그것이 바로 오순절 성령 사건입니다. 오순절 성령 사건을 통해서 이 모든 것들이 움직이는 것입니다. 하나님이 설계하신 구원의 모든 것들이 실제의 능력으로 나타나는 것입니다. 만약 로켓의 엔진 내부에서 폭발이 일어나지 않아 장치들을 움직이게 하지 않는다면, 그래서 로켓이 발진하지 않는다면 우주선은 그대로 있을 것입니다.

'예수님의 십자가와 내가 무슨 상관이 있습니까?' '예수님의 부활과 내가 무슨 상관이 있으며, 그것이 어떻게 나의 죄를 녹인다는 말입니까?' 이러한 의문이 드는 것은, 이것들이 이 사람에게 구체적으로 연결되지 않았기 때문입니다. 우리가 예수 그리스도의 소식을 듣고 눈물을 흘리고 회개하며 하나님의 자녀가 되어 죄의 뿌리를 통째로 뽑게 되었던 것은 바로 성령이 행하시는 역사 때문입니다. 이것이 사도행전입니다.

성령 세례를 받으라

아버지가 약속하신 것은 바로 성령입니다. 성령의 세례를 받으라는 말입니다. 성령은 어떻게 받습니까? 지식으로 받는 것이 아닙니다. 그것은 체험으로 받는 것입니다. 그러면 성령 세례는 왜 받습니까? 성령이라는 것이 있다는 것을 믿으면 됐지, 왜 그것을 꼭 받아야 하는 겁니까? 사도행전의 사건이 있기 위해서는 그 성령의 세례가 꼭 전제되어야 하기 때문입니다.

예수님은 성령을 받기 위해 예루살렘을 떠나지 말라고 말씀하셨습니다. 이는 우리도 마찬가지입니다. 성령 세례를 받기 전에는 속한 교회를 떠나지 마십시오. 성령 없이 사역지로 나가서는 안 됩니다. 성령 세례를 받지 않았다면 무장이 안 된 것입니다. 아직 떠날 준비가 안 된 것입니다. 그러니 어디로 갈 수 있겠습니까? 어디로 가야 할지 모르는 사람, 어디로 떠나라는 하나님의 음성을 듣지 못한 사람은 아직 떠날 준비가 안 된 것입니다.

자신의 영적인 모습을 진단해 보십시오. '나는 정말 떠나도 되는 사람인가? 그런 성령 세례와 능력이 내게 주어졌는가?' 이는 인간의 지식과 재력과 능력과는 상관없는 것입니다. 이는 성령의 명령인 것입니다. 예수님도 이것을 받기 전까지는 떠나지 말라고 말씀하셨습니다. 생각하지 않고 행동하거나 기도하지 않고 사역하는 것처럼 위험한 일은 없습니다. 예수님은 제자들에게, 지금은 움직일 때가 아니라 기다릴 때요, 일할 때가 아니라 준비할 때요, 말할 때가 아니라 침묵할 때라는 사실을 철저히 알려 주신 것입니다.

그렇다고 계속해서 기다리고만 있으면 됩니까? 안 됩니다. 기다린다는 것은, 그러면서 준비한다는 것은 바로 성령의 세례를 받는다는 의미입니다. 그러면 우리는 이런 질문을 던지게 됩니다. '그렇다면 지금까지 성령의 역사가 내게 없었다는 말인가? 나는 성령의 세례를 받지 않았다는 말인가?' 아닙니다. 성령이 없으면 어찌 우리가 예수를 믿었겠습니까? 성령이 아니고서는 누구든지 예수를 주라 시인할 수 없습니다. 천지창조의 경우를 보십시오. 하나님의 영이 수면에 운행하셨습니다. 그때 성령이 계셨다는 것입니다. 예수님의 경우를 보십시오. 예수님이 마리아에게 무엇으로 잉태되었습니까? 성령으로 잉태되었습니다. 구약에도 성령님이 계셨고, 예수님의 탄생에도 성령의 사역이 있었고, 예수님의 기적도 모두 성령의 사역이었던 것입니다.

그러면 우리가 기다리는 성령 사건은 무엇입니까? 그것과 성령의 다른 사역과는 무슨 차이가 있습니까? 그것은 성자 하나님이 우리의 구원을 위해 동정녀 마리아를 통해 인간의 몸을 입고 이 지상에 오셔서 예수라는 인격과 이름을 가지고 구원 활동을 하셨던 것처럼, 이제 예수님이 완전하게 이루어 놓으신 그 구원을 이스라엘 백성뿐 아니라 모든 인류와 다음 세대에게 구체적으로 적용하고 실제의 것으로 이루시기 위해, 성령 하나님이 이제껏 구약에 나타내셨던 모습이나 예수님과 함께 계시던 모습이 아닌, 이 역사에 사역의 주인공으로 오시는 사건을 의미합니다. 그것이 오순절의 성령 사건입니다.

그러므로 예수님이 이 지상에 구원 사역과 선교 사역의 주인공으로 오셨듯이, 성령은 오순절의 성령 사건을 계기로 마지막 시대에 사역의 주체로서 이 세상에 보내심을 받아 오신 것입니다. 그러니까 구약의 사건들도 성령의 사건이지만, 이 오순절의 성령 사건은 그것들과 성격이 전혀 다른 것입니다.

> 요한은 물로 세례를 베풀었으나 너희는 몇 날이 못 되어 성령으로 세례를 받으리라 하셨느니라(행 1:5).

그래서 예수님이 말구유에 탄생하시듯 성령님이 마가의 다락방에 구체적으로 임하셔서 세상에 오신 순간의 그 폼(form)이 성령 세례라는 것입니다.

당신은 성령 세례를 받았습니까? 당신은 그 하나님의 은혜의 사건을 정말로 깊이 체험했습니까? 만약 이것이 없다면, 당신은 예수님의 명령처럼 교회를 떠나지 말아야 합니다. 봉사와 같은 것들은 그리 중요하지 않습니다. 봉사보다는, "하나님이여, 불쌍히 여겨 주옵소서. 긍휼히 여겨 주옵소서. 제가 정말 성령을 체험하고(성령 세례를 받고) 새로워지기를 원합니다" 하는 기도를 간절히 해야 합니다.

그런데 이것은 한 번 구원받은 사람이 자꾸 구원받을 필요가 없는 것과는 다릅니다. 구원은 한 번 받는 것입니다. 성령 세례라는 것도 개인에게 한 번 임하는 것입니다. 그런데 우리가 죄를 지으면 구원의 느낌이 우리에게서 사라지듯이, 성령 세례를 받고 성령 체험을 했어도 성령의 은사를 계속해서 활용하지 않으면, 성령 세례를 받지 않은 것처럼 착각하게 됩니다.

성령이 지금 활동하지 않는다면, 그 사람에게는 그 은사가 다시 불 일 듯 일어나야 합니다. 영적인 생명이 죽었다면 다시 살아나야 합니다. 그런 경험을 한 번도 못한 사람에게는 하나님이 그런 경험을 주실 것입니다. 그런 능력을 주실 것입니다. 그런 기적을 베풀어 주실 것입니다. 당신에게서 생수의 강이 흘러넘치게 될 것입니다. 날마다 신비스러운 삶이 생기게 될 것입니다. 이것은 마치 물 위를 걸어갈 수 없는 사람인 예수님이 물 위를 걸으셨듯이, 이 지상에서는 불가능한 삶이 우리에게서 일어나는 것입니다.

용서할 수 없는 사람을 용서하게 됩니다. 할 수 없는 일을 하게 됩니다. 예전에는 불평하며 하던 일을 기쁨으로 하게 됩니다. 예전 같으면 손해 볼까 봐 겁내던 일을 이제는 겁내지 않고 하게 됩니다. 이상합니다. 그렇게 마음이 너그러워질 수가 없습니다. 이전에는 시내 같았던 우리의 마음이 바다처럼 넓어지는 것입니다. 성령의 세례가 임하면 놀라운 하나님의 새 나라가 오는 것입니다. 예수 그리스도가 베풀어 주셨던 모든 구원의 능력이 우리에게 임하는 것입니다. 기적이 임하는 것입니다. 능력이 임하는 것입니다. 새로운 아이디어와 지혜가 생기고, 새로운 마음과 새로운 인간관계가 생기는 것입니다.

언제까지 그렇게 시시하게 살겠습니까? 감동 없는 그런 삶을 언제까지 지속하겠습니까? 언제까지 자기 자신 하나 극복하지 못하고 쩔쩔매며 겨우 주일에만 교회에 나오겠습니까? 교회도 마찬가지입니다. 성령 받은 교회와 받지 않은 교회는 설교도, 생활도 다 다릅니다. 그것은 지식의 문제가 아닙니다.

우리는 이 영광스러운 성령의 사건에 모두 초대받았습니다. 어떻게 하겠습니까? 정말 변하겠습니까, 아니면 예수를 그렇게 시시하게 믿고 말겠습니까? 나 하나, 내 생각 하나 고칠 수 없는 예수님이라면 그분이 어찌 예수님이겠습니까? 예수님은 그런 분이 아니십니다. 그분은 지금 살아 계시고 역사하시며, 기적을 베푸시는 분입니다. 우리의 기도에 응답하시는 분입니다. 이런 예수님이 우리 모두를 초대하고 계십니다.

"능력 있는 그리스도인이 되라. 성령 받은 그리스도인이 되라. 빛과 소금이 되어 세상을 변화시키는 그리스도인이 되라."

예수님은 우리를 사도행전의 사건으로 초대하십니다. 두려워하지 마십시오. 변화되기를 두려워하는 사람이 있습니다. '내가 변하면 어떡하지? 내가 이러다가 목사나 선교사가 되면 어떡하지?' 그렇지 않습니다. 두려워하지 말고 변화를 기대하십시오. 하나님의 축복이 당신에게 임할 것입니다.

2

성령이 임하시면

사도행전 1:6 - 11

누가는 사도행전이 시작되는 첫머리에 두 가지 사건을 소개해 주었는데, 하나는 예수님의 생애였습니다. 이것은 누가복음에 자세히 기록된 내용입니다. 사도행전 1장 1절의 "데오빌로여 내가 먼저 쓴 글"에서의 글이 바로 누가복음이고, 그 누가복음의 내용이 바로 예수님의 생애를 의미합니다.

예수님의 생애라면 예수님의 삶과 죽음과 부활을 의미합니다. 우리가 믿는 구원이란 무엇입니까? 예수님이 행하신 모든 것입니다. 그분이 사셨던 삶, 우리를 위한 죽음, 죽음뿐만 아니라 다시 살아나심, 그 총체적인 것이 바로 구원인 것입니다.

> 무릇 예수께서 행하시며 가르치시기를 시작하심부터 그가 택하신 사도들에게 성령으로 명하시고 승천하신 날까지의 일을 기록하였노라(행 1:1-2).

사도행전은 예수 그리스도의 구원으로부터 시작됩니다. 예수님은 구원을 완성해 주셨습니다. 예수님이 완성하신 이 구원이 우리를 비롯한 온 인류에게, 시간과 공간을 초월해서 모든 이들에게 이루어지기 위해 성령의 역사가 필요한 것입니다. 성자 하나님은 이

제 성령 하나님이 되셔서 우리에게 구원을 완성시키시는 것입니다.

누가가 소개한 두 번째 사건은 예수님이 부활하신 후부터 승천하기까지 머무셨던 지상에서의 40일 기간의 일입니다. 이 40일의 시간은 예수님 생애의 클라이맥스일 뿐만 아니라, 사역의 클라이맥스로서 아주 중요한 의미를 갖습니다. 특별히 예수님이 보내신 그 40일의 시간은 땅의 시간이 아니라, 땅의 시간과 하늘의 시간이 그리고 땅의 사건과 하늘의 사건이 섞이는 독특한 시간입니다.

이 40일 동안 예수님은 제자들을 만나셨고, 그들에게 구원의 마지막 결정체라 할 수 있는 부탁을 하셨습니다. 그것은 '가서 모든 민족으로 제자를 삼으라'(마 28:19 참조)는 명령입니다. 이것을 명하기 위해 예수님은 40일을 더 사셨고, 그 직후에 승천하셨습니다. 예수님은 이 명령을 가리켜 '하나님 나라의 일'이라고 정의하셨습니다. 따라서 하나님 나라의 일이란 무엇입니까? "너희는 가서 모든 민족을 제자로 삼아"라는 말씀에 순종해서 그리스도의 증인이 되는 일입니다. 이것이 바로 교회에게 부탁하신 말씀이요, 모든 성령 받은 그리스도인에게 명령하신 말씀입니다.

그러므로 예수님의 구원이 이루어지기 위해, 예수님의 지상 명령이 이루어지기 위해 사도행전은 시작되는 것입니다. 사도행전이 시작되는 이유는 바로 '모든 민족을 제자로 삼아', '그리스도의 증인'이 되는 이 두 가지 사건을 이루기 위함입니다.

이 성령의 놀라운 사건, 곧 구원을 위해, 지상 명령을 위해 예수님이 알려 주신 '아버지께서 약속하신 것'이 무엇입니까?

> 사도와 함께 모이사 그들에게 분부하여 이르시되 예루살렘을 떠나
> 지 말고 내게서 들은 바 아버지께서 약속하신 것을 기다리라 요한
> 은 물로 세례를 베풀었으나 너희는 몇 날이 못 되어 성령으로 세례
> 를 받으리라(행 1:4-5).

하나님이 우리에게 주겠다고 약속하신 것이 무엇입니까? 예수
님은, "내가 떠나가는 것이 유익하니 내가 떠나가야만 보혜사 성
령이 오신다"(요 16:7 참조)고 말씀하셨는데, 이것은 무슨 뜻입니
까? 구원을 실제로 온 인류에게 전파할 수 있는 그 하나님의 일은
무엇입니까? 어떻게 지상 명령이 실천될 수 있겠습니까? 팔레스
타인에서 시작된 이 작은 사건이 어떻게 지구의 종말이 올 때까지
지구상의 전 인류에게 전파되는 일이 성취될 수 있겠습니까? 이것
은 바로 '너희가 몇 날이 못 되어 성령으로 받게 되는 세례'라는 사
건으로 말미암아 가능합니다.

예수님이 사랑하는 제자들에게 이 말씀을 하셨을 때 우리를 놀
라게 하는 사실은, 제자들이 이를 알아듣지 못했다는 점입니다. 사
람은 성령을 받기 전에는 하나님의 음성을 알아듣지 못합니다. 귀
에 들려도 듣지 못하고, 깨우치려 해도 깨우쳐지지 않습니다. 하나
님의 성도들이 많이 모여 설교를 듣지만, 개중에는 그 말씀을 알아

듣는 자가 있고 알아듣지 못하는 자가 있습니다. 그냥 '또 하나의 설교'라고 생각하는 사람이 있는 반면, '이것은 오늘 살아 역사하시는 하나님이 나에게 하시는 말씀'이라고 듣는 사람이 있습니다.

진정한 구원의 삶

> 그들이 모였을 때에 예수께 여쭈어 이르되 주께서 이스라엘 나라를 회복하심이 이때니이까 하니(행 1:6).

이것을 가리켜 우리는 동문서답이라고 말합니다. 제자들은 예수님의 말씀을 알아듣지 못하고 다른 반응을 보였습니다. 이 질문 속에는 두 가지 의미가 있습니다.

하나는, 성령 세례가 이스라엘 나라의 회복으로 들렸다고 볼 수 있습니다. 그렇기 때문에 예수님이, "너희는 몇 날이 못 되어 성령으로 세례를 받으리라" 말씀하셨을 때 그들은, "그럼, 하나님 나라가 온다는 말입니까?"라고 질문한 것입니다. 이런 어처구니없는 일이 어디 있습니까? 예수님과 3년 동안이나 함께 살았고, 예수님의 처형을 직접 목격했고, 십자가 앞에서 좌절했지만 부활하신 주님을 만나는 이 엄청난 기적의 사건을 경험했던 그들이 예수님의 말씀을 이해하지 못했다는 것입니다.

교회에 온다고 해서 다 예수님을 안다고 말할 수는 없습니다. 성경을 열심히 들여다보아도 예수님을 모를 수 있습니다. 영국의 저명한 철학자이자 사상가인 버트런드 러셀(Bertrand Russell) 같은 사람은 기독교 배경에서 태어나 기독교 문화 속에서 성경을 읽으며 자랐음에도 예수님을 몰랐습니다. 슈바이처 박사도 예수님을 몰랐던 사람입니다. 이 성경은 오직 성령을 통해서만 알게 됩니다. 2천 년 전에 죽은 예수 그리스도가 어떻게 나의 주, 나의 하나님이 될 수 있겠습니까? 성령의 감동이 아니고서는 그것을 깨닫지 못합니다. 우리의 지혜와 지식과 경험과 이성과 상식으로는 그분을 볼 수 없다는 것입니다.

　다른 하나는, 이 말씀을 이렇게도 볼 수 있습니다. 예수님은 성령 세례를 말씀하셨지만, 제자들의 관심은 이스라엘의 회복에 있었다는 말입니다. 대화하다 보면 계속 딴소리를 하는 사람이 있습니다. 그런 사람은 그저 자기 얘기만 합니다.

　제자들의 관심은 이스라엘의 회복에만 있었습니다. 그것은 진실이었습니다. 그들의 소박하고 진정한 갈망이었습니다. 현실적으로 이스라엘 백성은 로마의 압제 속에서 정치적, 경제적, 사회적으로 자유를 빼앗긴 채 속국으로 살고 있었습니다. 우리에게도 그런 경험이 있지 않습니까? 일제강점기를 겪으며 얼마나 자유와 독립을 그리워했습니까? 가난하지만 내 뜻대로, 내 마음대로 살고 싶은 게 인간 아닙니까?

그래서 이스라엘 백성에게 구원이란 먼 데 있는 환상이나 이상이 아니라, 배고픈 자에게 한 조각의 빵이 절실한 것처럼 현실적인 문제였던 것입니다. '메시아가 지금 여기 있다. 그 메시아가 죽었다가 다시 살아났다.' 그들은 자신의 삶을 구원할 메시아를 보았습니다. 그런데 문제는 '메시아가 나타났다면 이스라엘의 회복도 있어야 하지 않겠는가. 메시아는 있는데 우리는 계속해서 정치적, 경제적, 사회적으로 살길이 없다. 독립이 되지 않고 있다'는 것이었습니다. 그래서 갈등이 생기는 것입니다. 이것이 바로 그들의 문제였습니다. 구원이 있다면 구원에 대한 삶이, 메시아가 있다면 나라의 회복이 있어야 하지 않겠는가 하는 것이 그들의 갈망이었습니다.

우리는 여기서 두 가지 주제를 발견할 수 있습니다. 구원과 빵의 문제입니다. "빵이 우선인가, 구원이 우선인가? 예수도 좋고 구원도 좋은데, 우선 배고프니 어떻게 할 것인가? 독립이 없는데 어떻게 할 것인가? 독립이 우선이고, 빵이 우선이고, 경제적 자유가 우선이고, 정치적인 자유가 우선이다." 이렇게 말한 이들이 다름 아닌 예수님의 제자들이었습니다. 그러나 예수님의 관심은 이스라엘 나라의 회복이나 이스라엘의 구원이 아니라, '너희는 몇 날이 못 되어 아버지께서 약속하신 것을 받으리라'는 데 있었습니다. 그래서 기다리라고 말씀하셨습니다. '이것을 먼저 받으라, 이것을 먼저 사모하라, 이것을 먼저 기다리라'는 것입니다.

성령과 구원

예수님은 돌아가시기 전에 사랑하는 제자들을 다락방에 모아 놓고 마지막으로 그들에게 성령에 대한 몇 가지를 말씀해 주셨습니다.

> 내가 아버지께 구하겠으니 그가 또 다른 보혜사를 너희에게 주사 영원토록 너희와 함께 있게 하리니 그는 진리의 영이라 세상은 능히 그를 받지 못하나니 이는 그를 보지도 못하고 알지도 못함이라 그러나 너희는 그를 아나니 그는 너희와 함께 거하심이요 또 너희 속에 계시겠음이라(요 14:16-17).

> 도리어 내가 이 말을 하므로 너희 마음에 근심이 가득하였도다 그러나 내가 너희에게 실상을 말하노니 내가 떠나가는 것이 너희에게 유익이라 내가 떠나가지 아니하면 보혜사가 너희에게로 오시지 아니할 것이요 가면 내가 그를 너희에게로 보내리니(요 16:6-7).

예수님은 제자들에게, "내가 떠나가는 것이 너희에게 유익하다"고 말씀하셨습니다. 그래야만 보혜사 성령이 임하시기 때문이라는 것입니다. 그러면 성령님이 오셔서 무엇을 하십니까?

> 그가 와서 죄에 대하여, 의에 대하여, 심판에 대하여 세상을 책망하시리라 죄에 대하여라 함은 그들이 나를 믿지 아니함이요 의에 대

하여라 함은 내가 아버지께로 가니 너희가 다시 나를 보지 못함이
요 심판에 대하여라 함은 이 세상 임금이 심판을 받았음이라 내가
아직도 너희에게 이를 것이 많으나 지금은 너희가 감당하지 못하리
라(요 16:8-12).

예수님은 이 말씀에 이어서, "그러나 진리의 성령이 오시면 그
가 너희를 모든 진리 가운데로 인도하시리니 그가 스스로 말하지
않고 오직 들은 것을 말하며 장래 일을 너희에게 알리시리라 그
가 내 영광을 나타내리니 내 것을 가지고 너희에게 알리시겠음이
라"(요 16:13-14) 하시며 성령이 하실 일을 특별히 언급하십니다.

사실 그렇습니다. 성령으로 인치는 사건이 먼저 있어야 영안이
열리고, 그리스도를 발견하게 됩니다. 뿐만 아니라 그 사건을 통해
서 우리는 십자가와 부활을 이해하고, 구원을 '나의 것'으로 만들
수 있습니다. 구원이란 절대 인간의 지성과 이성으로는 받아들일
수 없습니다.

어떻게 그 처절한 피가 '나의 구원'이 될 수 있겠습니까? 어떻게
십자가의 패배가 '나의 구원'이 될 수 있겠습니까? 예수 그리스도
의 구원은 하나님의 성령의 감화, 감동으로만 이루어지는 것입니
다. 오직 성령을 통해서 알게 되고, 이해하게 되며, 깨닫게 되는 것
입니다.

하나님을 보았습니까? 하나님의 음성을 들었습니까? 듣지도 않

고 보지도 않았는데 어떻게 하나님을 인정하고 믿으라는 말입니까? 이것처럼 황당무계한 일이 어디 있습니까? 거듭나야 한다는데, 이는 어머니 배 속에 다시 들어갔다 나와야 된다는 말입니까? 이게 도대체 어찌 가능하다는 말입니까? 불가능한 일입니다. 주님의 지상 명령을 성취하라고 할 때 과연 어떻게 그런 일을 할 수 있단 말입니까? 어떻게 전도해서 한 사람의 영혼을 마귀로부터 하나님에게로 빼앗아 올 수 있겠습니까? 어떻게 기적과 능력을 나타낼 수 있단 말입니까? 우리에게 무슨 능력이 있어서 죽은 자를 살리고 귀신을 쫓을 수 있단 말입니까? 불가능하지 않습니까? 이것이 인간의 어떤 능력으로 가능합니까? 연습해서, 훈련해서, 연단해서 된다는 말입니까? 아닙니다. 그것은 불가능한 것입니다.

그것이 가능한 길은 오직 하나, 성령 하나님입니다. 성부 하나님은 천지를 창조하고 인간을 만드셨습니다. 그러나 인간은 타락했습니다. 그래서 성부 하나님이 인간을 구원할 수 있는 계획을 만드셨습니다. 구원자를 보내겠다고 말씀하셨습니다. 그분이 예수 그리스도이십니다.

하나님은 베들레헴 어느 한 여관의 말구유에서 한 여인의 몸을 통해 세상에 오셨습니다. 그분이 바로 성자 하나님이십니다. 성자 하나님이 구원을 완전하게 만드셨습니다. 예수님은 3년 동안의 공생애를 통해 구원의 삶이 무엇인지, 천국의 삶이 무엇인지를 보여 주셨습니다. 그리고 십자가에서 죄 없이 돌아가심으로써 우리를 구원해 주셨습니다. 그러나 예수님은 우리를 위해서 이렇게 십자가에 못 박혀 죽으셨을 뿐 아니라 다시 부활하셨습니다. 이것이 하나님의 구원인 것입니다. 그리고 예수님은 승천하셨습니다.

예수님이 떠나신 후에 하나님이 다른 형태로 인간에게 오셔서, 하나님이 계획하시고 예수님이 실제로 실천하고 만들어 놓으신 그 구원을 오늘 '나의 것'으로 만드는 사역을 하십니다. 그분이 바로 성령 하나님이십니다. 그래서 성령 하나님의 도우심과 인도하심을 받는 자는 누구든지 그리스도를 '주'라 시인하게 됩니다. 이는 참 이상한 일이 아닐 수 없습니다. 그렇게 쉽게 마음의 문을 열고 회개하고 예수를 영접하게 됩니다. 마음에 기쁨이 생기고 하나님을 아버지라 부르게 됩니다. 얼마나 놀라운 일입니까?

우리 안에 성령이 들어오시면 어떤 일이 생깁니까? 우리 삶의 진정한 의미와 목적을 발견하게 됩니다. 하나님을 '아빠 아버지'라 부르게 됩니다. 구원을 체험하게 됩니다. '거듭났다'는 것이 무엇인지를 알게 됩니다. 삶의 진정한 의미와 능력을 경험하기 시작합니다. 그것은 지금까지 세상에서 경험하지 못했던 능력이요, 누리지 못했던 평안입니다. 이상스럽고 놀라운 기쁨, 지금까지 경험해 보지 못한 완전히 다른 질, 다른 종류의 기쁨이 우리를 지배하게 됩니다.

더 놀라운 사실은, 죄가 싫어진다는 것입니다. 성령을 받게 되면 담배가 싫어집니다. 술이 싫어집니다. 도박하는 것이 싫어집니다.

가끔 실수는 하지만 성령을 받고 구원받은 사람들은 옛날과 달라집니다. 세상적인 것이 그렇게 좋았어도 그것이 싫어지는 자기 자신을 발견하게 됩니다.

우리가 죄를 짓지 않을 수는 없지만, 죄짓는 것이 싫어지고, 또 죄를 짓고 나면 아주 견딜 수 없는 것을 발견합니다. 어떻게 그런 일이 있을 수 있습니까? 우리 안에 성령이 계시기 때문입니다. 어떤 사람은 혼자서 찬송을 부릅니다. 하루 온종일 그렇게 흥얼거립니다. 누가 시켜서가 아닙니다. 그렇게 찬송이 불리는 것입니다. 그렇게 기도가 되는 것입니다.

전도나 부흥이 어찌 인위적으로 되겠습니까? 포도나무 가지가 나무에 붙어 있으면 저절로 열매를 맺듯이, 그리스도인의 승리하는 삶이란 자기도 모르는 사이에 어떤 힘에 의해서 이루어지는 것입니다. 그것은 마치 물 위를 걷는 것과 같은 삶입니다.

우리가 어찌 남을 용서할 수 있겠습니까? 사람을 보면 미워하고 분노하고 싸우려 했는데, 이제는 이상하게 자꾸 용서가 됩니다. 변하는 것입니다. 이것은 우리의 능력이 아니라 성령님의 능력입니다. 예수 그리스도의 능력이 성령님을 통해서 내게 접붙여지기 시작한 것입니다.

하나님이 시간의 주인이시다

이르시되 때와 시기는 아버지께서 자기의 권한에 두셨으니 너희가
알 바 아니요(행 1:7).

예수님은 성령의 세례를 말씀하셨습니다. 성령의 사건이 곧 임
할 것이라고 말씀하셨습니다. 그러나 제자들의 관심은 성령이 아
니라 하나님 나라의 회복에 있었습니다. 사회 문제, 곧 이스라엘의
회복에 있었습니다.

'예수님이 이렇게 부활하셨는데, 그러면 하나님 나라가, 민족의
해방이 곧 온다는 것입니까? 우리에게 자유와 해방이 주어지는 것
입니까? 그것이 온다면 언제, 어떻게 오는 것입니까?' 역사적으로
이런 관심을 가진 사람들이 많았습니다. 예를 들어, 안식교가 그랬
습니다. 그들은 예수님이 오시는 날을 계산해서 자기들이 계시를
받았다며 선전했습니다. 이들은 결국 미국 사회에 큰 혼란을 일으
켰습니다. 그러나 예수님은, '그것은 하나님 아버지의 주권에 속한
것'이라고 말씀하셨습니다.

역사의 주인은 누구입니까? 시간의 주인은 누구입니까? 하나님
이십니다. 우리 생명의 주인도 하나님이십니다. 그러나 하나님이
없는 사람은 자기가 인생의 주인이라고 생각합니다. 역사의 주인
도 인간이라고 생각합니다. 그러면 인간은 하나님의 장난감입니

까? 그렇지 않습니다. 하나님과 인간은 서로 창조적 관계, 생명적 관계이고, 인간은 하나님의 형상으로 지음 받은 존재입니다.

그럼에도 하나님의 고유한 특권인 '시간'의 문제에 우리 인간이 지나치게 관심을 가지면 큰 실수를 하게 됩니다. 급기야는 파멸에 이르게 됩니다. '관심'이라고 표현했지만, 다른 말로 하면 간섭하는 것입니다. 하나님의 시간을 간섭하면 신앙을 잃어버리게 됩니다. 그리고 인간이 하나님을 통제하려는 어리석은 생각을 하게 됩니다.

우리가 사람을 심판하면 무슨 일이 생깁니까? 내가 하나님이 되고 맙니다. 사람을 심판하고 비판하는 일은 조심해야 합니다. 그것은 하나님이 하시는 일이기 때문입니다. 원수 갚는 것도 하나님이 하시는 것입니다. 그래서 "악에게 지지 말고 선으로 악을 이기라"(롬 12:21)고 하신 것입니다.

'세상의 종말은 언제 올 것인가? 나는 언제 죽을 것인가? 나는 언제 성공할 것인가?' 하는 생각은 모두 부질없는 것들입니다. 만일 그것들을 안다면 어쩌겠습니까? 그것들을 조종하겠습니까? 바꾸겠습니까? 그런 것들을 알면 더 큰 고민만 생기게 됩니다. 하나님이 우리를 사랑하시기 때문에 알지 못하게 하신 것입니다. 이에 대해 예수님은, 그건 우리의 알 바가 아니라고 말씀하셨습니다.

누군가에게 복수할 것을 한번 결정해 보십시오. 복수하는 것이 얼마나 인생을 피곤하게 하는지 알게 될 것입니다. 누군가를 미워하기로 결정하면 우선 그날부터 소화가 안 됩니다. 잠을 못 잡니다. 그리고 얼굴이 미워지기 시작합니다. 성격이 사나워지고, 독기가 풍기게 됩니다. 얼마나 큰 손해겠습니까? 힘이라도 있으면 직접 복수하겠지만, 힘이 없으면 다른 사람을 이용하게 마련입니다. 거짓말을 하게 됩니다. 자꾸 다른 사람한테 소문을 내서 그 사람을 죽여야 하기 때문입니다. 이처럼 복수를 결정하는 순간, 그 사람은 지옥에 살기 시작하는 것입니다.

예수님은 뭐라고 말씀하셨습니까? '그것은 나한테 맡기고, 너는 사랑하라'고 하셨습니다. 그것이 하나님의 방법입니다.

"때와 시기는 나한테 맡겨라. 네가 언제 죽을지 걱정하지 마라. 내가 언제 다시 올 것인지는 내 문제다. 나는 정확하게 역사를 운행하고 있다." 시간과 때, 이것은 하나님이 조절하시는 것입니다. 하나님은 늦게 오시는 법도 없고, 일찍 오시는 법도 없습니다. 하나님의 시간에는 실수가 없습니다. 하나님은 정확하십니다.

성령에 관심을 가지라
그러면 우리가 가져야 할 관심은 무엇입니까?

> 오직 성령이 너희에게 임하시면 너희가 권능을 받고 예루살렘과
> 온 유대와 사마리아와 땅 끝까지 이르러 내 증인이 되리라 하시니
> 라(행 1:8).

놀랍게도 성령 하나님이십니다. 하나님을 묵상하십시오. 하나님을 생각하십시오. 인생이 풍성해질 것입니다. 하나님을 닮게 될 것입니다. 그러나 많은 사람들이 하나님을 묵상하지 않고 자기 자신을 묵상합니다. 인간의 마음속에 선한 것이 무엇입니까? 자랑스러울 만한 것이 무엇입니까? 그런데 인간은 끊임없이 자기중심적으로 '내 생각'만 합니다. '내 생각'은 지옥입니다. 그러나 하나님 생각은 천국입니다.

예수님이 우리에게 주신 말씀은, '네가 관심을 가질 것이 하나 있는데, 그것은 때와 기한의 문제가 아니라 하나님에 대해 집중적으로 관심을 갖는 것이다'라는 것입니다. 이것을 다시 성경적으로 표현하면, '성령에 관심을 가지라'는 것입니다.

역사를 주관하시는 성령

성령이 임하시면 두 가지 사건이 생깁니다. 그런데 그 두 가지 사건을 생각하기 전에 먼저, "성령이 너희에게 임하시면"이라는 말이 무슨 뜻인지를 두 가지로 생각해 보려 합니다.

첫째는, 성령의 시대가 온다는 뜻입니다. 성자 하나님은 성부 하나님의 구원 계획과 약속대로 유대 땅 베들레헴에서 깨끗한 여인의 몸을 통해 성령으로 잉태되어 세상에 오셨습니다. 이와 마찬가지로 성령 하나님도 오순절 다락방에서 이 땅에 정식으로 임하신다는 것입니다.

그전에도 성령은 계셨습니다. 베들레헴에 오시기 전의 예수님도 구약에서 메시아로 계셨습니다. 그렇지만 예수님이 인간의 몸을 입고 역사에 정식으로 오셔서 33년 동안 구원의 사역을 펼치셨던 것처럼, 천지를 창조하신 성령님, 기적을 베풀고 수많은 예수님의 사역을 가능하게 했던 그 성령님이 이제는 역사의 주체로서, 성령 하나님으로서 일정한 시간에, 일정한 장소에 정식으로 임하신다는 것입니다. 이것이 "성령이 너희에게 임하시면"이라는 말씀의 뜻입니다.

둘째는, 그 성령이 '너희에게' 임한다는 것입니다. 즉, 성령이 개인적으로 접촉된다는 것입니다. 예수 그리스도가 십자가에 달려 죽으신 후 부활하셨다는 것은 객관적인 사실입니다. 그러나 그 사실이 '나의 사건'이 되는 것이 더 중요합니다. 그것이 믿음입니다. 성령 강림은 믿음의 사건, 은혜의 사건입니다.

성령이 임하시면

성령이 임하시는 방법은 오순절뿐 아니라 그 이후에도 동일합니다. 예수님의 표현에 의하면 '성령의 세례' 형식입니다. 성령이 임하시면 성령의 세례를 받게 되는데, 이 성령 세례는 시각적, 청각적, 전인격적으로 우리에게 옵니다.

성령은 단순한 지적 대상이나 신앙의 어떤 관념이 아닙니다. 그는 살아 계신 하나님이며, 예수 그리스도이십니다. 살아 계신 그리스도가 우리의 삶에 접촉되는 것입니다. 그리스도 안에 있다는 것은 그와 연합한다는 말입니다. 이때 그 성령이 우리에게 인격적으로, 체험적으로, 신앙적으로 임하게 되면 무슨 일이 일어납니까? 여러 가지 많은 일들이 성령의 사건을 통해 이루어지게 되지만, 가장 중요하고 핵심적인 두 가지 사건이 있습니다.

첫째는, 능력을 받게 됩니다. 어떤 능력입니까? 세상적인 능력이나 인간적인 능력이 아닙니다. 그것은 하나님의 능력, 하늘나라의 능력입니다. 독특한 것입니다. 그것은 인간이 경험할 수 있었던 일이 아닙니다. 요한복음에서는 이것을 '세상이 주는 평안이 아니다'라고 말했습니다.

예수를 알고 나면 이상하게도 마음이 평안해집니다. 사도 바울은 감옥에 들어가면서 '이 기쁨을 주체할 수 없다'고 했습니다. 사도 바울은 매를 맞고 감옥에 들어갔지만 그곳에서도 찬송했습니다. 도대체 이런 일이 어떻게 가능한 것입니까? 초대 교회의 교인들이 화형을 당하면서도 영광스런 주님을 찬양했던 힘은 어디에서 나오는 것입니까? 자기 아들을 죽인 자를 용서할 수 있었던 사랑의 원자탄 같은 일들은 무슨 힘입니까? 인간 안에 그런 힘이 있다는 말입니까? 인간이 그런 것을 생각이나 해 봤다는 말입니까? 갈기갈기 찢어 죽여도 분통이 가시지 않을 그런 원수와 복수의 대상을 눈물을 흘리면서 용서하고 안아 줄 수 있는 것이 과연 가능한 일입니까? 이런 능력, 이런 힘은 어디서 오는 것입니까?

그렇습니다. 바로 이것이 성령 하나님으로부터 오는 구체적인 능력입니다. 그 능력의 기초는 바로 예수 그리스도의 삶이었습니다. 예수 그리스도가 만들어 주신 십자가의 구원이 우리에게 능력이 된 것입니다.

인간이란 권력에 의지하는 존재입니다. 그래서 사람들은 끊임없이 권력을 추구합니다. 그것이 죄의 속성입니다. 인간은 하나님 대신에 돈, 권력, 지식과 같은 능력을 갖고 싶어 합니다. 그러나 이러한 세상적인 능력, 즉 인간이 노력해서, 교육해서, 훈련해서 가질 수 있는 능력(우리는 보통 그것을 물리적인 능력과 정신적인 능력이라 말합니다)은 성령이 주시는 능력과는 다릅니다. "펜은 칼보다 강하다"라는 말에서 나오는 '펜'의 능력이든, 정신의 능력이든, 도덕의 능력이든, 윤리의 능력이든, 물질의 능력이든, 그것들은 이 땅에 속한 것입니다. 그런 능력은 하늘에까지 미치지 못하는 것입니다.

하늘의 능력은 하늘로부터 옵니다. 영적인 능력은 성령으로부터 오는 것입니다. 사랑할 수 있는 능력, 용서할 수 있는 능력, 원수를 위해 기도해 줄 수 있는 능력은 하늘로부터 생기는 것입니다.

또 이런 능력이 있습니다.

믿는 자들에게는 이런 표적이 따르리니 곧 그들이 내 이름으로 귀신을 쫓아내며 새 방언을 말하며 뱀을 집어 올리며 무슨 독을 마실지라도 해를 받지 아니하며 병든 사람에게 손을 얹은즉 나으리라 하시더라(막 16:17-18).

성령의 능력은 우리의 영과 정신 활동뿐 아니라 도덕성에도, 그리고 더욱 구체적으로는 육체에도 임한다는 것입니다. 하나님은 믿는 자들에게 병 고치는 능력도 주셨고, 귀신 쫓는 능력도 주셨고, 무슨 독을 마실지라도 해를 받지 않는 능력을 초자연적으로 베풀어 주셨다는 것입니다. 성령이 임하시면 이러한 능력을 받게 된다는 것입니다.

둘째는, 증인이 됩니다. 그리스도인이라는 말은 예수 그리스도의 증인이라는 뜻입니다. 우리가 예수님의 십자가와 부활을 직접 목격하지는 못했지만, 성령을 받으면 눈으로 본 것보다 더 확고한 확신을 가지게 됩니다. 도마는 예수님의 손과 옆구리를 만짐으로 "나의 주님이시요 나의 하나님이시니이다"(요 20:28)라고 고백했지만, 예수님은 "너는 나를 본 고로 믿느냐 보지 못하고 믿는 자들은 복되도다"(요 20:29)라고 말씀하셨습니다.

우리는 만져 보지 않았지만 더 확실하게 믿을 수 있습니다. 금방 예수님을 만난 것처럼 이야기할 수 있습니다. 교통사고를 당하면 오랜 시간이 지나도 생생하게 기억이 나듯이, 십자가 사건이 갈보리 언덕의 그 현장에서 경험할 수 있었던 것보다 더 생생하게 느껴지는 것입니다. 이것이 바로 성령의 능력입니다. 성령이 임하시면 우리는 이런 부활의 증인이 되는 것입니다. 가서 모든 민족을 제자로 삼으라고 하신 예수님의 말씀이 우리에게 실천되는 것입니다. 그래서 하나님 뜻대로 살고 싶은 것입니다.

선교사나 목사의 길은 다른 사람의 의지로는 갈 수 없습니다. 자기가 좋아서 가는 것입니다. 듣고 보고 체험했기 때문에, 가던 길을 멈추고 그 길로 가는 것입니다. 이처럼 하나님의 일은 좋아서 하는 것입니다. 하나님 뜻대로 살고 싶고 예수 그리스도를 증거하며 살고 싶어 그 일을 하는 것입니다. 진실된 교회와 거짓된 교회의 구별은 전도하는 데 있습니다. 전도하지 않으면 가짜 교회라 할 수 있습니다. 이는 단언해도 될 만큼 중요한 것입니다.

그렇다면 성령의 역사는 어디서부터 시작해서 어디까지 가는 것일까요? 성령의 역사는 오순절 다락방에서 시작되었고, 주님 오실 때까지 계속될 것입니다. 개인적으로는 성령을 체험하는 그 순간부터 생명을 마치는 날까지, 모든 시대와 역사를 초월하고 지역과 인종 및 사상과 제도를 뛰어넘을 뿐 아니라, 시간을 초월해서 계속 진행되는 것입니다.

이제 예수님은 하고 싶은 말을 다 하셨습니다. 이제는 여한이 없고, 목마름이 없으십니다. 그래서 승천하기로 하신 것입니다.

모든 것을 완성하시다

이 말씀을 마치시고 그들이 보는데 올려져 가시니 구름이 그를 가리어 보이지 않게 하더라(행 1:9).

예수님은 가장 낮은 자리인 베들레헴의 말구유로 오셨습니다. 여인의 몸을 빌려 성령으로 잉태되어 세상에 오셨습니다. 예수님은 3년 동안 병든 자와 가난한 자, 소외된 자와 저주받은 자들을 위해 사셨습니다. 그들의 소망이 되셨고, 그들의 축복이 되셨습니다. 걷지 못하는 자를 일으키셨고, 보지 못하는 자를 눈뜨게 하셨으며, 죽은 자를 살리셨고, 귀신 들린 자를 자유하게 해 주셨습니다. 예수님은 제자들에게, 또 많은 사람들에게 천국의 메시지, 하나님 나라의 메시지를 전해 주셨습니다.

그 후 예수님은 십자가에 못 박혀 죽으셨고, 부활하셨습니다. 그러나 곧바로 승천하실 수 없었습니다. 말씀을 아직 안 끝내셨기 때문입니다. 그 말씀이 무엇입니까? "너희는 가서 모든 민족을 제자로 삼아"(마 28:19), "오직 성령이 너희에게 임하시면 너희가 권능을 받고 예루살렘과 온 유대와 사마리아와 땅 끝까지 이르러 내 증인이 되리라"(행 1:8)는 두 가지 말씀입니다. 이 말씀을 하기 위해 기다리셨고, 그 후에 승천하셨습니다. 승천이란 완성을 뜻합니다. 완성했기 때문에 승천하신 것입니다. 승천이란 땅의 시간에서 하늘의 시간으로 옮겨 가는 것을 의미합니다. 로켓이 발사되어 달나라로 가듯 예수님이 지구를 떠나 우주를 여행하시는 것이 아니라, 땅의 시간에서 하늘의 시간으로 사라지신 것입니다. 그것이 승천입니다.

하나님이 주신 사명과 약속

아직까지도 제자들은 예수님의 말씀을 이해하지 못했습니다. 그들은 오순절에 성령이 임하시고 나서야 그들의 마음과 생각과 가치관 속에 일대 대변혁이 일어나 이 말씀을 이해하게 됩니다. 그렇기 때문에 이때 제자들은 그저 망연자실한 채 예수님이 사라지신 그 공간을 응시하고 있었습니다. 그때 천사가 두 가지 메시지를 알려 주었습니다.

갈릴리 사람들아 어찌하여 서서 하늘을 쳐다보느냐 너희 가운데서 하늘로 올려지신 이 예수는 하늘로 가심을 본 그대로 오시리라(행 1:11).

첫 번째 메시지는, '하늘만 쳐다보지 말고 현실로 돌아오라'는 것입니다. 우리는 은혜를 받으면 언제나 '초막 세 개'를 짓고 싶어 합니다. 그러나 우리에게 은혜를 주고 영적 경험을 하게 하신 것은 우리를 땅으로 돌아오게 하기 위한 것입니다. 주님이 승천하신 이후 다시 오실 때까지 우리는 다음과 같은 사명을 받은 것입니다. '하늘만 쳐다보지 말고, 예수님이 하신 말씀을 기억하라. 예수님이 너희에게 부탁하신 그 말씀대로 온 천하에 다니며 만민에게 복음을 전파하라. 가서 모든 민족을 제자 삼으라. 제자 삼기 위해서는 성령의 능력을 힘입어야 한다. 성령의 사람이 되어라. 성령 세례를 받으라. 그때 너희는 능력을 얻게 될 것이고, 죽을 때까지 그리스도의 증인이 될 것이다.' 언제까지입니까? 우리 주님이 다시 오실 때까지입니다. 그래서 '이것이 너희가 지금 정신 차려 생각해야 할 주제다. 때와 시기는 너희가 관여할 문제가 아니다'라는 말씀을 전한 것입니다.

두 번째 메시지는, "너희 가운데서 하늘로 올려지신 이 예수는 하늘로 가심을 본 그대로 오시리라"는 것입니다. 저는 예수님이 어떻게 오실지 압니다. 가신 그대로 오실 것입니다. 성경이 그렇게 말씀하고 있기 때문입니다. 하나님이 주신 이 약속은 주님이 다시 오신다는 확실한 보장 속에 주어진 것입니다. 막연한 기다림이 아닙니다. 허무주의자들이나 실존주의자들의 기다림이 아닙니다. 우리의 기다림 속에는 약속의 주인이신 하나님이 계십니다. 그리스도가 계십니다. 우리는 허상을 기다리는 것이 아니라 실상을 기다리는 것입니다. 주님은 다시 오실 것입니다. 구름 속으로 영광스럽게 사라지신 것처럼, 예수 그리스도는 영광 가운데 다시 오실 것입니다.

저는 이렇게 도전하고 싶습니다. 주님이 베풀어 주신 이 오순절 성령의 사건에 동참하십시오. 그래서 성령의 능력을 받아 예수 그리스도의 증인 된 삶을 사십시오. 언제까지 되는대로 적당히 살겠습니까? 그저 자기 생각에만 도취되어 하나님 생각은 해 보지도 못한 채 가정 일과 세상일에 얽매여, 또 자기 자신의 갈등에 얽매여 언제까지 그렇게 시간을 허비하며 살겠습니까? 이것은 우리의 진정한 삶이 아닙니다. 우리에게는 영광스러운 삶이 약속되어 있습니다. 그것은 능력 받는 삶, 증인 되는 삶입니다.

3

오순절을 기다리다

사도행전 1:12-26

제자들은 주님이 부활하실 때부터 커다란 충격을 받았습니다. 예수님은 부활 후 40일 동안 머물며 제자들에게 몇 가지를 말씀하셨는데, 그때 제자들은 더 당황하고 충격을 받았을 것입니다.

너희는 가서 모든 민족을 제자로 삼아(마 28:19).

이것이 예수님의 결론입니다.

예루살렘을 떠나지 말고 내게서 들은 바 아버지께서 약속하신 것을 기다리라 … 너희는 몇 날이 못 되어 성령으로 세례를 받으리라 … 오직 성령이 너희에게 임하시면 너희가 권능을 받고 예루살렘과 온 유대와 사마리아와 땅 끝까지 이르러 내 증인이 되리라(행 1:4-5, 8).

예수님으로부터 이런 말씀을 들었을 때, 제자들은 예수님 생전에 이런 말씀을 들어 보지 못했기에 굉장히 당황하고 충격을 받았을 것입니다. 그러나 그보다 더 충격적인 사실은, 그 말씀을 하시고 주님이 지상에서 사라져 버린 일이었습니다. 주님이 구름 속으로 올라가시더니 없어져 버린 것입니다. 얼마나 놀랐겠습니까? 미처 해석하고 생각할 틈조차 없었습니다. 그래서 그들은 멍하니 하늘을 쳐다보고 있었습니다.

그때 또다시 놀라운 일이 생겼습니다. 흰옷 입은 두 천사가 나타나서, "갈릴리 사람들아 어찌하여 서서 하늘을 쳐다보느냐 너희 가운데서 하늘로 올려지신 이 예수는 하늘로 가심을 본 그대로 오시리라"(행 1:11)고 말한 것입니다.

사실 그렇습니다. 예수 믿는 삶이란 충격의 연속입니다. 우리가 예수 그리스도를 만나고 영접했을 때 얼마나 도전을 받고, 충격을 받고, 깜짝 놀랐습니까? '하나님이 날 사랑하시다니, 내 죄를 용서하시다니….' 그러나 그것은 충격의 시작일 뿐입니다. 정말 예수를 믿는 사람들은 매일의 생활이 감당할 수 없는 충격의 연속입니다. 그렇게 주님 오실 때까지 사는 것입니다. 너무나도 엄청난 일들이 자꾸 벌어집니다. 우리가 상상할 수도 없던 일, 우리의 이성과 지성과 합리적인 경험 속에서는 일어나지 않던 초자연적인 일들이 사람을 만날 때마다, 기도할 때마다 일어나는 것입니다. 무슨 일을 하든지, 어디를 가든지 하나님의 일들이 곳곳에 있는 것입니다.

제자들이 이것을 경험했습니다. 그들은 이런 충격 속에서 결국 예루살렘으로 돌아오게 됩니다.

더불어 마음을 같이하여

제자들이 감람원이라 하는 산으로부터 예루살렘에 돌아오니 이 산
은 예루살렘에서 가까워 안식일에 가기 알맞은 길이라(행 1:12).

주님의 승천을 목격하고 천사들의 메시지를 들은 그들은 뿔뿔
이 흩어질 수 없었습니다. 사실은 그때가 가장 큰 위기의 순간입니
다. 왜냐하면 그들이 믿고 따랐던 주님이 지상에서 사라지셨기 때
문입니다. 지도자가 없어진 것입니다. 도대체 앞으로 무엇을 어떻
게 해야 된다는 말입니까? 어디로 가야 된다는 말입니까? 그들은
아무것도 할 수 없었습니다. 지침도 없었습니다. 이렇게 하라, 저
렇게 하라는 명령도 없었습니다. 오직 하나의 명령만이 있었을 뿐
입니다. "예루살렘을 떠나지 말고 내게서 들은 바 아버지께서 약
속하신 것을 기다리라"(행 1:4). 이 한마디였습니다.

제자들에게는 두 가지 마음이 일었을 것입니다. 즉, 두려움과 불
안입니다. 그리고 동시에 그들의 마음에는 알 수 없는 흥분과 기대
와 소망이 있었을 것입니다. '너희는 가서 모든 민족을 제자로 삼
으라고 하셨는데, 이 말은 무슨 뜻일까?' '내게 들은 바 아버지께
서 약속하신 것을 곧 받게 될 거라고 하셨는데, 과연 그것은 무엇
일까?' 그들은 흥분과 기대감과 어떤 소망을 동시에 가지고 있었
을 것입니다.

들어가 그들이 유하는 다락방으로 올라가니 베드로, 요한, 야고보, 안드레와 빌립, 도마와 바돌로매, 마태와 및 알패오의 아들 야고보, 셀롯인 시몬, 야고보의 아들 유다가 다 거기 있어(행 1:13).

그들은 평소에 잘 모이던 다락방에 모이기 시작했습니다. 그곳에 모인 사람들은 가룟 유다를 제외한 예수님의 열한 제자들이었습니다. 전원이 모였다는 것은 비상사태를 의미합니다. 보통 일이 아니라 굉장히 중요하고 아주 결정적인 일임을 의미하는 것입니다.

여자들과 예수의 어머니 마리아와 예수의 아우들과 더불어 마음을 같이하여 오로지 기도에 힘쓰더라(행 1:14).

그러나 그곳에는 예수님의 열한 제자들만 모인 것이 아니었습니다. 예수님을 사랑해서 십자가까지 따라갔던 여자들, 무덤까지 갔다가 예수님의 부활의 현장을 목격했던 여자들도 그곳에 있었습니다. 또 예수님의 어머니를 비롯한 예수님의 친척들도 있었습니다. 이것은 굉장한 사건이라는 뜻입니다.

그다음 구절을 보면 이렇게 모인 숫자가 120명이라고 했습니다. 여기 모인 사람들은 분명 예수님에 대해 비판적인 생각을 갖고 있거나 예수님을 적당히 사랑한 사람들은 아니었을 것입니다. 그들은 예수님을 한마음, 한 뜻으로 사랑하고, 그를 진정으로 기다렸던 사람들이었습니다.

이것이 바로 교회입니다. 교회는 어중이떠중이들이 적당히 모여서 지내는 곳이 아닙니다. 비판하기 위해 모이거나 잠깐 위로받기 위해 모이는 곳도 아닙니다. 교회는 주님을 진실한 마음으로 사랑하는 하나님의 백성이, 생명을 바치고자 하는 하나님의 백성이 모이는 곳입니다. 그런 사람들이 120명이나 모였다고 했습니다.

성경은 그들이 '더불어 마음을 같이했다'고 말씀합니다. 사람은 누구든 똑같을 수 없습니다. 그러나 여기 모인 사람들은 서로의 인간적인 차이점에도 불구하고 한곳에 모여 한마음으로 똑같은 생각을 하고 있는 것입니다. 그들이 모여서 무엇을 했습니까? 저는 그들이 모여서 무엇을 했는지를 알아보기에 앞서, 그들이 무엇을 하지 않았는지를 생각해 보고 싶습니다.

첫째, 그들은 회의하지 않았습니다. 이것은 굉장히 중요합니다. 대부분의 사람들은 문제가 생기면 우선 모임부터 갖습니다. 관계자들을 불러 모아 회의와 토론을 합니다. 심지어 어떤 이들은 문을 잠가 놓고 토론을 벌입니다. 하룻밤이 아니라 며칠 밤을 토론하고 또 하기도 합니다. 그러나 제자들은 회의하지 않았습니다. 토론을 벌이지 않았습니다.

둘째, 그들은 세미나를 열거나 논쟁하지 않았습니다. 요즘엔 무슨 일이 생기면 그 문제를 다루기 위해서 관계된 전문가나 저명인사를 초청해 세미나를 엽니다. TV에서 하는 시사 토론 프로그램이 바로 그런 것입니다. 그렇게 해서 여론을 수렴합니다. 그래서 여론 정치를 하는 것입니다. 거기에서 얻어진 결론이 최선이라는 것입니다. 이것이 세상적인 방법입니다. 그러나 그 무리는 저명인사를 초청해서 세미나를 열지 않았습니다. 논쟁하지 않았습니다. 어떻게 할 것인가 의논하지 않았습니다.

셋째, 그들은 집단행동이나 시위를 하지 않았습니다. 대부분의 사람들은 문제가 생기면 집단행동에 들어갑니다. 어떤 사람들은 극단적인 행동을 합니다. 그래서 자기들의 의사를 관철하기도 하고, 또 어떤 경우에는 이를 위해 폭력을 행사하기도 합니다. 물론 세상에서 사용하는 이런 방법들은 설득력도 있고 효과도 있습니다. 그러나 영적인 사건은 사람들이 모여 회의하거나 토론하거나 데모해서 이루어지지 않습니다.

그렇다면 사도행전 같은 영적인 사건은 어떻게 일어났습니까? 그것은 그들이 기도했기 때문입니다. 이것은 굉장히 중요한 사실입니다. 교회는 이런 의미에서 민주적이라기보다는 영적입니다. 그들은 모여서 의논하지 않았습니다. 다수결로 무언가를 결정하지도 않았습니다. 토론이나 집단행동을 하지도 않았습니다. 하나님의 일은 그런 방법으로 이루어지지 않습니다. 그러면 그들이 모여서 한 것은 무엇입니까? 그들은 세 가지 일을 했습니다.

제자들의 순종

오순절을 기다리며 제자들이 한 첫 번째 일은 순종하는 것이었습니다.

> 사도와 함께 모이사 그들에게 분부하여 이르시되 예루살렘을 떠나지 말고 내게서 들은 바 아버지께서 약속하신 것을 기다리라(요 1:4).

주님은 제자들에게 예루살렘을 떠나지 말 것을 명하셨습니다. 떠나지 말라고 하셨다면 떠나지 말아야 합니다. 그래야 하나님의 은혜와 하나님의 영적인 사건이 임합니다. 또 떠나라고 하셨다면 즉시 떠나야 합니다. 떠나라고 할 때 떠나지 않아도 문제가 되고, 떠나지 말라고 할 때 떠나도 문제가 됩니다. 그러나 그 문제는 우리가 결정할 사항이 아닙니다. 주님이 시키시는 대로 하면 됩니다. 어떤 명령이든 주님이 시키시는 대로 순종하면 되는 것입니다. 하나님이 우리에게 주시는 말씀, 명령, 위탁에 순종하면 영적인 사건이 일어납니다. 하늘의 사건이 일어납니다. 기적이 일어납니다. 초자연적인 일들이 일어나는 것입니다.

순종보다 더 위대한 믿음은 없습니다. 순종보다 더 위대한 행동도 없습니다. 그 무리들은 약속하신 성령이 오실 때까지 예루살렘을 떠나지 않은 채 시간을 낭비했습니다. '거룩한' 낭비였습니다. 우리는 가끔 순종을 위해 시간, 정력, 재정을 낭비해야 합니다.

성령의 사건은 인간이 생각하고 의논해서 태동하는 것이 아닙니다. 그것은 하나님이 계획하신 사건이요, 하나님 당신의 사건입니다. 예수님의 제자들은 이 약속의 말씀을 믿고 순종했기 때문에 영광스럽고 황홀한, 초자연적인 오순절을 경험할 수 있었습니다.

오순절 사건을 경험하고 싶습니까? 성령의 놀라운 일들을 경험하고 싶습니까? 능력을 받고 싶습니까? 하늘의 은사들을 체험하고 싶습니까? 그렇다면 예수님이 약속하신 말씀을 믿고 순종하며 시간을 낭비해야 합니다. 내가 원하는 대로 움직여서는 안 되는 것입니다.

구약성경에 보면 자기 마음대로 움직였다가 실수한 사람이 있습니다. 아브라함입니다. 하나님은 아브라함에게 지시한 땅으로 가라고 말씀하셨습니다. 그러나 거기에는 기근이 있었습니다. 그래서 아브라함은 하나님의 음성을 듣거나 기도하지 않고 '애굽으로 잠깐 피신하자'고 혼자 결정했습니다. 굉장히 멋있고 합리적인 생각 같았습니다. 그러나 아내를 데리고 애굽으로 잠깐 피신하러 갔다가 얼마나 망신을 당했습니까? 거의 죽을 뻔하지 않았습니까? 바로 그것입니다. 오순절을 기다리는 제자들이 제일 먼저 한 일은, 예루살렘을 떠나지 말고 약속하신 것을 기다리라고 하신 말씀에 순종하기로 결정한 것입니다.

사도행전 19장에 보면 사도 바울이 에베소에 있는 형제들에게, "너희가 믿을 때에 성령을 받았느냐"(행 19:2)고 묻는 장면이 나옵니다. 그때 그들은, "우리는 성령이 계심도 듣지 못하였노라"(행 19:2)고 대답합니다. "그러면 너희가 무슨 세례를 받았느냐"는 바울의 질문에 그들은, "(세례) 요한의 세례"를 받았다고 말합니다(행 19:3). 이 말을 들은 사도 바울은 즉시 그들에게 안수하고 예수의 이름으로 세례를 베풀어 줍니다. 그때 그들은 비로소 방언과 예언을 하면서 성령 충만함을 받습니다.

저는 이런 질문을 하고 싶습니다. 예수님과 함께 3년 동안 같이 먹고 마시며 살았던 제자들, 예수님의 기적을 친히 목격했던 제자들, 십자가도 보고 부활도 보았던 예수님의 제자들에게 오순절이 필요했을까요? 그만큼 함께하며 믿었는데, 기적도 보고 부활도 보았는데 오순절의 경험이 또 필요했을까요?

대답은 '그렇다'입니다. 절대적으로 필요했습니다. 오순절의 경험이 제자들에게 너무나도 중요했기에, 예루살렘을 떠나지 말고 약속한 것을 받기까지 기다리라고 말씀하신 것입니다. 이것은 절대적인 명령입니다. 그리고 예수님의 제자들에게 오순절의 경험이 필요했던 것처럼, 우리 각 사람에게도 그 경험이 절대적으로 필요합니다. 전 교회적으로 오순절을 경험해야 합니다.

그러면 우리의 문제는 무엇입니까? 대부분의 그리스도인의 문제는 하나님의 존재를 부인하는 데 있는 것이 아니라, 하나님의 능력을 제한하는 데 있습니다. 하나님을 안 믿는 게 아닙니다. 자신이 이해하는 범위 내에서만 하나님이 하실 수 있다고 믿는 것입니다. 사람들은 하나님의 무한한 능력을 신뢰하지 않습니다. 어떤 부분은 하실 수 있지만, 어떤 부분은 하실 수 없다고 생각합니다.

하나님을 하나님으로 믿으십시오. 하나님이 엄청난 일을 하실 수 있다는 사실을 믿으십시오. 그때에야 비로소 하나님이 우리와 교회를 통해 역사하시는 것입니다. 제발 당신의 짧은 경험과 지식과 상식으로 하나님을 제한하지 마십시오. 그것은 죄입니다.

우리의 두 번째 문제는 무엇입니까? 성령님을 제한하는 것입니다. 많은 그리스도인들은 성령님이 천지를 창조하셨다고 믿습니다. 인간을 창조하실 때 성령 하나님이 역사하신 것을 믿습니다. 성령님이 예수님을 동정녀의 몸에서 탄생하게 하셨다고 믿습니다. 성령님이 성경을 쓰게 하신 것도 믿습니다. 우리가 예수를 믿을 때 성령의 역사로 구원받게 된 것도 믿습니다. 그러나 그것만 믿습니다. 오늘도 놀랍게 역사하셔서 방언도 하고, 예언도 하고, 기적도 일으키고, 병도 고치고, 우리의 인격을 변화시키실 뿐 아니라 세계를 복음화시키시는 엄청난 능력은 제한합니다. 자기가 경험해 보지 못한 것은 모두 틀렸다고 생각합니다.

예수님과 함께하며 십자가를 체험하고 부활을 목격했던 제자들에게 예수님은 무엇을 말씀하셨습니까? "너희들이 예루살렘을 떠나지 말고 꼭 체험해야 할 것이 있다. 나는 곧 지상에서 떠난다. 그러나 나를 대신해서 너희들이 따라야 할 리더, 곧 주인이 계시다." 그가 바로 오순절에 오신 성령이십니다. 예수님의 제자들은 주님의 말씀을 믿고 순종했습니다. 그래서 떠나지 않고 한곳에 모여서 기다리고 있었던 것입니다.

성령을 기다리며 기도하다

예수님의 제자들이 두 번째로 한 일은 무엇입니까? 그것은 기도였습니다. 간절한 기도, 합심 기도를 드렸던 것입니다. 마치 엘리야가 3년 반 동안 비가 오지 않는 상황에서 바알의 제사장들과 영적인 대결을 벌이면서, "하나님이여, 지금 비를 내려 주옵소서" 하고 갈멜 산꼭대기에서 꿇어 엎드려 머리를 두 무릎 사이에 넣고 간절히 기도했던 것처럼, 예수님의 제자들은 다락방에 모여 무엇인지는 모르지만 약속하신 것이 분명히 있을 것을 믿고 그 말씀에 순종하며 합심해서 기도했습니다.

　기도에 관한 우리의 잘못된 태도가 있다면 무엇입니까? 기도를 안 하는 게 아닙니다. 기도할 때 딴생각을 하는 것입니다. 잡생각을 하는 것입니다. 이는 생명을 걸고 기도하지 않는다는 것입니다. 진실한 기도를 하지 않고 시간만 보낸다는 것입니다. 이들은 얼마나 간절히 기도했을까요? 성경에 자세한 설명은 없지만, "더불어 마음을 같이하여 오로지 기도에 힘쓰더라"(행 1:14) 고 묘사한 것을 보면, 그들은 아마 땀이 나고 몸이 뒤틀릴 정도로 기도했을 것입니다. 언어가 아니라 짐승 소리 비슷한 음성을 냈을지도 모릅니다. 이렇게 기도하는 것이 정상입니다. 예수님도 겟세마네 동산에서 땀이 피가 되도록 몸부림치며 기도하셨습니다. 오늘날의 비극은 이런 기도가 없다는 데 있습니다. 이런 순수성, 간절함, 생명을 걸고 순종하는 영적인 기도가 없는 것이 우리의 비극인 것입니다.

그들은 철저한 신뢰와 헌신과 위탁을 통해 기도했을 것입니다. 그들은 아버지의 약속하신 것이 무엇인지 대망하며 기도했을 것입니다. "오직 성령이 너희에게 임하시면 너희가 권능을 받고 … 땅 끝까지 이르러 내 증인이 되리라"(행 1:8)는 말씀을 생각하며 기도했을 것입니다. 어쩌면 주님이 부탁하신 최후의 명령, 즉 "너희는 가서 모든 민족을 제자로 삼아"(마 28:19)라는 말씀을 생각하며 기도했을지도 모릅니다.

한 가지 궁금한 것은, 이렇게 많은 사람들이 열흘 동안이나 모여 있었는데 그동안 다른 일을 했다는 기록이 없다는 것입니다. 아마 그들은 쉬지 않고 기도만 했을 것입니다. 이것이 그들이 한 일의 전부입니다.

마귀는 우리에게 이런 유혹을 합니다. '찬양은 하되 기도는 하지 마라.' '기도는 조금만 하고 전도나 봉사나 선교를 해라.' '기도하지 말고 그냥 네 생각대로 행해라.' '기도하지 말고 설교 준비 잘해서 설득력 있게 말해라.' '제직회도 하고 당회도 하고 위원회도 모이고 훈련도 다 하되, 기도는 조금만 해라.' '기도는 조용한 골방에 홀로 앉아 아무도 모르게 하는 것이다. 합심해서 기도하지 마라.

기도할 때는 지성적으로 해야 한다. 촌스럽게 기도하는 것은 안 된다. 이것은 자존심의 문제다.' 이러한 마귀의 유혹에 넘어가다 보니 기도를 잘 안 하게 되는 것입니다.

사도행전이 일어나게 된 하나님의 방법은 기도였습니다. 그리고 나서 오순절 사건이 일어난 것입니다. 성령을 사모합니까? 능력과 지혜와 은사들을 체험하고 싶습니까? 다른 방법은 없습니다. 엎드려 기도하십시오. 하나님의 성령, 오순절의 성령이 임할 것을 믿고 간절히 사모하십시오.

"주님, 지금까지 예수님을 믿고 주님의 일을 해 왔지만, 내 생각과 계획과 방법으로 하다 보니 너무 피곤합니다. 모든 일들이 잘되는 것 같지만 영적인 열매가 없습니다. 사나워지고, 불평하고, 관계가 복잡해지고, 일을 하면 할수록 다툼이 많습니다. 주님, 나를 불쌍히 여겨 주십시오. 이제 하나님의 은혜를 기다립니다. 성령님의 능력을 사모합니다. 오셔서 나를 지배해 주십시오." 이런 기도를 할 때 사도행전의 사건이 우리에게도 일어날 것입니다.

부족한 수를 채워 완전하게 하다

예수님의 제자들이 한 일이 또 있습니다. 그것은 부족한 것을 채우는 일이었습니다. 그들이 합심해서 간절히 기도했을 때 무슨 일이 일어났습니까? 오순절 사건이 아니라 엉뚱한 사건이 일어났습니다. 갑자기 베드로가 자리에서 일어난 것입니다.

모인 무리의 수가 약 백이십 명이나 되더라 그때에 베드로가 그 형제들 가운데 일어서서 이르되 형제들아 성령이 다윗의 입을 통하여 예수 잡는 자들의 길잡이가 된 유다를 가리켜 미리 말씀하신 성경이 응하였으니 마땅하도다(행 1:15-16).

회개란 개인적으로 해야 할 것도 있지만, 공동체적으로 해야 할 것도 있습니다. 그들이 예수님의 말씀에 순종해서 간절히 기도하고 있을 때, 성령님은 120명의 공동체가 지금 해결해야 할 문제를 베드로의 입을 통해 가르쳐 주신 것입니다. 그것은 그들이 기억하고 싶지 않은 가룟 유다의 사건이었습니다.

가룟 유다는 예수님을 팔고 결국 자살했습니다. 그와 함께 생활하며 동역했던 제자들은 그 사건을 기억하고 싶지 않았을 것입니다. 땅에 묻어 두고 싶었을 것입니다. 그런데 성령님이 그 사건을 지적해 주신 것입니다. 가룟 유다는 자기 직무를 잊어버리고 제 길로 갔으니, 가룟 유다 대신 다른 사람을 채우라는 것입니다.

이 사람은 본래 우리 수 가운데 참여하여 이 직무의 한 부분을 맡았던 자라(행 1:17).

여기서 '수'라는 말이 굉장히 중요합니다. 지금 '수'가 결원되었습니다. 가룟 유다가 빠짐으로써 열둘의 완전수가 열하나가 된 것입니다. 열두 사도의 직무가 있는데 지금 그 직무가 결여되어 있었던 것입니다.

(이 사람이 불의의 삯으로 밭을 사고 후에 몸이 곤두박질하여 배가 터져 창자가 다 흘러나온지라 이 일이 예루살렘에 사는 모든 사람에게 알리어져 그들의 말로는 그 밭을 아겔다마라 하니 이는 피 밭이라는 뜻이라) 시편에 기록하였으되 그의 거처를 황폐하게 하시며 거기 거하는 자가 없게 하소서 하였고 또 일렀으되 그의 직분을 타인이 취하게 하소서 하였도다(행 1:18-20).

우리가 생각하는 일반적인 공식은 무엇입니까? 회개하고 열심히 기도하면 불이 확 떨어지는 것입니다. 성령은 그렇게 받는 것이라고 생각합니다. 하지만 아닙니다. 오순절 사건은 그렇게 일어나지 않았습니다. 사도행전의 오순절 사건의 시작은 불완전한 것을 완전하게 만들어 온전하신 성령님이 임하시도록 준비하는 것이었습니다. 이것이 하나님의 말씀입니다. 이것은 아주 중요한 일입니다. 그렇습니다. 하나님은 지금 부족한 어떤 부분을 우리가 채우기를 바라십니다.

당신은 하나님의 말씀에 순종하고 있습니까? 성령이 정말 임할 것이라는 말씀을 믿습니까? 어떤 사람들은 이런 것을 전혀 기대하지 않고 '성경 공부만 하면 된다', '예수님만 잘 믿으면 된다'고 말합니다. 하지만 아닙니다. 특별히 전도하려고 마음먹은 사람은 성령의 체험과 도움이 없이는 절대로 전도할 수 없습니다. 선교사들도 마찬가지입니다. 성령 체험을 하고 성령에 민감한 이들이 선교지에 오래 남아 있습니다.

그러나 착각하지 마십시오. 오순절을 경험하고 성령 세례를 받았다고 해서 그 사람이 성숙해지거나 윤리적으로 온전해진 것은 아닙니다. 초대 교회의 신자들 같은 오합지졸이 세상 어디에 있습니까? 하지만 오순절에 성령이 임한 후 금세 3천 명, 5천 명이 되었습니다. 그들이 성경 공부를 했을까요? 큐티 훈련을 받았을까요? 아닙니다. 그들이 하나님의 성령에 붙잡힌바 되었기에 초대 교회를 만든 것입니다. 얼마나 놀라운 일입니까?

오늘날 이 땅의 교회에 이런 역사가 일어나야 합니다. 성령의 기름 부으심이 있어야 합니다. 개인적으로도 임해야 하지만, 교회적으로도 임해야 합니다. 교회적으로 하나님의 성령이 임하게 되면 교회 전체가 능력을 받게 됩니다.

사도의 조건

하나님은 가룻 유다 대신 새 사람을 뽑을 기준을 가르쳐 주셨습니다. 그 기준은 무엇입니까?

항상 우리와 함께 다니던 사람 중에 하나를 세워 우리와 더불어 예수께서 부활하심을 증언할 사람이 되게 하여야 하리라 하거늘 그들이 두 사람을 내세우니(행 1:22-23).

사도의 자격에는 두 가지가 있었습니다. 첫째는, 요한의 세례로부터 승천하실 때까지 다른 사도들과 함께 있었던 사람이어야 했습니다. 예수님의 일꾼의 자격은 예수님을 잘 알아야 된다는 것입니다. 그분의 인간성, 가정생활, 인간관계를 알며, 같이 먹고 자고 입고 함께 살았던 사람이어야 했습니다.

둘째는, 예수님을 잘 알 뿐 아니라 부활의 증인과 목격자여야 한다는 것입니다. 이것은 굉장히 중요한 자격 요건입니다. 예수님의 일꾼이 될 자격은 경력이나 학력이나 능력이나 지위에 있지 않습니다. 하고 싶은 사람은 누구든 할 수 있습니다. 하지만 성령의 능력을 받아 그리스도의 부활을 증거할 수 있는 사람만이 어떤 모양으로든지, 어떤 환경에서든지 그리스도의 능력 있는 증인이 되는 것입니다.

선교지에 갔더니 선교사가 전도는 하지 않고 집만 짓거나 조직이나 세미나만 하고 있다는 말에 크게 공감한 적이 있습니다. 전도하러 가서 전도할 준비만 계속하고 정작 전도는 하지 않는 원인이 어디에 있는지 아십니까? 성령 받은 사람은 집을 지으면서도 전도하고, 다른 일을 하면서도 전도하고, 무슨 일을 시켜도 전도합니다. 그러나 성령의 경험이 없는 사람은 전도하기 위한 준비만 계속합니다. 당신은 어떻습니까? 전도하고 있습니까? 당신의 삶에 전도하려는 간절한 염원이 있습니까?

완전한 것을 원하시는 하나님

그들은 제비를 뽑기 전에 이런 기도를 했습니다.

> 그들이 기도하여 이르되 뭇 사람의 마음을 아시는 주여 이 두 사람 중에 누가 주님께 택하신바 되어 봉사와 및 사도의 직무를 대신할 자인지를 보이시옵소서 유다는 이 직무를 버리고 제 곳으로 갔나이다 하고(행 1:24-25).

성경에 나와 있듯이, 그들은 누가 주님의 선택된 사람인가, 누가 봉사할 사람인가, 누가 이 직무를 대신할 사람인가, 이 세 가지를 물었습니다. 그러고 나서 제비를 뽑았습니다.

> 제비 뽑아 맛디아를 얻으니 그가 열한 사도의 수에 들어가니라(행 1:26).

그 결과 맛디아가 뽑혔습니다. 그가 열한 사도의 수에 들어가게 되었습니다.

요한계시록에 보면 수가 다 채워져야 하나님 나라가 온다는 말씀이 있습니다. '수'라는 것이 이렇게 중요합니다. 하나님은 우리 각자에게 전도할 숫자를 주셨습니다. 우리가 해야 할 어떤 부분이 있습니다. 하나님은 우리가 그 부분을 감당하기를 원하십니다. 채우기를 원하십니다. 고치기를 원하십니다.

이제 모든 준비가 끝났습니다. 성령님의 임재를 위한 준비를 당신도 끝냈습니까? 성령님이 임하실 것이 정말 믿어집니까? 성령님을 정말로 사모합니까? 그런 일이 있어도 되고 없어도 된다고 생각하는 것은 아닙니까?

우리는 성령의 능력을 받지 않고는 온전한 그리스도인의 삶을 살 수 없습니다. 전도할 수 없습니다. 죄를 이길 수 없습니다. 사랑할 수 없습니다. 설교할 수 없습니다. 성령이 없다면, 인간이 할 수 있는 것은 아무것도 없습니다.

성령을 간절히 사모하라

성령이 임하실 것을 믿으십시오. 오순절이 임할 것을 믿으십시오. 내게 그것이 필요하다고 어린아이처럼 사모하십시오. 목마른 사슴이 시냇물을 사모하듯이, '오 주여, 나의 갈급한 영혼에 주의 성령의 단비를 내려 주시옵소서' 하고 사모해야 합니다.

기다리십시오. 사모하고, 순종하고, 기다리십시오. 그러면 당신의 생애에 경험하지 못했던 놀라운 일들이 물이 스며들듯, 바람이 불듯, 불이 내리듯이 각 사람에게 여러 다른 모양으로 일어날 것입니다. 조용한 사람에게는 조용하게 올 것이고, 뜨거운 사람에게는 뜨겁게 올 것입니다. 각 사람에게 임하시는 성령의 모습이 다를지라도, 그것을 통해서 성령의 역사가 우리에게 임하는 것입니다. 그 성령이 임하시면 우리는 가만히 앉아 있을 수 없습니다. 성령이 임하시면 우리가 그렇게 무감각할 수 없기 때문입니다.

당신의 영혼은 어떻습니까? 혹시 메마른 상태에 있지 않습니까? 무엇을 하고 싶어도 할 능력이 없지 않습니까? 비참함을 느끼지 않습니까? 뜨거운 마음, 감격스러운 마음, 감사한 마음, 은혜로운 마음이 없다면, 당신은 가물어 메마른 땅입니다. 그 땅에는 나무를 심어도 나무가 자라지 않습니다.

예수님은 우리를 위해 십자가에 못 박혀 돌아가시고, 부활의 구원을 만들어 놓으셨습니다. 아무리 구원을 만들어 놓았다 할지라도 그것이 우리에게 효력이 없으면, 그 객관적인 사실이 우리의 믿음의 사건이 되지 않으면 그것이 어찌 능력이 되겠습니까? 그러니 성령을 사모하십시오. 간절히 사모하십시오. 이것은 해도 되고 안 해도 되는 문제가 아닙니다. 이것은 반드시 생명을 걸고 해야 되는 일입니다.

"주여, 은혜받기를 원합니다. 변하기를 원합니다. 오순절을 경험하길 원합니다. 충만하게 해 주십시오." 이렇게 기도하다 보면 성령님이 우리에게 무엇이 부족한지를 가르쳐 주십니다. 하나님 이 우리에게 은혜를 주십니다. 그렇다면 이제는 오순절의 황홀하고 아름다운 능력의 역사를 기대해도 좋을 것입니다.

4

성령이 임하시다

사도행전 2:1-4

드디어 오순절이 이르러 성령이 임하셨습니다.

오순절 날이 이미 이르매 그들이 다 같이 한곳에 모였더니(행 2:1).

오순절이란 유월절 이후 50일이 되는 날입니다. 예수님은 부활하신 후에 40일 동안 지상에 계셨습니다. 승천하시고 나서 열흘이 지나 오순절이 임한 것입니다. 이 열흘 동안 제자들은 세 가지 일을 했습니다. 첫째, 예루살렘을 떠나지 말고 아버지의 약속하신 것을 기다리라는 예수님의 말씀에 순종했습니다. 둘째, 평소에 잘 모이던 한 다락방에 모여 마음을 합해서 전심으로 기도했습니다. 셋째, 그들의 기도 중에 성령님이 베드로에게 역사하셨습니다. 베드로가 갑자기 일어나 예언을 했는데, 가룟 유다를 대신해 예수님의 삶과 부활을 증거할 수 있는 사도를 택하라는 것이었습니다. 그들은 요셉과 맛디아 두 사람을 놓고 제비를 뽑았고, 그 결과 맛디아가 선택되었습니다. 그들은 이제 조용히 기다리고 있었습니다.

바로 그때, 오순절이 되었습니다. 성경에는 "오순절 날이 이미 이르매"라고 했습니다. 오순절 전도 아니고 후도 아닙니다. 오순절이 시작되는 바로 그 시간이라는 뜻입니다. 그 시간이 지나갈 때입니다. 그때 놀라운 일이 생긴 것입니다.

하나님은 언제나 정확한 때에 일하십니다. 하나님은 일찍 오시는 법도 없고, 늦게 오시는 법도 없습니다. 하나님의 때가 있습니다. 하나님은 정확히 당신의 때에 당신의 일을 하는 분이십니다.

믿음을 가지면 시간을 이해할 수 있게 됩니다. 죽을 때를 알고 살 때를 압니다. 꺾일 때를 알고 포기할 때를 압니다. 그러나 믿음이 없는 사람은 그것을 알지 못합니다. 마치 그들은 영원히 살 것처럼 행동합니다. 때를 이해하지 못합니다. 믿음이 없는 사람들은 기도하면서도 조급합니다. 하나님의 때를 모르기 때문입니다.

하나님은 우리에게 기다리라고 말씀하십니다. 지금 줄 수 있으나 지금 주면 망할 것을 아시기에, 교만해질 것을 아시기에 때를 기다리시는 것입니다. 그러나 우리는 하나님의 마음을 읽지 못하고 조급해합니다. 어떤 사람은 게을러서 때를 놓칩니다. 자다가 깰 때가 되었지만 그때를 알지 못해 계속해서 방탕하고, 고집을 피우고, 죄를 짓는 사람도 있습니다. 그러나 하나님은 정확한 때에 일하십니다. 오순절 날 '때가 이미 이르매' 하나님이 놀라운 일을 하신 것입니다. 바로 그날, 성령이 임하셨습니다.

오순절의 상징적인 의미

성령이 오순절에 임하셨다는 데에는 놀라운 의미가 있습니다. 구약 시대에 유대인들은 처음 익은 열매를 드림으로써 오순절을 지켰습니다. 유월절은 보리농사가, 오순절은 밀농사가 끝나는 때입니다. 이 두 절기 사이의 기간이 50일입니다. 7주가 일곱 번 계속되어 칠칠절이라고도 합니다. 맥추절 혹은 초실절이라고도 말합니다. 이때는 모든 첫 열매를 하나님께 드리는 축제입니다. 바로 그때 성령이 역사하셨습니다.

놀라운 사실은, 유월절을 지키는 부활절과 오순절이 모두 주일이라는 것입니다. 오순절에는 노동을 하지 않습니다. 하나님께 제사를 드리고 기쁨의 찬양을 드리는 것이 오순절입니다. 놀랍게도 예수님이 부활하신 그날, 성령이 임하신 그날이 다 주일입니다.

사도 요한이 밧모 섬에서 성령의 계시를 받은 때도 주일이었습니다. "주의 날에 내가 성령에 감동되어 내 뒤에서 나는 나팔소리 같은 큰 음성을 들으니"(계 1:10). 주일에 하늘의 문이 열리고, 성령이 사도 요한에게 임해서 그 환상을 보게 된 것입니다.

구약에 보면 오순절에 관한 재미있는 의미가 하나 더 있습니다. 이스라엘 백성이 출애굽을 해서 50일이 지난 후에 시내 산에서 율법을 받았습니다. 그날 하나님의 말씀을 받은 것입니다. 이런 상징적인 의미를 갖고 있는 이 축복의 날, 첫 열매를 드리는 날인 오순절에 성령이 임하신 것입니다.

소리로 임하신 성령

그들이 흩어지지 않고 다락방 한곳에 모여 있을 때, 갑자기 하늘에서 "급하고 강한 바람 같은 소리"가 그들의 귀를 치기 시작했습니다. 이것이 바로 오순절의 시작입니다.

> 홀연히 하늘로부터 급하고 강한 바람 같은 소리가 있어 그들이 앉은 온 집에 가득하며(행 2:2).

태초에 하나님이 천지를 창조하실 때 "빛이 있으라" 말씀하시니 빛이 있었습니다(창 1:3). 이것이 천지를 창조하신 하나님 말씀의 역사였습니다. 말씀이신 예수 그리스도가 인간의 역사 안에 오실 때에는 성령으로 동정녀 마리아에게 잉태되어 베들레헴 마구간에서 한 아이로 태어나셨습니다. 그러나 하나님이신, 그리스도 자신이신 성령님이 이 역사의 무대에 정식으로 다시 나타날 때에는 말씀도 아니고 그리스도의 몸도 아닌, "홀연히 하늘로부터 (내려온) 급하고 강한 바람 같은 소리"라는 하나의 엄청난 현상으로 임한 것입니다.

오순절 날 성령은 세 가지 현상으로 임했습니다. 첫 번째는, '청각적 현상'을 일으키며 임했습니다. 급하고 강한 바람 같은 소리가 난 것입니다. 그것은 바람 소리가 아닙니다. '바람 같은' 소리라고 했습니다. 분명 그것은 영적인 소리, 하늘에서 온 소리입니다.

들어 본 자만 아는 소리인 것입니다. 그러나 그것은 분명한 소리였습니다. 부인할 수 없는 어떤 소리가 귓전을 때린 것입니다. 그것은 한 사람이 들었던 환청이 아닙니다. 120명이 동시에 들을 수 있었던 하늘의 소리였습니다. 하늘의 바람 소리였습니다. 하늘의 숨소리였습니다. 하나님의 호흡이었던 것입니다.

에스겔 37장에 보면 '생기'라는 표현을 썼습니다. "생기야 사방에서부터 와서 이 죽음을 당한 자에게 불어서 살아나게 하라"(겔 37:9) 하니 하나님의 생기가 뼈 속에 들어갔습니다. 죽어 있던 뼈들이 움직이기 시작했습니다. 그것이 서로서로 짝을 맞추기 시작했습니다. 뼈 속에서 힘줄이 생기기 시작했습니다. 살이 생기기 시작했습니다. 핏줄이 생기기 시작했습니다. 가죽이 입혀지기 시작했습니다. 군대처럼 그것들이 움직이기 시작했습니다.

이것이 성령의 역사입니다. 성령의 바람이 분 것입니다. 성령의 바람은 그냥 바람이 아니라, 하나님의 호흡이며 영이었던 것입니다. 하나님의 생기였던 것입니다. 이 하나님의 생기가 오순절 다락방에서 기도하고 있던 무리 속에 바람처럼 불어오고 있었던 것입니다. 이것이 오순절의 시작입니다.

요한복음 3장에는 예수님과 니고데모의 대화가 나옵니다.

내가 네게 거듭나야 하겠다 하는 말을 놀랍게 여기지 말라 바람이 임의로 불매 네가 그 소리는 들어도 어디서 와서 어디로 가는지 알지 못하나니 성령으로 난 사람도 다 그러하니라(요 3:7-8).

예수님은 니고데모에게, "네가 거듭나야 하겠다"는 말씀을 이렇게 설명하셨습니다. 그렇습니다. 바람은 붑니다. 그러나 바람을 볼 수 있는 사람은 아무도 없습니다. 바람이 어디서 와서 어디로 가는지 아무도 모릅니다. 그러나 바람이 지나가면 촛불이 흔들립니다. 바람이 지나가면 우리 몸에 시원함을 느낍니다. 바람이 지나가면 어떤 현상이 일어납니다. 바로 성령이 그렇습니다.

지금 성령이 하늘로부터 아무도 부인할 수 없는 "급하고 강한 바람 같은 소리"로 와서 사람들의 마음과 영혼에 들리기 시작한 것입니다.

여호와께서 이르시되 너는 나가서 여호와 앞에서 산에 서라 하시더니 여호와께서 지나가시는데 여호와 앞에 크고 강한 바람이 산을 가르고 바위를 부수나 바람 가운데에 여호와께서 계시지 아니하며 바람 후에 지진이 있으나 지진 가운데에도 여호와께서 계시지 아니하며(왕상 19:11).

하나님이 지나가시는데 하나님 앞에 강한 바람이 지나갔습니다. 그 바람은 바위를 부수는 바람이었습니다. 다음에 지진이 일어났습니다. 하나님이 지나가시는 모습을 이렇게 설명한 것입니다.

오순절 날 120명이 기도하고 있던 바로 그 시간에, 오순절 사건이 막 시작됐던 그때에, 갑자기 영적인 대지진이 일어났습니다. 그리고 바람이 불기 시작했습니다. 하나님의 호흡이, 하나님의 숨결이 나타난 것입니다.

이렇게 생각해 보십시오. 눈보라가 치는 추운 겨울에 방문을 닫고 따뜻한 온돌방에 있는데 누가 갑자기 찾아와 문을 확 엽니다. 바깥의 차가운 공기가 안으로 휙 불어 들어오더니 어떤 사람이 쑥 들어옵니다. 그때 그 방에는 조금 전에는 없었던 새로운 사람의 체취가 풍기게 됩니다. 바로 그와 같이 하나님의 체취가, 그리스도의 체취가, 그리스도의 생명이 나타난 것입니다. 그리스도의 바람이 나타난 것입니다. 이것이 오순절입니다.

그런데 그다음 말이 재미있습니다. 그 바람이 제자들이 앉아 있는 방에 가득 찼다는 것입니다. 그 안에 있던 사람들의 낡은 공기와 체취들이 전부 없어지고 새로운 공기, 새 바람, 새 숨결, 새 생명으로 온 방 안이 가득 찼다는 것입니다.

우리는 여기서 두 가지 사실을 발견합니다. 첫째, 성령의 역사란 이론이나 관념이나 교리가 아니라는 사실입니다. 지금 여기에는 아무 말이 없습니다. 설명이 없습니다. 하나님의 음성도 없습니다. 하나님의 인격 그 자체, 예수 그리스도의 인격 그 자체, 하나님의 생명이 나타난 것입니다. 모든 사람이 느낄 수 있도록 바람처럼 그 공간을 가득 채운 것입니다.

참된 신앙은 체험을 동반합니다. 신앙은 머릿속에, 교리 속에 있는 것이 아니라 마음속에 있습니다. 신앙은 우리의 인격 전체로 느끼고 해석할 수 있는 것입니다. "백문(百聞)이 불여일견(不如一見)"이란 말이 있습니다. 많이 듣는 것보다 한 번 보는 편이 낫습니다. 성령님에 대해서 백번 설교를 듣는 것보다 한 번 체험하는 것이 낫습니다.

하나님의 호흡을 체험하십시오. 하나님이 사람을 만드실 때, 흙으로 사람을 지으시고 그 코에 생기를 불어넣어 생령이 되게 하셨습니다. 그것은 하나님의 생명입니다. 하나님의 호흡입니다. 하나님의 바람입니다. 하나님의 숨결입니다. 우리는 그것을 체험해야 합니다. 오순절 다락방에 있었던 사람들은 "하늘로부터 급하고 강한 바람 같은 소리"가 나면서 그 어떤 하나님의 호흡이, 하나님의 숨결이 그 방 안을 가득 채우는 것을 느낄 수 있었습니다.

하나님의 성령이 임할 때는 공기가 다릅니다. 분위기가 다릅니다. 느낌이 다릅니다. 우리는 하나님의 임재를 설교를 통해서도 느낄 수 있습니다. 하나님의 영이 움직이면, 그리스도의 영이 움직이면 그분의 숨결과 호흡과 체취 그리고 말씀과 사랑이 느껴지는 것입니다. 왜냐하면 그분은 죽은 분이 아니기 때문입니다. 무덤에 갇힌 분이 아니라 살아 역사하시는 분이기 때문입니다. 지금도 그분은 말씀하시며, 우리의 죄를 용서하십니다. 그것은 그분이 부활하신 분이기 때문입니다.

예수를 머리로만 믿지 마십시오. 사상이나 철학으로 믿지 마십시오. 교리로 믿지 마십시오. 어떤 사람은 완벽한 교리를 가지고 주님을 믿으려고 합니다. 그러나 그의 마음속에는 평화가 없습니다. 당신은 마음에 기쁨이 있습니까? 평안이 있습니까? 감사와 충만이 있습니까? 사랑이 움직이면, 그리스도의 영이 움직이면 우리 안에 이런 살아 있는 신앙이 생기는 것입니다.

제자들에게 나타난 오순절의 첫 번째 성령의 사건은 이렇게 청각적이고 그 공간을 지배하는 사건이었습니다. 성령이 모든 공간을 지배하고 있었습니다.

거룩한 불로 임하신 성령

오순절 날 성령이 임할 때 나타난 두 번째 현상은, '시각적인 것'이었습니다.

> 마치 불의 혀처럼 갈라지는 것들이 그들에게 보여 각 사람 위에 하나씩 임하여 있더니(행 2:3).

불이 타오르는 모습을 보면, 하늘을 향해서 갈라진 혀들이 날름거리는 것처럼 보입니다. 불은 혀의 모습과 비슷합니다. 이렇게 강력한 어떤 불 같은 것이 거기 있는 모든 사람들에게 '보였다'고 했습니다. 한 사람에게만 보인 것이 아닙니다. 거기 모인 모든 사람들에게 혀같이 갈라지며 살아 움직이는 불들이 보이기 시작한 것입니다. 그 불은 한곳에 덩어리로 뭉쳐 있는 것이 아니라, 각 사람의 머리 위에 임했다고 했습니다. 저는 우리가 이러한 성령의 역사를 보게 되기를 원합니다. 느끼게 되기를 바랍니다. 성령님이 주시는 음성, 성령님이 전달해 주시는 그 마음을 느낄 수 있기를 바랍니다.

당신에게 사랑하는 사람이 있다고 생각해 보십시오. 특별한 말을 주고받지 않아도 눈빛 한 번이면 서로의 마음을 느끼게 됩니다. 이야기를 나눌 수 있는 분위기는 못 되어도 척 보면 알게 됩니다. 다락방에 모인 사람들이 지금 하나님과 이런 관계에 있는 것입니다. 모인 한 사람, 한 사람의 머리 위에 지금 성령의 불이 임하는 것을 그들이 느낀 것입니다. 뜨거움을 느낀 것입니다. 어떤 변화를 느낀 것입니다. 걸어가다가 뒤에서 사람이 걸어오면 그것을 느낄 수 있는 것처럼, 하나님이 지금 내 곁에 계시는 것, 내 마음에 계시는 것, 내 옆 자리에 계시는 것, 이 자리에 계시는 것을 느낀 것입니다.

이 불은 출애굽기 3장에 나왔던 불입니다. 그것은 하나님의 거룩한 불이었습니다. 모세가 시내 산에 올라갔을 때 이 불을 보았습니다. 40년 동안 살인자의 모습을 한 채 모든 사람에게 격리되어 좌절과 고독과 완전한 절망 속에 살아온 그가 어느 날 떨기나무에 불이 붙은 것을 본 것입니다.

모세는 이 불을 보고 두 가지 이상한 생각이 들었습니다. 하나는,

불이 사라지지 않고 계속 붙어 있는 것입니다. 모든 불은 재료를 넣어야 붙습니다. 그러나 이 불은 영원히 꺼지지 않는 불이었습니다. 또 한 가지 놀라운 것은, 그 불이 그렇게 계속 붙어 있는데 나무가 타지 않았다는 사실입니다. 그것은 하나님의 불이었기 때문입니다. 그때 모세는 이상한 느낌이 들어 그 불 가까이로 끌려갔습니다.

하나님의 성령의 불은 우리를 끌어당깁니다. 하나님의 성령의 불을 보면 우리는 자꾸 끌려가게 됩니다. 모세가 그 불 가까이 갔을 때 "모세야 모세야" 하는 소리가 들렸습니다. "내가 여기 있나이다"(출 3:4). 모세가 대답했습니다. 하나님은 "이리로 가까이 오지 말라 네가 선 곳은 거룩한 땅이니 네 발에서 신을 벗으라"(출 3:5) 고 하셨습니다. 그 불은 거룩한 불, 하나님의 불, 바로 성령의 불이었던 것입니다.

열왕기상 18장에서 엘리야가 450명의 바알 선지자와 갈멜 산에서 대결할 때 또 한 번 성령의 불이 나타났습니다. 3년 반 동안 비가 오지 않았을 때, 이 문제를 가지고 그들은 심각한 영적 대결을 했습니다. 누가 먼저 불을 내리는지를 대결한 것입니다.

바알의 선지자들은 어마어마한 제단을 쌓아 거기에 모든 우상과 동물을 갖다 놓고 아침부터 저녁까지 그 주위를 맴돌면서 춤을 추고 소리와 비명을 지르며 불을 내리기 위해 제사를 지냈습니다. 그들은 심지어 자기의 몸을 찢어 상처를 내고 피를 흘리며 제사를 지냈지만, 불은 내리지 않았습니다.

엘리야는 제사법에 따라 그곳에 열두 제단을 만들고 나무와 모든 것을 쌓은 후 도랑을 파고 물을 뿌렸습니다. 그리고 딱 한 번 기도했습니다. "여호와여 내게 응답하옵소서"(왕상 18:37). 그때 하늘에서 불이 내렸습니다.

> 이에 여호와의 불이 내려서 번제물과 나무와 돌과 흙을 태우고 또 도랑의 물을 핥은지라(왕상 18:38).

또한 하나님의 불은 예수 그리스도에게도 나타납니다. 그 사실에 대해 다음과 같이 말하고 있습니다.

> 요한이 모든 사람에게 대답하여 이르되 나는 물로 너희에게 세례를 베풀거니와 나보다 능력이 많으신 이가 오시나니 나는 그의 신발끈을 풀기도 감당하지 못하겠노라 그는 성령과 불로 너희에게 세례를 베푸실 것이요(눅 3:16).

성령님은 영원히 사라지지 않는 불이요, 타지 않는 불입니다. 그분은 정결하게 하는 불이요, 능력을 주는 불이요, 모든 것을 변화시키는 하나님의 불입니다. 이 불이 없으면 움직이지 못합니다. 이 불이 지금 사람들의 눈에 보이기 시작했습니다.

구약 시대에는 모세에게만 보였습니다. 구약 시대에는 엘리야에게만 그 불이 임했습니다. 그러나 오순절 이후의 신약 시대에는 믿는 모든 자에게 임했습니다. 성경은 120명 모두에게 임했다고 기록하고 있습니다. 각자에게 이 불이 임한 것입니다.

저는 이 불이 우리에게도 임하리라고 믿습니다. 그런데 많은 사람들이 그 사실을 믿으려 하지 않습니다. 또 성령의 불을 사모하지도 않습니다. 성령의 불이 있다는 사실도 모릅니다. 불이 있다는 사실을 인정하려고 하지 않습니다. 그 사건은 단지 구약 시대에 있었던 옛날이야기라고 생각합니다. 오순절에 있었던 한 사건, 2천 년 전의 사건으로 제한하려고 합니다.

다시 한 번 말하지만, 하나님을 믿지 않는 것이 문제가 아니라 하나님을 제한하는 것이 우리의 문제입니다. 성령님을 부인하는 것이 문제가 아니라 성령님을 제한하는 것이 문제입니다. 이 불이 오늘날의 교회를 움직이는 것입니다. 이 불이 오늘 우리로 하여금 그리스도인이 되게 하는 것입니다. 능력 있는 삶을 살게 하는 것입니다. 오순절의 불, 오순절의 성령의 바람, 이것이 바로 우리가 사모해야 할 불이요, 바람입니다. 우리가 체험해야 할 것들입니다.

우리가 사역을 하기 위해서는 힘이 있어야 합니다. 사랑도 힘이 있어야 할 수 있습니다. 용서도 마찬가지입니다. 우리가 병들었을 때도 힘이 있어야 나을 수 있습니다. 그 힘이 바로 성령 하나님이십니다. 그분이 오순절 날 사랑하는 제자들을 통해 경험되고 역사된 것입니다.

전인격적으로 임하신 성령

오순절 날 성령이 임할 때 나타난 세 번째 현상은, '몸으로, 전인격적으로 나타난 것'이었습니다.

> 그들이 다 성령의 충만함을 받고 성령이 말하게 하심을 따라 다른 언어들로 말하기를 시작하니라(행 2:4).

이제는 그 성령의 역사가 귀로만 들리는 것도, 눈으로만 보이는 것도 아니었습니다. 성령의 불이 머리 위에서 보이고 성령의 바람의 움직이는 소리가 그 귀에 들렸을 때, 이제 그 성령은 각 사람의 몸을 만지기 시작했습니다. 성령의 충만이란 육체를 건드리는 것입니다. 육체 속에 들어가는 것입니다. 그 지성 속에, 지적인 모든 사고 활동 속에 성령이 임하는 것입니다. 그리고 그 영 속에 임하기 시작하는 것입니다.

> 술 취하지 말라 이는 방탕한 것이니 오직 성령으로 충만함을 받으라(엡 5:18).

성령 충만이란 무엇입니까? 바로 내 삶 속에, 내 몸 속에, 내 머릿속에 성령이 임하는 것입니다. 교리적으로 임하는 것이 아닙니다. '하나님이 계시다. 예수님도 계시다. 성령님도 계시다.' 이렇게 머리로 인정하는 것이 무슨 의미가 있습니까? 그것이 우리의 삶과 인격과 존재 전체에 부딪혀지지 않고 만나지지 않는다면 무슨 의미가 있습니까? 그것은 객관적인 진리일 뿐입니다. '성령이 충만하다'는 말은 성령의 임재가 내 인격 속에, 내 몸속에 이루어졌다는 말입니다. 병든 몸속에, 죄악의 몸속에, 죽을 수밖에 없는 이 몸속에 하나님이 지금 들어오셨다는 것입니다. 그때 하나님을 경험하고 만나게 됩니다.

그러면 성령이 내 몸속에, 내 인격 속에, 내 신앙 속에 빈틈 없이, 완전히 충만하게 임했다는 것은 무슨 뜻입니까? 그가 나를 통치하고 지배하신다는 뜻입니다.

1910년, 우리에게는 한일 합방이라는 쓰라린 사건이 있었습니다. 일본이 한국을 통째로 삼켜 버린 것입니다. 그 후에 무슨 일이 있었습니까? 이 땅에 일본 정부가 들어섰습니다. 모든 도청 소재지에 그리고 면에까지 관청이 들어서서 일본의 지배가 시작되었습니다. 일본 군인들과 경찰들이 한국 땅에 가득 차게 되었습니다.

마찬가지입니다. 성령이 충만하다는 뜻은, 성령님이 나를 통치하고 지배하시기 시작했다는 뜻입니다. 그분이 나의 사고가 되시고, 나의 판단이 되시고, 나의 선택이 되시고, 나의 말이 되시고, 나의 모든 것을 하신다는 뜻입니다.

성령 충만의 결과는 무엇입니까? 성령님이 시키시는 대로 말하고 행동하게 되는 것입니다. 쿠데타의 경우를 비유로 들면 아주 쉽습니다. 쿠데타가 일어났을 때 쿠데타 세력이 제일 먼저 하는 일이 무엇입니까? 탱크와 대포와 총과 같은 무기를 가지고 먼저 권력의 핵심부를 장악하는 것입니다. 권력의 핵심부를 장악한 다음에는 또 무엇을 장악합니까? 신문과 방송을 장악해서 그들이 하고 싶은 말을 하는 것입니다.

마찬가지로 성령님이 내게 임하시고 내 안에 충만하면, 즉 나를 통제하고 언어를 지배하시면 성령님이 시키시는 말을 내가 하는 것입니다. 그것이 통치되었다는 증거입니다. 그것이 바로 성령이 임재했다는 증거이며, 성령이 충만하다는 증거입니다.

어떤 사람은 방언을 하고, 어떤 사람은 예언을 하고, 어떤 사람은 기적을 베풉니다. 어떤 사람에게는 놀라운 성령의 은사가 많이 나타납니다. 그러나 그것만 가지고는 잘 모릅니다. 그 사람이 무슨 말을 하는지 들어 보아야 합니다. 만약 그 사람이 성령의 모든 은사를 다 받았다 할지라도 딴소리를 하거나 딴짓을 한다면, 그것은 거짓된 것입니다. 아무리 능력이 있어도 가짜입니다. 귀신도 능력을 행하고 방언을 합니다. 귀신도 모든 이상한 환상적인 일들을 할 수 있습니다. 그러므로 그것 자체가 증거는 아닙니다.

누구의 통제를 받느냐 하는 것은 무슨 말을 하는지에 따라 결정됩니다. 당신은 성령님의 생각을 말하고 있습니까, 아니면 자신의 생각을 말하고 있습니까? 당신은 성령님에 의해서 기쁨으로 찬양합니까, 아니면 단지 따라하고 있습니까? 당신의 기도는 성령님에 의해서 터져 나오는 것입니까, 아니면 임의로 기도하는 것입니까? 만일 당신의 대답이 전자에 해당한다면, 이것이 어찌 성령님이 충만한 것이겠습니까?

> 그들이 다 성령의 충만함을 받고 성령이 말하게 하심을 따라 다른 언어들로 말하기를 시작하니라(행 2:4).

성령의 충만을 받는 것은 전인격적인 체험입니다. 전인격적인 접촉입니다. 전인격적인 지배가 나타나는 것입니다. 이렇게 하나님의 성령 충만이 나타나면 성령이 말하게 하심을 따라 내가 말하는 것입니다. 이게 그리스도인입니다. 하나님이 원하시는 생각을 내가 하고, 하나님이 원하시는 말을 내가 하고, 하나님이 원하시는 행동을 내가 하게 되는 것입니다. 이게 성령 충만입니다.

어떤 사람은 하나님만 생각하면 눈물이 그냥 나옵니다. 그런 사람은 하나님을 '내 옆에 가까이 계시는 분, 나를 품어 주시는 분, 나를 이해하고 용서하시는 분, 두려워하고 염려하는 나를 감싸 주시는 분'으로 느낍니다. 당신은 어떻습니까? 지금 자신을 돌이켜보십시오. 내가 무엇을 생각하느냐가 바로 나입니다. 당신이 누구의 지배를 받고 있느냐가 바로 당신의 생각이 어떠한지를 말하는 것입니다. 마귀의 지배를 받고 있다면, 당신은 지금 굉장히 조급하고 불안하고 초조하고 의심이 들 것입니다. 그러나 성령의 지배를 받고 있다면, 상상할 수 없는 감격과 흥분으로 온몸의 세포가 하나하나 살아 움직이는 것을 느낄 것입니다. 사랑하는 사람들은 온몸의 세포가 다 살아 있습니다. 그러나 사랑하지 못한 사람은 온몸이 다 죽어 있습니다. 그 인생은 우울하고 초라할 것입니다.

만일 당신이 주변 사람을 볼 때 '저 사람은 과연 구원받았을까?' '저 사람은 성령을 받았을까?' '저 사람은 하나님과 교제를 나누고 있을까?'라는 생각을 한다면, 당신의 몸에는 성령이 흐르고 있는 것입니다. 그러나 만약 옆 사람에 대해 아무 생각도 나지 않는다면, 그것은 당신의 영혼이 먹통이 되어 있다는 증거입니다.

예수를 믿는 사람들은 누구를 만나도 기쁩니다. 감격스럽습니다. 어떤 사건을 만나도 하나님의 사건에 대한 기대감이 있습니다. 그것이 좋은 일이든 나쁜 일이든 상관없습니다. 내 인생이 아니라 그분의 삶이기 때문입니다. 이제는 내가 사는 것이 아니라 내 안에 그리스도가 사시는 것이기 때문에, 그분이 기뻐하는 것을 내가 기뻐하고, 그분이 슬퍼하는 것을 내가 슬퍼하고, 그분이 가기 원하시는 곳에 내가 가는 것입니다.

당신에게 이런 생각이 흐르기를 원합니다. 당신의 영혼에 성령님이 임하시기를 바랍니다. 이러한 성령님의 임재를 원한다면, 이렇게 기도하십시오.

"성령님, 오시옵소서. 내 영혼에 지진이 일어나게 하옵소서. 귀가 열려서 하나님의 음성을 듣게 해 주옵소서. 나의 눈이 열려 볼

이 보이게 하옵소서. 성령의 불이 내게도 임하고, 우리 교회에도 임하며, 한국 교회에도 임하게 해 주옵소서. 뜨거워지게 하시고, 느끼게 하시고, 감격하게 하시고, 겸손하게 하시고, 온유하게 하시고, 사람을 두려워하지 말게 하시며, 이런 영이 내 안에서 흐르게 해 주옵소서. 성령님이 이제는 전인격적으로 내 영혼과 내 이성과 내 육체에 쏟아지게 하옵소서."

성령 사건은 예수 사건입니다. 바로 이분이 예수님이십니다. 요한일서 1장 1절은, "태초부터 있는 생명의 말씀에 관하여는 우리가 들은 바요"라고 말씀합니다. 이것은 청각입니다. "눈으로 본 바요"라는 말씀은 시각입니다. "자세히 보고 우리의 손으로 만진 바라"는 말씀은 전인격적인 경험입니다. "이 영원한 생명을 우리가 보았고 증언하여 너희에게 전하노니 이는 아버지와 함께 계시다가 우리에게 나타내신바 된 이시니라"(요일 1:2). 그분이 바로 오순절에 임했던 인격적인 성령님이십니다. 이것은 2천 년 전에 있었던 사건이지만, 현재의 사건입니다. 만일 2천 년 전에 있었던 사건이 그때로 끝났다면, 하나님은, 예수 그리스도는 어제나 오늘이나 영원토록 동일하신 분이 아닐 것입니다. 하나님은, 예수 그리스도는 죽으실 수 없는 분입니다. 오늘 우리에게 동일하게 역사하시는 분입니다.

아브라함의 하나님, 이삭의 하나님, 야곱의 하나님은 나의 하나님이요, 죽은 자의 하나님이나 철학자의 하나님이 아니라 내 생명의 하나님이십니다. 나를 구원하신 하나님이요, 말씀하시는 하나님이요, 믿는 자에게 역사하는 하나님이십니다.

오순절 성령의 사건은 단순히 성령이 임하는 사건이 아니라, 성령 하나님이 역사에 잉태되는 사건이요, 탄생되는 사건입니다. 마치 예수 그리스도의 탄생과 같은 것입니다. 이제부터 시작되는 것입니다.

베들레헴의 말구유에서 태어났을 때의 예수는 어린아이였습니다. 그 아이가 지혜가 자라고 몸이 자라서 열두 살이 되었습니다. 또 그 아이가 자라 삼십 세가 되어서는 요단 강에서 세례 요한에게 세례를 받으셨습니다. 그때 하늘의 문이 열리고 하늘의 성령이 비둘기같이 그에게 임했습니다.

그래서 그에게 구원의 역사들이 일어났습니다. 맹인이 앞을 보며, 못 걷는 사람이 걸으며, 나병 환자가 깨끗함을 받으며, 죽은 자가 살아나며, 귀신이 떠나가며, 바다가 잔잔해지는 초자연적인 일이 일어났습니다. 또 창녀와 세리가 변화되고, 간음하다 현장에서 붙잡힌 여자가 구원을 받았습니다.

이러한 엄청난 일들이, 하늘의 사건들이 땅에서 일어났습니다. 그리고 그는 우리를 위해 체포되어 온 인류의 죄를 위해 십자가에 못 박혀 죽으셨습니다. 죽으셨을 뿐 아니라 장사한 지 사흘 만에 다시 부활한 후 승천하셨습니다. 그분이 예수 그리스도이십니다.

마찬가지로 오순절에 일어난 성령의 사건은 클라이맥스가 아니라 시작입니다. "급하고 강한 바람 같은 소리"가 들리고, "불의 혀처럼 갈라지는 것"이 눈에 보이고, 성령의 전인격적인 임재, 즉 '파루시아'가 나타나고, 그래서 성령이 말하게 하심에 따라 말을 하는 것은 시작에 불과합니다. 이제부터 성령이 우리 안에, 교회 안에, 공동체 안에 임할 것입니다. 이 성령 사건은 이제부터 끝없이 전개될 것입니다. 얼마나 엄청난 일이 일어나겠습니까?

저는 이 성령님을 믿습니다. 오순절의 체험을 믿습니다. 우리에게 이 오순절의 성령 체험이 강렬하게 일어나기를 바랍니다. 그때 우리는 상상할 수 없는 일을 하게 될 것입니다. 저는 그것이 무엇인지 모릅니다. 그러나 분명히 믿는 것은, 우리가 하나님의 말씀에 순종할 것을 결심하고 따라갈 때, 우리는 이 지구상에서 감당할 수 없는 놀라운 일을 하게 될 거라는 사실입니다.

하나님을 제한하지 마십시오. 성령님을 제한하지 마십시오. 하나님을 자신처럼 생각하지 마십시오. 성령님은 위대하신 분입니다. 우리같이 어리석고 연약한 사람들을 통해서 하나님은 엄청난 일을 행하십니다. 예수님이 열두 명의 제자들을 데리고 일하셨던 것처럼, 우리도 성령을 체험하면 엄청난 일을 하게 될 것입니다.

우리를 통해 큰일을 행하실 주님을 찬양합니다. 이 오순절의 역사가 우리 가운데 임하길 고대합니다.

5

성령께서 말씀하시다

사도행전 2:5-13

성령이 거하시면

오순절 날 성령 하나님이 다락방에 모여 있는 120명의 성도들에게 임하셨습니다. 그때 성령 하나님은 바람처럼 임하셨는데, 모든 사람들이 홀연히 급하고 강한 바람 같은 영적인 소리를 다 듣게 되었습니다. 성경은 성령 하나님이 제자들이 기도하고 있던 집에 가득 찼다고 기록하고 있습니다.

동시에 성령 하나님은 불로 임하셨습니다. 활활 타오르면서도 사라지지 않는 불로, 성령님이 거기에 있는 모든 사람들 속에 임하셨습니다. 이는 사람들을 변화시키고, 그들에게 능력을 주는 불이었습니다. 그 불이 사람들의 머리 위에 있었다고 했습니다.

예수를 믿으면서도 냉랭한 사람이 있습니다. 감동도 없고, 어떻게 해볼 수도 없는 사람이 있습니다. 예수를 믿으면서도 자기 하나 어떻게 할 수 없는 사람입니다. 그러나 성령님은 나를 변화시키고, 교회를 변화시키시는 분입니다.

성령 하나님이 기도하는 120명 모두에게 인격적으로 임하셨습니다. 그들 안에 충만하게 나타나 이제 그들을 지배하고 통치하기 시작하신 것입니다. 그들은 더 이상 자기 자신이 아니었습니다. 그리고 우리는 더 이상 우리가 아니어야 합니다. 변화된 우리가 되어야 합니다. 그들은 성령님의 통제 아래 들어가 그분의 지배를 받기 시작했습니다.

> 그들이 다 성령의 충만함을 받고 성령이 말하게 하심을 따라 다른 언어들로 말하기를 시작하니라(행 2:4).

성령의 충만함을 받는다는 것은 무슨 뜻입니까? 성령 받은 자의 특징은 무엇입니까? "그들이 다 성령의 충만함을 받고 성령이 말하게 하심을 따라 다른 언어들로 말하기를 시작"했다고 했습니다. 성령의 역사에는 여러 가지가 있지만, 이 다락방에 나타난 성령 충만함의 첫 번째 증거는 '성령이 말하게 하심을 따라 말하기 시작했다'는 것입니다.

> 만일 너희 속에 하나님의 영이 거하시면 너희가 육신에 있지 아니하고 영에 있나니 누구든지 그리스도의 영이 없으면 그리스도의 사람이 아니라(롬 8:9).

우리는 육체를 가지고 있습니다. 또 육체를 지배하는 정신이 있습니다. 아무리 육체와 정신이 있다 해도 그 속에 하나님의 영이 없으면, 우리는 하나님의 사람이 아닌 것입니다. 아무리 비싸고 좋은 카세트 녹음기가 있다 하더라도 거기에 나쁜 음악이 담긴 테이

프를 넣어 틀면 나쁜 음악 소리를 낼 것입니다. 하지만 찬송가 테이프를 넣으면 그 카세트 녹음기는 좋은 소리를 낼 것입니다. 아무리 우리의 육체가 건강하고 모든 기능이 정상이고 정신이 온전하다 할지라도, 우리 안에 하나님의 영이 거하지 않으시면 우리는 사탄의 사람이 될 수밖에 없는 것입니다.

우리 안에 어떤 영이 흐르고 있느냐에 따라 내가 누구인지가 결정됩니다. 그리스도의 영이 없으면 그리스도의 사람이 아닙니다. 아무리 우리가 성경을 읽고, 교회에 와서 예배하고 찬송할지라도, 우리 안에 그리스도의 영이 흐르지 않는다면 우리는 허수아비에 불과한 것입니다. 마찬가지로 성령의 지배를 받고 성령의 통치함을 받는 자만이 진정한 성령의 사람입니다. 성령이 그 안에 거하는 사람이 성령의 사람인 것입니다.

성령의 지배를 받으라

성령의 지배를 받는다는 것은 무엇을 뜻하는 것입니까? 간단합니다. 성령님이 생각하신 대로 생각하고, 성령님이 말씀하신 대로 말하고, 성령님이 움직이고 인도하시는 대로 따라 사는 것이 바로 성령 충만입니다. 이러한 내용을 성경은 다음과 같이 설명하고 있습니다.

내가 그리스도와 함께 십자가에 못 박혔나니 그런즉 이제는 내가 사는 것이 아니요 오직 내 안에 그리스도께서 사시는 것이라 이제 내가 육체 가운데 사는 것은 나를 사랑하사 나를 위하여 자기 자신을 버리신 하나님의 아들을 믿는 믿음 안에서 사는 것이라(갈 2:20).

당신의 마음속에 그리스도의 영이 계십니까? 당신 안에 성령님이 계십니까? 그분은 죽은 분이 아니십니다. 그리스도가 당신 안에 계시다면, 그분은 당신 안에서 무언가를 생각하고 계실 것입니다. 무언가를 말씀하고 계실 것입니다. 예수 그리스도는 십자가에 못 박혔다가 무덤에 갇힌 분이 아니라 부활하신 분이기 때문에, 지금 당신과 함께 움직이고 계실 것입니다.

내 안에 사는 이는 예수 그리스도이십니다. 나는 더 이상 내가 아닙니다. 그리스도가 내 안에 계십니다. 성령님이 내 안에서 생각하십니다. 성경을 읽을 때나 기도할 때, 내가 무슨 일을 할 때든지 그분이 내 생각을 사로잡고 계십니다.

어떤 사람은 귀신 생각만 계속합니다. 자나 깨나 귀신 생각입니다. 꿈자리가 사납고, 꿈속에서도 귀신들이 따라와 가위에 눌리는 등 여러 가지 형태로 시달립니다. 겉으로는 웃고 있지만 속으로는 무서운 갈등을 느끼는 사람들이 많습니다. 무서운 강박관념과 우울증에 사로잡혀 생각을 정상적으로 할 수 없습니다. 어떤 이상한 생각이 그를 사로잡기 때문입니다.

그러나 어떤 사람은 예수 그리스도에 의해 사로잡힙니다. 사랑하는 마음이 생깁니다. 용서하는 마음이 생깁니다. 감동이 있습니다. 감격이 있습니다. 기쁨이 있습니다. 충만함이 있습니다. 성령 충만하면 성령이 생각하시는 대로 생각하고, 말씀하시는 대로 말하는 것입니다.

그러면 '성령이 말하게 하심을 따라 말했다'는 것은 무슨 뜻입니까? 첫째, 성령님의 생각을 내가 짐작해서 말하지 않았다는 뜻입니다. 너무나 많은 사람들이 하나님의 생각을 짐작해서 말합니다. 상상해서 말합니다. 자기 마음속에서 하나님이 직접 말씀하지 않으셨는데 한 것처럼 말합니다.

둘째, 성령님의 생각을 해석하지 않았다는 뜻입니다. 우리는 성경을 읽고 해석합니다. 성령의 도우심에 따라 해석합니다. '성령이 말하게 하심을 따라 말했다'는 것은 어린아이같이 단순하게, 그분이 말씀하신 그대로 쉽게 말했다는 뜻입니다.

여기에 성령 받은 사람들이 성령의 음성을 들었다는 성경적 근거가 있습니다. 많은 사람들이 성령의 음성을 듣고 성령님의 뜻을 알았다고 간증하고 고백합니다. 사실입니다. 목사만 들은 것이 아닙니다. 은사 받은 사람만 들은 것이 아닙니다. 예언자만 들은 것이 아닙니다. 거기서 기도하고 있던 모든 사람이 성령의 음성을 들었습니다.

성령의 음성을 따라 움직이라

사도행전을 보십시오. 성령님의 음성을 들은 사람들의 이야기가 얼마나 많이 나옵니까? 성령님의 뜻에 따라 움직였던 사건이 사도행전의 이야기가 아닙니까?

1장에서는 베드로가 설교하는 장면이 나옵니다. 오순절 날 사람들이 모여서 기도할 때, 갑자기 베드로가 일어나 구약의 말씀을 인용하면서 가룟 유다의 빈자리를 채우자고 이야기합니다. 이것이 베드로가 상상해서, 짐작해서 한 말입니까? 계획해서 한 말입니까? 아닙니다. 성령이 시키셔서 말했을 뿐입니다.

7장에는 스데반의 설교와 순교의 장면이 나옵니다. 그는 설교하다 돌에 맞아 죽었습니다. 그가 설교하고 싶어 한 것입니까? 아닙니다. 성령이 하게 하신 것입니다.

8장에서 성령은 예루살렘으로 가는 빌립에게 가사로 내려가라고 말씀하십니다. 전도하려면 사람이 많은 데로 가야 하지 않겠습니까? 기적이 일어나는 때에 하나님의 성령은 광야로 가라고 말씀하십니다. 광야에는 사람이 없습니다. 그런데 왜 그곳으로 가라고 하시는 것입니까? 우리의 인생이나 신앙생활에서도 가끔 이럴 때가 있습니다. 사람의 눈으로 보면 분명히 이쪽 길로 가야 하는데, 하나님은 엉뚱하게도 광야로 가라고 말씀하십니다. 사람을 다 떠나라고 말씀하십니다. 그냥 가라는 것입니다. 성령님이 가라고 말씀하시면 우리는 가야 합니다. 거기에 에디오피아 여왕 간다게의 내시가 있을 줄 누가 알았겠습니까? 그 사람 때문에 에디오피아가 복음화 될 줄 누가 알았겠습니까?

9장에서는 아나니아에게 성령이 임했습니다. "직가라 하는 거리로 가서 유다의 집에서 다소 사람 사울이라 하는 사람을 찾으라 그가 기도하는 중이니라"(행 9:11). 아나니아가 이 성령의 음성을 듣고 사울에게 안수했을 때, 사울의 눈에서 비늘 같은 것이 떨어졌습니다.

10장에서는 다시 베드로의 이야기가 등장합니다. 성령이 그에게 환상을 보여 주시는 이야기입니다. "이방인인 고넬료가 너를 찾을 것이다. 그의 요청을 거절하지 말고 그 집에 가서 축복해 주어라." 이게 짐작입니까? 해석입니까? 상상입니까? 아닙니다. 실제입니다.

12장에서는 주님의 성령이 베드로를 감옥에서 인도하시는 광경이 나옵니다. 주의 천사가 나타나고, 감옥 문이 열리는 것을 볼 수 있습니다. 누가 이것을 했습니까? 성령이 하셨습니다. 하나님이 하셨습니다.

16장에서 성령님은 아시아로 전도하러 가는 바울을 막으십니다. 그 후 바울은 환상 속에서 "우리를 도우라"는 마게도냐 사람의 음성을 듣게 됩니다. 그것은 바울을 마게도냐로 인도하시는 성령의 음성이었습니다.

그리고 21장에서는 바울이 겪게 될 환난을 예언하는 내용이 나옵니다. 사도 바울이 예루살렘으로 가려 할 때 "성령이 말씀하시되 예루살렘에서 유대인들이 이같이 이 띠 임자를 결박하여 이방인의 손에 넘겨주리라"(행 21:11)라고 한 아가보의 예언은 성령님이 미리 말씀해 주신 것입니다.

27장에서 유라굴로 광풍을 만났을 때 바울 일행은 다 죽게 되었습니다. 배에 탄 사람들은 사색이 되어 모든 물건을 바다에 던졌습니다. 하지만 오직 한 사람, 사도 바울만은 여유만만했습니다. 그 상황에서도 웃을 수 있었습니다. 왜 그랬겠습니까? 전날 밤에 주님이 나타나셔서 두려워하지 말라고, 너는 죽지 않을 거라고 말씀해 주셨기 때문입니다. 그렇습니다. 성령의 음성을 듣는 사람들은 전쟁 중에도 걱정이 없습니다. 질병 속에서도 걱정이 없습니다. "내가 너를 살려 주마, 내가 너를 구원해 주마, 넌 죽지 않는다"는 하나님의 말씀이 있기 때문입니다. 총알이 날아오고 폭탄이 터지는 상황이라도 이 말씀을 받은 자들은 두려워하지 않는 것입니다.

이것이 사도행전에 나타난 성령의 사건들입니다. 이처럼 사도행전 전체가 바로 하나님의 음성과 말씀과 사건들로 가득 찬 책입니다. 당신에게도 이런 일이 있기를 바랍니다.

침묵하지 않으시는 하나님

오순절 사건부터 사도행전 28장 전체를 통해 나타나는 분명한 사실은, '하나님은 침묵하지 않으신다'는 것입니다. 그분은 말씀하십니다. 그러면 자격이 있어야 말씀을 받습니까? 아닙니다. 그분과 친하면 받는 것입니다.

부부이면서도 서로 말을 잘 하지 않아 마음으로는 천리만리 멀어진 이들이 있습니다. 같이 살면서도 둘 사이에 보이지 않는 마음의 벽을 쌓고 살아갑니다. 이게 무슨 부부입니까? 부부란 어떤 관계입니까? 느낀 것을 말하고, 사랑을 표현하는 게 부부입니다. 하나님과 우리의 관계도 마찬가지입니다. 우리가 일상생활에서 느끼는 것처럼 자연스럽고, 또 인간적인 동시에 하나님의 속성을 닮은 것이어야 합니다. 즉, 하나님과 영적인 깊은 교제를 갖는 것입니다.

저는 지금도 성령님이 경건하고 거룩한, 성령 충만한 성도들에게 말씀하신다는 사실을 믿습니다. 2천 년 전에만 말씀하신 것이 아니라 지금도 말씀하십니다. 하나님은 어제나 오늘이나 영원토록 동일하신 분이기 때문입니다. 사도행전은 과거에만 있었던 사건이 아닙니다. 오늘날에도 사도행전의 사건을 사모하는 교회와 하나님의 성령을 사모하는 모든 이들에게 하나님은 이 능력을 부어 주십니다.

물론 여기에는 조심해야 할 부분이 있습니다. 왜냐하면 많은 이단들이 이를 악용했기 때문입니다. 그들은 하나님의 음성을 듣지 않았으면서도 들은 것처럼 말합니다. 귀신도 하나님의 음성을 가장해 들려줍니다. 귀신이 우리에게 얼마나 많은 소리를 들려주는지 아십니까? '이렇게 해라, 저렇게 해라' 하며 계속해서 유혹합니다. 마귀는 우리에게 악한 말도 하지만, 선하게 가장해서 역사하기도 합니다. 그럴듯하게 거짓으로 방언을 시키고 기적을 보여 주기도 합니다. 우리에게 장래의 일을 예언하게 하는 일도 해 줄 수 있습니다. 많은 점성술이 그런 것들입니다. 문제는 그들이 이 모든 것을 하나님의 이름으로 한다는 것입니다. 그래서 순진하고 철없는 성도들이 여기에 매혹되어 신앙을 잃어버리는 경우가 많습니다. 그러나 이런 부정적인 사탄의 영향력 때문에 거룩하신 성령님의 역사가 위축되거나 제한되어서는 안 됩니다.

교회 안에서 참으로 영적인 분별력을 가지고 두렵고 떨리는 마음으로 분별하면서도 무한한 하나님의 능력과 역사하심을 믿고, 나를 변화시켜 주실 것을 믿고, 우리 교회가 변할 것을 믿고 담대하게 그분의 역사 앞에 순종하고 나아가야 합니다.

다른 언어들로 말하다

다른 언어들로 말하기를 시작하니라(행 2:4).

성령님은 제자들을 통해 어떻게 말씀하셨습니까? 여러 가지 방법이 있지만, 오순절 사건에서 나타난 방법은 사람들로 하여금 각각 다른 언어들로 말하게 하신 것입니다.

> 그때에 경건한 유대인들이 천하 각국으로부터 와서 예루살렘에 머물러 있더니 이 소리가 나매 큰 무리가 모여 각각 자기의 방언으로 제자들이 말하는 것을 듣고 소동하여 다 놀라 신기하게 여겨 이르되 보라 이 말하는 사람들이 다 갈릴리 사람이 아니냐 우리가 우리 각 사람이 난 곳 방언으로 듣게 되는 것이 어찌됨이냐(행 2:5-8).

성령 받은 사람들은 자기 생각이 아니라 성령의 생각을 말하게 되었는데, 듣는 사람들이 태어난 곳의 방언으로 말했다는 것입니다. 놀라운 일입니다.

아마 이런 상상을 해 볼 수 있을 것입니다. 분명 120명의 사람이 다락방에서 기도를 했으니 시끄러웠을 것입니다. 불이 일어나고, 바람이 불고, 그러다가 기도하던 사람들이 정신없이 길거리로 뛰쳐나왔을 것입니다. 그러니 얼마나 시끄러웠겠습니까? 별 말들을 다 했을 것입니다. 그것도 자기가 하는 게 아니라 성령이 시키시는 대로 했을 것입니다. 그런데 각각 다른 말로 하니 듣는 사람들이 얼마나 놀랐겠습니까!

성령의 사건을 본 사람들의 반응

성경에는 사람들의 반응이 세 가지로 표현되어 있습니다.

> 이 소리가 나매 큰 무리가 모여 각각 자기의 방언으로 제자들이 말하는 것을 듣고 소동하여 다 놀라 신기하게 여겨 이르되 보라 이 말하는 사람들이 다 갈릴리 사람이 아니냐(행 2:6-7).

사람들이 각각 자기의 방언으로 제자들이 말하는 것을 들었다는 것에는 두 가지 해석이 가능합니다. 하나는, 말하는 사람은 자기 나라의 언어로 말했는데 듣는 사람이 자기 나라의 말로 해석해서 들었다는 것이고, 다른 하나는, 말하는 사람이 거기 모인 사람들의 나라의 언어로 말했다는 것입니다. 성경에 분명하게 나와 있지 않기 때문에 두 가지 해석 중 어느 것이 맞는지 말할 수는 없지만, 한 가지 분명한 것은, 그들이 자기 나라 말로 들었다는 것입니다.

사람들이 자기 나라 말로 듣고는 첫 번째로, '대소동'이 일어났습니다. 소동이라는 말은 혼돈(confusion)을 뜻합니다. 사람들이 일대 혼돈에 빠졌다는 것입니다. 예상 밖의 일, 상상치 못한 일, 상식에 맞지 않는 일, 불가능한 일이 지금 바로 그 현장에서 일어나 사람들이 모두 혼돈에 빠진 것입니다. 두 번째로, '다 놀랐다'고 했습니다. 아무도 해석할 수 없는 이 엄청난 일 앞에 모든 사람이 놀랐던 것입니다. 세 번째로, '신기하게 여겼다'고 했습니다. 영어로는

'marvel'이라고 표현되어 있는데, 기적 같은 것을 사람들이 느낀 것입니다. 그렇습니다. 이것이 성령의 사건입니다.

성령의 사건이란 성령 받은 자신이 놀라는 것입니다. 처음 방언하던 때를 기억합니까? 스스로 얼마나 놀랐습니까? 기도하는데 혀가 꼬부라지고 이상한 말이 나오니 얼마나 놀랐겠습니까? 이처럼 어떤 변화가 올 때 당사자의 몸에는 흥분이 일고 다른 사람들은 다 놀라게 됩니다. 이는 아주 기초적인 시작이라 할 수 있습니다. 만약 이런 당신을 보고 사람들이 놀라지 않았다면, 그 사람이 잘못되었든지 아니면 당신이 잘못되었든지, 둘 중에 하나일 것입니다.

우리는 하나님을 믿습니다. 하나님을 믿는다면서 이렇게 충격 없이, 갈등 없이 살아가는 것을 보면 이상하지 않습니까? 정말 하나님의 음성을 들었다면 지금 이렇게 가만있을 수 있겠습니까? 영국의 유명한 한 국교회 목사님이 평생을 사제로 살다가 정말 하나님의 음성을 듣고 싶어 말년에 하나님 음성을 들려 달라고 기도했는데, 하나님이 음성을 들려주시니 그만 기절해서 죽었다는 이야기가 있습니다. 이제껏 하나님의 음성을 한 번도 못 들어 봤기 때문입니다. 하나님이 그의 머리와 관념과 지식 속에만 있었던 것입니다. 정말 실제로 하나님을 만나 본 적이 없는 것입니다. 느껴 본 적이 없는 것입니다.

우리 역시 그런 경험이 없기 때문에 이렇게 떳떳하게 사는 것입니다. 전혀 갈등 없이 사는 것입니다. 우리가 정말 하나님을 만나고 느꼈다면, 그분의 임재를 경험했다면, 우리가 어찌 이렇게 한가하고 여유 있게 살 수 있겠습니까? 우리가 이렇게 태평하게 산다는 것은 어떤 의미에서, 우리가 하나님을 믿기는 하지만 실제로는 만나지 못했다는 증거이기도 합니다.

예수 그리스도는 십자가에 못 박혀 죽으셨습니다. 그러나 그분은 무덤에 갇힌 분입니까, 부활하신 분입니까? 우리는 예수 그리스도가 십자가에 못 박혀 죽으신 것까지는 믿습니다. 그런데 거기까지입니다. 우리는 그저 무덤에 갇힌 예수를 믿고 있는 것입니다. 당신의 집안에 죽은 사람이 있을 것입니다. 무덤에 갇혀 있는 자에게는 능력이 없습니다. 그러나 살아 있는 사람은 말할 수도 있고 껴안을 수도 있고 느낄 수도 있습니다. 예수 그리스도는 죽은 분이 아니십니다. 살아 계신 분입니다. 이 사실을 믿으십니까? 그렇다면 당신은 그분을 만나야 합니다. 그분의 음성을 들어야 합니다. 이것이 예수 그리스도와 동행한다는 의미입니다.

성령 하나님도 마찬가지입니다. 성령 받은 사람들은 바로 성령 하나님을 체험했기 때문에 그들 자신이 충격 받을 뿐만 아니라 다른 사람에게도 충격을 주는 것입니다. 이것이 사도행전 교회와 현대 교회의 차이입니다. 현대 교회는 건물이 멋있습니다. 제도가 잘 정비되어 있습니다. 사람이 많습니다. 거기에는 웃음도 있고, 봉사도 있고, 전도도 있습니다. 그러나 초대 교회와는 무언가 다릅니다.

아퀴나스가 유명한 말을 했습니다. "초대 교회에는 '은과 금은 내게 없거니와 내게 있는 이것을 네게 주노니 나사렛 예수 그리스도의 이름으로 일어나 걸으라'(행 3:6)는 능력이 있었다. 그러나 중세 교회에는 은과 금이 많이 생겼지만, 나사렛 예수 그리스도의 이름의 능력을 잃어버렸다."

오늘날 현대 교회에는 건물도 있고, 제도도 있고, 돈도 있고, 실력이나 권력 있는 사람도 많습니다. 교회 자체가 세상에서 큰 집단으로 일어났습니다. 그러나 능력이 없습니다. 제도화되었으나 생명력을 잃어버린 것입니다. 사람들은 교회에 왔다 갔다만 합니다. 이것은 초대 교회의 모습이 아닙니다. 진정한 교회가 아닙니다. 저는 우리 교회가 다시 사도행전적 교회로 돌아가기를 바랍니다. 우리 교회의 모든 성도들이 초대 교회의 성도들과 같이 되기를 바랍니다. 우리는 예수 그리스도의 이름의 능력을 다시 찾아야 합니다. 정말 생명의 종교, 성령의 능력, 하나님이 동행하시는 것을 회복해야 합니다.

흩어진 언어를 회복하시다

사람들은 자신들의 '난 곳 방언'을 들었습니다. 자기 나라 말로 들었다는 것에는 무슨 의미가 있습니까?

첫째, 인간의 교만과 불신앙의 상징이었던 바벨탑 사건으로부터 회복되었다는 것입니다. 인간이 하나님처럼 되려고 하자 하나님이 언어를 혼잡하게 하신 것이 바벨탑 사건입니다. 언어가 혼잡하게 되었다는 것은 의사소통이 단절되었다는 것입니다. 의사소통의 단절이란 교제가 단절된 것을 의미합니다. 인류 역사상 이 바벨탑 사건 이후에 인간은 혼돈 속에서, 언어와 역사가 서로 다른 이질적인 문화 속에서 살아오다가 드디어 오순절에 처음으로 언어가 회복된 것입니다. 이처럼 당신 안에 있는 모든 갈등이 사라지고, 하나님과의 온전한 교제가 회복되기를 바랍니다.

둘째, 복음이 동서남북 전 세계로 퍼져 나간다는 것입니다.

> 우리는 바대인과 메대인과 엘람인과 또 메소보다미아, 유대와 갑바도기아, 본도와 아시아, 브루기아와 밤빌리아, 애굽과 및 구레네에 가까운 리비야 여러 지방에 사는 사람들과 로마로부터 온 나그네 곧 유대인과 유대교에 들어온 사람들과 그레데인과 아라비아인들이라 우리가 다 우리의 각 언어로 하나님의 큰일을 말함을 듣는도다 하고(행 2:9-11).

위의 말씀에서 온갖 나라들을 복잡하게 기록해 놓았는데, 그 이유가 무엇이겠습니까? 모든 나라를 기록해 놓은 데는 이유가 있습니다. 당시의 세계관으로 보면 여기에 기록된 나라가 전 세계의 민족과 언어와 나라를 대표합니다. 성령의 역사란 어떤 개인이나 민족에게 국한되는 것이 아니라, 모든 세계를 포괄합니다. 그러므로 사도행전적인 성령의 역사를 놓고 볼 때 기독교 역사 안에서 제일 나쁜 것은 개인주의, 민족주의입니다. 민족주의가 좋은 부분도 있지만, 이것은 사도행전적 개념이 되지 못합니다. 성경은 민족주의적이고 개인주의적인 공동체가 아니라, 성령으로 하나된 공동체를 제시하고 있습니다. 하나님의 공동체는 지역과 민족과 언어와 나라를 초월합니다.

인간의 조건을 초월하는 성령의 역사

그러면 그들이 그처럼 놀란 이유는 무엇입니까? 첫째, 갈릴리 촌사람들이 각 지방의 '난 곳 방언'을 말했기 때문입니다. 여기서 우리는 굉장히 중요한 성령의 역사 하나를 발견합니다. 성령의 역사란 지식의 유무와는 상관이 없다는 것입니다.

성령의 역사란 인간의 조건에 따라 이루어지는 것이 아닙니다. 부자와 가난한 자를 구분하지 않습니다. 유식과 무식을 구분하지 않습니다. 남녀노소를 구분하지 않습니다. 아프리카 사람들에게도 성령이 얼마나 강력하게 임하는지 모릅니다. 오늘날 지구상에서 성령의 역사가 가장 강력하게 일어나고 있는 곳은 문명이 발달한 유럽이나 미국이 아닙니다. 아시아와 아프리카입니다.

성령의 역사는 인간의 모든 조건을 초월합니다. 두려워하지 마십시오. '나에게 성령 받을 자격이 있나?' 이런 생각을 하지 마십시오. '나는 무식한데, 글자를 모르는데, 돈이 없는데, 죄를 많이 지었는데, 자격이 없는데…' 하는 생각들을 버리십시오. 성령은 그런 것들을 상관하지 않으십니다. 은혜 받을 자에게 하나님은 은혜를 주십니다. 성령의 역사가 인간의 조건에 따라 이루어지는 것이 아니라, 성령님에 의해 인간이 변하는 것입니다.

둘째, 그들이 놀란 것은 각각의 '난 곳 방언'으로 '하나님의 큰일'을 말했기 때문입니다.

> 우리가 다 우리의 각 언어로 하나님의 큰일을 말함을 듣는도다 하고(행 2:11).

성령의 말하게 하심에 따라 각각의 언어로 말하게 된 내용은 '하나님의 큰일'이었습니다. '하나님의 큰일'이란 무엇입니까? 두말할 것 없이, 그 아들 예수 그리스도로 말미암은 구원에 관한 이야기일 것입니다. 성령님이 말씀하신 것은 사사로운 개인적인 내용이 아니라 '하나님의 큰일'이었습니다. 하나님이 우리를 위해 하신 일이 전 세계에 모든 언어로 전해진 것입니다.

성령은 받은 자만이 안다

여기서 우리는 또 하나 놀라운 사실을 발견하게 됩니다. 그것은,

성령 받지 않은 사람들은 성령 받은 사람을 잘 이해하지 못한다는 점입니다. 성령 받은 사람은 다른 사람들과 비슷하지만 분명히 다릅니다. 그 차이는 성령을 받은 자만이 알 수 있습니다. 그것은 어떻게 설명할 길이 없습니다. 그렇다면 성령을 받았다고 그 사람이 인격적으로나 도덕적으로 훌륭하다는 것입니까? 아닙니다. 어떤 사람은, "나는 성령은 안 받았지만 너처럼은 안 산다"고 말합니다. 그러면서 그것을 굉장한 자랑으로 생각합니다. 그 사람의 기준은 도덕과 윤리입니다. '너같이 거짓말은 하지 않고 산다'는 것입니다. 그러나 이것은 전혀 다른 이야기입니다. 성령 받았다고 해서 그 사람의 인격이 하루아침에 좋아지는 것은 아닙니다. 성령 받는 것은 은사와 영의 문제이기 때문입니다.

달걀에는 유정란과 무정란이 있습니다. 암탉이 혼자 낳은 달걀이 있고, 수탉과 함께 관계해서 낳은 달걀이 있습니다. 유정란과 무정란은 겉으로 볼 때 아무 차이가 없습니다. 깨거나 먹어 보아도 모릅니다. 하지만 분명 다릅니다. 그리고 암탉의 품안에 들어가면 알게 됩니다. 일정한 시간이 지나면 하나는 썩어 버리지만, 하나는 병아리가 되는 것입니다.

예수 믿는 사람이나 예수 믿지 않는 사람이나 다 똑같습니다. 어떻게 보면 예수 믿지 않는 사람이 더 도덕적이고 정직할 수 있습니다. 마치 유정란보다 무정란이 더 클 수 있다는 것과 비슷합니다. 그러나 문제는 그것이 아닙니다. 그리스도의 생명이 그에게 있느냐 없느냐가 문제입니다.

저는 당신이 성령을 체험하고 성령으로 세례 받기를 바랍니다. 이것이 이루어지지 않으면 사도행전은 근본적으로 시작되지 않습니다. 사도행전의 문을 여는 열쇠는 성령 세례입니다. 이것이 열리지 않으면 아무것도 이해되지 않습니다. 99퍼센트 이해했다가도 결론은 아무것도 이해되지 않는다는 것입니다.

하나님의 사건이 그런 것입니다. 성령으로 거듭나야 합니다. 물과 성령으로 거듭나야 합니다. 성령의 기름 부으심이 있어야 합니다. 성령의 인치심이 있어야 합니다. 그럴 때 사람들은 성령의 생각과 성령의 말을 하게 됩니다. 사람이 인간적으로 실수하는 것을 가지고 이야기하면 안 됩니다. 지식이 부족할 수도 있고 생각이 짧을 수도 있습니다. 성격이 급할 수도 있습니다. 우리가 예수를 믿는 목적은 인격적으로 성숙해서 성자가 되는 것이 아닙니다. 도덕적으로 완전한 사람이 되는 것도 아닙니다. 우리의 목적은 구원받는 데 있습니다. 하지만 그렇게 예수를 믿다 보면 자연스레 더 의로워지고, 정직해지고, 윤리·도덕적으로 바르게 되어 갑니다. 구제하기 위해서 믿는 것이 아니라, 예수를 믿으면 구제하게 되는 것과 같은 맥락입니다. 예수를 믿으면 정직하게 살게 됩니다.

다 놀라며 당황하여 서로 이르되 이 어찌 된 일이냐 하며 또 어떤 이들은 조롱하여 이르되 그들이 새 술에 취하였다 하더라 (행 2:12-13).

그들은 이 사건을 무시할 수 없었습니다. 부인할 수도 없었습니다. 그렇지만 그것을 믿기도 어려웠습니다. 받아들이기는 더욱 어려웠습니다. 그렇기 때문에 그들이 한 것이 무엇입니까? 의심입니다. 사람들은 사실을 부인할 수 없으면서도 믿기 어려우면 조롱을 합니다. 예수 믿고 성령 받고 은혜 받은 것을 괜히 싫어합니다. 그래서 냉소적으로 그것이 중요하지 않다는 듯 말을 합니다. 그래서 그들은 "새 술에 취하였다" 하고 조롱한 것입니다. 얼마나 우스꽝스러운 해석입니까?

어떤 사람이 미우라 아야꼬의 책을 읽고 받은 은혜가 너무 좋아서 주위 사람에게 읽어 보라고 주었답니다. 그랬더니 일주일 후에 그 사람이 책을 돌려주면서, "나도 병원에 가 봐야겠어"라고 말했답니다. 왜 그러느냐고 물었더니, "혹시 나도 이 여자처럼 몸에 균이 생겨 아프면 어떡해" 하고 말했다는 것입니다. 은혜 받으라고 주었더니 은혜 받을 부분은 하나도 보지 못하고 주인공이 병원 가서 고생한 것만 본 것입니다.

예수님이 나병 환자를 고치셨습니다. 못 걷는 자를 일으키셨습니다. 은혜 받은 사람들은 하나님이 하신 그 엄청난 일에 감격하며 눈물을 흘렸습니다. 그러나 바리새인들은 어땠습니까? 병 고치는 일에는 관심이 없습니다. 하나님이 하신 일에는 관심이 없습니다. 대신, 왜 안식일에 병을 고쳤느냐며 시비를 걸었습니다.

거룩한 성령의 역사에 관심을 가지십시오. 주변적인 것은 그리

중요하지 않습니다. 본질을 꿰뚫어 보십시오. 하나님을 만나는 것보다 더 중요한 것이 어디 있겠습니까? 다윗은 벌거벗고 춤까지 췄다고 했는데, 하나님만 만날 수 있다면 무슨 희생을 치르더라도 만나야 하지 않겠습니까?

사람들은 하나님의 사건을 땅의 사건으로 취급하려 했고, 거룩한 것을 세속적인 것으로 위장하려 했습니다. 사탄은 언제나 하나님의 거룩을 가장 천박하고 무가치한 것으로 바꾸려고 합니다. 이때 베드로가 다음과 같이 말했습니다. "때가 제 삼 시니 너희 생각과 같이 이 사람들이 취한 것이 아니라"(행 2:15). 그것은 술 취한 것이 아니었습니다. 마약에 취한 것도 아니었습니다. 베드로는 열한 제자들과 함께 분명하게 선포했습니다. "이것은 사람의 사건이 아니라 하나님의 사건이다. 이것은 위장되고 조작된 사건이 아니라, 구약의 요엘서에서 이미 예언된 하나님 말씀의 응답이다."

저는 이 응답이 우리에게 임하기를 바랍니다. 성령이 모두에게 임해서 하나님의 이 기이한 일들, 거룩하고 위대한 일들을 보고 듣고 체험하고 선포하는 놀라운 역사가 있게 되기를 바랍니다.

6

성령께서 설교하시다(1)

사도행전 2:14-36

'성령이 여기 계시다'는 것과 '내가 그분을 만났다'는 것은 다릅니다. 우리가 하나님을 '믿는다'는 것과 하나님을 '만났다'는 것이 다른 것처럼 말입니다. 성령은 불처럼, 바람처럼 오셨을 뿐만 아니라, 함께 모여 기도하던 각각의 사람들에게 임하셨습니다. 접촉이 시작되었습니다. 부딪히기 시작했습니다. 성령은 그들을 지배하기 시작하셨습니다. 운행하셨고, 지배하셨고, 통치하셨습니다. 그들의 인격 속에 내재하셨습니다. 성령 충만이 이루어졌습니다. 그들의 지정의의 모든 인격 속에, 육체 속에, 생각 속에, 정신 속에, 삶 속에 이 성령이 충만하게 채워졌습니다.

성령이 임하셨을 때 그들은 성령이 말하게 하심을 따라 다른 언어로 말했습니다. 이것은 굉장히 놀라운 일이었습니다. 15개국의 사람들이 그곳에 모여 있었는데, 당시의 세계관으로 보면, 그들은 세계의 모든 백성을 의미했습니다. 그들은 자기 나라 말로 하나님의 음성을 들었습니다. 성령이 말하게 하심을 따라 다른 언어로 말했다는 것은, 인간의 죄로 말미암아 언어가 나뉘고 흩어지게 된 바벨탑 사건으로부터의 회복이었습니다. 그리고 전 세계 모든 언어로 성령의 말씀이 전해진 것은, 이 성령의 역사가 전 세계로 나가고 있음을 보여 주는 사건이었습니다.

그때 모여들어 이 사건을 목격했던 사람들은 혼돈에 빠졌습니다. 성경은 사람들이 소동했다고 말씀합니다. 기대와 상상과 상식을 초월한 사건이었기 때문입니다. 뿐만 아니라, 그들은 충격을 받았습니다. 어떤 사람들은 그 사건을 부인할 수 없지만 그 내용을 받아들이기가 어려워, "그들이 새 술에 취하였다"(행 2:13)고 조롱했습니다.

바로 이때, 베드로가 갑자기 일어났습니다.

베드로가 열한 사도와 함께 서서 소리를 높여 이르되 유대인들과 예루살렘에 사는 모든 사람들아 이 일을 너희로 알게 할 것이니 내 말에 귀를 기울이라 때가 제 삼 시니 너희 생각과 같이 이 사람들이 취한 것이 아니라(행 2:14-15).

이렇게 말을 시작한 베드로는 36절까지의 내용을 가지고 거침없이 설교했습니다.

설교란 무엇입니까? 설교란 사람이 하는 것이 아닙니다. 참된 설교는 성령이 하시는 것입니다. 설교는 인간의 어떤 철학이나 사상을 전하는 것이 아니라, 하나님의 뜻과 생각을 전하는 것입니다. 성령이 임하고 그 성령이 충만해지면, 성령의 인도하심에 따라 다른 언어로 말하게 됩니다. 성령은 말씀하실 뿐 아니라, 그때그때의 상황에 맞는 설교를 하시는 것입니다.

요즘 사람들은 설교라고 하면 하나님의 말씀으로 듣지 않고 인간의 잔소리나 교훈 정도로 듣습니다. 불면증에 걸린 사람들은 설교를 들으며 졸기도 합니다. 이것은 사람들이 설교를 하나의 교훈으로, 또 하나의 잔소리나 인간의 이야기쯤으로 받아들이기 때문입니다.

오늘날의 많은 예배와 설교가 형식, 의식, 제도가 되고 있습니다. 이것은 사탄의 역사입니다. 하나님의 설교를 하나님의 음성으로 듣는 귀도 없고, 하나님 말씀으로 선포하는 메시지도 없는 것입니다. 교회에서 하나님의 말씀이 선포되고, 그것을 제대로 들었다면 우리는 타락할 수 없습니다. 왜 교회가 타락하고, 예수 믿는 사람이 타락합니까? 하나님의 음성을 듣지 않았기 때문입니다. 설교가 하나님의 말씀이 아니라, 사람의 말로 전락했기 때문입니다. 그러나 사도행전 사건에서 발견하는 사실은 무엇입니까? 참된 설교는 성령님이 하신다는 것입니다.

여기에 또 하나의 놀라운 사실이 있습니다. 베드로의 설교는 정치나 경제, 철학, 문학에 대해 이야기하고 있지 않다는 사실입니다. 요즘 많은 설교가 세상 이야기로 가득합니다. 정치, 철학, 경제를 이야기합니다. 물론 베드로가 설교하던 당시에도 그런 이야기를 할 만한 중요한 환경이 있었음은 분명합니다. 그때도 정치적으로, 경제적으로 어려웠습니다. 그들은 결사대를 만들어 조국을 찾아야 하는 상황이었습니다. 그러나 초대 교회 성도들의 우선순위는 그런 것이 아니었습니다. 바로 성령의 사건을 해석하는 것이 그들의 첫 번째 메시지였습니다.

당신의 첫 번째 메시지는 무엇입니까? 직장에 나가는 일도, 결혼하는 일도, 세상에서 살아가는 여러 가지 일도 다 중요합니다. 그러나 당신에게 정말 중요한 일은 무엇입니까? 먹고사는 일입니까? 자녀 교육하는 일입니까? 물론 그것도 우리에게 소중하고 중요합니다. 그러나 당신의 인생과 일상의 삶에서 정말로 중요한 것은 무엇입니까? 하나님은 당신의 인생에서 얼마만큼 중요한 분입니까? 하나님이 당신의 인생에서 최우선입니까? 하나님의 생각이 당신의 생각입니까? 당신의 우선순위는 하나님께 있습니까, 아니면 당신 자신에게 있습니까?

우리의 문제는 하나님을 믿으면서도 하나님이 우리의 최우선순위에 계시지 않다는 것입니다. 하나님을 다만 우리의 문제를 도와주시는 분으로 여깁니다. 하나님을 그저 위기에서 건지고, 병을 고치고, 우리를 돕는 분 정도로만 생각하지, 그분을 우리의 왕이요, 하나님이요, 주권자요, 창조주로 생각하지 않는다는 것입니다.

많은 사람들의 우선순위는 자기들의 이기적인 욕구와 관계되어 있습니다. 그것이 제일 중요하다고 생각하는 것입니다. 저는 당신의 삶에서 하나님이 가장 최우선이 되길 바랍니다. 성령의 사건이 당신의 생애에서 가장 중요한 사건이 되길 바랍니다. 구원의 문제가 당신에게 가장 절실한 문제가 되길 바랍니다. 전도하는 것이 당신의 삶에 가장 최우선 순위가 되길 바랍니다. 그러나 안타깝게도 많은 사람들에게 전도는 우선순위가 아닙니다. 제일 나중에 시간이 남으면 하는 것에 불과합니다. 예배와 봉사도 마찬가지입니다. 그래서 하나님은 언제나 뒷전입니다.

성령, 하나님의 놀라운 계획

베드로가 일어나서 했던 첫 번째 설교는 자기의 생각이 아니라, 성령님의 감동하심을 받은 하나님의 말씀이었습니다. 그리고 설교의 주제는 이기적이거나 사사로운 것이 아니라, 성령님이 임하신 사건을 설명하는 것이었습니다.

> 베드로가 열한 사도와 함께 서서 소리를 높여 이르되 유대인들과 예루살렘에 사는 모든 사람들아 이 일을 너희로 알게 할 것이니 내 말에 귀를 기울이라(행 2:14).

베드로가 혼자 서서 설교했습니까? 아닙니다. 열한 사도와 함께 섰습니다. 설교는 개인적인 것이 아니라 공동체적인 것입니다. 베드로가 그들을 대표해서 말했을 뿐입니다. 그의 생각은 열한 사도의 생각과 같은 것이었습니다. 같은 신앙 고백이었다는 말입니다. 열한 사도와 함께 서서 베드로가 대표해서 큰 소리로 외쳤다고 말했습니다. 이것이 진정한 설교인 것입니다.

오늘날 많은 경우 설교가 타락하는 원인은 한 개인에게 의존하는 경향에 있습니다. 설교, 즉 진정한 성령의 음성은 한 개인의 것이 아니라 공동체의 것입니다. 한 개인에게만 성령이 임한 것이 아니라, 120명의 공동체에 성령이 임했습니다.

베드로는 입을 열어 다음과 같이 말했습니다.

때가 제 삼 시니 너희 생각과 같이 이 사람들이 취한 것이 아니라
(행 2:15).

'제 삼 시'란 오전 9시입니다. 오전 9시라면 모든 사람이 출근하는 때입니다. 대부분의 사람들은 언제 기운이 빠집니까? 퇴근할 때입니다. 그래서 퇴근할 때 술을 한잔 하는 것입니다. 술 취하는 것은 저녁이나 밤이지, 아침 9시부터 술 취하는 경우는 거의 없습니다. 저는 성령이 이 시간에 임했다는 사실에 굉장히 감동을 받습니다. 그들의 정신이 맑을 때 성령이 임했습니다. 성령은 오순절인 주일 오전 9시에 임했습니다. 베드로는 이 성령 사건이 술에 취해서 일어난 것이 아니라고 말합니다.

그는 또 요엘서의 예언을 들어 이것이 우연적이고 인위적인 사건이 아니라는 점을 설명합니다. 교회의 사건은 인위적인 것이 아닙니다. 몇 사람이 모여서 교회를 만드는 것이 아닙니다. 우리가

모여 예배하는 것은 인간이 한 것이 아니라, 하나님이 하신 것입니다. 교회의 주인은 하나님이십니다. 그리스도가 교회의 머리가 되십니다. 우리는 그분의 지체일 뿐입니다. 이것이 진정한 하나님의 교회입니다.

우리는 누구 때문에 예수를 믿게 된 게 아닙니다. 하나님이 우리를 사랑하셨기 때문에 우리가 예수를 믿게 된 것입니다. 하나님이 선택하지 않으셨다면 우리는 구원받을 수 없었을 것입니다. 교회가 좋아서, 프로그램이 좋아서 교회에 나오는 것이 아닙니다. 하나님이 우리를 사랑하셨기 때문입니다. 하나님이 우리를 구원하기로 결정하셨기 때문에 우리가 하나님의 자녀가 된 것입니다.

성령 사건은 예언의 성취

성령의 사건은 베드로 자신이 주장한 사건도, 제자들이 인위적으로 만든 사건도 아니었습니다. 그것은 구약성경의 요엘서에 담긴 예언의 성취요, 하나님의 사건이었습니다.

이는 곧 선지자 요엘을 통하여 말씀하신 것이니 일렀으되(행 2:16).

이어지는 말씀(17-18절)은 선지자 요엘의 말로서, 베드로가 그 내용을 인용한 것입니다.

그 후에 내가 내 영을 만민에게 부어 주리니 너희 자녀들이 장래 일을 말할 것이며 너희 늙은이는 꿈을 꾸며 너희 젊은이는 이상을 볼 것이며 그때에 내가 또 내 영을 남종과 여종에게 부어 줄 것이며 내가 이적을 하늘과 땅에 베풀리니 곧 피와 불과 연기 기둥이라 여호와의 크고 두려운 날이 이르기 전에 해가 어두워지고 달이 핏빛같이 변하려니와 누구든지 여호와의 이름을 부르는 자는 구원을 얻으리니 이는 나 여호와의 말대로 시온 산과 예루살렘에서 피할 자가 있을 것임이요 남은 자 중에 나 여호와의 부름을 받을 자가 있을 것임이니라(욜 2:28-32).

요엘서에서 말한 성령의 사건은 무엇입니까? 요엘서와 사도행전을 함께 보면서 구약성경에 나타난 예언의 말씀이 신약 시대에 어떻게 응답되었는지 살펴보겠습니다.

말세에 임하시는 성령

하나님이 말씀하시기를 말세에 내가 내 영을 모든 육체에 부어 주리니 너희의 자녀들은 예언할 것이요 너희의 젊은이들은 환상을 보고 너희의 늙은이들은 꿈을 꾸리라(행 2:17).

첫째, 위의 말씀에 의하면 성령은 '말세에' 오신다고 했습니다.

요엘서에서는 '그 후에'라는 표현을 썼는데, '그 후에'라는 것은 '약속하신 메시아가 오신 후에'라는 뜻입니다. 메시아가 이 땅에 인간의 몸으로 오셔서 30년을 사시고, 그 후 3년 동안 공생애를 사시고, 마침내 십자가에 못 박혀 죽으신 후 부활하고 승천하심으로써 하나님의 사역을 완성하셨습니다. 요엘서의 '그 후에'란 '메시아가 그의 사역을 완성한 후에'라는 말입니다. 사도행전적 표현을 빌리면, '말세'입니다. '말세'란 앞으로 올 미래가 아니라, 그리스도가 오심으로부터 시작된 것입니다.

성경은 "때가 차매 하나님이 그 아들을 보내사 여자에게서 나게 하시고 율법 아래에 나게 하신 것은"(갈 4:4)이라고 말씀하는데, 여기서 '때가 차매'란 바로 '말세'를 뜻하는 것입니다. 이 '말세'는 예수님과 함께 시작되어 십자가를 통해 그 중심이 이루어지고, 주님이 다시 오심으로 완성되는 것입니다. 하나님은 예수님의 사역이 다 마쳐진 후에 '내가 내 영을 너희에게 부어 주리라' 하고 말씀하셨던 것입니다. 성령님이 오시는 것은 하나님의 의도였습니다. 하나님의 구원 계획이었습니다. 성령은 오순절 날 오전 9시 무렵, 성령을 사모하는 무리가 모인 다락방에 불처럼 바람처럼 임하셔서 역사하기 시작한 것입니다.

모든 육체에 임하시는 성령

둘째, 이 말씀을 통해 생각할 것은 "내가 내 영을 모든 육체에 부어

주리니"라고 하신 약속입니다. 요엘서에서는 "내가 내 영을 만민
에게 부어 주리니"라고 말씀했습니다. '만민'은 모든 사람을 말합
니다. 여기에 굉장히 놀라운 메시지가 있습니다. 성령은 누구에게
임하십니까? 성령은 어떤 특별한 사람들에게만 임하시는 것이 아
니라, 육체를 가지고 있는 인간이면 누구에게든 임하십니다. 인간
의 몸으로 태어난 사람이라면 누구에게든 성령이 임하는 것입니
다. 구약 시대에는 선택된 소수의 특별한 사람에게만 성령이 임하
셨습니다. 그러나 '말세', 주님이 승천하시고 난 '그 후에는', 또한
오순절에 성령이 임하시고 난 '그 후에는' 하나님의 영이 주 앞에
나아와 주의 이름을 부르는 모든 사람들에게 임한다는 것입니다.
아이나 어른이나, 병든 자나 건강한 자나, 실패한 자나 성공한 자
나, 감옥에 있는 자나 자유로운 자나, 살인자나 간음한 자 할 것
없이, 지식이 있고 없음과 상관없이, 지역을 막론하고 성령이 부어
진다는 것입니다. 얼마나 놀라운 메시지입니까? 이 성령 또는 구
원은 특정한 사람, 특정한 지역에만 주어지는 것이 아니라, 모든
족속에게 임하는 것입니다.

구약성경의 예언이 실제로 이루어지기 시작했습니다. 성령님의
역사는 다락방에서 시작해서 "온 유대와 사마리아와 땅 끝까지 이
르러" 지금까지 진행되어 왔고, 한국 땅에도 복음의 씨앗이 뿌려
져서 오늘날 이 지상에서 가장 큰 기적이라고 말하는 한국의 복음
화가 이루어진 것입니다. 저는 이 복음의 역사, 성령의 역사가 북

한에까지 미칠 것을 믿습니다. 이 성령의 역사가 우리를 통해서 철의 장막을 뚫고 들어갈 뿐만 아니라, 이슬람권과 전 세계로 전파될 것을 믿습니다.

누가 가서 이 성령의 역사를 전할 것입니까? 누가 가서 이 하나님의 거룩한 역사를 전할 것입니까? 하나님은 바로 우리를 통해서 세상 모든 사람들에게 이 성령의 역사가 전파되게 하실 것입니다. 바로 우리를 선교사로 삼아 주실 것입니다. 우리를 이 땅뿐만 아니라 전 세계로 흩어지게 하셔서, 남자나 여자나, 어른이나 어린이나, 종이나 주인이나, 흑인이나 백인이나, 모든 사람들에게 이 성령의 역사를 이루실 것입니다.

예언하는 자녀들

성령은 말세 때, 즉 주님이 사역을 마치시고 난 후에 육체를 가진 인간이면 누구에게나 부어진다는 사실을 살펴보았습니다. 그렇게 성령이 부어지면 무슨 일이 일어납니까?

셋째, 성령이 임하시면 "너희의 자녀들은 예언할 것"이라고 말씀합니다. 구약 시대에는 예언자들이 예언했습니다. 예레미야, 이사야, 에스겔과 같은 대예언자들뿐 아니라 아모스, 다니엘, 호세아 같은 열두 소선지자가 예언을 했습니다. 이렇게 여러 대·소 선지자들에게 하나님의 말씀이 임했고, 그들을 통해서 예언이 선포되었던 것입니다.

예언은 미래의 막연한 일을 말하는 것이 아니라, 미래에 일어날 하나님의 사건에 대해 하나님의 종들이 말하는 것입니다. 그것은 단순한 미래의 예견이 아닙니다. 하나님 말씀의 선포입니다. 그러므로 예언자들에게는 언제나 역사의식이 있습니다. 이 구약의 예언은 누가 했습니까? 하나님의 기름 부음을 받은 특별한 사람, 곧 예언자들이 했습니다. 그러나 성령이 임하신 후에는 모든 사람이 예언을 합니다. 특히 젊은이들이 예언을 하게 될 것이라고 말씀합니다.

사실 그렇습니다. 성령 받고 구원을 확신한 사람은 자기의 미래를 알게 됩니다. 자기의 장래가 굉장히 친숙해집니다. 내가 어떻게, 무엇을 위해 살 것인지를 알게 됩니다. 한국의 운명이 어떻게 될 것인지를, 기도하고 성령 받은 사람들은 믿음의 눈으로 보게 됩니다. 주님 오실 날이 가까웠다는 사실을 믿음의 눈을 통해 알게 되는 것입니다. 우리는 미래에 일어날 하나님의 사건들과 친숙해져야 합니다. 우리가 어떻게, 무엇을 위해 살아야 하며, 그것을 위해 어떤 기도를 해야 하는가 등의 것들을 깨달을 수 있어야 합니다.

아무리 똑똑해도 성령 받지 않은 사람, 구원받지 않은 사람은 하나님의 미래에 대해 알 수 없습니다. 주님이 언제 다시 오실지 그 정확한 날짜는 모르지만, 주님이 우리와 너무나 가까이 계시기에 이런 것들이 굉장히 친숙하게 느껴지며, 자기 자신의 죽음에 대해서도 불안해하지 않는 것입니다. 내일 종말이 찾아온다 할지라도,

내일 전쟁이 일어나고 세계가 깨어진다 하더라도, 믿는 사람의 마음에는 두려움이 없습니다. 왜냐하면 언제나 미래가 있기 때문입니다. 하나님의 미래가 우리를 향해 달려오고 있기 때문입니다.

꿈꾸는 늙은이

성령이 임하면 또 무슨 일이 일어납니까? 넷째, "너희의 늙은이들은 꿈을 꾸리라"고 말씀합니다. 요엘서에서는 "너희 늙은이는 꿈을 꾸며"라는 말이 "너희 젊은이는 이상을 볼 것이며"라는 말보다 먼저 나옵니다. 그렇습니다. 성령이 임하면 물론 방언도 하고, 예언도 하고, 능력도 나타나고, 못 걷는 자도 일어나고, 많은 기적과 기사와 역사들도 나타날 것입니다. 무엇보다 선교 역사가 일어날 것입니다. 그러나 이 오순절 예언에 관해 베드로가 설교한 것 중에 중요한 사항은, 성령이 임하면 젊은이들이 예언을 하고, 늙은이들이 꿈을 꾼다는 것입니다.

늙은이라는 말은 젊은이의 상대 개념인 어른들, 즉 나이 많은 분들로 생각하는 것이 좋겠습니다. 그들은 은퇴한 사람들입니다. 은퇴한 사람들에게는 어떤 불안감이 있습니다. 언젠가 양로원에 가야 한다는 불안감, 지금은 내 발로 걸어 다니지만 언젠가는 걸어 다닐 수 없는 때가 온다는 불안감 등이 그것입니다. 또한 자식이 있고, 친척이 있고, 돈이 있어도 그들의 외로움은 숨길 길이 없습니다. 그들은 늘 언젠가는 죽어야 한다는 죽음에 대한 두려움의 그림자를 안고 삽니다. 그러다 보니 노인들에게는 꿈이 없습니다.

그러나 성령이 임하면 늙은이들이 꿈을 꾼다는 것입니다. 소망과 기대감을 갖는다는 것입니다. 이것이 성령의 특징입니다. 어떤 교회가 성령을 받았느냐 안 받았느냐는 교회의 어른들이 어떤 꿈을 갖고 있느냐로 결정됩니다. 정말 그 교회에 성령이 임했다면, 이미 은퇴해서 소망을 잃어버린 노인들이 새로이 시작합니다. 이것이 성령의 역사입니다.

아브라함은 75세에 믿음의 여정을 시작했습니다. 고향과 친척, 아버지의 집을 떠나는 것은 쉬운 일이 아닙니다. 누가 자기의 정착지를 버리려고 하겠습니까? 누가 자기의 안정된 직업을 포기하려 하겠습니까? 사람들의 신앙적 행위나 말속에는 자기 발전이나 자기 보호, 자기 안전의 기초가 되는 이기적인 동기가 숨어 있기 마련입니다. 그것이 흔들리면 사람들은 불안해합니다.

모세는 120세에 죽었습니다. 성경은, 죽었을 때 그의 눈이 쇠하지 않았다고 말씀합니다. 저는 우리 교회의 어르신들이 꿈과 용기와 비전을 가지고 눈이 쇠하지 않은 채 신앙의 모험을 다시 시작할 수 있는 축복이 있게 되기를 바랍니다.

성경에 놀라운 한 사람이 등장합니다. 갈렙입니다. 모세가 죽었을 때 그 후계권이 여호수아에게 가기로 결정되었습니다. 사실 제일 갈등할 만한 사람은 갈렙이었을 것입니다. 갈렙이 모세를 섬기는 것은 쉬웠을 것입니다. 나이 차이도 있고, 경륜도 다르기 때문입니다. 그러나 동갑내기로서 같은 시기에 시작한 여호수아를 지도자로 섬기는 일은 쉽지 않았을 것입니다. 그러나 갈렙은 40년 동안 여호수아를 잘 섬겼습니다. 나이 85세 때 그는 여호수아 앞에 나아가 이런 말을 합니다.

오늘 내가 팔십오 세로되 모세가 나를 보내던 날과 같이 오늘도 내가 여전히 강건하니 내 힘이 그 때나 지금이나 같아서(수 14:10-11).

얼마나 멋있는 노인입니까? 자기는 40대 때나 80대 때나 정열과 힘이 똑같다고 말했습니다. "나는 지금도 전쟁뿐만 아니라 맡겨 주시는 모든 일을 할 수 있다"고 말합니다. 그러나 갈렙은 자기에게 어떠한 일을 맡겨 달라고 먼저 청해서 여호수아를 힘들게 하지 않았습니다. 시키는 대로만 했습니다.

그날에 여호와께서 말씀하신 이 산지를 지금 내게 주소서(수 14:12).

갈렙은 "이제 하나님이 약속해 주신 이 땅을 나에게 주십시오"라고 말합니다. 얼마나 멋있습니까? 그는 의욕과 비전을 소유한 사람이었습니다. 그리고 꿈을 가졌습니다. 나이 85세에 다시 시작한 것입니다. 이 사람이 하나님의 사람, 성령 받은 사람입니다.

환상을 보는 젊은이

다섯째, 성령을 받으면 '젊은이들은 환상을 보게 된다'고 말씀합니다. 요즘 젊은이들은 노인들만큼도 꿈이 없습니다. 구름 떼처럼 몰려다니는 수많은 젊은이들을 보십시오. 그들의 눈에는 생기가 없습니다. 비전도 없습니다. 다만 어떻게 하면 조금이라도 더많은 이익을 챙길까, 어떻게 하면 더 좋은 대학에 가서 남들을 누르고 앞장설까 궁리하는 것이 그들 인생의 전부입니다. 사기 치고, 술 마시고, 담배 피우고, 타락하며, 방황합니다. 이것이 요즘 젊은이들의 한 모습입니다.

젊은이들의 특징은 무엇입니까? 환상을 갖는 것입니다. 지금은 가난하고 손해를 보고 무지하다 할지라도, 꿈을 가지고 살아가는 것이 젊은이 아닙니까? 성령이 임하면 젊은이들이 환상을 보게 된다고 했습니다.

그러나 많은 젊은이들이 기껏해야 시집 장가갈 환상들, 좋은 직장에 취직해서 안정된 생활을 하려는 환상들, 박사 학위나 따 볼까하는 환상들에 사로잡혀 있습니다. 물론 그것이 나쁘다는 것은 아닙니다. 그것은 과정입니다. 그러므로 그것으로 우리의 꿈이 제한되어서는 안 된다는 것입니다. 내 인생과 내 젊음을 투자해서 영원을 위해, 진리를 위해, 새 나라와 새 하늘을 위해 도전하고 모험하는 것, 이것이 성령 받은 자들의 모습입니다. 성령이 임하면 노인들이 꿈을 꾸고 젊은이들이 비전을 갖게 됩니다. 환상을 가지고 세계를 품게 됩니다. 세계를 향해 뛰어가는 것입니다.

젊은이들에게 도전하고 싶습니다. 대학 생활이나 젊은 날의 2년 정도를 떼어 하나님을 위해 살아 볼 용기는 없습니까? 그렇게 대학을 일찍 졸업해서 무엇을 하려는 것입니까? 남을 앞지르고 월반까지 해서 천재라는 말을 듣고 싶습니까? 그렇게 해서 좋은 대학과 직장에 가서 출세하면, 그다음 목표는 무엇입니까? 한번 여러분의 젊음을 하나님을 위해 멋지게 사용해 보지 않겠습니까?

예전 미국에는 '평화 봉사단'이 있었습니다. 예수를 안 믿는 사람이라 할지라도 그 단체를 통해 자신을 희생하며 헌신과 봉사를 했습니다. 전 세계에 나가서 자신의 젊음을 한번 써 본 것입니다. 대학을 7년 다니면 어떻습니까? 그것은 나쁜 것이 아닙니다. 무엇을 위해 사느냐가 중요한 것입니다. 꿈이 있느냐, 환상을 가지고 있느냐가 중요한 것입니다.

낮은 곳에 임하시는 성령

> 그때에 내가 내 영을 내 남종과 여종들에게 부어 주리니 그들이 예언할 것이요(행 2:18).

성령이 임하시면 종도 은혜를 받고 예언한다고 했습니다. 저는 이 말씀이 얼마나 좋은지 모릅니다. 좋으신 성령님, 하나님을 왜 제한하는지 모르겠습니다. 성령을 우리 교회 안으로만 제한해도 안 됩니다. 이러한 제한은 무너져야 합니다. 우리는 세계를 향해 그리고 하나님을 향해 나아가야 합니다. 예수 믿는 믿음은 교통사고 나지 않게 하고 병 낫게 하는 정도로 그치는 것이 아닙니다. 예수 믿으면 부자 된다는 것 정도가 아닙니다. 그것보다 더 위대한 것입니다. 더 엄청난 것입니다. 성령은 남녀노소, 종들에게까지 다 임하십니다.

> 누구든지 주의 이름을 부르는 자는 구원을 받으리라 하였느니라
> (행 2:21).

그렇습니다. 구원이 임하는 것입니다. 예전에 어떤 부흥사가 한 말이 생각납니다. '개가 아니면 누구나 다 방언 받는다'는 말입니다. 당시에는 무슨 소리인가 했는데, 요즘 이 말씀을 보니 그 말이 딱 맞습니다. 성령을 의도적으로 거부하거나, 믿지 않거나, 스스로 교만하거나 악하지 않으면 모두 성령을 받게 되어 있는 것입니다. 어린아이처럼 간절히 사모하면 한 사람도 예외 없이 성령이 임하십니다.

그런데 왜 안 받습니까? 왜 주저합니까? 지금 사모하십시오. 성령이 지금 당신의 마음속에 임하시도록 사모하십시오. 왜 누구는 하나님의 음성을 듣고, 누구는 못 듣습니까? 왜 누구는 방언을 하

는데, 누구는 못 합니까? 왜 누구는 성령 체험을 하는데, 누구는 못 합니까? 다 할 수 있습니다. 성령은 모든 육체, 모든 사람, 심지어는 종들에게까지도 임한다고 말씀하셨습니다. 성령을 사모하십시오.

기적과 징조를 베푸시는 하나님

> 또 내가 위로 하늘에서는 기사를 아래로 땅에서는 징조를 베풀리니
> 곧 피와 불과 연기로다(행 2:19).

하나님이 정말 살아 계시다면 기적이 있습니다. 하나님이 없다면 무슨 기적이 일어나겠습니까? 그러나 우리는 하나님이 계시다고 믿으면서도 하나님이 하실 일에 대한 기대감이 없습니다. 우리는 세상에서 너무나 상식과 합리와 이성으로 살도록 훈련되었습니다. 하나님이 어찌 인간의 이성과 상식과 경험과 지식에 제한될 수 있는 분이겠습니까? 만약 하나님이 하나님이라면 그것들을 뛰어넘으실 것입니다. 우리가 하나님을 이해하는 것이 아닙니다. 하나님이 우리로 하여금 이해하게 하시는 것입니다. 하나님을 제한하지 마십시오. 하나님은 하늘에서는 기사를, 땅에서는 징조를 베푼다고 말씀하셨습니다.

그분은 피와 불과 연기로 임하십니다. 마지막 재앙 때 피가 있었습니다. 제사를 드릴 때 피가 있었습니다. 또 하나님은 불로 임하

십니다. 출애굽기 19장은 하나님이 모세에게 말씀을 주실 때 옹기가마의 불같이 나타났다고 했습니다. 그리고 하나님이 나타나시는 곳에는 연기가 났다고 했습니다.

주의 크고 영화로운 날이 이르기 전에 해가 변하여 어두워지고 달이 변하여 피가 되리라(행 2:20).

앞으로 이 세상에는 이런 변화와 역사들이 많이 일어나게 될 것입니다. 그러나 두려워하지 마십시오. 하나님은 성령을 통해 이 역사 속에 나타나시고, 누구든지 주의 이름을 부르는 자에게 구원을 베풀어 주십니다.

저는 오늘날 기독교가 너무나 점잖고 침묵하고 제도화되는 현실이 슬픕니다. 교회는 건물이 아닙니다. 제도가 아닙니다. 그 이상의 것입니다. 물론 우리는 제도와 건물을 피할 길이 없습니다. 건물이 없으면 어떻게 예배를 드리고, 제도가 없으면 어떻게 만나겠습니까? 하지만 그것으로만 머물러 있는 게 문제입니다. "은과 금은 내게 없거니와 내게 있는 이것을 네게 주노니 나사렛 예수 그리스도의 이름으로 일어나 걸으라"(행 3:6)고 했습니다. 그러나 오늘날의 교회는 건물도, 은도, 금도 있지만 "나사렛 예수 그리스도의 이름으로 일어나 걸으라"는 능력을 잃어버렸습니다. 영적인 힘이 없습니다. 세상 집단과 하나도 다를 바가 없게 된 것입니다. 교회에서 할 수 있는 프로그램이 오로지 오락이나 게임 등 인간들끼리 서로 먹고 마시고 즐기는 것들로만 가득 차 있다면, 그것으로 무슨 교회가 되겠습니까? 교회에는 하나님의 사건들이 있어야 합니다. 성령의 역사들이 있어야 합니다. 기적과 능력이 나타나야 합니다. 구원받는 자, 세례 받는 자가 나와야 하며, 귀신이 나가고 병이 낫는 하나님의 초자연적인 역사들이 오늘 우리가 사는 삶 속에, 현실 속에 구체적으로 나타나야 하는 것입니다.

7

성령께서 설교하시다(2)

사도행전 2:14-36

성령이 베드로를 통해 설교하셨습니다. 어떤 설교였습니까? 베드로가 한 설교의 핵심 메시지는, 성령의 역사는 인간이 의도적으로 조작해서 만든 사건이 아니라는 내용입니다. 많은 일과 사건들이 인간의 조작에 의해서 만들어집니다. 국가나 정부가 행하는 일이나 사건들도 상당 부분은 사람들이 조작하며 그 결과로 발생합니다. 심지어 부흥회도, 종교 집회도 조작할 수 있습니다. 그러나 진정한 성령의 사건은 인간이 의도적으로 계산하고 조작해서 만들어지지 않는다는 것입니다. 동시에 성령의 사건은 우연한 일이 아니라는 내용입니다. 그러면 성령의 사건은 무엇입니까? 그것은 하나님이 예비하신 사건이며, 하나님이 사전에 약속하신 사건이며, 구약성경 요엘서의 예언에 대한 성취라는 것입니다. 이것이 베드로의 설교의 첫 번째 요지입니다.

예수 그리스도, 성령 사건의 주체시라

베드로는 다른 주제로 설교를 계속했습니다.

이스라엘 사람들아 이 말을 들으라 너희도 아는 바와 같이 하나님께서 나사렛 예수로 큰 권능과 기사와 표적을 너희 가운데서 베푸사 너희 앞에서 그를 증언하셨느니라(행 2:22).

이 말씀을 보면, 성령 사건과 예수 그리스도의 사건은 별개의 것이 아니라 하나의 사건이요, 연속된 사건임을 알 수 있습니다. 우리는 오순절을 이해할 때 오순절에 나타난 현상만을 가지고 이야기하기 쉽습니다. 그리고 그것을 추구합니다. 그러나 베드로는 그런 것을 거부합니다. 오순절의 사건과 그에 대한 체험과 능력 그리고 그로 인해 발생한 성령을 따라 말하게 하는 이 엄청난 사건은 그리스도의 사건이기 때문입니다. 그리스도가 없는 성령 사건은 아무것도 아닙니다.

그러면 오순절의 성령은 어디에 근거한 것입니까? 이것은 우연한 사건도, 인위적인 사건도 아니라고 말했습니다. 이것은 구약의 요엘서에서 미리 예언한 사건이었고, 하나님이 약속하신 사건이었고, 하나님이 예비하신 사건이라고 말했습니다. 그렇다면 성령의 사건은 어떤 의미가 있습니까? 성령의 사건은 어디로부터 온 것입니까?

위의 말씀에는 그것이 예수 그리스도로 말미암은 것이라고 말하고 있습니다. 대부분의 사람들이 성령에 대해 말할 때 실수하는 부분이 여기입니다. 우리 교회를 포함한 많은 교회들이 성령 운동을 합니다. 그 운동 때문에 교회가 갱신되었고, 변화되었고, 부흥되었고, 그로 인해 세계의 선교 역사가 일어나게 되었습니다. 앞으로도 많이 변할 것입니다. 그러나 성령 운동을 할 때 저지르게 되는 가장 큰 실수는, 그리스도를 높이지 않는 것입니다. 그리스도를 빼놓고 성령의 현상만을 이야기한다면, 그것은 잘못된 성령 운동이 되는 것입니다.

진정한 성령의 운동과 역사는 그리스도를 높이는 데, 그리스도의 사건과 구원을 선포하는 데, 예수 그리스도를 영화롭게 하는 데 그 목적이 있습니다. 그렇기에 성령과 성령의 임재를 얘기하는 곳마다 예수 그리스도가 높여지는 것입니다. 이는 예수 사건이 없이는 성령의 사건이 없다는 말입니다. 이것이 베드로의 설교의 두 번째 요지입니다.

그러면 베드로가 소개한 예수님은 어떤 분입니까? 세 가지로 소개합니다. 첫째는, 예수 그리스도의 삶을 소개하고 있습니다. 둘째는, 예수 그리스도의 죽음을 소개하고 있습니다. 셋째는, 예수 그리스도의 부활을 소개하고 있습니다.

기적과 표적을 베푸신 예수 그리스도

이스라엘 사람들아 이 말을 들으라 너희도 아는 바와 같이 하나님께서 나사렛 예수로 큰 권능과 기사와 표적을 너희 가운데서 베푸사 너희 앞에서 그를 증언하셨느니라(행 2:22).

첫째, 예수님의 큰 권능과 기사와 표적에 대해서 말하고 있습니다. 예수님의 큰 권능과 기사와 표적이란 무엇입니까? 그것은 예수 그리스도의 삶을 보여 주는 단어들입니다. 예수님의 생애는 큰 권능으로 이루어진 위대한 생애였습니다. 예수님의 모든 사역은 기사와 표적의 사역이었던 것입니다.

사실 그렇습니다. 예수님은 실제로 갈릴리에서 많은 나병 환자들을 고쳐 주셨고, 걷지 못하는 자들을 일으키셨으며, 많은 앞 못 보는 이들의 눈을 뜨게 하셨습니다. 각종 병든 자를 고쳐 주셨을 뿐만 아니라 더러운 귀신을 내쫓아 주셨고, 성난 바다를 꾸짖어 잠잠하게 하셨으며, 오병이어로 5천 명을 먹이고도 열두 광주리를 남기는 엄청난 초자연적인 기적을 행하셨습니다. 이것이 바로 예수님의 생애였습니다.

예수님은 죽어 가는 많은 영혼들을 구원하셨고, 하늘나라의 복음을 선포했을 뿐만 아니라 권능과 표적과 기사를 행하셨던 것입니다. 그는 그렇게 자신의 생애를 살았습니다. 그러므로 여기에서 말하는 권능과 기사와 표적은 예수 그리스도의 생애를 보여 주는 단어들입니다.

십자가를 지신 예수 그리스도

그가 하나님께서 정하신 뜻과 미리 아신 대로 내준 바 되었거늘 너희가 법 없는 자들의 손을 빌려 못 박아 죽였으나(행 2:23).

둘째, 예수님의 십자가를 말하고 있습니다. 십자가란 무엇입니까? 그것은 하나님의 정하신 뜻이었습니다. 예수님은 십자가를 피하고 싶어 하셨습니다. "아버지여, 이 십자가를 피할 길은 없습니까? 그러나 내 뜻대로 마옵시고 아버지의 뜻대로 하옵소서"(마 26:39; 눅 22:42 참조)라고 기도하기까지 하셨습니다. 십자가란 하나님의 정하신 뜻이요, 구원의 계획입니다. 그것은 "미리 아신 대로 내준 바" 된 사건이었습니다. 이것이 십자가입니다. 예수님은 하나님의 뜻에 순종하셨습니다. 그리고 십자가를 지심으로 우리를 구원하셨습니다.

그런데 여기에 아이러니가 있습니다. "그가 하나님께서 정하신 뜻과 미리 아신 대로 내준 바 되었거늘"이라는 말을 보면, 십자가는 하나님이 계획하신 것입니다. 그러나 인간에게 십자가란 무엇입니까? "너희가 법 없는 자들의 손을 빌려 못 박아 죽였으나"라고 베드로는 말했습니다.

어떻게 보면 예수님을 십자가에 못 박게 한 사람들은 이스라엘 백성이 아니었습니다. 유대인들이 아니라 로마인들이었습니다. 빌라도가 예수님을 처형했습니다. 그러나 성령님이 베드로를 통해 하시는 말씀은 이런 것입니다. "너희는 죄 없다고 하지만 사실은 너희가 하나님의 법을 모르는 빌라도와 로마 병정들과 그 하수인을 이용해서 예수를 십자가에 못 박아 죽게 한 것이다. 그들이 죽인 것이 아니라 너희가 죽였다." 예수님을 죽인 것은 거기에 서 있던 유대인들이라는 것입니다. 얼마나 무서운 말씀입니까?

예수를 다른 사람이 죽였다고 할 때는 십자가가 별로 두렵지 않습니다. 그러나 '내'가 예수를 죽였다고 말할 때는 보통 일이 아닙니다. '내'가 당사자일 때는 밤잠을 이루지 못합니다. 우리가 죽였습니다. 예수님은 유대인이나 로마인이 죽인 게 아니라, 바로 우리가 죽인 것입니다. 이것이 십자가입니다.

사망 권세를 깨뜨리신 예수 그리스도

셋째, 예수 그리스도의 부활에 대해 이야기하고 있습니다.

> 하나님께서 그를 사망의 고통에서 풀어 살리셨으니 이는 그가 사망에 매여 있을 수 없었음이라(행 2:24).

하나님은 예수님을 죽음에 계속 머물러 있게 하실 수 없었습니다. 하나님이 사망의 고통을 풀어 주셨다고 말하고 있습니다. 예수님이 어떻게 부활하셨겠습니까? 하나님이 사망의 고통의 빗장을 열어 주셨기 때문에 부활하신 것입니다.

마귀는 예수님을 사망의 고통 속에 집어넣고 빗장을 걸었습니다. 죽음이라는 빗장을 예수님에게 걸었습니다. 그러나 하나님이 3일

후에 그 빗장을 풀어 주셨습니다. 즉, 사망의 고통을 풀어 예수님을 다시 살리신 것입니다.

또한 성경은 "그가 사망에 매여 있을 수 없었음이라"고 말씀합니다. 예수님은 죽음에 얽매어 있을 분이 아니십니다. 예수님은 길이요, 진리요, 생명이요, 부활이십니다(요 14:6). 따라서 어떠한 형태의 죽음도, 사망의 고통도 예수님을 묶어 놓을 수 없습니다. 하나님이 사망의 고통을 풀어 주시기는 했지만, 예수님은 원래 죽음에 머물러 계실 분이 아닙니다. 그는 죽음을 이기고 부활하셨습니다. 사망 권세를 깨뜨리신 것입니다. 모든 악의 세력을 짓밟아 버렸습니다. 그는 무덤에 갇힌 분이 아니라, 살아 계신 분입니다.

예수님이 사망에 얽매일 수 없다는 말은 무슨 뜻입니까? 우리도 사망에 얽매이지 않는다는 것입니다. 우리는 고통에 얽매이지 않습니다. 마귀에게 얽매일 수 없습니다. 질병에 얽매일 수 없습니다. 우리는 세상 어떤 것으로도 얽매임을 받지 않습니다. 우리는 죽음을 초월한 사람들입니다. 예수님을 사망에 묶어 둘 수 없었던 것처럼, 우리도 사망에 묶어 둘 수 없을 것입니다.

지금 베드로는 성령의 감동을 받아 설교하고 있습니다. 첫째, 성령의 사건은 인위적이고 조작된 것이 아니며, 하나님이 예비하신 사건이었습니다. 그것은 요엘서에 기록된 예언의 응답이었습니다. 둘째, 성령 사건의 주체는 예수 그리스도이십니다. 예수 그리스도를 떠나서는 성령이 존재하지 않습니다. 성령이란 무엇입니까? 그리스도의 능력 있는 삶입니다. 그리스도의 대속적인 십자가의 죽음이며, 예수 그리스도의 승리의 부활인 것입니다. 부활 없는 성령이 없고, 십자가 없는 성령이 없고, 그리스도의 삶이 없는 성령은 없는 것입니다. 성령의 핵심과 주제는 예수 그리스도이십니다. 그럼에도 불구하고 성령에 대해 말하는 많은 사람들이 그리스도의 십자가와 부활과 그분의 삶을 설교하지 않고 성령만 말하기 때문에 그것이 이상해지는 것입니다.

그러므로 진정한 성령 세례란 무엇입니까? 그리스도의 삶이 임하는 것입니다. 그리스도의 십자가의 사건, 보혈의 능력이 내게 임하는 것입니다. 예수의 부활이 나의 부활이 되는 것입니다. 그것이 성령입니다. 베드로는 지금, 이 성령 체험을 이야기하고 있는 것입니다.

이 세 가지를 이야기하면서 베드로는 특별히 부활의 부분은 쉽게 넘어갈 수 없었습니다. 왜냐하면 죽음을 이기고, 사망 권세를 깨뜨리고, 무덤에서 예수님을 부활시켜 승리하게 해 통치자, 왕, 구세주, 승리자가 되게 했던 이 부활 사건이야말로 바로 성령의 사건이기 때문입니다. 그러므로 진정한 오순절이란 한마디로 부활입니다. 그 부활의 능력이 실제로 예수님에게만 나타나는 것이 아니라, 우리에게도 나타나게 되는 것입니다.

하나님은 예수님을 부활시키셨습니다. 그렇다면 그 부활이 우리에게도 임해야 되지 않겠습니까? "나를 믿는 자는 죽어도 살겠고 무릇 살아서 나를 믿는 자는 영원히 죽지 아니하리니 이것을 네가 믿느냐"(요 11:25-26)고 하신 말씀처럼, 예수님의 부활이 나의 부활이 되어야 하지 않겠습니까? 예수님의 부활이 나의 오순절 사건, 성령 사건인 것입니다.

다윗의 부활 신앙

그래서 베드로는 여기서 놀랍고도 절묘하게 구약성경에서 다윗의 부활 신앙을 인용합니다. 저는 이 본문을 읽다가 감동과 충격을 받지 않을 수 없었습니다. 이 짧은 메시지 속에 어떻게 성부, 성자, 성령을 이야기하고, 그리스도의 삶과 죽음과 부활을 이야기하고, 오순절을 이야기하고, 구약의 사건을 두 번씩이나 인용하고, 그러면서 우리에게 회개를 요구하는 메시지를 담을 수 있었을까요? 이것은 성령님이 하신 것입니다. 인간은 이런 메시지를 만들 수 없습니다. 하나님의 메시지요, 하나님의 음성인 것입니다. 이제 베드로는 다윗의 부활 신앙을 예수의 부활과 연결시킵니다.

다윗이 그를 가리켜 이르되 내가 항상 내 앞에 계신 주를 뵈었음이여 나로 요동하지 않게 하기 위하여 그가 내 우편에 계시도다 그러므로 내 마음이 기뻐하였고 내 혀도 즐거워하였으며 육체도 희망에 거하리니 이는 내 영혼을 음부에 버리지 아니하시며 주의 거룩한 자로 썩음을 당하지 않게 하실 것임이로다 주께서 생명의 길을 내게 보이셨으니 주 앞에서 내게 기쁨이 충만하게 하시리로다 하였으므로(행 2:25-28).

시편에는 다음과 같이 기록되어 있는데, 사도행전에 나온 이야기와 비교해 보십시오. 몇 가지 차이점이 있을 것입니다.

내가 여호와를 항상 내 앞에 모심이여 그가 나의 오른쪽에 계시므로 내가 흔들리지 아니하리로다 이러므로 나의 마음이 기쁘고 나의 영도 즐거워하며 내 육체도 안전히 살리니 이는 주께서 내 영혼을 스올에 버리지 아니하시며 주의 거룩한 자를 멸망시키지 않으실 것임이니이다 주께서 생명의 길을 내게 보이시리니 주의 앞에는 충만한 기쁨이 있고 주의 오른쪽에는 영원한 즐거움이 있나이다 (시 16:8-11).

다윗은 부활 신앙을 가진 사람이었습니다. 아브라함이 부활 신앙을 가졌다는 것은 히브리서에 잘 나타나 있습니다. 그러나 다윗이 부활 신앙을 가졌다는 것은 놀랍고 새로운 이야기입니다. 다윗은 부활 신앙을 고백하며 예언했습니다. 다윗이 말한 부활에 대한 기쁨과 즐거움과 감격은 바로 예수님의 부활이었습니다. 그리고 예수님의 부활의 기쁨과 감격과 축복과 기적은 성령의 기름 부으심인 것입니다. 성령의 세례를 통해 나타나는 능력이라는 것입니다. 그래서 특별히 다윗의 이야기를 지금 베드로가 하고 있는 것입니다.

다윗의 부활 신앙은 어떻게 묘사되어 있습니까? 자기 앞에 주님이 항상 계시다고 말합니다. '내 앞에 계신 주를 내가 뵈었으며, 모시었으며, 예배하고 찬양했으며, 그분은 공기처럼 내 앞에서 한 번도 떠난 적이 없으셨다.' 또 이런 표현을 했습니다. '그분은 내 오른편에 늘 계시며.' 이 말은 곧 '그분은 졸지 아니하시며, 주무시지 아니하시며, 있다가 사라지는 분이 아니시며, 영원한 분이시며, 전지한 분이시며, 나의 예배의 대상이 되시며, 늘 살아 계신 분입니다'라는 뜻입니다. 그분이 항상 앞에 계시고 오른쪽에 계시기 때문에, 다윗은 '요동하지 않는다'고 말했습니다.

이 세상이 얼마나 요동합니까? 성난 바다와 같지 않습니까? 언제, 어떻게 될지 누가 압니까? 언제 교통사고로 죽을지, 언제 무슨 일을 당할지, 언제 망할지 아무도 알 수 없습니다. '이런 요동하는 세상에서 살아 계신 하나님이 늘 내 앞에 계시며, 내 우편에 계시기 때문에 결코 내 심령이 요동하지 아니하노라.' 이렇게 고백하는 것이 바로 부활 신앙인 것입니다. 우리에게도 이러한 고백이 있어야 합니다.

다윗의 세 가지 간증

사도행전 2장 26절에 보면, 다윗은 첫째, "내 마음이 기뻐하였고"라고 말했습니다. 어찌 세상에 기쁜 일만 있겠습니까? 눈물 날 일도 있고, 고통스러운 일도 있고, 오해도 있고, 여러 가지 실수도 있고, 영광스러운 날도 있고, 수치스러운 날도 있지 않겠습니까? 건강할 때도 있고, 병들 때도 있지 않겠습니까?

그러나 부활 신앙을 가진 사람은 "여호와는 나의 목자시니 내게 부족함이 없으리로다"(시 23:1)라는 고백을 할 수 있습니다. 그가 감옥에 있든지 감옥 밖에 있든지, 모든 일이 잘되든지 잘못되든지 간에 그의 마음이 기쁨으로 충만한 것입니다.

> 주 안에서 항상 기뻐하라 내가 다시 말하노니 기뻐하라 너희 관용을 모든 사람에게 알게 하라 주께서 가까우시니라(빌 4:4-5).

이 구절은 사도 바울이 감옥에서 외쳤던 고백입니다. 당신의 마음은 어떻습니까? 지금 기쁨으로 충만합니까? 당신은 이런 고백을 할 수 있겠습니까? '내 마음이 기쁘다. 참 기쁘다. 지금 상황은 좋지 않지만 나는 기쁘고 감사하다. 정말 눈물이 날 만큼 감사하다.' 이런 마음이 있습니까?

둘째, 다윗은 "내 혀도 즐거워하였으며"라고 했습니다. 시편에서는 "나의 영도 즐거워하며"라고 했습니다. 그의 혀(입술)에는 자신의 영이 즐거워할 하나님의 영광이, 찬송과 감사와 기도가 있다는 것입니다. 어떤 사람의 혀는 저주로 가득 차 있습니다. 그래서 밤낮 불평하고, 비판하고, 욕을 합니다. 그 입술에는 하나님의 영광이 없습니다. 그러나 다윗의 입술에는 하나님의 영광이 있다고 말했습니다.

셋째, 다윗은 육체에 희망이 있다고 말합니다. 어찌 썩어질 육체에 희망이 있겠습니까? 그러나 "나를 믿는 자는 죽어도 살겠고 무릇 살아서 나를 믿는 자는 영원히 죽지 아니하리니"(요 11:25-26)라는 예수님의 말씀처럼, 우리는 몸의 부활을 믿습니다. 영광스럽게 부활할 것을 믿습니다. 그러므로 우리의 육체가 소망을 갖는 것입니다. 다윗의 고백을 들어 보십시오.

이는 내 영혼을 음부에 버리지 아니하시며 주의 거룩한 자로 썩음을 당하지 않게 하실 것임이로다(행 2:27).

인간의 가장 깊고 본질적인 즐거움이란 무엇입니까? 인간의 행복이나 즐거움의 본질은 내 눈을 만족시키고, 내 귀를 만족시키고, 내 입을 만족시키고, 내 피부와 몸을 만족시켜 주는 데 있는 것이 아닙니다. 우리의 만족은 소유에 있지 않다는 것입니다. 그런 것을 가지면 좋기는 하지만, 내 영혼은 편안하지 않습니다. 불안합니다. "내 영혼아 네가 어찌하여 낙심하며 어찌하여 내 속에서 불안해하는가"(시 42:5). 무엇이 없어서 불안해합니까? 아닙니다. 인간 영혼의 깊은 곳에는 하나님이 없는 불안이 있는 것입니다. 영원에 대한 불안이 있는 것입니다. 모든 것을 다 갖추었다 할지라도 그 불안을 막을 길이 없습니다.

그렇다면 인간의 가장 본질적인 행복은 어디에 있습니까? 지식에 있습니까? 지식이 우리를 만족시켜 줍니까? 사람의 박수 소리와 영예가 우리에게 만족을 줍니까? 그런 것에 진정한 평화가 있습니까? 그렇지 않습니다. 앞의 말씀에 의하면, 인간의 진정한 평화는 하나님이 '내 영혼을 음부에 버리지 않았다'는 사실 때문에 오는 것입니다. 내가 지옥에 안 간다는 사실, 내 영혼이 구원받았다는 이 사실 앞에서 우리는 눈물을 흘리고, 춤을 추며, 영혼 깊은 곳에서 감사와 기쁨이 넘쳐나는 것입니다.

정말로 구원받은 사람은 너무 기뻐서 자다가도 일어나 다음과 같은 고백을 하게 됩니다. "하나님, 제가 정말 구원받았습니까? 제가 정말 당신의 생명책에 기록되어 있습니까? 제가 하나님의 자녀입니까? 하나님, 정말입니까?" 이것이 진정한 행복입니다. "나는 음부에 버려지지 않았다. 나는 지옥에 안 간다!" 이것이 참된 기쁨입니다.

다윗은 부활의 기쁨을 이렇게 찬양합니다.

주께서 생명의 길을 내게 보이셨으니 주 앞에서 내게 기쁨이 충만하게 하시리로다(행 2:28).

이것이 바로 부활 신앙을 가진 다윗의 기쁨입니다. 그리고 이것이 바로 예수 그리스도의 부활인 것입니다. 이 예수 그리스도의 부활이 성령의 임재, 성령 충만, 오순절인 것입니다.

다윗의 예언과 베드로의 증언

형제들아 내가 조상 다윗에 대하여 담대히 말할 수 있노니 다윗이 죽어 장사되어 그 묘가 오늘까지 우리 중에 있도다 그는 선지자라 하나님이 이미 맹세하사 그 자손 중에서 한 사람을 그 위에 앉게 하리라 하심을 알고 미리 본 고로 그리스도의 부활을 말하되 그가 음부에 버림이 되지 않고 그의 육신이 썩음을 당하지 아니하시리라 하더니(행 2:29-31).

다윗은 분명히 죽어서 장사되었습니다. 그 무덤이 오늘날까지 전해지고 있습니다. 지금도 이스라엘을 방문하는 사람은 다윗의 초라한 무덤을 보게 됩니다. 다윗은 죽어서 무덤에 갇혀 있지만, 그의 자손 중에 한 사람이 나타나게 될 것이라고 말했습니다. 다윗 가문의 씨가 나타나게 될 것인데, "음부에 버림이 되지 않고 그의 육신이 썩음을 당하지"않게 되는 그 사람은 바로 예수 그리스도 입니다. 예수님이 부활하신다는 말입니다.

위의 말씀에서 다윗은 "미리 본 고로"라고 했습니다. 그렇게 먼 과거에 살던 다윗은 믿음의 눈으로 다윗의 씨에서 나타날 메시아를 본 것입니다. 다윗은 그리스도의 부활을 그때 이미 보았습니다. 이처럼 성령이 임하시면, 그래서 믿음이 생기면 과거가 해석됩니다. 현재의 의미를 알게 됩니다. 미래를 예견하게 됩니다. 다윗은 그리스도를 보았습니다. 부활을 보았습니다.

저는 우리가 주님이 다시 오실 것을 보게 되길 바랍니다. 믿음의 눈으로, 영안으로 볼 때, 성령 받은 우리의 마음은 주님이 구름을 타고 영광 가운데 재림하실 것을 믿습니다. 세상을 심판하는 심판 주로 오실 것을 믿음의 눈으로 보는 것입니다.

이 예수를 하나님이 살리신지라 우리가 다 이 일에 증인이로다(행 2:32).

이 설교가 얼마나 절묘합니까? 어떻게 이런 설교를 할 수 있었을까요? 이것은 사람이 한 설교가 아닙니다. 다윗이 미리 보았던 그리스도에 대해서 베드로는 무엇이라고 말하고 있습니까? 그는 하나님이 말씀하신 대로 그리스도를 살려 주셨는데, '내가 증인'이라고 말했습니다. 다윗과 베드로가 지금 만나는 것입니다. 얼마나 놀랍습니까? 다윗이 예언한 사건은 베드로가 친히 경험하고 목격한 사건이요, 그것은 또한 지금 우리가 경험하고 목격하고 있는 사건입니다.

베드로는 이렇게 말합니다. "예수를 하나님이 살리셨다. 다윗이 말했던 그 부활이 지금 이루어졌다. 나는 이 일의 목격자다." 그렇습니다. 베드로와 사도들은 예수님의 십자가 처형을 목격한 사람들입니다. 십자가 앞에서 그들은 실망하고 좌절해 모두 옛날 직업으로 돌아갔고, 그리스도를 떠났습니다.

그런데 놀라운 일이 생겼습니다. 믿음의 여인들을 통해 예수님이 부활하셨다는 소식을 듣게 된 것입니다. 이 소식을 들은 베드로와 요한은 무덤으로 달려갔습니다. 무덤에 달려가 보니 돌문은 열렸고, 무덤 안은 비어 있었으며, 시체를 쌌던 세마포는 곱게 개켜져 있었습니다. 이것은 믿을 수 없는 일이었습니다. 그러나 사실이었습니다. 왜냐하면 예수님이 부활하셨기 때문입니다.

그 후에 예수님은 여인들에게 나타나셨습니다. 그리고 베드로와 열 사도에게 나타나셨습니다. 예수님은 숨을 한 번 내쉬면서 "너희에게 평강이 있을지어다"(요 20:21)라고 말씀하신 후, 다시 숨을 내쉬면서 "성령을 받으라"(요 20:22)라고 말씀하셨습니다. 의심하는 도마에게도 나타나 두 손과 옆구리를 보여 주셨습니다.

예수님은 엠마오로 가던 두 제자에게도 나타나셨습니다. 또 베드로와 제자들이 고기 잡는 새벽에 해변에 나타나, 고기를 구워 그들을 먹이셨습니다. 일시에 5백여 형제들에게도 보인 일이 있었습니다. 승천하기 직전에 주님은 지상 명령을 주시면서, "가서 모든 민족을 제자로 삼아"(마 28:19)라고 말씀하셨습니다.

그렇습니다. 분명한 사실은, 베드로와 다른 제자들이 예수의 부활을 목격했다는 것입니다. 그런데 그가 목격한 예수의 부활이 다윗이 미리 본 그리스도의 부활과 일치했던 것입니다. 다윗이 보았던 부활의 감격과 기쁨과 승리와 그 능력은 사라지고 없었습니다. 베드로와 다른 제자들은 부활을 지켜보는 그 순간에도 그 능력을 몰랐습니다. 언제 이 능력이 나타나기 시작했습니까? 오순절입니다. 오순절을 통해 이 부활의 능력이 재현된 것입니다. 이 오순절의 성령이 우리에게도 체험되길 바랍니다. 예수님이 주셨던 부활의 능력이 우리에게도 재현되길 바랍니다.

하나님이 오른손으로 예수를 높이시매 그가 약속하신 성령을 아버지께 받아서 너희가 보고 듣는 이것을 부어 주셨느니라(행 2:33).

이 말씀은 베드로의 설교 중에서 가장 핵심이 되는 내용입니다. 여기에 모든 것이 요약되어 있습니다. 하나님이 오른손으로 예수를 높이셨다고 했습니다. 이 말의 뜻은 무엇입니까? 하나님이 사망 권세를 깨뜨리고, 사망의 고통을 풀고 예수 그리스도를 부활시켜 승리의 주님으로, 부활의 주님으로, 인류의 메시아로, 왕으로,

통치자로, 다시 오시는 재림주로 높이셨다는 뜻입니다. 그래서 영국이나 미국의 복음주의 교회들은 십자가를 걸어 놓는 대신 'He is the Risen Lord'라고 써 놓습니다. '그는 부활하셨다. 부활하신 주님이시다.' 하나님이 그를 높이셨습니다.

그리고 예수님은 어떻게 하셨습니까? "그가 약속하신 성령을 아버지께 받아서 너희가 보고 듣는 이것을 부어 주셨느니라." 오순절 날 성령이 보이게 나타나셨습니다. 불의 혀처럼 갈라지는 것이 각 사람 위에 임하는 것을 보았습니다. 그리고 성령의 급하고 강한 바람 소리를 그들이 들었습니다. 그래서 그것이 부어졌다고 말하는 것입니다.

33절이 특별한 이유가 이것입니다. 거기에는 하나님이 나옵니다. 예수님이 나옵니다. 그리고 성령님이 나옵니다. 이것이 성령 사건입니다. 이것이 오순절입니다. 부활의 능력이 나타나는 것입니다.

부활은 저기 있는 사건이 아니라 오늘 '나'의 사건이 되어야 합니다. 내 몸과 영혼에 부활이 일어나야 합니다. 오늘, 지금 일어나야 합니다.

부활의 능력, 부활의 기쁨, 부활의 승리, 부활의 축복은 성령의 기초와 모체가 되는 것입니다. 성령을 받으면 오늘 이 능력을 경험하게 됩니다. 다윗은 그 사실을 다음과 같이 설명했습니다.

다윗은 하늘에 올라가지 못하였으나 친히 말하여 이르되 주께서 내 주에게 말씀하시기를 내가 네 원수로 네 발등상이 되게 하기까지 너는 내 우편에 앉아 있으라 하셨도다 하였으니(행 2:34-35; 시 110:1 참조).

여기서 첫 번째 주는 하나님이고, 두 번째 주는 예수님입니다. 하나님이 예수님을 우편에 앉게 하셨다는 것입니다. 이제 베드로는 결론을 내리고 있습니다.

베드로의 설교의 결론

그런즉 이스라엘 온 집은 확실히 알지니 너희가 십자가에 못 박은 이 예수를 하나님이 주와 그리스도가 되게 하셨느니라 하니라(행 2:36).

베드로의 설교는 다음과 같이 요약됩니다. "오순절에 임한 성령의 사건은 인위적이거나 우연한 사건이 아니라, 하나님이 계획하신 약속의 사건이었다. 그 성령 사건의 주인공이자 핵심이자 모델은 예수 그리스도시다. 예수 그리스도의 능력 있는 삶, 십자가의 죽음, 부활, 이 부활의 기쁨과 감격과 승리와 축복이 바로 성령의 임재다. 그러므로 온 이스라엘은 이 말을 들으라. 너희는 정녕 알지니 너희가 죽인 예수를, 너희가 못 박은 이 예수를 하나님은 주와 그리스도가 되게 하셨다." 이것이 설교의 끝입니다. 그런데 이 말씀이 불덩어리가 되어서, 말씀을 듣는 사람들의 가슴이 찔리고 회개와 통회가 일어나, 그날 3천 명이 세례를 받았다고 했습니다. 얼마나 놀라운 말씀입니까?

우리가 죽였던 그분이 바로 주님이셨습니다. 내가 배신했던 그분이 나의 주님이셨습니다. 내가 못살게 굴었던 그분이 나를 위해 희생하신 분이었습니다. 주님을 다시 만날 때 우리는 얼마나 통회하며 울게 될까요? 내가 못살게 했고, 미워했고, 시기했고, 질투했고, 그렇게 괴롭히기로 결정해서 급기야는 죽였는데, 그분이 나의 주님이요, 구원자시라는 것입니다. 신약 시대 사도들의 예수님에 대한 신앙 고백을 한마디로 표현한다면, '그분은 나의 주님이시다'입니다.

예수님이 당신의 주인이십니까? 로마 병정이 예수님을 못 박은 것이 아닙니다. 우리가 예수님을 십자가에 못 박은 장본인임을 알아야 합니다. 나의 교만한 신앙, 나의 불신앙, 나의 못된 것으로 예수님을 지금까지 못 박아 온 것입니다. 상처를 주고 괴롭힌 사람은 다른 사람이 아닙니다. 유대인이나 로마인이 아니라 바로 '나'였습니다. 우리가 그렇게 괴롭히고, 죽이고, 미워하고, 무시하고, 자기가 징벌을 받아서 저렇게 매 맞는다고 말했던 그 예수가 바로 우리의 주님이십니다. 그분이 영광스러운 하나님의 아들, 그리스도 예수이십니다.

간절히 사모하라

"하나님의 나라는 먹는 것과 마시는 것이 아니요 오직 성령 안에 있는 의와 평강과 희락"(롬 14:17)입니다. "하나님의 나라는 말에 있지 아니하고 오직 능력에"(고전 4:20) 있습니다. 그동안 우리는 성령님을 사모해 왔습니다. 소리쳐 기도도 해 보았고, 몸부림도 쳐 보았고, 많은 것을 해 보았습니다. 우리가 몰라서 성령을 받지 못한 것이 아닙니다. 교만해서 못 받은 것입니다. 강퍅해서 못 받은 것입니다. 회개합시다. 겸허해집시다. 성령님 앞에 무릎을 꿇읍시다.

"이제는 말이 아니라 능력이 제게 임하게 해 주시옵소서. 관념이나 성경적 지식이 아니라 살아 있는 믿음이 생기게 하옵소서. 성령을 지식의 대상으로 보는 것이 아니라 제 인격의 대상으로 경험하게 하옵소서. 성령님, 이제는 제게 능력이 필요합니다. 능력으로 오시옵소서. 이제 제 몸에 오시옵소서. 저의 삶에 부활의 주인으로 오시옵소서." 당신에게 이런 사모함과 간절함이 있기를 바랍니다.

한 가지 더 기억할 것이 있습니다. 귀신 들린 아이를 둔 한 아버지를 기억할 것입니다. 제자들은 귀신을 내쫓지 못했습니다. 그래서 그 아이를 예수님에게로 데려왔습니다. 그때 그 아비가 무엇이라고 말했습니까? "무엇을 하실 수 있거든 우리를 불쌍히 여기사 도와주옵소서"(막 9:22).

예수님은 그 아이에게 문제가 있는 것이 아니라, 그 아비에게 문제가 있음을 아셨습니다. 그 아비의 신앙 속에는 절대적으로 믿는 믿음이 아닌, '할 수 있거든 한번 고쳐 달라'는 연약한 믿음, 의심하는 믿음이 있었던 것입니다. 그때 예수님은 "할 수 있거든이 무슨 말이냐 믿는 자에게는 능히 하지 못할 일이 없느니라"(막 9:23)라고 꾸짖으셨습니다. 그러자 그 아비는 자기에게 믿음이 없는 것을 발견하고, "내가 믿나이다 나의 믿음 없는 것을 도와주소서"(막 9:24)라고 고백했습니다. 그 후 예수님이 귀신을 꾸짖으시자, 아이에게서 귀신이 나갔습니다.

문제는 성령님이 오시지 않아서가 아닙니다. 우리에게 간절함이 없기 때문입니다. 몸부림이 없고, 생명을 걸 정도로 애타는 마음이 없기 때문입니다. 오늘 당신에게 이런 애타는 마음이 생기길 바랍니다. 간절한 마음이 생기길 바랍니다. '하나님을 만나지 못한다면 죽어 버리겠다'는 간절한 마음, 하나님에 대한 갈증, 성령님에 대한 목마름으로 나아가십시오.

"주님, 저는 지금까지 너무 얕은 물에서만 살았습니다. 그것이 신앙의 전부인 줄 알고 살아왔습니다. 몇 십 년을 그렇게 살아왔습니다. 이제는 성령의 깊은 바다에 들어가길 원합니다. 성령의 깊은 물, 깊은 지식에 들어가길 원합니다. 내 영혼의 깊은 곳에 들어가길 원합니다." 당신에게 이런 간절한 마음이 있기를 바랍니다.

어떤 사람이 예배를 마치고 자동차를 운전하며 가던 중 성령을 받았습니다. 하나님에 대한 목마름과 갈증을 느꼈던 그에게 성령이 임하기 시작한 것입니다. 그는 차를 멈출 수 없었지만 성령의 강권함을 느꼈습니다. 성령이 움직이시는 것을 느꼈습니다. 그는 울면서 회개하기 시작했습니다. 성령이 너무 강력하게 임했기 때문에, 그는 길 곁에 자동차를 세워 두고 거기에 무릎을 꿇은 채 회개하며 성령 충만함을 받았다고 합니다.

우리는 너무나 많은 기회를 잃어버리고 있습니다. 오늘도 성령님은 당신을 만나길 원하십니다. 당신에게 부활의 능력을 주기 원하십니다. 기쁨을 주기 원하십니다. 입술에 찬양을 주기 원하십니다. 주님은 당신이 육체에 소망을 갖게 되길 원하십니다.

8

3천 명이 회개하다

사도행전 2:37-42

마음이 찔린 사람들

베드로는 오순절 성령 강림을 믿지 못하는 당시의 예루살렘에 모였던 많은 사람들과 유대인들 그리고 조롱하는 무리들에 대항해, 담대히 일어나 하나님의 말씀을 선포했습니다. 말씀이 성령의 감동으로 선포되는 순간, 이를 듣고 있던 사람들이 충격을 받았습니다. 성령의 놀라운 능력에 감동을 받은 것입니다.

그들이 이 말을 듣고 마음에 찔려 베드로와 다른 사도들에게 물어 이르되 형제들아 우리가 어찌할꼬 하거늘(행 2:37).

위의 말씀을 보면 베드로의 설교를 듣고 두 가지 반응이 나타납니다. 첫 번째는, '마음에 찔려'라는 반응이고, 두 번째는 '어찌할꼬'라는 반응입니다. 여기서 '마음에 찔림을 받았다'는 것은 칼로 베임을 당한 것과 같다는 뜻입니다. 예리한 면도칼로 종이를 잘라본 일이 있을 것입니다. 판판한 책상 위에 종이를 놓고 면도칼로 자르면 칼날이 예리해서 종이가 잘렸는지 안 잘렸는지 잘 모를 정도입니다. 그러나 조금 흩뜨려 보면 종이는 너무나도 분명하게 잘려 있습니다.

하나님의 말씀은 살아 있고 활력이 있어 좌우에 날 선 어떤 검보다도 예리하여 혼과 영과 및 관절과 골수를 찔러 쪼개기까지 하며 또 마음의 생각과 뜻을 판단하나니 지으신 것이 하나도 그 앞에 나타나지 않음이 없고 우리의 결산을 받으실 이의 눈앞에 만물이 벌거벗은 것같이 드러나느니라(히 4:12-13).

'하나님의 말씀은 살아 있고 활력이 있어 좌우에 날 선 어떤 검보다 예리한' 능력을 갖고 있습니다. 그래서 말씀을 들을 때, 면도 칼보다 더 예리한 칼이 찌르는 역사가 일어나서 우리의 혼과 영과 관절과 골수를 쪼개는 것입니다. 이것이 하나님의 말씀입니다.

하나님의 성령과 말씀이 임하면 우리의 영혼을 뒤흔들어 놓습니다. 우리 영혼이 뒤죽박죽되었을 때 그리고 하나님의 거룩한 성령의 역사가 임할 때 분리 현상이 일어나는 것입니다. 우리의 것과 세상의 것, 마귀의 것들이 전부 분리되는 것입니다. 하나님의 말씀과 하나님의 성령의 능력은 우리의 혼과 영과 관절과 골수를 쪼개기까지 하며, 우리 마음의 뜻과 생각까지도 판단한다고 말씀하셨습니다.

그래서 하나님의 말씀을 들으면 우리의 속이 다 드러나서 숨기지 못하는 것입니다. 모든 것이 노출되고 마는 것입니다. 인간이란 끊임없이 자기를 숨기는 동물입니다. 자기의 영혼과 내면세계와 생각을 숨깁니다. 우리는 수없는 뱀들과 칼들과 온갖 잡스러운 것들을 속에 담고 있으면서도 겉으로는 웃으며 얼마나 지적이고 매력 있고 겸손하게 나타내는지 모릅니다. 사람들은 아주 그럴듯하게 표정을 짓습니다. 너무나 그럴듯하게 성자로 둔갑하고, 순수하고 위선이 없는 사람으로 자기를 변장합니다.

그러나 하나님의 말씀 앞에서는 그러한 가식이 숨겨지지 않습니다. 성령의 능력 앞에서는 그것이 숨겨지지 않는 것입니다. "마음의 생각과 뜻을 판단하나니 지으신 것이 하나도 그 앞에 나타나지 않음이"(히 4:12-13) 없습니다. 얼마나 놀라운 말씀입니까? 그뿐이 아닙니다. "지으신 것이 하나도 그 앞에 나타나지 않음이 없고 우리의 결산을 받으실 이의 눈앞에 만물이 벌거벗은 것같이 드러나느니라"(히 4:13). 정말 하나님의 말씀을 듣고 성령의 역사에 접하게 되면, 우리가 입고 있던 옷을 다 벗은 것과 같이 되어 우리의 모든 것이 드러납니다. 순식간에 벌거숭이가 된 것 같은 부끄러움과 수치감을 느낍니다. 그래서 영적인 충격을 받게 되는 것입니다. 이것이 하나님의 말씀입니다.

목사들이 설교를 하다 보면 가끔 이런 얘기를 듣습니다. '목사님이 어떻게 알고 내 얘기를 하시는 거지? 누가 내 얘기를 목사님한테 전했나?' 하며 순장에게 찾아가, "순장님이 목사님께 제 얘기하신 건가요?" 하고 항의를 합니다. 아닙니다. 성령이 그 마음에 오신 것입니다. 성령이 그 사람을 부끄럽게 하신 것입니다. 성령이 하나님의 말씀 앞에 벌거벗겨진 것처럼 우리의 정체를 다 드러내시는 것입니다.

마음이 찔린 두 가지 이유

하나님의 말씀을 들었을 때 그들의 마음은 예리한 칼로 난도질당한 것처럼 쪼개지고 찢겨졌습니다. 왜 그들의 마음이 찔렸을까요? 두 가지 이유 때문입니다.

첫째, 성령을 모독하고 슬프게 하며 거슬렀던 것 때문에 마음이 찔린 것입니다. 베드로가 왜 이 설교를 하고 있습니까? 오순절 성령의 사건으로 성령의 능력과 기적이 나타났을 때, 사람들이 그 사건을 조롱하고 비웃었습니다. 그때 베드로가 조롱하고 비웃는 무리들을 향해 일어섰습니다. 그리고 그 조롱과 비웃음에 대해 설교로 대답한 것입니다. 그 설교를 듣고 그들은 마음이 찔렸습니다.

성령과 하나님을 거부하며 모독했는데, 하나님이 어떤 분인지를 알게 되었으니 얼마나 마음이 찔렸겠습니까? 이것은 마치 예수 믿는 것을 거부하고 그를 조롱하며 그에 대해 무자비한 태도를 취했는데, 어느 날 살아 계신 예수 그리스도를 만나, "사울아 사울아 네가 어찌하여 나를 박해하느냐", "주여 누구시니이까", "나는 네가 박해하는 예수라" 하는 경험을 하게 되면서 눈물을 흘리며 통회 자복했던 사울의 이야기와 같습니다(행 9:4-5). 사람들은 성령의 역사를 술 취한 사건으로 조롱함으로써 성령을 무시하고 그분을 슬프게 했습니다. 그런데 성령의 음성을 듣게 되었을 때 가슴에 찔림을 받으며 회개하게 된 것입니다.

둘째, 그들의 마음이 찔린 것은 예수님의 십자가 때문이었습니다. 그들은 그동안 예수를 자기들이 죽였다고 생각하지 않았습니다. 빌라도가 죽였다고 생각했습니다. 로마 병정들이 죽였다고 생각했습니다. 아니, "예수가 십자가에 못 박혔을 때 나는 그 자리에 없었어"라고 변명하고 있었습니다. 그러나 베드로는 "너희가 십자가에 못 박은 이 예수"(행 2:36)라고 말했습니다. 그러니 얼마나 깜짝 놀랐겠습니까? 오늘을 사는 우리도 성령님의 동일한 음성을 듣는다면 얼마나 놀라겠습니까?

"너는 입으로 찬양하고 육신적으로 봉사도 하지만, 사실 이기적인 동기에 의해 네 것을 챙기고 있는 것이 아니냐? 너는 결정적인 순간에 예수를 버리고 있지 않느냐? 정말 예수에게 영광을 돌렸느냐? 영광은 네가 다 받지 않았느냐? 수치와 고통과 창피함 같은 것들만 다 예수에게 돌려 버리지 않았느냐? 네가 바로 예수를 십자가에 못 박아 죽인 사람이다." 만약 이런 메시지가 신앙생활을 잘한다고 자처하는 우리에게 들린다면, 우리는 얼마나 놀라겠습니까?

사람들은 모두 자기가 안 한 것처럼 말합니다. 그러나 성령님은 그 사실을 지적하십니다. '네가 했다'고 말입니다. 그때 그 무리들은 마음이 찔릴 수밖에 없었습니다.

저의 경우에도 지나온 목회의 시간과 신앙생활을 회고해 볼 때, 이 부분에 대해서는 가슴에 찔리는 게 있습니다. 성령님이 그렇게 역사하시고, 보여 주시고, 인도해 주셨음에도 성령을 영화롭게 하지 않고, 앞세우지 못하고, 오히려 그분을 제한하며 매사를 소극적으로 생각했던 과거의 일들이 생각났습니다. '하나님 믿고 예수 믿으면 다 되는 것 아니냐, 예수 믿고 구원받았으면 됐지, 성령이 무슨 필요가 있느냐' 하며 성령을 제한한 적이 많았습니다. 저에게도 하나님을 믿지 않는 것이 문제가 아니라, 하나님을 제한하는 것이 문제였던 것입니다.

사람들은 하나님을 자기 정도로 생각합니다. 아니면 자기보다 조금 더 나은 존재로 생각합니다. 그렇기 때문에 하나님은 우리의 병을 고칠 수 없다고 믿는 것입니다. 하나님은 기적을 베푸실 수 없다고 믿는 것입니다. 그런 것들은 성경에나 기록된 일이지, 실제로는 그렇지 않다고 생각합니다. '실제로 중요한 것은 돈이고, 과학이고, 합리성이고, 세상적 경험이다. 그러니 교회도 세상의 방식대로 해야 되는 것이다.' 우리는 이렇게 자신도 모르는 사이에 세뇌당하고 있습니다.

누가 성령님을 부인하겠습니까? 그러나 우리는 성령님을 제한하는 죄를 짓고 있는 것입니다. 성령님을 부인하지는 않지만, 기쁘시게 하지도 않는 것입니다. 어떤 사람은 성령의 역사를 구경하고 있을 뿐입니다. 그들은 사도행전에 나오는 아볼로와 같은 이들입니다(행 18:24-28 참조). 아볼로는 학문과 성경에 능통했고, 일찍부터 주의 도를 배워 열심으로 예수에 관한 것을 자세히 말하고 가르쳤지만, 요한의 세례만 알고 있을 뿐이었습니다. 사도 바울은 이런 에베소에 있는 사람들에게, 예수를 믿을 때 성령을 받았느냐(행 19:2)고 질문했습니다.

저는 이 말씀을 인용해서 똑같은 질문을 하고자 합니다. "당신은 예수 믿을 때 성령을 받았습니까? 성령을 체험했습니까?" 결혼한 사람에게 만약 누군가 "결혼하셨습니까?" 하고 물으면 대학을 다녔거나 안 다녔거나, 돈이 있거나 없거나 간에 그들은 모두 "예, 결혼했습니다"라고 대답할 것입니다. 아주 간단합니다. 성령 세례나 구원의 문제도 마찬가지입니다. 구원받은 사람들은 자기가 구원받았는지, 성령을 받았는지에 대해 갈등하지 않습니다. 비록 도덕적, 윤리적으로 완전하지 못하고 성격 면에서 아직 불완전한 부분이 남아 있다 할지라도, 자기가 하나님의 자녀가 된 것에 대해서는 분명하게 대답합니다.

사람들은 일반적으로 죄를 안 지으면 구원받은 것 같고, 또 며칠 죄를 지으면 구원이 사라진 것 같은 느낌 속에서 삽니다. 구원을 받은 게 아니라 느낌을 받은 것입니다. 감정을 믿는 사람들도 참 많습니다. 성령 받는 것도 마찬가지입니다. "당신, 예수 믿을 때 성령 받았소?"라고 질문을 받으면, "예, 아멘"이라고 대답하면 됩니다. 그것은 그 사람의 인격이나 성숙과 상관있는 문제가 아닙니다. "너희가 믿을 때에 성령을 받았느냐"는 사도 바울의 질문을 당신에게 똑같이 하고 싶습니다. 당시 사람들은 "우리는 성령이 계심도 듣지 못하였노라"고 대답했습니다. 성령을 받지 못했다면, 두려워하지 말고 그분을 적극적으로 사모하고 기다리며 기대하십시오.

예수님은 왜 제자들에게 사역을 맡기기 전에 "예루살렘을 떠나지 말고 내게서 들은 바 아버지께서 약속하신 것을 기다리라"(행 1:4)고 하셨을까요? 성령을 받는 것이 이렇게 중요하기 때문입니다. 하나님의 일은 인간의 경험과 인간의 머리와 인간의 지식과 인간의 방법으로 되지 않습니다. 하나님의 것은 철저하게 하나님에 의해서 이루어지는 것입니다. 인간의 방법으로 할 수 있는 것은 아무것도 없습니다.

십자가의 죽음을 경험하라

여기서 한 가지 더 생각해 볼 것이 있습니다. 우리는 정말 십자가를 경험했는가 하는 것입니다. '십자가에서 예수를 못 박아 죽인 것은 저들이 아니라 바로 너희들이다' 하는 성령의 음성을 경험했는가 하는 것입니다.

죄책감으로 몸부림쳐 본 일이 있습니까? 죄 문제는 너무나 본질적이고 심각한 것이기 때문에 많은 사람들은 그것에 정면으로 부딪히지 않으려고 합니다. 피합니다. 사람들은 살인, 거짓말, 간음,

강간과 같은 악행을 저질렀을 때는 죄를 인정합니다. 현상적인 죄 문제는 인정합니다. 그러나 본질적인 죄 문제에 대해서는 회피합니다.

왜 많은 그리스도인들에게 능력이 없습니까? 왜 구원의 확신과 성령의 기름 부으심이 없습니까? 답은 간단합니다. 자기가 죽는 경험을 하지 않았기 때문입니다. 이는 교통사고나 병이 들어서, 혹은 크게 다쳐서 하게 되는 죽음의 경험이 아니라, 자기 내면의 죄 때문에 고민하고 그 죄들과 싸우다가 죽는 죽음의 경험을 의미합니다. 사도 바울은 이것을 경험했습니다. 이런 이유로 "나는 선을 행하고 싶으나 선을 행할 능력이 내게 없구나"(롬 7:15-19 참조)라고 고백했던 것입니다. 그는 예수 그리스도를 알아 가면 갈수록 죄의 깊은 심연을 보았습니다. "오호라 나는 곤고한 사람이로다 이 사망의 몸에서 누가 나를 건져내랴"(롬 7:24). 이 말은 그가 내면의 죄와 싸운 끝에 한 고백입니다.

예수님은 "누구든지 나를 따라오려거든 자기를 부인하고 자기 십자가를 지고 나를 따를 것이니라"(막 8:34)고 말씀하셨습니다. 무슨 뜻입니까? 예수 그리스도의 십자가에서 자기의 죽음을 경험하지 않고는 진정한 구원과 부활이 없다는 뜻입니다. 많은 사람들이 적당히 예수를 믿습니다. 그리고 세례를 받습니다. 세례는 원래 무엇입니까? 그리스도와 함께 죽는 것입니다. 물에 들어가 침례를 받든 물을 머리에 뿌려 세례를 받든 그런 형식과 모습이 중요한 것이 아니라, 정말 그리스도의 십자가 앞에 자기가 한 번 죽는 경험을 해야 합니다. 죽음을 경험해야 합니다. '나는 죽었다. 죄로 말미암아 죽었다. 그런데 그리스도가 다시 살리셨다'는 영적 경험을 해야 합니다.

베드로는, "십자가에서 죽은 예수는 바로 너희가 죽인 것이다"라고 얘기했습니다. 이 말을 들을 때 그들은 두 번째 반응을 보였습니다. "우리가 어찌할꼬"(행 2:37). 오늘날 교회의 비극은 이 '어찌할꼬'가 없는 데 있습니다. 성령 운동의 치명적인 약점이 여기에 있습니다. 대가를 치르지 않는 값싼 감상주의 은혜와 십자가의 고난을 거부하는 구원과 부활의 축복만을 받으려는 태도입니다.

고난 없는 축복이 어찌 축복일 수 있겠습니까? 십자가 없는 부활이 어찌 부활일 수 있겠습니까? 오늘날 성령 운동의 위기는 고난 없는 축복만 받으려는 데 있는 것입니다. 물론 우리는 은혜로 구원을 받았습니다. 그러나 그 이야기가 아닙니다. 우리는 너무나 감상적인 체험에 근거한 영적 쾌락주의에 빠져 있습니다. 그것은 피상적이고 쾌락적이며, 그래서 성령의 신비한 체험만을 추구하면서 대가는 치르지 않고 물질적 축복만을 원하는, 내가 의롭게 살든 안 살든 윤리 도덕의 문제는 묻지 않고 어떻게 해서든 축복만을 받아야겠다는 결과주의인 것입니다. 이것은 성령의 역사가 아닙니다.

진정한 성령의 역사는 십자가를 통과하는 부활입니다. 고난에 동참하는 영광입니다. 내가 죽는 경험입니다. 자기를 포기하는 경험 속에서 진정한 성령의 능력과 치유와 기쁨과 평화를 맛보게 되는 것입니다.

'어찌할꼬'라는 말은 무슨 뜻입니까? 더 이상 숨길 수 없다는 뜻입니다. 나의 정체가 드러났다는 것입니다. 돈이 있는 사람은 '어찌할꼬'라는 말을 하지 않습니다. 돈이 바닥나야 '어찌할꼬' 합니다. 은행에 돈 몇 푼 있어도 얼마나 목에 힘주고 다니는지 모릅니다. 건강한 사람도 '어찌할꼬'라는 말을 하지 않습니다. '건강한 육체가 있는데 어디 간들 못 살겠냐, 망해도 살 수 있다'고 생각합니다. 배경이 좋은 사람도 '어찌할꼬'라는 말을 하지 않습니다. 사람들은 돈, 건강, 배경 등이 모두 무너질 때 비로소 '어찌할꼬'라고 말합니다. 그러니 하나님도 굉장히 답답해하십니다. 그 말을 고백하는 데까지 가도록 해야겠는데 스스로 안 가니까 갖고 있는 것을 자꾸 뺏으시는 것입니다.

모세가 그런 경험을 한 사람이었습니다. 그의 애국심은 살인까지 불렀습니다. 그 결과 그는 40년 동안 살인자로 쫓겨 가 말 못 하는 짐승과 함께 광야에서 살아야 했습니다. 그러나 그 세월은 하나님 앞에서 철저히 자기가 아무것도 아니라는 교훈을 받는 시간이었습니다. 그 후에 모세는 자신의 지식, 지성, 인간적인 출생 등 그 모든 게 아무것도 아니라는 사실을 알게 되었습니다.

어느 날, 모세는 호렙 산에서 여호와를 대면합니다. 하나님의 불을 만난 것입니다. 그는 그곳에서 "네가 선 곳은 거룩한 땅이니 네 발에서 신을 벗으라"(출 3:5), "너에게 내 백성 이스라엘 자손을 애굽에서 인도하여 내게 하리라"(출 3:10)는 하나님의 음성을 듣습니다. 그때 모세가 무슨 말을 합니까? "내가 누구이기에 바로에게 가며 이스라엘 자손을 애굽에서 인도하여 내리이까"(출 3:11). 이것이 바로 '어찌할꼬'입니다.

이사야 6장을 보면, 이사야는 자기의 친척 왕이 죽었을 때 성전에서 조용히 무릎을 꿇고 하나님을 생각합니다. 그때 하나님이 임하셨습니다. 하나님의 거룩이 나타났습니다. 문지방에 하나님의 거룩한 성령의 역사들이 일어났습니다. 그때 이사야가 무엇이라고 말했습니까? "화로다 나여 망하게 되었도다"(사 6:5). 그의 마음은 참담한 심정이었습니다. 하나님의 심판의 숯불이 지금 자기 위에 있는 모습을 보았습니다. "하나님, 나는 어찌하면 좋습니까? 내가 무엇을 할 수 있다는 말입니까?"

베드로가 예수님의 말씀에 순종해서 그물을 던졌을 때, 그물이 찢어질 정도로 많은 고기를 잡았습니다. 옆에 있는 배에 고기를 나눠 실어야 했습니다. 그때 베드로가 "아멘, 할렐루야"라고 말했습니까? 아닙니다. 그의 고백은 "주여 나를 떠나소서 나는 죄인이로소이다"(눅 5:8)였습니다.

이 고백이 우리에게 필요합니다. 우리는 가끔 신앙의 현주소로 돌아와 '천부여 의지 없어서 손들고 나갑니다' 하는 기도를 해야 합니다.

"나 주를 멀리 떠났다 이제 옵니다. 내가 주를 믿노라 부르짖지만, 사실 내가 주님을 향한 마음의 문을 닫아 두고 있었습니다. 그렇게 열심히 교회에 출석했고, 그렇게 열심히 헌금을 했고, 그렇게 열심히 기도를 했고, 그렇게 열심히 주님을 위해 살았다고 하지만, 내 심령 깊은 곳에는 아무것도 없었습니다. 위선뿐이었습니다. 형식뿐이었습니다. 내 영혼은 갈급합니다. 가물어 메마른 땅과 같이 되었습니다. 내가 바로 껍데기 그리스도인이었습니다. 어찌하면 좋겠습니까?"

바로 이런 통회와 자복이 우리에게 필요한 것입니다.

회개하고 세례를 받으라

이런 통회와 자복 앞에 베드로는 다음과 같이 대답했습니다.

> 베드로가 이르되 너희가 회개하여 각각 예수 그리스도의 이름으로 세례를 받고 죄 사함을 받으라 그리하면 성령의 선물을 받으리니(행 2:38).

베드로의 첫 번째 응답, 곧 하나님의 응답은 우리의 회개를 촉구하는 것입니다. 저는 여기에 언급된 회개가 무서운 회개라고 느껴지지 않습니다. 권면과 따뜻한 사랑의 회개를 촉구하는 그런 느낌을 받습니다. 공갈, 협박하는 무서운 회개가 아니라, 성령님의 부드러운 음성입니다. 기독교 최대의 메시지는 회개입니다. 세례 요한은 "회개하라 천국이 가까이 왔느니라"(마 3:2)고 선포했습니다. 예수님도 "하나님의 나라가 가까이 왔으니 회개하고 복음을 믿으라"(막 1:15)고 말씀하셨습니다. 구원은 회개에서부터 비롯됩니다. 회개 없는 구원은 없습니다. 회개 없는 성령의 임재는 없습니다. 고통 없는 부활, 고통 없는 영광이 없듯이, 회개 없는 시작, 그것은 구원도, 성령도 아닙니다. 사람의 물리적인 강요에 의한 회개가 아니라, 성령의 감동으로 칼날 같은 하나님의 메시지가 그 심령을 뒤흔들고 가슴을 찔러 '어찌할꼬' 하며 통회 자복하는 회개가 진짜 회개인 것입니다.

회개는 가장 고통스럽지만 그만큼 축복이 됩니다. 죄짓는 잘못보다는 회개하지 않는 잘못이 더 큽니다. 성령의 권면과 강권함과 인도하심에 따라 자신의 심령 깊은 곳을 바라보며 폐부가 찔려 '어찌할꼬' 하는 깊은 영적인 회개가 우리 안에 있어야 합니다. 정말 성령이 임했다면 눈물 콧물을 다 흘리며, 우리 영혼의 깊은 곳에서 통곡하며, 숨겨진 모든 죄악들과 부끄러운 모든 것들을 다 드러내며 벌거벗고 하나님 앞에 서게 됩니다.

두 번째로, 베드로는 예수 이름으로 세례를 받으라고 했습니다. 회개 후에 예수 이름으로 세례 받지 않으면 그것은 아무것도 아닙니다. 회개는 돌이키는 것입니다. 회개는 방향을 180도 전환해서 하나님께로 향하는 것입니다. 죄를 뒤로한 채 하나님에게로(from Sin to God) 가는 것입니다. 마음을 바꿨다고 해서 그것이 곧 회개는 아닙니다. 가슴을 치는 것과 옷을 찢는 것은 참회개가 아닙니다. 잘못을 인정했다고 회개가 되는 것이 아니라, 진정한 회개란 그 자리에 머무르지 않고 하나님을 향해 걸어가는 것입니다. 그 과정이 그리스도인의 삶입니다. 바로 그것이 예수의 이름으로 세례 받는 것입니다.

평생 그 자리에서 뱅뱅 도는 사람들이 있습니다. 회개했다가 다시 세상으로 가고, 세상으로 갔다가 또다시 회개하면서 한 발자국도 위로 올라가지 못하는 사람들이 있습니다. 신앙의 불구자들입니다. 그들은 예수를 오래 믿었어도 영적으로 성장하지 못한 사람들입니다. 그러나 당신은 성장하기를 바랍니다. 그리스도를 향해 나아가기를 바랍니다. 예수의 이름으로 세례 받기를 바랍니다.

세례란 무엇입니까? 그리스도와 함께 죽는 것입니다. 죽지 않으면 세례는 이루어지지 않습니다. 나를 죽여야 하는 것입니다. 내 죄와 육체가 십자가에서 죽는 경험을 하는 것입니다. 내 질병이 십자가에서 죽는 경험을 하는 것입니다.

죽지 않으면 절대로 다시 살 수 없습니다. 옛날 그대로인 것입니다. 병든 채, 죄지은 채 썩어 버릴 옛 구습 그대로 남아 있게 됩니다. 그것이 죽어야만 다시 살아날 수 있습니다. 죽지 않은 채 새로 사는 법은 없습니다. 그러므로 우리 모두가 십자가에 대해, 죄에 대해, 질병에 대해 죽고, 우리의 절망과 좌절감과 우리의 모든 것이 세례와 함께 십자가에 못 박히길 바랍니다. 그리스도와 함께 십자가에 못 박히고 다시 살아나는 것이 진정한 세례입니다.

그런데 재미있는 것은, 회개하고 세례를 받으라고 말할 때 '각각'이란 표현을 쓴 점입니다. 구원은 개인적인 것입니다. 세례는 개인적인 것입니다. 아내가 세례를 받았다고 해서 남편이 자동적으로 천국에 가는 것은 아닙니다. 그러므로 자신의 결단과 믿음이 필요합니다. "주여, 내가 믿나이다"라는 신앙적 결단과 고백이 요구됩니다.

죄 사함과 성령의 선물

이렇게 회개해서 각각 예수 그리스도의 이름으로 세례를 받으면 무슨 일이 일어납니까? 두 가지 일이 일어납니다.

죄 사함을 받다

첫째, 죄 사함이 일어납니다. "너희가 회개하여 각각 예수 그리스도의 이름으로 세례를 받고 죄 사함을 받으라"(행 2:38). 마귀가 어느 날 우리에게 찾아와서 "네 이름이 무엇이냐"고 물을 때 "내 이름은 죄 사함"이라고 대답할 수 있게 되기를 바랍니다. 나는 어느 대학을 나왔고, 내 직업은 무엇이라고 말하면 마귀는 당신을 조롱할 것입니다. 마귀가 당신에게, "네 이름이 무엇이냐?"라고 물으면, "내 이름은 속죄함이다"라고 대답하십시오.

오늘날 교회의 문제는 자기가 죽지 않은 채 세례 받고, 죽지 않은 채 교회에 나오는 것입니다. 또 하나의 문제는, 성경에 관한 지식이 부족하거나 제자 훈련을 받지 못했거나 봉사와 헌신이 없는 것이 아니라, 구원에 대한 확신이 없는 것입니다. 그렇습니다. 당신에게 구원받은 기쁨과 확신이 있기를 바랍니다. 회개해서 예수 그리스도의 이름으로 세례를 받아, 자신의 죄가 사함 받았다는 확신과 신앙 고백이 있기를 바랍니다.

성령의 선물을 받다

또 죄 사함과 더불어 "성령의 선물을 받으리니"라고 했는데, 이는 '성령의 은사들을 선물로 받으리라'는 말입니다. 예수 그리스도를 믿고 세례를 받아 그리스도와 함께 죽고 성령의 기름 부음을 받은 사람에게는 성령의 능력이 나타나는 것을 믿습니다.

저는 우리 교회에 이러한 능력이 강렬하게 나타나기를 바랍니다. 저는 사도행전의 모든 성령의 사건들이 우리 교회의 경험이 되기를 바랍니다. 이런 일은 실제로 있습니다. 사도행전에 나타났던 사도들의 모든 신앙 고백과 간증이 우리 모두의 삶이 되기를 바랍니다.

이 성령의 은사들은 누구에게 주어지는 것입니까?

이 약속은 너희와 너희 자녀와 모든 먼 데 사람 곧 주 우리 하나님이
얼마든지 부르시는 자들에게 하신 것이라 하고(행 2:39).

우리 하나님이 부르시는 모든 사람들, 곧 선택받은 이스라엘 백
성이나 이방인, 주님 오실 때까지 인류에 존재하는 모든 사람들에
게 이 약속과 축복이 주어졌습니다. 그런데 왜 우리는 그것을 제한
합니까? 왜 한국 교회만 부흥해야 하고, 왜 한국만 영적 축복을 받
아야 한다고 생각합니까? 중국, 북한, 동남아시아 등 전 아시아에
비참하게 굶어 죽어 가는 사람들, 또한 지옥으로 들어가는 수많은
영혼들이 있는데, 어째서 우리만 구원을 받아야 한다고 생각합니
까? 하나님의 약속과 축복은 하나님이 부르시는 모든 자녀들에게
주어진 것입니다.

이것이 바로 기쁜 소식이요, 구원의 소식입니다. 이것이 바로 기
독교의 진리입니다. 공부를 많이 한 신학 박사라 할지라도, 교회
경험이 아무리 많은 사람이라 할지라도, 선교사라 할지라도, 그
어느 누구가 전하더라도 기독교가 주는 메시지는 간단합니다. 회
개하고 주 예수 그리스도의 이름으로 세례를 받으면 죄 사함을 얻
고 성령의 능력을 받아 능력 있는 그리스도인이 된다는 것입니다.

또 여러 말로 확증하며 권하여 이르되 너희가 이 패역한 세대에서
구원을 받으라 하니(행 2:40).

여기에 재미있는 말이 나옵니다. 마음에 찔려 '어찌할꼬' 했던 그 사람들이 베드로의 명쾌한 대답을 들었습니다. 그리고 대답을 듣는 순간 그들의 태도가 달라지기 시작했습니다. 말씀을 들은 그들은 어떤 모습으로 변했습니까?

첫째, "여러 말로 확증"했습니다. '여러 말로'라는 말에는 간증이나 가르침, 또는 토론이 있었을 것입니다. 요즘 교회에서 사용하는 말로 하면 새신자 반에 간다든지, 일대일 양육을 한다든지, 간증 집회를 하는 등 여러 가지 방법들을 다 동원해서 확인하는 일을 한 것입니다. 성경 공부란 무엇입니까? 확인시켜 주는 것입니다. 하나님의 말씀이 이렇다는 것을 그 사람이 믿도록 해 주는 것입니다. 세례란 내 구원을 확인시켜 주는 드라마입니다.

둘째, 서로 권했습니다. 권하면서 그들이 나눈 메시지는 "이 패역한 세대에서 구원을 받으라"는 것입니다. 그들은 전도하고, 간증하고, 권면하고, 상담하고, 가르치기를 시작했습니다. 한 사람, 한 사람에게 증거했습니다. 세례는 각각 받는 것입니다. 이 엄청난 순간은 그날 순식간에 전파되어 3천 명이 세례를 받았습니다.

그 당시와 지금의 인구 밀도를 비교해 보십시오. 요즘은 자동차도 있고 전철도 있고 버스도 있으니까 모일 수 있습니다. 그러나 당시에는 무슨 대중교통 수단이 있었겠습니까? 그런데 그들이 그렇게 모인 것입니다. 사도행전 4장 4절을 보면, 말씀을 들은 사람 중에 믿는 자가 많으니 남자만 5천 명이 세례를 받았다고 했습니

다. 여자와 아이를 합하면 그 숫자는 1만 명이 넘을 것입니다. 2천
년 전 예루살렘에서 이런 일이 있었다는 사실이 정말로 믿어집니
까? 이것이 바로 사도행전입니다.

우리는 너무나 시시한 경험들과 상식적인 체험 속에서 살고 있
습니다. 우리는 하나님이 행하신 일들조차 깨닫지 못하고 살아갈
때가 많습니다. 그러나 교회는 사도행전의 경험을 해야 합니다. 그
것이 하나님의 일이며, 하나님의 역사이기 때문입니다.

사도행전 3장에는 나면서 못 걷게 된 이가 발과 발목에 힘을 얻
어 걷고 뛰며 찬송하는 장면이 나옵니다. 이것이 사도행전의 상징
적 사건입니다. 성령 받은 사람의 상징적 모델입니다. "은과 금은
내게 없거니와 내게 있는 이것을 네게 주노니 나사렛 예수 그리스
도의 이름으로 일어나 걸으라"(행 3:6)고 베드로와 요한이 말했을
때, 나면서 못 걷게 된 자가 걸으며 뛰며 하나님을 찬송했다는 것
입니다.

하나님은 어제나 오늘이나 영원토록 동일하십니다. 하나님은 변
하지 않으십니다. 하나님의 성령의 역사에 동참하고 싶지 않습니
까? 능력 있는 사람이 되고 싶지 않습니까? 하나님은 당신이 부르
시는 모든 사람에게 이러한 성령의 능력을 준다고 약속하셨습니
다. "누구든지 주의 이름을 부르는 자는 구원을 받으리라"(행 2:21).

2부

성령으로 변화된
아름다운 공동체

사도행전 2:43-5:11

성령이 임한 교회에는 성령의 감동이 있습니다. 성령의 능력이 있습니다.
성도들은 상황이나 인간적인 조건과 상관없이
그리스도의 복음을 선포하며 영적인 기쁨과 흥분을 감추지 못합니다.
그들의 삶 자체가 예배요, 찬양이 되는 것입니다.
바로 이것이 초대 교회였습니다.
바로 이것이 예루살렘에 있었던,
오순절에 성령을 받았던 교회의 모습이었습니다.

9

교제하고 떡을 떼며

사도행전 2:43-47

성령이 임할 때 나타나는 뚜렷한 현상 중에 하나는 폭발적인 전도입니다. 하루 만에 120명이 3천 명으로 변하는 역사가 일어났습니다. 그리고 3천 명이 5천 명으로 변했습니다. 그다음에는 변화된 사람들의 숫자를 기록하지 않았습니다. 그 숫자를 헤아릴 수 없었기 때문입니다.

이러한 현상은 지금도 마찬가지입니다. 사도행전과 같은 그런 숫자의 증가는 아닐지라도, 성령 받은 사람들이나 성령 받은 교회에는 이런 상상을 초월하는 활기와 영성 그리고 번식과 증가가 있습니다.

하나님은 어제나 오늘이나 영원토록 동일하십니다. 성령이 우리에게도 그렇게 하실 것입니다. 모든 불가능을 가능하게 하시고, 모든 절망과 좌절을 딛고 일어서게 하시고, 하나님이 그분의 방법대로, 그분의 이상대로, 그분의 수준대로 우리를 이끌어 주실 것입니다. 이것이 건강한 교회요, 성령 충만한 교회요, 성령의 기름 부음을 받은 교회입니다.

성령이 임한 교회에는 성령의 감동이 있습니다. 성령의 능력이 있습니다. 성도들은 상황이나 인간적인 조건과 상관없이 그리스도의 복음을 선포하며 영적인 기쁨과 흥분을 감추지 못합니다. 그들의 삶 자체가 예배요, 찬양이 되는 것입니다. 바로 이것이 초대 교회였습니다. 바로 이것이 예루살렘에 있었던, 오순절에 성령을 받았던 교회의 모습이었습니다.

한 가지 흥미로운 사실은, 성령을 받아 새롭게 변화된 교회의 성도들이 어떤 삶을 살았을까 하는 것입니다. 그들은 오랫동안 신앙 생활을 한 것이 아니라, 갑자기 예수 믿고 세례를 받은 사람들이었기 때문입니다. 그들은 이방 종교와 이방 문화 속에 길들여진 사람들이었습니다. 또 어떤 사람들은 오랫동안 전통적인 유대교에, 구약의 종교에 물들었던 사람들이었습니다. 그들이 새 복음, 새 성령, 새 사회, 새로운 공동체의 출현을 맞이하면서 어떤 생활 모습을 갖고 있었을까 하는 점이 아주 흥미롭습니다. 왜냐하면 그 모습이 우리가 본받아야 할 모델이기 때문입니다.

교회의 원형

여기에 그들의 생활을 단편적으로 묘사하는 구절이 있습니다.

> 그들이 사도의 가르침을 받아 서로 교제하고 떡을 떼며 오로지 기도하기를 힘쓰니라(행 2:42).

바로 이 표현 속에서 사도행전에 나타난 교회의 네 가지 모습을 보게 됩니다.

사도의 가르침을 받다

첫째, 그들의 신앙생활은 말씀을 배우는 생활이었습니다. 성령과 은혜를 체험한 사람들은 먼저 무엇을 해야 합니까? 새로운 사회와 새로운 하나님 나라에 들어온 사람들이 맨 먼저 해야 될 것은 말씀을 받는 일입니다. 말씀을 배우는 일입니다. 성령을 체험한 대부분의 교회나 그리스도인들의 문제는 말씀을 배우지 않고(말씀 없이) 어떤 영적 체험만 추구하는 데 있습니다. 흥분은 있으나 뿌리가 없는 것입니다. 감정은 있으나 말씀이 없는 것입니다.

말씀이란 우리 신앙생활의 뼈대요, 씨앗과 같습니다. 말씀은 우리의 신앙생활에서 뿌리와 같은 것입니다. 그렇기 때문에 말씀이 없는 신앙생활이란 물거품과 같습니다. 말씀이 없는 신앙생활이란 열매 없이 잎만 무성한 나무와 같습니다. 말씀이 없는 신앙생활이란 일종의 허수아비와 같습니다.

어떤 사람은 겉으로 보기에는 별 볼 일이 없는 것 같습니다. 다른 사람의 관심을 끌지도 못합니다. 지위를 봐도 그렇고, 여러 가지 면에서 그렇습니다. 그런데 그 사람과 접촉하면 할수록 그에게 성령의 뜨거운 능력이 있는 것을 발견하게 됩니다. 알맹이가 꽉 차 있는 사람, 흔들리지 않는 믿음이 있는 사람, 어떤 경우에도 좌절하지 않고 예수 그리스도를 바라보는 굳은 믿음을 가진 사람임을 알게 됩니다. 그러나 어떤 사람은 겉모양이 멋있고 화려하고, 과거의 경력이나 현재의 위치나 여러 가지 점을 종합해 보면 굉장합니다. 그러나 정작 만나 이야기해 보면 아무것도 없는 빈 깡통과도 같은 신앙인입니다. 중요한 것은 말씀입니다. 하나님 말씀에 기초한 신앙, 그것이 바로 올바른 신앙입니다.

다락방에 모인 사람들은 성령을 체험했습니다. 그들은 예수님을 3년 동안 따라다니며 예수 그리스도의 삶을 배웠던 사람들입니다. 이제 그들에게 필요한 것은 말씀에 대한 훈련이었습니다.

그들은 누구에게 말씀을 배웠습니까? 사도들로부터 배웠습니다. 이것은 신앙의 정통성에 관한 문제입니다. 누구에게 말씀을 배우느냐가 중요합니다. 어디서 배웠느냐가 중요합니다. 왜냐하면 말씀을 가르친다는 사람들이 어디서 왔는지, 무슨 말씀을 가르치는지 전혀 종잡을 수 없는 경우들이 너무나 많기 때문입니다. 이단들이 너무나 많기 때문에, 말씀을 어디서 어떻게 배웠느냐가 중요한 것입니다. 그들은 말씀을 사도들로부터 친히 배웠기 때문에, 말씀의 정통성에 대해서는 의심할 바가 없었습니다.

그렇다면 사도들로부터 배운 하나님의 말씀은 어떤 내용이었느냐는 것입니다. 성경에는 커리큘럼이 기록되어 있지 않기 때문에 그 내용을 알 수는 없지만, 사도행전의 내용과 특별히 베드로와 스데반의 설교를 살펴보면 그들이 무엇을 배웠는지 세 가지로 짐작할 수 있습니다.

첫째, 그들은 구약성경의 말씀을 배웠을 것입니다. 베드로와 스데반의 설교를 보면 구약성경을 여러 번 인용하는 것을 보게 됩니다. 구약성경과 예수 그리스도의 사건, 구약성경과 성령의 사건을 연계시킨 것입니다. 그렇습니다. 구약성경은 너무나 중요한 하나님의 말씀입니다. 그들은 분명히 구약성경에 나타난 모든 예언과 말씀을 체계 있게 배웠으리라 생각됩니다.

둘째, 그들은 예수 그리스도의 생애를 배웠을 것입니다. 왜냐하면 사도들은 예수님과 함께 살았던 사람들입니다. 그러므로 그들은 예수 그리스도의 능력 있는 생애와 죽음 그리고 부활에 대해 공부했을 것입니다. 무엇보다 주님이 승천하실 때 주신 최후의 명령도 분명히 그 커리큘럼에 들어가지 않았을까 짐작해 봅니다. "너희는 가서 모든 민족을 제자로 삼아 아버지와 아들과 성령의 이름으로 세례를 베풀고"(마 28:19)라는 말씀은 제자들에게 너무나 중요한 메시지였기 때문입니다. 분명히 그들은 예수님의 승천을 이야기했을 것입니다. 그리고 주님이 구름을 타고 재림한다는 약속의 메시지를 가르쳤을 것입니다.

셋째, 그들은 성령의 사건에 대해 분명하게 해석했으리라고 생각됩니다. 사도들은 그날 예수 믿고 세례를 받았던 사람들에게 오순절에 임한 성령 사건에 대해 가르쳤을 것입니다.

이처럼 초대 교회 성도의 신앙생활은 말씀을 배우는 모습이었습니다.

서로 교제하다

둘째, 초대 교회 성도들의 모습은 서로 교제하는 것이었습니다. "그들이 사도의 가르침을 받아 서로 교제하고"(행 2:42)라고 되어 있습니다.

말씀은 하나님과 인간의 관계를 세워 줍니다. 그리고 교제는 인간과 인간의 관계를 세워 줍니다. 어떻게 교제가 이처럼 가능했을까요? 3천 명이나 되는 많은 사람들이 모였습니다. 그들은 각각 학력과 출신 지역, 성격과 지적 능력 등 모든 것이 달랐을 것입니다.

우리도 역시 많은 사람들과 만납니다. 사람들과의 만남에는 좋은 경험보다는 나쁜 경험이 더 많습니다. 우리는 서로 상처를 주기도 하고, 받기도 합니다. 그러나 교회에서 성도의 아름다운 교제를 갖는 일은 신앙생활에 있어 설교를 듣고 성경 공부를 하는 것만큼이나 중요한 모습 가운데 하나입니다.

여기에 기록된 교제란 무엇입니까? 어떤 교제를 하는 것입니까? 세상 사람들에게 있어 교제란 식사나 술자리를 같이하는 것입니다. 또는 음악회나 예술적인 작업 활동을 함께하는 것을 가리켜 교제라고 합니다. 그러면 성령 받은 성도들의 교제란 무엇입니까? 고린도후서 13장 13절을 보면 축도가 나옵니다. 그 축도의 내용 가운데 "예수 그리스도의 은혜와 하나님의 사랑과 성령의 교통하심"이라는 말이 나옵니다. 독특한 교제권이 교회 안에 있는 것입니다. 그들은 이 성령의 아름다운 교제권을 가졌을 것입니다. 그리고 그들은 성도를 온전히 하나 되게 하시는 성령의, 서로 보완하고 협력하게 하는 놀라운 하늘의 교제권을 받았을 것입니다.

교회에 와서 먼저 구원받아 거듭나고 성령을 받는 일은 참으로 중요합니다. 그러나 꼭 해야 할 일은, 교제권 속에 들어가는 것입니다. 성도가 교제권 안에 들어오지 않으면 외롭고 고독해집니다. 심지어는 불안해지기까지 합니다. 많은 사람들 가운데 내가 아는 사람이 한 사람도 없다면 외로울 것입니다.

그것은 하나님의 방법이 아닙니다. 그러니 성령의 아름다운 교제권 속에 적극적으로 끼어들게 되기를 바랍니다. 상처 주지 않는 교제권, 서로 섬기는 교제권, 하나 되는 교제권, 예수님과 하나님이 하나 되었듯이, 예수님과 제자들이 하나 되었듯이, 제자들과 제자들이 하나 되었듯이, 우리도 이런 아름다운 교제권들을 체험할 수 있어야 합니다. 교회의 힘은 말씀에서 나옵니다. 그러나 동시에 성령의 아름다운 교제 속에서 나오는 것입니다.

떡을 떼다

셋째, 초대 교회 성도들은 서로 떡을 떼었습니다. "그들이 사도의 가르침을 받아 서로 교제하고 떡을 떼며"(행 2:42). 얼마나 아름다운 모습입니까? 먹는 것은 좋은 일입니다. 초대 교회에 이 아름다운 일이 있었습니다. 그들은 영적인 일만 하지 않았습니다. 실제로 그들은 먹는 일도 곁들였다는 것입니다.

그런데 여기에 재미있는 사실이 하나 있습니다. 고린도서와 연결시켜 보면, 떡을 떼는 애찬이 단순한 먹자판이 아니었다는 사실입니다. 어떤 사람들은 교회 안에 있는 이 아름다운 교제권과 떡을 떼는 일을 먹자판으로 변질시킵니다. 동시에 어떤 이들은 먹는 일을 보고 시험이 들어서, "교회에서 먹는 일은 하지 말자. 뭐 그렇게 자꾸 물질적으로 가는가. 기도하고 말씀 듣고 가난한 자 도우면 되지. 그렇게 먹기나 하는 교제권은 필요 없다"고 말함으로써 교제권을 삭막하게 만드는 잘못된 생각도 합니다.

여기서 떡을 떼는 일이란 배불리 먹기 위한 것도 아니고, 먹을 것이 없어 동냥하고 구걸하기 위한 것도 아니었습니다. 정말 그리스도의 몸을 세우기 위해서, 아름다운 교제권을 만들기 위해서 떡을 떼는 것이었습니다.

성경에 보면 이와 관련된 재미있는 구절이 있습니다.

그런즉 내 형제들아 먹으러 모일 때에 서로 기다리라 만일 누구든지 시장하거든 집에서 먹을지니 이는 너희의 모임이 판단 받는 모임이 되지 않게 하려 함이라 그 밖의 일들은 내가 언제든지 갈 때에 바로잡으리라(고전 11:33-34).

"먹으러 모일 때에 서로 기다리라." 아마 당시에는 음식이 있으면 먼저 온 사람이 다 먹어 버렸었나 봅니다. 이것이 고린도교회의 시험 거리가 되었습니다. 그래서 사도들은 성도들에게, 먹으러 모일 때는 서로 기다리되 혼자 독식하거나 배불리 먹지 말고 남에게도 나누어 주는 아름다운 성도의 교제를 하라고 충고했습니다. 그런데 더 재미있는 말이 그다음에 이어집니다. "만일 누구든지 시장하거든 집에서 먹을지니." 교회는 배불리 먹기 위해서 있는 곳이 아닙니다. 교회에서 음식을 먹는 모든 일은 아름다운 성도의 교제, 섬김, 서로 간의 나눔과 그리스도의 몸을 세우기 위해 하는 것입니다.

오로지 기도하기를 힘쓰다

넷째, 초대 교회 성도들에게는 기도에 전념하는 모습이 있었습니다. 그들의 신앙 태도와 모임의 결론은 언제나 기도였습니다. 하나님의 말씀을 받고 성령의 교제와 음식을 나눈 후, 그들은 기도에 전념한 것입니다.

분명히 이 기도는 개인적인 기도이기보다 중보 기도였으리라 생각합니다. 같이 모여 아픈 자들과 형제들과 사도들의 가르침을 위해, 또한 자기 민족을 위해 기도했을 것입니다. 이 아름다운 기도의 공동체는 아주 열심히, 전심으로 기도했습니다.

기도는 성도들의 생명 줄입니다. 여자가 아이를 잉태하면 그 아이는 엄마 배 속에서 독립적으로 자라는 것이 아닙니다. 엄마와 탯줄로 연결되어 있어 아이의 생명을 전적으로 엄마에게 의지하는 것입니다. 하나님이 인간을 창조하셨을 때 인간은 스스로 독립할 수 없는 존재였습니다. 오직 인간은 하나님과 관계하며 자라도록 되어 있는 존재인 것입니다.

기도는 어머니의 탯줄과 같습니다. 기도는 하나님의 전화선이요, 젖줄이요, 물이 저수지에서 우리 집으로 흘러들어 오기 위해 필요한 파이프와 같은 것입니다. 기도 없이 이루어질 수 있는 일은 아무것도 없습니다.

그들이 함께 먹은 것도 먹는 것 자체를 위한 것이 아니라 그들의 교제권을 위한 것이었고, 사랑의 나눔을 위한 것이요, 그것을 통해 섬기는 연습을 하는 것이었습니다. 그리고 그들의 결론은 기도였습니다.

바로 이 말씀을 배우는 일과 성도의 교제와 떡을 떼는 것과 오로지 기도하기를 힘썼던, 이 단순하고 간단한 내용이 모든 교회와 모든 그리스도인 모임의 원형이 되는 것입니다. 그 이상도 그 이하도 아닙니다. 교회란 바로 이 네 가지 모습의 삶을 의미합니다. 말씀을 배우고, 성도의 교제권을 갖고(아픈 자와 병든 자와 여러 가지 도울 자를 돕는 일은 이 교제권 속에 포함됩니다), 떡을 떼며, 전심으로 기도에 힘쓰는 것입니다. 오늘날 교회가 왜 타락합니까? 이 네 가지 원형에서 벗어났기 때문입니다.

이러한 생활양식이 당시 사람들에게는 신선한 충격이었고, 기적 같은 것이었습니다. 당시의 세계관과 종교관으로 보면 이런 형태의 모임은 상상할 수 없는 것이었기 때문입니다. 지금 우리는 이런 모임들에 익숙합니다. 모여서 찬양하고 성만찬하고 떡을 떼며 감격하고 기도하기 때문에, 우리는 이것이 무엇인지를 압니다. 그러나 초기 그리스도인들이 이런 경험을 했을 때 얼마나 충격을 받았겠습니까? 마치 우리가 처음 은혜를 받고서 밤새 꿇어 엎드려 철야 기도하고 새벽 기도하고 산기도 다니고 하던 모습과 똑같았을 것입니다. 그들이 그런 모습이었습니다.

두려워한 이웃들

이러한 성도의 아름다운 모습을 갖추게 되었을 때 사람들은 어떤 반응을 보였습니까?

> 사람마다 두려워하는데 사도들로 말미암아 기사와 표적이 많이 나타나니(행 2:43).

사람들은 두려워했습니다. 이 두려움은 경건을 내포한 것입니다. 그것은 단순한 무서움이 아닙니다. 놀라는 것입니다. 여호수아서에 보면 이런 표현이 있습니다.

> 요단 서쪽의 아모리 사람의 모든 왕들과 해변의 가나안 사람의 모

든 왕들이 여호와께서 요단 물을 이스라엘 자손들 앞에서 말리시고 우리를 건너게 하셨음을 듣고 마음이 녹았고 이스라엘 자손들 때문에 정신을 잃었더라(수 5:1).

하나님이 홍해와 요단 강물을 가르셨다는 사실 앞에서 가나안의 일곱 족속들은 가슴이 녹고 정신을 잃어버릴 정도로 충격을 받았다는 것입니다. 이것은 우리에게도 적용되어야 합니다. 우리를 보고 세상이 그렇게 충격을 받아야 합니다. 교회를 보고 세상이 그렇게 정신을 잃어야 합니다. 스스로에게 한번 물어보십시오. '우리가 세상을 보고 놀라는가, 아니면 세상이 우리를 보고 놀라는가?'

우리는 세상의 엄청난 세력과 권력 그리고 악의 구조 앞에서 궁지에 몰립니다. 우리는 이 세상의 도덕적 타락 앞에서 어쩔 줄 몰라 하며 방황하고 고민합니다. 마치 핵폭탄 앞에서 꼼짝하지 못하는 사람들처럼 두려워 떱니다. 그러나 그리스도인의 본질은 그런 것이 아닙니다. 우리에게는 무기도, 돈도, 권력도 없습니다. 하지만 우리에게는 하나님이 계십니다. 하나님을 믿는 거룩한 백성이 서 있는 곳에는 세상의 무기와 권력과 돈과 세상 모든 세력이 벌벌 떨어야 하는 것입니다.

세상과는 다른 공동체

그것이 초대 교회였습니다. 그들에게는 아름다운 건물도, 조직도, 교파도 없었습니다. 그들이 가지고 있던 것은 오직 성령이었습니다. 성령의 역사였습니다. 하나님의 능력이었습니다. 그러나 사람들은 그들을 두려워했다고 말했습니다.

당신의 거룩한 삶과 능력 있는 기도와 하나님을 경외하는 거룩한 모습이 모든 악한 세력들을 물리칠 수 있게 되기를 바랍니다. 이것이 바로 초대 교회였습니다. 초대 교회는 사람들이 두려워했다고 말했습니다. 그리고 놀라운 사실 하나는, 초대 교회에는 기적과 능력이 있었다고 했습니다. 기사와 표적이 사도들을 통해 나타났다고 했습니다.

저는 교회에 기적과 표적이 있어야 한다고 믿습니다. 세상과 교회가 똑같다면 누가 교회를 두려워하겠습니까? 세상에서 볼 수 있는 일이나 교회에서 볼 수 있는 일이 같다면, 교회의 특징이 무엇이겠습니까? 세상에 없는 것을 교회가 갖고 있어야 합니다. 세상은 싸우지만 교회는 사랑해야 합니다. 세상은 의심하지만 교회는 믿음을 가져야 합니다. 세상은 자기 것을 챙기지만 교회는 서로의 것을 챙겨 줄 수 있어야 합니다. 그것이 교회입니다. 그리고 그것이 기적입니다.

교회는 독특한 공동체입니다. 이기적인 공동체가 아닙니다. 하나님을 중심으로 한 자기 헌신적이고 희생적인 공동체인 것입니다. 만일 교회 안에서 걷지 못하는 사람이 걷게 되고, 앞 못 보는 사람이 보게 되며, 듣지 못하는 사람의 귀가 열리거나 정신 이상자의 정신이 온전해진다면, 또 귀신 들린 자들에게서 귀신이 나가는 일이 생긴다면, 그 일이 나와 상관없는 사람의 일일지라도 얼마나 신나겠습니까?

저는 하나님이 어제나 오늘이나 동일하신 분임을 믿습니다. 2천 년 전에만 초대 교회가 존재했다고 믿지 않습니다. 믿음을 가진 사람들에게는 오늘날도 그것이 재연되는 것입니다. 이혼하려던 자들이 하나님의 말씀을 듣고 이혼을 포기하고, 미워하던 사람들이 말씀을 듣고 화해하는 역사기 있게 되기를 바랍니다. 그것이 교회입니다. 걷지 못하는 사람이 걷는 것도 기적이고 보지 못하는 사람이 보는 것도 기적이지만, 깨어진 가정이 화해하는 것도 기적입니다.

세상 어디에서 그런 일을 볼 수 있겠습니까? 어느 학교에 가서 그런 일을 볼 수 있겠습니까? 어느 세미나에서 그런 일들이 나타날 수 있겠습니까? 이런 하나님의 기적들은 하나님이 계시는 교회, 성령이 역사하는 공동체를 통해 오늘 이 땅에 이루어질 수 있는 것입니다. 생각해 보십시오. 사람들은 다 자기가 중요합니다. 다 자기를 위해서 삽니다. 그러나 어떤 사람들은 자기의 삶을 희생합니다.

이러한 공동체가 시작되자, 일찍이 상상하지 못했고 경험해 보지 못한 새로운 사회가 그들 속에 임하기 시작합니다. 이것은 민주

주의 사회가 아닙니다. 자본주의 사회도 아닙니다. 공산주의나 사회주의, 민족주의 사회도 아닙니다. 상상할 수 없던 새로운 세계가 그들 안에서 잉태된 것입니다.

　　믿는 사람이 다 함께 있어 모든 물건을 서로 통용하고(행 2:44).

　그들은 서로 자주 만나 말씀을 배웠고, 교제권을 가졌고, 서로 떡을 떼었습니다. 그리고 그들은 서로 기도하기 시작했습니다. 성경 중심으로 모이기 시작했습니다. 공동체가 형성된 것입니다. 그 안에 새로운 질서가 생기는 것을 그들은 느끼기 시작했습니다. 그리고 새로운 사회와 세계가 전개되는 것을 보게 되었습니다.

　그것은 작은 씨앗이었습니다. 그러나 그것은 엄청난 사건의 시작이었습니다. 그것은 무엇입니까? 서로 물건을 통용했다는 사실입니다. 이것은 간단한 사실이지만 원자폭탄처럼 큰 사건입니다. 그들은 서로의 필요를 보기 시작했습니다. 자신의 것을 나눠 주며, 다른 사람의 것을 받기 시작했습니다. 소위 유무상통이 시작된 것입니다.

　많은 사람들이 유토피아를 동경합니다. 이상 사회를 건설하려고 합니다. 그래서 마르크스는 새로운 세계를 구상하려고 생각했습니다. 많은 철학자들과 사회학자들이 이상 사회, 즉 유토피아를 예견했습니다. 그러나 그것은 후토퍼스(outoppos: 유토피아[eutopia]

의 어원이 되는 그리스어. '없는'이란 뜻의 ou와 '장소'라는 의미의 toppos가 합성되어 '실제로는 존재하지 않는 나라'를 지칭한다.-편집자주)였습니다. 즉, 이 세상에는 존재하지 않는 허구였던 것입니다.

그런데 여기에 하나님 나라가 임했습니다. 성령을 믿는 소수의 사람들이 모여서 기도하고, 성경을 공부하고, 떡을 떼는 교제를 갖기 시작했을 때 유무상통하는 놀라운 일이 생긴 것입니다. 이것이 하나님의 사회, 성령의 사회입니다. 그런데 이것은 굉장히 독특한 것입니다. 이 비슷한 것을 공산주의자들이 도용했습니다. 사도행전을 도용한 것입니다. 하나님과 성령만 빼놓고 모양을 다 복사했습니다.

우리는 종종 이러한 경우의 사람을 봅니다. 예수 믿는 사람끼리 만났습니다. 처음에는 서로 예의를 잘 지키다가 조금씩 친해지면서 주책이 없어집니다. 그래서 허락도 없이 집을 방문하고 예수의 이름으로 남의 안방을 제집인 듯 드나들며 남의 사생활까지 침해합니다. 이것은 성령의 교제가 아닙니다. 성령의 사회가 아닙니다. 특별히 교회 안에 이런 일이 있을 수 있고, 구역이나 순에서 이런 일이 있을 수 있습니다. 이것은 가짜 하나님의 사회입니다.

진정한 성령의 사회는 세월이 갈수록 사람들이 서로를 인격적으로 존경하며 섬기는 사회입니다. 더 아름다운 관계를 갖는 사회입니다. 그러면서도 강요가 아니라 자발적으로 하는 것입니다. 그런 면에서 교회는 헌금이나 구제를 강요할 수 없습니다.

세상에서는 강제적으로 정의를 실천합니다. 부자의 것을 빼앗아 가난한 자에게 주자는 것입니다. 그러나 그것은 물리적인 정의에 불과합니다. 진실한 의미에서의 정의가 아닌 것입니다. 진정한 정의는 성령에 의해 자발적으로 자신의 것을 내줍니다. 그것이 하나님의 사회입니다. 그것이 새 하늘과 새 땅인 것입니다. 그것이 성령이 이 시대의 모든 그리스도인들에게 주신 아름다운 사회인 것입니다. 그러나 이들은 여기에 머물지 않고 한 걸음 더 나아갑니다.

아름다운 하나님의 사회

조건 없이 나누는 사회

또 재산과 소유를 팔아 각 사람의 필요를 따라 나눠 주며(행 2:45).

이 세상에 물질과 돈만큼 힘 있고 존경받는 것이 어디 있습니까? 사람들은 그렇지 않다고 말하지만 그것은 사실입니다. 돈은 힘이 있습니다.

여기 두 가지 재미있는 단어가 있습니다. '재산'이라는 말과 '소유'라는 말입니다. 사람들은 집 한 칸이라도 좋으니 재산을 갖기 원합니다. 그러면 집 두 칸이 있으면 만족해합니까? 아닙니다. 그 다음에는 세 칸을 가져야 합니다. 그것이 물질의 속성입니다. 돈이나 물질에는 만족이 없습니다. 그래서 돈 많은 사람들에게 있어서는 돈이 곧 하나님인 것입니다.

소유란 무엇입니까? 사람은 끊임없는 소유의 노예입니다. 여자도, 권력도, 세상도, 땅도, 모든 것을 자기 손아귀에 쥐고 싶은 것이 바로 죄인 된 인간의 모습입니다. 그러나 우리에게 성령이 임하시면 어떻게 됩니까? 소유가 인생 최고의 축복이라고 알고 있던 사람이 소유를 포기하게 됩니다. 이것은 사람을 죽이고 노동 혁명을 시켜서 공산 사회를 만든, 공산주의자들이 말하는 소유의 분산이 아닙니다. 그런 것은 진짜 하나님 나라가 아닙니다. 진짜 하나님 나라는, 성령의 감동으로 자기 소유와 재산을 나눠 주는 것입니다. 바로 이것이 초대 교회에 나타난 성령 사회, 나눔의 사회, 하나님이 보내 주신 이상 사회인 것입니다.

자본주의가 얼마나 많은 문제점을 가지고 있습니까? 심각합니다. 우리는 자본주의의 모든 약점들 속에 살고 있지 않습니까? 이렇듯 세상의 '주의'(ism)라는 것은 다 인본적이고 인간을 중심으로 하는 조직과 제도이기 때문에, 거기에는 영원한 하나님 나라가 없습니다. 그런데 성령님은 놀랍게도 초대 교회에 이 아름다운 세계를 보여 주셨습니다. 그동안 모든 교회는 이 아름다운 세계를 잃어버리고 살아왔습니다. 교회도 세상과 똑같이 민족주의를 말하고,

민주주의를 말하고, 공산주의를 말해 왔기 때문에 교회 안에서 진정한 하나님의 사회를 발견할 수 없었습니다.

어떤 성도가 집 두 채를 소유하고 있었는데, 두 채를 가지고 있는 것이 부담이 되어서, "나는 집이 한 채만 있어도 되니까 나머지 한 채는 하나님께 바치겠으니 선교사를 위해 써 달라"며 집 한 채를 내놓았답니다. 이것을 누가 시켰겠습니까? 이것은 착취에 의한 것도, 강요된 것도, 핍박에 의한 것도 아닙니다. 자기 스스로 그렇게 한 것입니다. 이것이 하나님 나라입니다. 저는 이 하나님 나라를 교회에서 재연할 수 있다고 믿습니다.

성령이 임하시고 성령의 감동을 받게 되면 우리는 눈을 뜨게 됩니다. 나에 대해서, 세상에 대해서, 하나님 나라에 대해서 눈을 뜨게 되는 것입니다. 그리고 우리는 놀라운 하나님의 질서와 하나님의 통치와 하나님의 영광을 바라보게 됩니다.

그것은 희생입니다. 헌신입니다. 자기 포기입니다. 물질을 포기하는 것이요, 소유를 포기하는 것입니다. 그래서 나누게 되는 것입니다. 모든 것이 하나님께로부터 왔으니 모든 것이 하나님의 것이라는 생각을 갖게 됩니다. 내 시간도, 인생도, 재능도, 나의 삶 전부도 내 것이 아니라는 것입니다. 사람들은 자기의 재능을 가지고 돈벌이를 합니다만, 이제는 돈을 벌어야 할 것이 아니라는 사실을 알게 됩니다. "내가 가진 모든 것이 하나님께로부터 온 것이니, 내가 가진 모든 것을 통해 하나님이 영광을 받아 주소서"라고 고백하는 것입니다.

이것이 하나님의 사회, 곧 하나님 나라입니다. 그런 공동체가 크건 작건, 5천 명이 모이건 5백 명이 모이건, 아니면 50명 혹은 다섯 명이 모이건, 그렇게 생각하고 그렇게 살고 그렇게 일하는 것이 하나님 나라입니다. 그것이 우리가 본문에서 발견하는 초대 교회의 모습인 것입니다.

모이기를 힘쓰는 사회

우리는 초대 교회의 모습을 통해 하나님의 축복의 생활이 임재한다는 사실을 46절에서 보게 됩니다.

> 날마다 마음을 같이하여 성전에 모이기를 힘쓰고 집에서 떡을 떼며 기쁨과 순전한 마음으로 음식을 먹고(행 2:46).

그들은 '날마다 마음을 같이하여 성전에 모이기를 힘썼다'고 말했습니다. 얼마나 좋으면 매일 모였을까요? 날마다 성전에 나오라고 말했으면, 율법이었을 것입니다. 그러나 그들은 누가 오라고 하지 않았음에도 날마다 모였습니다. 이러한 사람들이 초대 교회 교인들이었습니다. 특별한 모임이 없어도 그냥 모이는 것입니다.

은혜 받은 교회와 그렇지 않은 교회는 예배가 끝난 후의 모습을 통해 알 수 있습니다. 예배가 끝나도 교인들이 안 가는 교회는 은혜 받은 교회요, 예배가 끝나자마자 교인들이 금세 다 가 버리는 교회는 은혜 받지 못한 교회입니다. 초대 교회 교인들은 날마다 마음을 같이하여 성전에 모였고, 집에서는 떡을 떼며 순전한 마음으로 음식을 먹었습니다.

하나님을 찬양하는 사회

하나님을 찬미하며 또 온 백성에게 칭송을 받으니 주께서 구원받는 사람을 날마다 더하게 하시니라(행 2:47).

그들은 또한 하나님을 찬미했습니다. 그들의 삶은 찬양이었습니다. 입술로 찬양했고, 마음으로 찬양했을 것입니다. 기쁘지 않으면 찬양이 안 나옵니다. 그들은 찬양했습니다. 하나님께 영광을 돌렸습니다. 그랬더니 온 백성에게 칭찬과 존경과 사랑을 받았습니다. 저는 이것이 우리 그리스도인과 교회의 모습이 되어야 한다고 생각합니다. 인근의 이웃들로부터 존경을 받으십시오.

사실 우리는 얼마나 더럽고 추한 인간입니까? 그런 인간이 성령의 도우심으로 이런 아름다운 교제권과 축복의 공동체를 가질 수 있다는 것입니다. 그것이 하나님의 사회요, 성령의 사회요, 하나님 나라인 것입니다. 우리 모두는 이 나라에 초대를 받았습니다.

성경에 보면, "구원받는 사람을 날마다 더하게 하시니라"(행 2:47)
고 했습니다. 저는 사람들이 당신을 보고, "당신은 왜 그렇게 기쁘
게 삽니까? 당신이 믿는 예수를 나도 믿고 싶습니다"라고 말하게
되길 바랍니다. 초대 교회의 교인들을 보고 사람들은 감격을 했고,
구원받는 사람들이 날마다 더했다고 했습니다. 이것이 성령의 사
회입니다. 하나님의 사회입니다. 영광스러운 하나님 나라인 것입
니다. 주님이 통치하시고, 성령님이 임재하시고, 주님이 우리 한 사
람, 한 사람을 이 아름다운 하나님의 사회로 부르고 계십니다.

○

10

첫 번째 기적이 일어나다

사도행전 3:1-10

○

오순절에 놀랍게 성령이 임하자 감격적이며 충격적인 사건이 일어났습니다. 120명이 방언을 하기 시작했습니다. 그들은 뛰어나가서 자기들도 모르는 말을 하며 전도를 하기도 했습니다. 그날 하루에 세례 받은 사람이 3천 명이나 되었습니다. 놀라운 폭풍 같은 사건이 일어났습니다. 바람이 불기 시작했고, 불이 떨어졌습니다. 그런데 놀라운 것은, 이 성령의 충격적이고 감동적인 사건이 일어난 후에도 베드로와 요한은 기도 시간을 정해 놓고 성전에 올라가서 기도하는 모습을 보였다는 것입니다.

시간을 정해서 기도하다

제 구 시 기도 시간에 베드로와 요한이 성전에 올라갈새(행 3:1).

여기서 우리는 성령 받은 사람의 위대함을 봅니다. 성령 받은 교회나 사람들을 보면 대부분 걱정스러울 정도로 너무나 열광적입니다. 그들은 철야 기도나 금식 기도를 합니다. 정상인의 눈에는 그것이 조금 이상스럽게 보일 정도로 흥분되고 열광적이며, 기적과 능력이 있습니다.

그러나 이 말씀을 보면 사도들은 그런 흥분과 열광 상태로만 계속 있었던 것이 아니라, 시간을 정해 놓고 경건 생활을 하고 있었다는 사실을 알 수 있습니다. 이것은 굉장히 놀라운 발견입니다. 놀라운 흥분과 열광과 감동이 있는 반면, 바로 그 뒤에 그들은 매일 시간을 정해 놓고 체계적으로 훈련을 받고, 말씀을 공부하고, 기도 생활을 했다는 것입니다.

유대인들은 일반적으로 오전 9시, 오후 3시 그리고 해질 무렵 등 하루에 세 번씩 기도하면서 하루 종일 하나님을 생각했습니다. 아침에 기도하는 것은 쉽습니다. 저녁에 모든 일을 마치고 기도할 수도 있습니다. 그러나 일하는 도중인 오후 3시에 기도하는 것은 쉽지 않습니다. 오후 3시에 기도했다는 것은, 그들의 생각 속에는 매 순간 하나님이 있었다는 것을 보여 줍니다.

연애하는 사람들을 보면 무슨 일을 하든지 그 마음속에는 애인에 대한 생각이 있습니다. 일을 할 때도, 쉴 때도 그 사람을 생각합니다. 하나님을 정말 사랑하게 되면 하루 종일 하나님이 그 사람의 마음속에 있습니다. 하나님만 생각합니다. 베드로와 요한은 오후 3시쯤 기도하기 위해 성전에 올라갔습니다.

구약에도 이렇게 시간을 정해 놓고 기도한 사람이 있었습니다. 다니엘입니다. 그는 하루에 세 번씩 시간을 정해 놓고 하나님 앞에서 기도를 하는 약속을 지켰습니다. 세상을 살아가며 우리는 여러 가지 약속을 합니다. 어떤 약속은 해 놓고도 지키지 않습니다. 그러나 대통령과 약속해 놓고 지키지 않는 사람은 없을 것입니다. 그러면서도 하나님과의 약속은 쉽게 어기는 사람이 많습니다. 시간을 정해 놓고 정기적으로 하나님을 만난다면, 그 사람은 하나님의 사람임에 틀림없습니다. 그러나 불규칙하게 하나님을 생각한다면, 그 사람은 하나님의 사람이 아닐 수도 있습니다.

베드로와 요한의 관심은 하나님이었습니다. 당신의 관심은 무엇입니까? 당신의 관심사를 위해 하나님이 계십니까, 아니면 하나님이 당신의 관심사입니까? 혹시 당신의 인생을 도와줄 분으로 하나님을 찾고 있지는 않습니까? 당신의 경제 문제나 건강 문제, 결혼 문제를 해결해 줄 분으로 하나님을 생각하고 있지는 않습니까? 아니면 정말 하나님 그분만이 중요합니까?

우리는 하나님이 가장 중요해야 합니다. 물론 하나님은 우리에게 풍성히 주실 것입니다. 그러나 주시는 것이 좋아서가 아니라, 하나님 그분이 좋아야 합니다. 베드로와 요한의 관심은 오직 하나님이었습니다. 그래서 그들은 하나님과 시간을 정해 놓고 약속해서 기도하는 것을 그렇게 소중하게 생각했던 것입니다.

기도에 움직이시는 하나님

기도는 기적을 준비합니다. 기도는 기적을 잉태합니다. 기도는 기적을 낳습니다. 기적을 바라는 사람에게는 기적이 없습니다. 그러나 그리스도를 바라보는 사람에게는 기적이 생깁니다. 기적만을 요구하는 사람들은 병 낫기를 원하고, 사업이 잘되기를 원하고, 자식이 어떻게 되길 원하는 등 인간적이고 본능적인 욕구를 많이 가지고 있습니다. 그렇다면 그것은 기복 신앙과 아무것도 다를 바가 없습니다. 무당의 신앙과 다를 바 없는 것입니다. 우리는 돌멩이에도 빌고 물 떠다 놓고 빌 수도 있습니다. 자연신에게 빌 수도 있습니다. 그러나 그것은 하나님이 아닙니다.

기적은 어떻게 일어납니까? 기도하는 자에게 일어납니다. 하나님은 길거리를 지나가는 아무에게나 축복을 주시지 않습니다. 하나님은 먼저 그 사람을 준비시키신 후에 축복하십니다. 마음을 가난하게 만드시는 것입니다.

'돈 버는 것도 세상 사는 것도 다 힘들다. 이젠 산에 가서 기도도 하고, 금식도 하고 싶다.' 혹시 이런 생각을 가지고 있다면, 이는 하나님이 만나 주시기 위해서, 응답을 주고 기적을 베푸시기 위해서 준비시키시는 것입니다. 그렇게 기도하고 싶을 때 기도해야 합니다. 그러한 시간을 통해 조용히 자신을 발견해야 합니다. 하나님은 기적을 주기 위해서 기도를 시키십니다. 하나님은 축복을 주기 위해서 그의 마음을 먼저 가난하게 만드십니다. 생각하면 사람이 움직입니다. 그러나 기도하면 하나님이 움직이십니다.

베드로와 요한은 이 엄청난 성령의 기적 속에서 충격을 받았지만, 하나님과 시간을 정해 놓고 기도했습니다. 그들이 기도하러 갔기 때문에 하나님은 베드로와 요한을 위해 한 사건을 예비하신 것입니다. 기도하는 사람에게 하나님은 복된 만남을 예비하십니다. 기도하는 사람을 위해 하나님은 어떤 영적인 사건을 예비해 주십니다. 베드로와 요한에게 있어 그 영적인 사건은 바로 나면서 못 걷게 된 이를 만나는 것이었습니다.

영적인 만남을 예비하시다

나면서 못 걷게 된 이를 사람들이 메고 오니 이는 성전에 들어가는 사람들에게 구걸하기 위하여 날마다 미문이라는 성전 문에 두는 자라(행 3:2).

'나면서 못 걷게 된 이'가 있었습니다. 성경은 사람들이 이 사람을 메고 성전 미문에 두었다고 말씀합니다. 미문이라면 성전 안에 있는 이방인의 뜰에서 여인의 뜰로 들어가는 길목입니다. 그곳에 날마다 이 사람을 데려다 놓은 이유는, 성전에 들어가서 기도하려는 사람들의 자비스러운 마음에 호소해서 구걸하기 위함입니다. 이 사람은 누가 봐도 불쌍한 사람입니다. 이 사람과 지금 베드로가 만났습니다.

만남이란 한 사람에게는 우연한 사건일 수 있지만, 또 한 사람에게는 기적의 사건이 될 수 있습니다. 어떤 사건이 일어났을 때 기도하지 않는 사람에게 그것은 우연입니다. 그러나 기도하는 사람에게는 응답입니다. 어떤 사건이 기도하는 사람에게는 축복이지만, 기도하지 않는 사람에게는 팔자소관입니다. "우연히 그렇게 됐다. 재수가 좋았다"고 말합니다. 그러나 기도하는 사람은 모든 일을 주관하고 계시는 하나님의 섬세한 손길을 느끼게 됩니다. 사람이 만든 것이나 우연히 된 것이 아니라, 하나님이 계획해서 이런 축복을 주셨다고 생각하는 것입니다.

지금 베드로와 나면서 못 걷게 된 사람이 만나고 있습니다. 걷지 못하는 사람 입장에서 그것은 중요한 사건이 아닙니다. 그에게 있어서 베드로는 수많은 행인들 가운데 한 사람이었습니다. 그러나 베드로에게 이 만남은 놀라운 축복과 기적의 사건이었습니다.

나면서 못 걷게 된 이, 바로 나

여기에 나면서 못 걷게 된 사람이 있습니다. 그는 누가 보아도 불쌍한 사람입니다. 우리는 그에게서 다섯 가지 상황을 추측해 낼 수 있습니다.

첫째, 그는 자기가 원하는 대로 걸을 수 없는 사람입니다. 어디에 가고 싶어도 누가 도와주지 않으면 갈 수 없는 입장입니다. 마치 날개 없는 새와 같습니다. 새는 날아야 합니다. 알을 깨고 나온 새는 날아야 합니다. 그런데 날개가 퇴화되어 잘 자라지 않은 것입니다. 새가 닭이나 오리처럼 되어 버린 것입니다. 독수리처럼 비상해야 할 새가 도시의 그늘 속에서 방황하고 다니는 것입니다. 그것이 인생입니다.

인간은 하나님의 형상대로 지음 받은 존재입니다. 인간은 너무나 위대하게 창조되었습니다. 그러나 인간은 야수같이 삽니다. 호랑이는 들에서 포효하며 뛰면서 살아야 합니다. 그런데 그 호랑이가 우리에 갇혀 있습니다. 그런 존재가 인간입니다. 인간은 걸어야 합니다. 그런데 그는 걸을 수 없는 사람이었습니다.

둘째, 그는 나면서부터 걷지 못했습니다. 그 원인이 자기에게 있지 않았습니다. 그가 살다가 무슨 실수를 했거나, 어떤 사고가 생겨서 못 걷게 된 것이 아니라, 태어나면서부터 걷지 못했던 것입니다.

제가 영국에 있을 때 우리 교회에 나오던 한 형제가 첫 아이를 낳을 때의 이야기입니다. 형제는 수술복을 입고 옆에 서서 부인이 해산하는 장면을 지켜봤습니다. 그런데 아기에게 두 팔이 없는 것이었습니다. 그때 받은 충격을 나중에 저에게 설명해 준 일이 있습니다. 제가 영국에 갔을 때 그 아이는 벌써 초등학교 4, 5학년이 되었는데, 그때에도 그 아이는 몸에 깁스를 하고 다녔습니다. 팔이 없으니 자꾸 넘어지곤 했던 것입니다. 그 부모는 찢어지는 마음으로 아이를 바라봅니다. 그리고 하나님을 찾습니다. 이게 웬일입니까? 원인이 나에게서 생긴 것이라면 내가 감당할 수 있고 해석할 수 있지만, 원인이 나에게서 비롯된 것이 아닐 때는 감당하기 어렵습니다.

이 사람은 나면서부터 걷지 못했습니다. 어떤 사람은 나면서부터 앞을 못 보기도 합니다. 그렇습니다. 인간이란 태어나면서부터 이미 죄인입니다. 자의식이 생기고 자아를 발견하기 전에 이미 우리는 죄인인 것입니다. 이 문제를 어떻게 해석할 수 있습니까? 이 문제를 어떻게 해결할 수 있겠습니까?

인간의 마음속에는 안개와 같이 죄가 피어오릅니다. 가만히 있으면 악한 생각을 하는 것이 인간입니다. 인간은 선하지 않습니다. 인간은 본질적으로 죄인입니다. 그 마음이 심히 부패한 것이 인간입니다. 죄를 짓지 않으려고 애를 쓰지만 계속해서 죄를 지을 수밖에 없는 것이 인간입니다.

셋째, 그는 타인에 의해서만 활동할 수 있었습니다. 누가 데려다 주어야 합니다. 혼자서는 가지 못합니다. 그러나 이 사람만 그런 것이 아니라 인생 자체가, 인간의 실존, 현존이라는 것이 다 그렇습니다. 세상에 태어났을 때 어머니 배 속에서 나와서 "나는 나혼자 살 수 있다"고 말할 수 있는 사람이 어디 있습니까? 태아는 부모에게 100퍼센트 의존해서 삽니다. 태어날 때부터 우리는 타인에게 의존해서 삽니다. 독립하고 싶지만 독립할 수 없는 존재입니다.

성인이 되면 독립이 가능합니까? 그렇지 않습니다. 우리는 결혼의 굴레 속에 또 들어갑니다. 자식과 부모가 있습니다. 우리는 이 사회를 떠나서는 홀로 살 수 없는 존재입니다. 우리는 서로 인간관계를 가지며, 서로가 서로를 통제하면서 살아가는 것입니다. 바로 그것이 인생의 모습입니다.

넷째, 이 사람에게서 발견할 수 있는 재미있는 사실이 있습니다. 나면서부터 걷지 못하게 된 자는 성전에 가서 구걸을 했는데, 이 사람의 밥벌이 수단이 참 재미있습니다. 자기의 불행한 불구가 자기 인생의 밥벌이 수단이었습니다. 불구인 것만으로도 불행한데, 그것으로 사람의 동정을 사서 밥벌이를 해야 했던 것입니다.

그러나 이 사람뿐만이 아닙니다. 어떤 사람에게는 하나님이 아름다운 미모를 주셨습니다. 요즘은 미모가 상품입니다. 얼굴 잘생긴 사람들을 보십시오. 다 상품입니다. 하나님이 주신 아름다운 미소를 다 상품으로 팝니다. 하나님이 독특한 재능과 명철한 두뇌를 주셨습니다. 그러나 사람들은 그것을 하나님을 위해서 봉사하는 도구로 쓰지 않고, 전부 자기 생존의 무기로, 밥벌이의 수단으로 쓰는 것입니다. 그것은 비단 걷지 못하는 사람만이 아니라, 모든 인간이 다 그런 것입니다.

하나님이 주신 재능과 축복과 건강과 능력들을 하나님의 영광을 위해 쓴다면, 그 인생은 행복할 것입니다. 그러나 그것을 이기적인 목적으로 사용한다면, 그것을 사용하면 할수록 그 인생은 불행할 것입니다. 돈은 벌지만 그 마음에 평안이 없을 것입니다. 끊임없는 목마름과 허무감 때문에 사람들은 열심히 행동합니다. 일하지 않으면 불안하기 때문입니다. 무엇인가 해야만 마음이 편안합니다. 그래서 자기를 잃어버리고자 하는 것입니다. 돈을 열심히 버는 것으로 자기를 잃어버리고자 하는 것입니다. 사람은 자신의 적나라한 모습을 보는 것을 제일 무서워합니다. 두려워합니다. 늙어 가고 병들어 가고 외롭고 고독한 자기를 정직하게 보지 못합니다. 그것이 인생입니다.

다섯째, 그를 등쳐먹고 사는 사람이 있었습니다. 그를 '날마다' 미문 앞에 두었다고 했습니다. 그랬다면 분명히 걷지 못하는 이와 그를 도와주는 사람은 동업자일 것입니다. 우리 인생의 주위에는 언제나 황충들이 있어 거머리처럼 피를 빨아먹습니다. 돈을 아무리 벌어도 행복하지 않습니다. 관리할 사람들이 그만큼 많아집니다. 그것이 인생입니다. 걷지 못하는 이가 불쌍한 것이 아닙니다. 두 발로 걸어 다니고, 능력껏 소리 지르고 살고 있는 우리가 바로 이런 모습입니다. 이 사람의 모습 속에서 우리는 자신을 발견합니다.

절망뿐인 인생

나면서 못 걷게 된 이 사람에게는 두 가지 특징이 있습니다. 첫째, 절망감입니다. 그에게 소망이나 내일이 있다고 생각합니까? 내일이 없는 사람, 미래가 없는 사람, 꿈이 없는 사람이 할 수 있는 일이 무엇입니까? 쾌락입니다. 미래의 소망이 있는 사람은 절대로 쾌락주의자나 탕자가 되지 않습니다. 아무리 어렵고 고통스러워도 내 인생에 미래가 있고, 꿈이 있고, 소망이 있는 사람은 그 고난을 감당합니다. 그러나 돈이 아무리 많고, 건강하고, 조건이 좋은 사람이라도 그 인생에 미래가 없으면 한탕주의자가 되거나 쾌락의 노예가 됩니다. 그것밖에는 그를 만족시켜 줄 수 있는 것이 없기 때문입니다.

그에게는 소망이 없었습니다. 세월이 지나간들 이 사람이 변하겠습니까? 하지만 사람은 세월이 지나가면 성숙해지거나 변해야 합니다. 현재의 고난은 장차 올 영광과 족히 비교할 수 없듯이, 우리는 세월이 지나면 더 좋은 방향으로 변해 있어야 합니다. 그러나 그에게는 그럴 가능성이 없었습니다. 오직 절망감뿐입니다.

둘째, 그에게는 구원이 없었습니다. 구원은 철저하게 밖으로부터 와야 합니다. 사람의 노력이나 애씀으로 구원을 얻을 수 있습니까? 없습니다. 이것은 2천 년 전에 성전 미문에 앉아 있던, 나면서 못 걷게 된 이 사람뿐 아니라, 바로 오늘을 살고 있는 우리들에게도 마찬가지입니다.

인간에게는 미래가 없습니다. 죽음 이후의 문제를 해결할 길이 없습니다. 모든 인간에게는 절망감이 있습니다. 이 절망감에서 헤어나고 싶어 쾌락을 찾는 것입니다. 절망감을 피하기 위해 직장에서 열심히 일하고 돈을 버는 것입니다. 그러나 그것도 늙으면 소용이 없습니다.

또 한 가지, 인간 안에는 구원이 없습니다. 어떤 철학이나 교육, 사상, 종교, 제도도 인간을 구원하지 못합니다. 인간 안으로부터 오는 그 어떤 것에도 구원은 없습니다. 석가모니나 공자가 잘못되었다는 것이 아닙니다. 그들은 단지 인간일 뿐입니다. 인간은 인간을 구원할 수 없습니다. 인간을 구원할 수 있는 자는 인간이 아니어야 합니다. 하나님뿐이십니다. 그분이 바로 예수 그리스도인 것입니다. 내가 스스로 도를 깨우치고 백팔번뇌를 물리쳐서 구원을 얻을 수 있다면, 그것은 구원이 아닙니다. 구원은 인간 안에서 오는 것이 아니기 때문입니다. 구원은 절대적으로 밖으로부터 오는 것입니다. 만약에 자기가 스스로를 구원할 수 있다면, 그것은 자기가 구원자라는 말입니다.

성령의 감동을 받은 베드로

> 그가 베드로와 요한이 성전에 들어가려 함을 보고 구걸하거늘(행 3:3).

여기서 세 사람이 만납니다. 그러나 나면서 못 걷게 된 이가 베드로와 요한을 만나서 요구한 것은 영원한 샘물이나 구원이 아니었습니다. 그는 영생에는 관심이 없었습니다. 그가 가졌던 유일한 관심은 자기의 주린 배를 채울 수 있는 은과 금이었습니다. 작은 동전이었습니다. 그 이상도 이하도 아니었습니다. 그것은 습관적인 요구였습니다. 동물적이고 본능적인 요구였습니다.

당신은 어떻습니까? 매일매일을 습관적으로 살지는 않습니까? 어저께 살던 삶이 오늘의 삶이고, 오늘의 삶이 내일의 삶은 아닙니까? 당신은 동물적인 욕구, 혹은 본능에 따라 살고 있진 않습니까? 이런 삶을 사는 이가 바로 이 사람이었습니다. 그가 요구한 것은 영적인 것이 아니었습니다. 영원한 것이 아니었습니다.

그런데 베드로를 바라보면서 구걸을 한 그 순간, 그가 베드로에게서 발견한 것은 그러한 것이 아니었습니다. 엄청난 섬광, 엄청난 그 어떤 것을 베드로의 눈에서 본 것입니다.

베드로가 요한과 더불어 주목하여 이르되 우리를 보라 하니(행 3:4).

베드로의 눈과 그의 눈이 마주쳤습니다. 이 사람이 요구하는 것은 '한 푼'이었습니다. 그런데 베드로의 눈에서 빛이 나기 시작했습니다. 성령의 감동을 받아, 나면서 못 걷게 된 이의 영혼을 불쌍히 여긴 것입니다. 베드로에게는 새로운 눈이 생겼습니다. 그는 그 새로운 눈으로 정말 눈물이 날 정도의 애정과 사랑을 가지고 그를 주목했습니다. 베드로는 그를 뚫어지게 보면서, "우리를 보라"고 했습니다. 성령님이 베드로와 요한의 마음을 움직이셨고, 그들의 마음은 주체할 수 없는 엄청난 사랑으로 가득 차기 시작한 것입니다. 그리고 베드로의 입에서 엄청난 말이 나왔습니다.

여기서 우리는 성령의 개입을 보게 됩니다. 이는 마치 수가 성의 여인에게 주어진 영원히 목마르지 않을 샘물을 보는 것 같습니다. 그것은 마치 전혀 기대하지 않았던 구원이, 간음하다 현장에서 붙잡혀 돌에 맞아 죽게 된 한 여인에게 나타난 경우와 같습니다. 그것은 또한 뽕나무 위에서 예수님의 행차를 내려다보다가 구원을 받은 삭개오의 경우와 같은 것입니다. 지금 그런 기적이 나면서 못 걷게 된 이 사람에게 나타난 것입니다. 그런 기적이 우리에게 나타나는 것입니다. 목마른 인생, 모든 것을 다 얻었으나 모든 것을 다 잃어버린 인생에게 나타나는 것입니다. 하나님이 개입하십니다. 저는 당신의 인생에 하나님이 개입하시기를 바랍니다. 하나님이 당신의 인생을 뚫고 들어오시기를 바랍니다. 그래서 외롭고 목마른, 갈증을 느끼는 그 인생이 하나님의 풍성한 것으로 채워지기를 바랍니다.

그가 그들에게서 무엇을 얻을까 하여 바라보거늘(행 3:5).

이 사람은 아직도 깨닫지 못합니다. 아직 이 사람은 자기의 습관과 본능과 인간적인 기대 이상을 갖고 있지 않았습니다. 그러나 그를 향한 축복은 베드로로부터 시작되고 있었습니다. 그를 위한 기적이 준비되었던 것입니다. 무엇을 얻을까 하여 바라보고 있는 그 눈앞에서 하나님의 기적이 일어났습니다. 초자연적인 사건이 임한 것입니다.

베드로가 이르되 은과 금은 내게 없거니와 내게 있는 이것을 네게 주노니 나사렛 예수 그리스도의 이름으로 일어나 걸으라 하고(행 3:6).

베드로의 말은 그가 전혀 기대하지도, 상상하지도 않았던 것이었습니다. 자기가 일어나 걸을 수 있다는 것은 꿈에도 생각할 수 없는 일이었습니다. 그것은 100퍼센트 불가능한 일이었기에 기대할 수 없었던 것입니다.

그러나 베드로의 입에서 놀라운 말이 나왔습니다. "네가 요구하는 은과 금은 나에게 없다. 그러나 내게 있는 것으로 네게 주고자 한다. 그것은 곧 나사렛 예수 그리스도의 이름의 능력이다. 이 능력으로 일어나 걸으라." 이렇게 외친 것입니다. 이 말을 하는 베드로는 그때 좀 제정신이 아니었을 것 같다는 생각이 듭니다. 어떻게 인간이 이런 말을 할 수 있겠습니까? 그렇지만 이것이 바로 오늘날 교회가 할 일입니다. 이것이 바로 오늘날 그리스도인이 할 일입니다.

오직 예수의 이름으로

은과 금의 이야기로 가득 찬 곳이 세상입니다. 세상은 모든 인간을 돈으로 평가합니다. A급, B급, C급 등의 인기도나 그 사람의 능력이 다 돈으로 평가됩니다. 돈 이야기를 빼면 세상에는 할 이야기가 없습니다. 그래서 교회도 돈 이야기를 합니다. 은과 금에 관한 얘기입니다.

교회는 은과 금에 관한 이야기를 하는 곳이 아닙니다. 교회는 나사렛 예수 그리스도의 능력을 말하는 곳입니다. 중세의 유명한 철학자이며 성직자인 토머스 아퀴나스가 이런 말을 했습니다. "초대교회에는 '은과 금은 내게 없거니와 내게 있는 이것을 네게 주노니 나사렛 예수 그리스도의 이름으로 일어나 걸으라'고 말하는 능력이 있었다. 그러나 오늘날 우리의 교회는 금으로 기둥을 만들고 대리석으로 바닥을 깔아 엄청난 하나님의 집을 지었다. 우리의 교회는 땅도 많이 가지고 있다. 건물도 가지고 있다. 사람들도 많이 가지고 있다. 은과 금은 이제 우리에게 있다. 그러나 나사렛 예수 그리스도의 이름의 능력은 잃었다." 저는 이것이 오늘날의 교회에도 마찬가지로 적용되는 말이라고 생각합니다.

오늘날 교회의 위기와 유혹이 어디에 있습니까? 교회도 세상처럼 돈을 주고 싶은 마음이 있는 것입니다. 세상의 문제를 구제로, 교육으로 해결하려는 것입니다. 구제와 교육은 중요합니다. 그러나 교회의 본질은 은과 금이 아니라 예수의 이름입니다.

여기서 우리는 세상이 원하는 것과 하나님이 원하시는 것이 다르다는 점을 알게 됩니다. 또 한 가지, 세상이 갖고 싶어 하는 것과 하나님이 주고 싶어 하시는 것이 다르다는 것입니다. 우리의 기도는 하나님이 주고 싶어 하시는 것과 일치해야 합니다. 우리의 기도는 하나님이 받고 싶어 하시는 것과 일치해야 합니다.

교회는 반드시 구제해야 합니다. 가난한 자와 고아와 과부를 돌보아야 합니다. 그러나 교회가 구호 단체가 되어서는 안 됩니다. 교회는 교육을 해야 합니다. 그러나 교육 단체가 되어서는 안 됩니다. 교회는 병을 고쳐야 하지만, 의료 기관은 아닙니다. 교회는 세상을 개혁해야 하지만, 개혁 단체가 아닙니다. 교회는 이 시대의 정의를 실현해야 하지만, 정의 실현 단체가 되어서는 안 됩니다. 다만 이것들이 가능하도록 영적인 뒷바라지를 해야 할 뿐입니다. 그것이 교회의 본질입니다.

교회는 나사렛 예수 그리스도의 이름의 능력을 소유하며 그 능력을 전하는 것, 그 이상도 이하도 아닙니다. 거기에 교회의 본질이 있습니다. 교회의 위상이 있습니다. 더 나아가려는 유혹을 절제해야 합니다. 그 이하로 떨어지는 위기를 막아야 합니다. 교회가 자기의 영적인 위상을 지키고 있을 때, 영적 대각성이 일어납니다.

그것이 1907년, 평양에서 일어났던 영적 대각성인 것입니다. 그것이 미국의 무디나 피니나 조나단 에드워즈나 존 웨슬리와 같은 사람들을 통해서 일어났던 한 시대의 영적 대부흥, 영적 대각성인 것입니다. 바로 그것이 교회가 감당해야 할 이 시대의 사명입니다.

베드로가 나면서 못 걷게 된 이에게 말한 명령을 오늘날의 교회가 줄 수 있기를 바랍니다. 나면서 못 걷게 된 이의 모습은 바로 우리의 모습이요, 우리 사회의 모습이요, 대한민국의 모습이요, 세상의 모습입니다. "나사렛 예수 그리스도의 이름으로 일어나 걸으라"(행 3:6). 절망하고 좌절하고 갈 길 없는 사람들에게 하나님은 오늘도 말씀하십니다.

예수 그리스도 이름의 능력

그러면 나사렛 예수 그리스도의 이름은 무엇입니까? 예수란 어떤 분입니까? 그는 본래 하나님이셨습니다. 예수가 왜 우리의 구원자입니까? 만일 그가 슈바이처가 말한 대로 순수한 인간이었다면 우리의 구원자가 될 수 없었을 것입니다. 그는 휴머니스트에 불과했을 것입니다. 그러나 그는 하나님이셨기 때문에 우리의 구원자가 될 수 있는 분입니다.

그는 하나님과 동등됨을 취하지 않고 사람이 되셨습니다. 그리고 십자가에 죽기까지 순종하셨습니다. 실제로 그는 십자가에서 우리의 죄를 위해 죽으셨습니다. 그런데 죽음으로 그의 인생이 끝났습니까? 아닙니다. 무덤을 열고 사망 권세를 깨뜨리고 부활하신 분이 예수 그리스도십니다. 그는 승천하셨습니다. 그는 지금도 하늘 보좌 위에 계셔서 우리를 통치하시며, 우리의 기도를 들으시며, 우리에게 사랑과 기적을 베푸십니다. 그리고 그는 곧 심판주로, 역사의 완성을 위해서 오실 것입니다.

그는 지금도 우리의 예배를 받으시며, 우리의 질병을 고쳐 주시며, 절망한 자에게 소망을 주시며, 사망한 자에게 생명을 주시며, 못 걷는 자를 걷게 하시며, 앞 못 보는 자의 눈을 뜨게 하시며, 듣지 못하는 자의 귀를 여십니다. 이것은 단순한 물질적인 기적이 아니라, 영적인 기적입니다. 베드로는 그분의 이름과 능력을 알았습니다. 그렇기 때문에 그는 나사렛 예수 그리스도의 이름으로 일어나 걸으라고 말할 수 있었습니다.

> 오른손을 잡아 일으키니 발과 발목이 곧 힘을 얻고 뛰어 서서 걸으며 그들과 함께 성전으로 들어가면서 걷기도 하고 뛰기도 하며 하나님을 찬송하니(행 3:7-8).

여기서 베드로의 놀라운 위대함을 봅니다. 그는 걷지 못하는 이의 손을 잡고 일으켜 세웠습니다. 확신이 없었다면 어떻게 그렇게 하겠습니까? 이 믿음과 확신이 우리에게도 있어야 합니다. "나사렛 예수 그리스도의 이름으로 일어나 걸으라"는 말을 할 뿐만 아니라 그 사람의 손을 잡아 일으켜 세우는, 죽어 가는 자를 일으켜 세우는, 자살하려는 자를 일으켜 세우는, 이혼하려는 사람들을 일으켜 세우는, 자기의 인생을 파괴해 버리고 싶어 하는 사람에게 새 생명을 주어 일으켜 세우는 나사렛 예수 그리스도의 이름의 능력을 우리가 소유하고 있지 않습니까? 우리는 그것을 나누어 주어야 합니다. 그것이 교회가 할 일이요, 우리 그리스도인이 할 일입니다.

그 사람을 "잡아 일으키니 발과 발목이 곧 힘을" 얻었다고 했습니다. 그리고 그가 "뛰어 서서 걸으며 그들과 함께 성전으로 들어가면서 걷기도 하고 뛰기도 하며 하나님을 찬송"했다고 했습니다. 얼마나 놀랍습니까? 이 장면을 상상해 볼 수 있겠습니까?

이 사도행전 3장을 보면 생각나는 축복의 사건이 하나 있습니다. 소설가 임옥인 선생님이 프랑스에 다녀오시고 제가 막 연예인 교회를 세울 무렵인데, 선생님이 쓰러지셔서 전신에 마비가 와 성모병원에 입원하게 되었습니다. 그 소식을 듣고 열흘쯤 지나 그 집을 방문하게 되었습니다. 병원에서는 전혀 소망이 없고 치료도 안 된다고 해서 퇴원을 한 것인데, 댁에 가 보니 선생님이 앉아 계셨습니다. 제가 너무 놀라서, "권사님, 이게 웬일이세요?"라고 물었더니 홍시를 건네며 간증을 하셨습니다. 몸이 완전히 마비가 된 채 집으로 돌아왔는데, 어떻게 해야 할지 몰랐다고 합니다. 당신은 큰 수술도 여러 차례 받아 보았는데, 그렇게 고통스럽고 아픈 경험은 처음이었다고 합니다. 그런데 정신은 멀쩡하더랍니다. 그래서 예수 그리스도의 고난을 깊이 묵상하셨다고 합니다.

그러던 어느 날, 신유의 능력이 있는 친구 권사님이 병문안을 왔습니다. 그분이 방에 들어오자마자 기도하더니, "옥인아, 일어나" 그러더랍니다. 임 선생님은 굉장히 화가 나고 섭섭했습니다. '아니, 친구지간에 이럴 수가 있나. 왔으면 안수기도나 해 줄 것이지, 건방지게 일어나라고 하다니.' 처음에는 시험이 들었습니다. 속상하더랍니다. '누구는 일어나고 싶지 않나.' 그런데 가만히 있으니, 하나님이 사도행전 3장을 생각나게 해 주시더랍니다. '나면서 못 걷게 된 사람도 일어났는데.' 그래서 기도하면서 마음속으로 외쳤습니다. 그리고 '나사렛 예수 그리스도의 이름으로 일어나라' 하고 손을 한번 확 잡았습니다. 그러자 손이 쑥 움직이더랍니다. 그래서 또 왼쪽 손을 움직여 보았습니다. 손이 또 쑥 움직이더랍니다. 그랬더니 그 친구 권사님이, "옥인아, 일어나" 하고 말했습니다. 그래서 임 선생님이 벽을 짚고 일어났습니다. 그때 그 자리에 건국대학교 여학생이 선생님을 돌보기 위해 있었는데, 그 장면을 보고는 "아멘, 할렐루야"도 못 하고 비명을 지르며 밖으로 뛰쳐나갔답니다. 친구가 벽을 짚고 돌라고 해서 벽을 짚고 돌았습니다. 손을 떼고 돌라고 해서 손을 떼고 돌았습니다. 그 후부터는 자리에 앉아 지내셨다고 합니다.

임 선생님이 연예인교회 창립 때 〈새 손〉이라는 시를 하나 써 주셨습니다. 이런 내용입니다.

걸레 같은 내 손,

내 마음대로 움직이지도 못하던

그 손이 새 손이 되었다.

새 손이 되었다.

그래서 나는 그리스도의 손을 안다.

십자가에 못 박힌 손.

2천 년 전에 그런 일이 있었습니다. 그러면 그 일이 2천 년 전에만 있었을까요? 지금도 있을 수 있습니다. 그렇다고 모든 사람에게 다 일어나지는 않습니다. 이런 일들을 하나님은 가끔씩 베풀어 주십니다. 저는 이런 일이 우리 교회에도 일어날 수 있다고 믿습니다.

평생을 걷지 못하던 사람이 발과 발목에 즉시 힘을 얻어 일어나는 일이 있을 수 있을까요? 우리의 상식과 합리와 과학은 이것을 거부합니다. 그러나 말씀은 그것이 가능하다고 말합니다. 하나님 말씀에 능하지 못할 일이 무엇이 있습니까?

"나는 남자를 알지 못하니 어찌 이 일이 있으리이까"(눅 1:34). 마리아는 이렇게 말했습니다. 이에 대해 천사는 "하나님의 모든 말씀은 능하지 못하심이 없느니라"(눅 1:37)고 대답했고, 마리아는 다시 "주의 여종이오니 말씀대로 내게 이루어지이다"(눅 1:38)라고 고백했습니다. 그 순간 마리아에게 예수님이 잉태됩니다. 순종하는 순간에 남자를 모르는 여자가 예수님을 잉태한 것입니다. 이것이 박혁거세의 설화 같은 이야기에나 나오는 이야기입니까, 아니면 역사적인 사건입니까? 분명히 역사적인 사실입니다. 이런 일들이 실제로 일어나는 것입니다.

어제나 오늘이나 하나님은 영원토록 동일하신 분입니다. 홍해를 가르신 하나님은 오늘도 우리에게 이런 일을 하실 수 있습니다. 60만 명이 홍해를 건넜다고 했습니다. 홍해는 절대로 갈대 바다가 아니었습니다. 또 이스라엘 백성은 요단 강을 건넜습니다. 그리고 여리고 성이 무너졌습니다. 이처럼 오순절 역시 실제로 존재한 사건입니다. 예수님이 무덤에서 다시 살아나심으로 그의 피로 우리는 구원받은 것입니다.

걷지 못하던 자의 발과 발목에 힘이 생겼습니다. 성경은 그가 '뛰어 서서' 걸으며 '성전으로 들어갔다'고 말씀합니다. 이전에 이 사람은 성전을 몰랐습니까? 아닙니다. 이 사람은 평생 성전에서 밥벌이를 했습니다. 그러나 그 순간, 그 사람에게 있어서 성전은 새로운 의미로 다가왔습니다.

저는 당신의 집이 당신에게 새로운 의미로 다가오길 바랍니다. 당신의 집에 성령이 임하신다는 말입니다. 늘 변하지 않을 것 같던 사람이 변할 수 있음을 기억하십시오. 이 걷지 못하던 자에게 그날의 성전은 하나님의 영광이 임하는 곳이며, 하나님의 거룩이 머무는 곳이었습니다. 그래서 그는 정말로 예배를 드렸던 것입니다. 하나님의 능력을 찬양했습니다. 이 사람보다 더 기쁜 사람이 어디 있겠습니까? 그의 과거는 비참했습니다. 우울하고 수치스러운 과거였습니다. 그러나 지금 그는 이 행복을 누구에게도 빼앗기지 않을 것입니다.

바로 이것이 그리스도인의 기쁨입니다. 더 이상 자기를 성전 미문에 데려다 줄 사람에 대한 염려와 두려움이 없습니다. 비가 와서 그날 구걸을 공칠까 봐 염려하는 일이 이제는 없습니다. 이제는 그런 두려움을 갖지 않아도 됩니다. 우리는 얼마나 많은 불필요한 두려움과 염려 속에서 살고 있습니까? 이제는 그 염려들이 사라지길 바랍니다. 이 사람이 일어나는 순간, 그 염려들이 그의 인생에서 사라졌습니다.

놀라운 사실은 무엇입니까? 이 사람의 과거가 순식간에 사라진 것입니다. 예수를 믿고 성령을 받으면 자기의 수치스러운 과거가 의미 없어집니다. 자기가 비록 창녀로 살았거나 비인간적으로 살았다 할지라도, 하나님을 만난 사람에게는 그 과거가 다 땅으로 들어가 버립니다. 그리고 수치스런 과거를 말하기가 부끄럽지 않게 됩니다. 지금의 삶이 너무나 영광스럽기에, 지금의 삶이 너무나 완벽하기에, 너무나 큰 축복이기에 그렇습니다.

사람들은 왜 과거를 말할까요? 현재가 불행하기 때문입니다. 그러나 현재가 행복한 사람들에게는 과거가 중요하지 않습니다. 마음의 상처가 아무리 깊어도, 성령으로 충만을 받으면 그것은 순식간에 없어져 버리는 것입니다. 걱정하지 마십시오.

세상을 변화시키는 한 사람

> 모든 백성이 그 걷는 것과 하나님을 찬송함을 보고 그가 본래 성전
> 미문에 앉아 구걸하던 사람인 줄 알고 그에게 일어난 일로 인하여
> 심히 놀랍게 여기며 놀라니라(행 3:9-10).

그를 본 사람들은 놀랐습니다. 그들은 그 사람을 너무나 잘 알고
있었습니다. 그런데 분명한 사실은, 그가 지금 걷고 있다는 것입니
다. 뛰고 있다는 것입니다. 찬양하고 있다는 것입니다. 그 얼굴이
변했다는 것입니다. 그 모습에 사람들은 충격을 받았습니다.

여기서 우리는 몇 가지 놀라운 사실을 배우게 됩니다. 첫째, 한
사람의 변화가 많은 사람들의 삶에 변화를 가져온다는 것입니다.
그렇기 때문에 한 사람이 변하는 것이 중요합니다. 이 사람은 유식
한 사람도, 부자도, 권력자도 아니었습니다. 잘생긴 사람도 아니었
습니다. 별 볼 일 없는, 있어도 되고 없어도 되는 남자였습니다. 오
히려 있으면 귀찮은 존재였습니다. 그런데 그 사람이 초대 교회에
지진을 일으켰습니다.

한 사람이 변하면 세상이 변합니다. 소돔과 고모라의 죄악의 무
게는 의인 열 사람의 무게와 똑같았습니다. 예루살렘의 죄악의 무
게는 의인 한 사람의 무게와 똑같습니다. 서울을 구원하기 위해서
는 이렇게 많은 교회와 성도들이 필요하지 않습니다. 정말 하나님

의 기적을 경험하고 노래하고 찬양할 수 있는 몇 사람이면 됩니다. 그 사람들이 세상을 뒤집어 놓을 수 있습니다. 바울 한 사람이, 베드로 한 사람이 세상을 뒤집어 놓았습니다. 저는 우리가 그런 사람이 되기를 바랍니다. 우리 한 교회의 변혁이 모든 한국 교회의 변혁이 될 줄로 믿습니다. 우리가 정말 하나님이 원하시는 교회를 만들 수만 있다면, 그런 공동체가 출현할 수 있다면, 세상은 변할 것입니다.

둘째, 은혜 받고 성령 받으면 그 사람은 과거와 단절된다는 것입니다. 혹시 과거 때문에 고민하는 사람이 있습니까? 과거의 연민과 미련과 상처 속에서 황충이 먹어 버린 자신의 과거, 자신의 수치, 내놓기 싫어서 자기 영혼 깊은 곳에 꽁꽁 숨겨 놓은 상처가 있습니까? 안심하십시오. 그리스도를 만나면 다 사라져 버립니다. 용서가 됩니다. 잊게 됩니다. 그리고 이제 그것을 말해도 괜찮게 됩니다. 아니, 더 떳떳하고 자연스럽게 그 말을 할 수 있습니다. 과거가 어두웠던 것만큼 영광도 더 높고 크기 때문입니다. 이것이 초대 교회의 첫 번째 기적이었습니다. 당신의 생애에 이런 기적이 있기를 바랍니다.

11

예수 그리스도를 증거하다

사도행전 3:11-19

앞 장에서 우리는 초대 교회의 첫 번째 기적을 보았습니다. 그것은 나면서 못 걷게 된 사람으로서 날마다 성전 미문에 앉아서 구걸하던 자가 예수 그리스도의 이름으로 일어나서 걷고 뛰고 찬송하며 성전으로 올라갔던 엄청나고 놀라운 모습이었습니다.

그것은 사도행전과 오순절 성령 사건을 대표하는 사건입니다. 얼마나 놀라운 일입니까? 나면서부터 걷지 못하던 사람의 구걸하던 그 모습은 인간의 실존을 잘 설명해 줍니다. 미래에 대한 소망이나 기대도 없이 절망하는 무의미한 한 인간에게 하나님이 찾아오셔서 발을 주시고, 손을 주시고, 눈을 주시고, 귀를 주시고, 무감각하던 영혼에 다시 한 번 새 생명을 주셔서 살아나게 하십니다.

걷지 못하던 사람이 걷게 된 사건은 예수님 시대에도 있었습니다. 예수님은 친히 나병 환자를 깨끗하게 하시고, 못 걷는 사람을 걷게 하시고, 맹인의 눈을 뜨게 하시고, 손이 마른 자를 펴 주셨을 뿐만 아니라, 귀신을 쫓아내고 죽은 자를 살리기도 하셨습니다.

그런데 사도행전 3장에 나타난 이 사건은 색다른 의미가 있습니다. 그것은 예수님이 아닌 베드로가 그 사건을 일으켰기 때문입니다. 예수님이 그렇게 하실 수 있다는 데는 모두들 동의합니다. 그러나 베드로가 그렇게 했다는 것은 정말 놀라운 일입니다. 예수님은 하나님이셨고, 베드로는 인간이었기 때문입니다.

그러나 성령이 임하시면 베드로도 그렇게 할 수 있다는 사실이 오늘 우리에게 도전을 줍니다. 즉, 사도행전의 이 사건은 베드로 뿐 아니라 예수 그리스도로 인해 거듭난 믿음을 가진 우리도 그렇게 할 수 있다는 사실을 보여 줍니다. 베드로를 통해 나타난 이 기적은 "나를 믿는 자는 내가 하는 일을 그도 할 것이요 또한 그보다 큰일도 하리니"(요 14:12)라고 하신 예수님의 말씀을 생각나게 합니다. 우리가 감당하기 어려운 말씀이지만, 복음은 바로 이런 것입니다.

기적에 대한 두 가지 반응

기적이란 바로 이런 것들입니다. 사실 기적보다 더 위대한 것은 자연입니다. 기적이 반복되면 자연이 됩니다. 우리의 삶에서 기적이 아닌 것이 어디 있습니까? 어떤 사람들은 기적이 일어나면 해가 서쪽에서 뜨겠다고 말합니다. 그러나 해가 서쪽에서 계속 뜨면 자연스러운 일이 되는 것입니다. 어떤 의미에서 기적은 자연의 파괴입니다. 하지만 그것은 더 놀라운 하나님의 초자연적인 역사입니다. 하나님은 자연으로도 역사하시며, 기적으로도 역사하십니다. 우리는 자연 속에서 하나님의 기적을 날마다 발견할 수 있어야 합니다.

나면서 못 걷게 된 사람이 예수 그리스도의 이름으로 일어나 걸을 때 사람들은 충격을 받았습니다. 믿을 수 없는 일이 일어났기 때문입니다. 그래서 그들은 한 사람, 한 사람씩 솔로몬 행각에 모여들었습니다.

나은 사람이 베드로와 요한을 붙잡으니 모든 백성이 크게 놀라며 달려 나아가 솔로몬의 행각이라 불리는 행각에 모이거늘(행 3:11).

이 기적에 대한 사람들의 반응은 두 가지로 나타났습니다. 첫째는, 나면서부터 걷지 못하게 된 사람의 반응입니다. 생각해 보십시오. 얼마나 고맙고 놀랍겠습니까? 그리고 그가 무엇으로 자신에게 일어난 기적을 설명할 수 있겠습니까?

기적은 두 부류의 사람에게 나타납니다. 믿고 구하는 자에게 나타날 수도 있고, 전혀 기대하지 않았던 사람에게도 기적은 베풀어질 수 있습니다. 그것은 전적으로 하나님의 주권에 속한 것이요, 하나님의 역사입니다. 하나님은 은혜를 베풀 자에게 은혜를 주시고, 축복할 자에게 축복하십니다.

지금 이 사람은 예기치 못했던 축복을 받았습니다. 사실 그 사람의 입장에서는 모든 일을 설명할 수 없었을 것입니다. 그러나 분명한 것은, 그가 걷고 뛰고 있다는 사실입니다. 세상에 이 사람만큼 행복한 사람이 어디 있겠습니까? 이 사람만큼 하나님의 은혜가 충만한 사람이 어디 있겠습니까? 그는 그것을 이루 말로 다 설명할 수 없었습니다. 그래서 그는 베드로와 요한을 붙잡았습니다. 기적을 베풀어 주신 분은 예수님이셨지만, 그는 베드로와 요한이 그렇게 한 줄 알고 너무 고마워서 그들을 붙잡은 것입니다.

우리에게도 가끔 이런 일이 있습니다. 하나님이 해 주셨는데 사람을 찾아가는 경우가 많습니다. 제도에 대해 감사하는 경우가 많습니다. 그렇지만 하나님이 하신 것입니다. 우리를 이 자리에 있게 하신 분은 하나님이십니다.

제가 예전에 대학에 다닐 때 CCC(한국대학생선교회)라는 단체에 속해 있었는데, 그 선교 단체가 너무 좋아서 미쳐 있었습니다. 말 그대로 헌신을 했습니다. '그 선교 단체는 예수님에게 헌신하고 나는 그 선교 단체에 헌신한 고로, 나는 예수님에게 헌신한 것이다.' 이렇게 착각한 것입니다. 그런데 나중에 알고 보니 그게 아니었습니다. 우리는 예수님에게 헌신해야 합니다. 선교 단체나 교회나 집단에 봉사할 수는 있습니다. 그러나 그것들이 하나님은 아닙니다. 그것들이 예수님은 아닙니다. 우리는 여기서 예수님에게 관심을 가져야 한다는 사실 하나를 발견합니다.

물론 그 사람은 그 당시 예수님을 알 만한 지식이나 기회가 없었을 것입니다. 그래서 그가 베드로와 요한에게 감사하게 생각한 것을 우리는 이해할 수 있습니다.

둘째는, 앉은뱅이가 뛰어다니는 광경을 목격한 사람들의 반응입니다. 사람들은 믿을 수도, 있을 수도 없는 이 일을 목격했습니다. 그들은 그 사실을 부인할 수 없었습니다.

그렇습니다. 하나님의 기적은 세상 사람들에게 충격을 줍니다. 적어도 예수 믿는 사람은 주위 사람들에게 충격을 줍니다. 최소한 자기 가족에게 도전과 충격을 줍니다. '쟤가 요즘 이상해졌다'는 말을 한 번쯤은 들어 봐야 합니다. '저 사람은 너무너무 정상이다'라고 하면 무언가 문제가 있는 것입니다. 예수를 믿으면 우리의 말과 생각이 달라져야 합니다. 양보하고, 포기하고, 겸손하고, 헌신하는 아름다운 모습들이 우리의 삶 속에 있어야 합니다. 놀랍게도 처음으로 걷게 된 그 사람의 얼굴에는 숨길 수 없는 미소가 있었습니다. 생각해 보십시오. 아주 좋은 일이 생겨서 웃음이 막 새어 나오는 사람이 그 웃음을 숨길 수 있을까요? 못 합니다. 안 웃으려 해도 자꾸 웃음이 얼굴에 나타나는 것입니다. 바로 이런 사람이 그리스도인입니다.

그때 백성이 크게 놀라 솔로몬 행각이라는 곳에 모이기 시작했습니다. 그들의 문제는 무엇입니까? 나면서 못 걷게 된 사람과 똑같은 문제입니다. 그들도 기적을 보고 놀랐지만, 그 기적이 어디서 왔는지는 몰랐다는 것입니다. 그리고 그들도 역시 베드로와 요한을 주목했습니다.

베드로의 간증

베드로가 이것을 보고 백성에게 말하되 이스라엘 사람들아 이 일을 왜 놀랍게 여기느냐 우리 개인의 권능과 경건으로 이 사람을 걷게 한 것처럼 왜 우리를 주목하느냐(행 3:12).

베드로와 요한의 위대함이 여기에 있습니다. 사람들의 시선이 자신들에게 집중되자, 베드로와 요한은 능력이 자신들에게서 나온 것처럼 사람들이 착각하고 있다는 사실을 알게 되었습니다. 대부분의 사람들은 이러한 때 침묵합니다. 긍정도 하지 않지만 부정도 하지 않는 것이 보통 사람들의 태도입니다. 그러나 베드로는 이러한 영적인 위기가 닥쳐왔을 때 자신의 입장을 분명하게 밝힙니다.

이것이 초대 교회에 일어났던 첫 번째 기적에 대한 첫 번째 간증입니다. 베드로는 위의 말씀에서 두 가지 점을 분명히 밝히고 있습니다.

첫째, 어째서 하나님이 보여 주신 기적에 대해 놀라고 있느냐는 것입니다. 하나님이 하시는 일이 어찌 사람이 하는 일과 같을 수 있겠습니까? 하나님이 하시는 일에는 기적이 있습니다. 흥분이 있습니다. 능력이 있습니다. 초자연적인 사건이 있습니다. 우리가 정말 하나님을 믿는다면, 우리 생애에는 반드시 기적이 있을 것입니다. 그러나 우리가 아무리 하나님을 믿는다고 말해도 우리 안에 진실한 믿음이 없다면, 우리의 생애에는 아무 일도 일어나지 않을 것입니다.

당신의 생애에 무언가 큰일이 일어나고 있습니까? 당신의 가정에 무언가 큰 기적이 일어나고 있습니까? 당신의 인생에 무언가 큰 변화가 일어나고 있습니까? 그렇다면 당신 안에는 정말 하나님이 계신 것입니다. 하나님이 계시는데 어찌 평범할 수 있겠습니까? 하나님이 우리와 함께 계시는데 어찌 우리의 인생이 조용할 수 있겠습니까? 하나님이 계시는 곳에는 기적이 있습니다. 움직임이 있습니다. 역사가 있습니다. 하나님은 죽은 하나님이 아니라, 살아 계신 하나님이시기 때문입니다.

살아 계신 하나님을 믿으십시오. 죽어 버린 하나님, 이름뿐인 하나님, 관념의 하나님, 어느 한 종교의 하나님이 아니라, 살아 역사하며 말씀하시고, 응답하시고, 인도하시는 그 하나님이 당신의 하나님이 되시기를 바랍니다. "왜 이런 일을 이상하게 여기느냐?" 그렇습니다. 기적이 없는 것이 이상한 것입니다.

둘째, 이렇게 놀라운 일이 일어난 것은 사실이지만, 이것은 자신이 한 일이 아니라는 것입니다. 이것이 바로 베드로의 간증입니다. 분명히 베드로는 미문 앞에 앉아 구걸하는 모습을 보고 불쌍히 여겨, "우리를 보라"고 말했습니다. 그리고 "나사렛 예수 그리스도의 이름으로 명하노니 일어나 걸으라"고 말했습니다. 그러고는 오른손을 잡아서 걷지 못하는 그 사람을 일으켜 세웠습니다. 그러자 그가 발과 발목에 힘을 얻고 일어났습니다. 기적이 일어난 것입니다.

걷지 못하는 이를 그 자리에서 일으킨 사람은 분명 베드로였습니다. 그 사람은 너무 고마워 베드로와 요한을 붙잡은 것입니다. 주위에 있던 사람들도 모두 이들을 주목했습니다. 그러나 성령 받은 베드로는 이 기적의 주인공이 누구인지를 너무나 잘 알고 있었습니다. 걷지 못하는 그 사람을 일으킨 것은 자기가 아니라는 사실을 너무나 잘 알고 있었습니다.

우리가 마시는 물은 수도관을 통해서 옵니다. 그러나 우리가 마시는 것은 물이지 수도관이 아닙니다. 마찬가지로 베드로를 통해서 기적이 일어났지만, 그것은 베드로가 일으킨 것이 아닙니다. 기적은 베드로에게 있는 것이 아니라 하나님에게, 예수 그리스도의 이름에 있는 것입니다. 베드로는 이 사실을 너무나 잘 알았기에, "지금 이 사람이 일어난 것은 내가 한 일이 아니라 예수님이 하신 일이다. 그 능력은 하나님으로부터 온 것이다"라고 말할 수 있었습니다.

베드로의 간증을 한마디로 요약하면, '이 모든 일은 내가 아니라 하나님이 하신 것'이라는 것입니다. 바로 이것이 모든 간증하는 사람의 내용입니다. 그렇습니다. 기도와 찬송은 하나님이 하게 하시는 것입니다. 전도와 봉사, 헌금도 마찬가지입니다. 하나님이 우리로 하여금 하도록 하시는 것입니다. 교회를 개척하고 목회를 하는 것도 하나님이 하시는 것입니다. 예수 그리스도가 교회의 머리이신 것입니다. 우리 모두는 시중드는 하나님의 도구에 불과합니다. 진정한 간증은 바로 그 사실을 선포하는 것입니다.

간혹 어떤 사람들의 간증을 들어 보면, '주님은 간 곳 없고 나만 홀로 남았도다'입니다. 다 자기 얘기를 하며 자기가 이렇게 잘났다고 말합니다. 자기가 이렇게 능력 있다는 것입니다. 여기에는 그리스도의 영광이 없습니다. 하나님의 영광이 없습니다. 은혜 받았다는 것은 무엇입니까? 내가 없어졌다는 것입니다. 예수님은 "누구든지 나를 따라오려거든 자기를 부인하고 자기 십자가를 지고 나를 따를 것이니라"(마 16:24)고 말씀하셨습니다. 정말 예수를 믿게 되면 자기는 별로 중요하지 않다는 사실을 알게 됩니다. 가만히 생각해 보면 사도 바울이 말한 것처럼, '나는 꼭 팔삭둥이 같다', '나는 죄인 중에 괴수다' 하는 생각이 자꾸 드는 것입니다. 기적이 나타났을 때 기적의 주체가 누군지는 기적을 경험한 사람이 제일 잘 압니다. 그것은 하나님이 하신 일입니다.

하나님이 하셨다고 말할 때는 은혜가 있습니다. 기쁨이 있습니다. 감사가 있습니다. 그렇지만 내가 했다고 말할 때는 섭섭한 게 많습니다. 일반적으로 교회에는 섭섭한 사람이 참 많아서 섭섭한 것 달래는 것이 목회라고까지 말합니다. 왜 섭섭할까요? '나'가 있기 때문에 그렇습니다. 주님이 계시면 섭섭하지 않습니다. 알아주건 알아주지 않건, 자기 의사가 결정에 반영되건 아니건 하나님이 영광만 받으실 수 있다면 참 좋겠다고 생각합니다. 그것이 진짜 삶입니다. 그것이 진짜 초대 교회의 모습입니다.

우리는 성경에서 겸손하고 위대한 한 위인을 만나는데, 바로 세례 요한입니다.

나는 너희로 회개하게 하기 위하여 물로 세례를 베풀거니와 내 뒤에 오시는 이는 나보다 능력이 많으시니 나는 그의 신을 들기도 감당하지 못하겠노라(마 3:11).

우리의 생애가 언제 가장 위대해질 수 있겠습니까? 우리 자신을 숨길 때입니다. 그리스도가 우리의 삶을 통해 드러나실 때, 우리의 생애는 아름답게 완성될 것입니다.

참된 구원은 하나님으로부터

베드로의 두 번째 간증은, 참된 기적이란 개인의 능력이나 경건에서 비롯되지 않는다는 것입니다. 많은 사람들이 개인의 인격 수양이나 정신 수련을 통해 기적과 능력이 나타나는 것으로 생각합니다. 그러나 그것은 이방 종교이며, 범신론 사상입니다. 정신 요법들을 보십시오. 그들이 주장하는 종교나 철학을 보십시오. 요가나 선이나 기(氣) 철학하는 사람을 보십시오. 인간의 최면이 하나의 정신적 능력이라고 말합니다. 이러한 일들이 뉴에이지 운동의 기조를 이루고 있는 것입니다.

그렇지 않습니다. 진정한 기적은 인간이 계발하고 발전시키고 도를 닦아서 생기는 게 아닙니다. 인간이 수양을 한다고 선해지지 않습니다. 산에 가서 몇 십 년씩 금식하며 산다고 해서 인간이 신이 되는 것은 아닙니다. 인간은 역시 인간입니다. 참된 기적과 구원은 인간으로부터 오는 것이 아니라, 하나님으로부터 오는 것입니다. 그것이 진정한 기적입니다. 그것이 영생입니다.

> 아브라함과 이삭과 야곱의 하나님 곧 우리 조상의 하나님이 그의 종 예수를 영화롭게 하셨느니라 너희가 그를 넘겨주고 빌라도가 놓아 주기로 결의한 것을 너희가 그 앞에서 거부하였으니(행 3:13).

베드로는 "아브라함과 이삭과 야곱의 하나님 곧 우리 조상의 하나님"이라 말했습니다. 즉, 이 일을 하신 분은 아브라함의 하나님, 이삭의 하나님, 야곱의 하나님, 곧 우리 조상의 하나님이라는 것입니다. 그가 그 종 예수를 영화롭게 함으로써 생긴 일이라는 것입니다.

이처럼 구원과 기적의 원천은 인간에게 있는 것이 아니라 하나님에게 있습니다. 인간에게는 전혀 없습니다. 또한 하나님은 자연신의 하나님, 인간의 마음속에 있는 초월적 명상의 하나님이 아니라, 역사 속에서 아브라함과 야곱을 키우며 그들과 함께했던 그 하나님이십니다. 우리 조상의 하나님이십니다. 신약에서는 이를 이렇게 표현합니다. "하나님은 죽은 자의 하나님이 아니요 산 자의 하나님이시라"(막 12:27). 그러나 얼마나 많은 사람들이 살아 계신 하나님을 죽은 하나님으로 믿고 있습니까? 신이 없이 사는 인간은 없습니다. 그러나 인간이 만든 모든 신은 죽은 신입니다. 그것은 역사 속에 살아 계시는 하나님이 아닙니다.

파스칼은 철학자의 하나님이 아니라 '나의 하나님'이라고 고백했습니다. 오늘 그 하나님이 우리에게도 있어야 합니다. 아브라함의 하나님, 이삭의 하나님, 야곱의 하나님 그리고 나의 하나님, 곧 살아 계신 이 하나님은 구약에서 이 세상 만물과 인간을 창조하셨으며, 만물을 통치하고 지배하는 분이십니다. 이스라엘 백성을 애굽에서 구출해 내고, 홍해를 갈라 60만 명을 지나가게 하셨던 능력의 하나님이십니다. 이스라엘 백성에게 물이 없을 때 바위에서 물이 나게 하시고, 먹을 것이 없을 때 하늘에서 메추라기 떼를 보내 주신 전능의 하나님이십니다. 이 하나님은 이방 족속들을 멸하기 위해 전쟁을 일으키기도 하시고, 지휘하기도 하시고, 불을 내려 응답하기도 하셨습니다.

신약에 와서는 하나님이 직접 나타나지 않으시고, 독생자 예수 그리스도를 세상에 보내어 그를 통해 기적과 능력과 구원의 역사를 일으키셨습니다. 그래서 베드로가, "아브라함과 이삭과 야곱의 하나님 곧 우리 조상의 하나님이 그의 종 예수를 영화롭게 하셨느니라"고 말한 것입니다. 바로 이것이 베드로의 간증입니다.

베드로는 지금 기적이 일어난 한 사건으로부터 이야기를 끌고 옵니다. 그러나 기적에만 머물지 않았습니다. 기적에서 그리스도 로 방향을 바꾸었습니다. 당신의 관심은 어디에 있습니까? 기적에 있습니까, 아니면 하나님에게 있습니까? 당신은 무엇을 위해 하 나님을 필요로 합니까? 어떤 사람은 병이 낫기 위해서, 자기 사업 이 잘되기 위해서 하나님을 필요로 합니다. 자기 자신을 위해 필요 로 하는 것입니다. 그러나 그렇지 않습니다. 그 반대입니다. 우리 가 하나님의 영광을 위해서 존재하는 것입니다. 우리가 그분의 찬 양이 되는 것입니다. 우리가 그분의 노래가 되는 것입니다. 그분을 위해 우리가 존재하는 것입니다.

베드로가 소개한 예수 그리스도

이제 베드로는 성전 미문에 앉아서 구걸하던, 걷지 못하던 자를 일 으켜 세우신 예수 그리스도에 대해 설명하기 시작합니다. 우리는 여기서 베드로가 말하는 간증의 핵심을 볼 수 있습니다. 첫째는, '내 가 한 것이 아니라 하나님이 하신 것'이라고 간증했는데, 이것은 아주 중요한 주제입니다. 또 하나의 주제는, '그것을 하신 분은 예 수 그리스도'시라는 것입니다. 그러면서 그는 예수 그리스도에 대 해서 집중적으로 설명합니다.

너희가 그를 넘겨주고 빌라도가 놓아 주기로 결의한 것을 너희가 그 앞에서 거부하였으니(행 3:13).

기적을 베풀어 주신 예수 그리스도를 그들이 죽였다는 것입니다. 우리가 예수님의 이름을 찬양하고 그분을 믿으면서도 변화되지 않는 이유는, '예수 그리스도를 내가 죽였다'고 생각하지 않기 때문입니다. 이 장의 메시지는 무엇입니까? '예수 그리스도를 바로 내가 죽였다'는 것입니다. 그 사실을 인정할 때 우리는 부담을 갖게 되고, 큰 충격을 받게 됩니다.

지금 베드로는 예수 그리스도를 단순히 소개하는 데 그치지 않고 '그를 바로 너희가 죽였다'고 말하고 있습니다. 얼마나 불편한 소리입니까? 그러나 우리는 그 소리를 들어야 합니다. 그때에야 비로소 우리에게 구원이 임하기 때문입니다. 그때 예수님과 내가 상관있게 됩니다.

또다시 베드로가 예수님을 독특하게 해석해서 소개하고 있습니다.

생명의 주를 죽였도다 그러나 하나님이 죽은 자 가운데서 그를 살리셨으니 우리가 이 일에 증인이라(행 3:15).

즉, '너희가 예수를 죽였지만, 그는 무덤에 갇힌 것이 아니라 사망 권세를 깨뜨리고 다시 살아나셨다'는 말입니다. '하나님이 그를 다시 살리셨고, 우리가 그 일을 목격했다'는 것입니다. '내가 증인이다. 내가 생명을 걸고 이것을 분명하게 선포할 수 있다. 이분이 예수 그리스도시다.' 이렇게 베드로는 예수님을 소개하고 있습니다. 얼마나 분명하고 확실한 이야기입니까?

그 이름을 위해서

그 이름을 믿으므로 그 이름이 너희가 보고 아는 이 사람을 성하게 하였나니 예수로 말미암아 난 믿음이 너희 모든 사람 앞에서 이같이 완전히 낫게 하였느니라(행 3:16).

계속해서 베드로는 예수, 그분이 살아나셔서 지금 그들이 충격을 받은 이 사건을 일으킨 것이라고 말합니다. 날 때부터 걸을 수 없게 되어 성전에서 구걸을 하던 이 사람을 일으켜 세우신 분이 바로 예수님이었다는 것으로 그는 결론을 내립니다.

기적은 어떻게 일어납니까? 예수 그리스도의 이름을 믿음으로 초자연적인 구원의 능력이 나타나는 것입니다. 부활의 능력이 나타나는 것입니다. 사도 바울은 '그 이름'을 위해서 선교사가 되었습니다. '그 이름'을 전파하기 위해 자신의 모든 학문을 배설물로 여기며, 자신의 과거를 땅에 묻고 전 생애를 선교사로 헌신해 유럽을 전도했던 것입니다. 그 이름을 위해서, 영광스러운 그분의 이름을 위해서 그렇게 한 것입니다.

그렇다면 '그 이름'은 무엇입니까? 모든 이름 위에 뛰어난 이름입니다. 모든 무릎을 꿇게 하는 이름입니다. 하나님이 그 이름을 높이사 당신의 영광을 받게 하신 이름입니다. 이것이 예수님의 이름입니다.

우리는 누구의 이름으로 기도합니까? 예수님의 이름으로 기도합니다. 귀신을 쫓을 때는 누구의 이름으로 합니까? 예수 그리스도의 이름입니다. 베드로는 어떻게 했습니까? "나사렛 예수 그리스도의 이름으로 일어나 걸으라"(행 3:6)고 명했습니다.

예수의 이름은 우리를 구원합니다. 예수의 이름은 우리에게 영광스러운 삶을 살게 합니다. 우리는 예수의 이름을 믿어야 합니다. 예수의 이름이 우리 이름이 되어야 합니다. 예수의 이름으로 난 믿음, 그것이 나면서 못 걷게 된 자를 일으키는 기적을 이룬 것입니다.

예수로부터 난 믿음

믿음이란 무엇입니까? 성경은 "믿음은 바라는 것들의 실상이요 보이지 않는 것들의 증거니"(히 11:1)라고 말씀합니다. 우리는 믿음을 갖기 원합니다. "할 수 있거든이 무슨 말이냐 믿는 자에게는 능히 하지 못할 일이 없느니라"(막 9:23)고 예수님은 말씀하셨습니다. 그렇습니다. 믿음은 이렇게 중요한 것입니다. 하지만 믿음 자체가 곧 구원은 아닙니다. 오직 예수 그리스도만이 우리의 구원이십니다. 예수님을 믿음으로써 구원이 오는 것이지, 믿음 자체로 구원을 얻는 것은 아닙니다.

그러므로 믿음 자체를 우상화시켜서는 안 됩니다. 많은 사람들이 믿음에 대해 이야기합니다. '믿으면 된다. 적극적으로 하면 된다'는 생산적인 믿음, 창조적인 믿음을 말합니다. 그러나 중요한 것은 그것이 아닙니다. 그 믿음이 누구로부터 비롯된 것이냐, 즉 나로부터 나온 믿음이냐, 아니면 예수님으로부터 나온 믿음이냐의 여부가 중요한 것입니다. 사람들은 적극적인 사고방식을 요구합니다. "'하면 된다'고 자꾸 최면을 걸어라. 하루에 백번씩 외워라. '믿습니다'를 계속 되뇌면 산이 옮겨진다"고 말합니다. 그러면 그것이 진실한 믿음입니까? 아닙니다. 진정한 믿음은 예수님으로부터 난 믿음입니다. 그 이상도 이하도 아닙니다. 예수님으로부터 난 믿음은 기적을 일으킵니다. 예수님으로부터 난 믿음은 생산적입니다. 예수님으로부터 난 믿음은 안 되는 것도 되게 하고, 없는 것도 있게 하는 것입니다. 죽은 것도 살리는 것입니다.

베드로는 지금, 예수로부터 난 믿음이 이 사람을 완전히 낫게 했다고 분명하게 말했습니다. 이 예수님의 이름을 소유하고 싶지 않습니까? 예수님의 이름의 능력을 갖고 싶지 않습니까?

믿는 자들에게는 이런 표적이 따르리니 곧 그들이 내 이름으로 귀신을 쫓아내며 새 방언을 말하며 뱀을 집어 올리며 무슨 독을 마실지라도 해를 받지 아니하며 병든 사람에게 손을 얹은즉 나으리라(막 16:17-18).

예수님의 이름의 축복이 당신에게 넘치기를 바랍니다. 예수님의 이름의 능력으로 당신이 나가서 귀신을 쫓게 되기를 바랍니다. 예수님의 이름을 소유하십시오. 그것이 능력입니다.

베드로의 간증의 네 가지 교훈

진정한 믿음이란 내가 만든 믿음이 아니라 예수로부터 난 믿음입니다. 이제 베드로의 간증을 통해 몇 가지 적용할 내용들을 살펴보려 합니다.

첫째, 하나님은 기적을 일으키는 분임을 믿으십시오. 하나님은 침묵하는 분이 아니라 말씀하는 분이십니다. 하나님은 인간의 상식이나 이성, 합리성 안에 갇혀 있는 분이 아니십니다. 하나님의 역사는 때로 인간의 원리와는 다릅니다. 하나님은 언제나 새 일을 하십니다. 새 기적을 베풀어 주십니다. 하나님은 제한이 없으십니다. 하나님은 걷지 못하는 자를 일으킬 수도 있으며, 당신을 변화시킬 수도 있는 분이십니다. 이 사실을 믿으십시오.

둘째, '내가 죽인 예수'라는 사실을 고백하십시오. 예수님에 대해 이야기할 때, '다른 사람이 아니라 나도 그분을 십자가에 못 박아 죽였다'는 사실을 고백하십시오. 그 사실을 인정할 때 진정한 거듭남과 구원의 축복이 있을 것입니다.

셋째, 예수님이 부활하셨다는 사실을 믿으십시오. 예수를 믿는다는 것은 보통 예수를 믿는다는 말이 아닙니다. 그것은 예수 그리스도가 지금 살아 계셔서 역사하신다는 사실을 믿는 것입니다. 역사를 통치하시고, 하나님 우편에서 우리를 위해 중보 기도하신다는 사실을 믿는 것입니다. 당신은 예수님을 믿습니까? 그 예수님이 곁에 계십니까? 당신의 마음에 계십니까? 그렇게 믿으십시오. 지식으로 믿지 마십시오. 습관으로 믿지 마십시오. 관념으로 믿지 마십시오. 살아 계신 예수님을 직접 믿으십시오.

마지막으로 넷째, 당신이 예수님의 증인이 될 것을 약속하십시오. 베드로처럼 "우리가 이 일에 증인이라"(행 3:15)고 말할 수 있게 되기를 바랍니다.

형제들아 너희가 알지 못하여서 그리하였으며 너희 관리들도 그리한 줄 아노라 그러나 하나님이 모든 선지자의 입을 통하여 자기의 그리스도께서 고난 받으실 일을 미리 알게 하신 것을 이와 같이 이루셨느니라(행 3:17-18).

사람들은 예수를 몰랐습니다. 관원들도 그를 몰랐습니다. 그래서 그들은 예수를 부인했고, 예수를 죽일 수 있었습니다. 그러나 예수를 그렇게 모를 수는 없습니다. 그는 이미 구약성경에 예언된 약속의 예수 그리스도시요, 성취의 예수 그리스도시기 때문입니다. 바로 그가 구약성경에서 선지자들을 통해 계시된 메시아였기 때문입니다. 그러나 사람들은 마음이 완고하고 목이 곧아서, 뻔뻔해서, 교만해서 예수 그리스도를 거부했습니다.

오늘날도 마찬가지입니다. 교만한 마음 때문에, 목이 곧고 완고한 마음 때문에 하나님의 말씀을 듣지 못하는 사람들이 얼마나 많은지 모릅니다. 그러나 성경을 보면 마음이 녹기 시작합니다. 그분이, 하나님이 창세전부터 예비하셨던 예수 그리스도였다는 사실을 알게 될 때, 우리는 부끄러워 고개를 들 수 없게 됩니다. 그러한 마음으로 내 영혼을 구원하신 하나님 앞에 나아와 눈물을 흘리며 통회 자복하는 것, 그것이 바로 회개입니다.

1965년, 예수 그리스도를 처음 만날 때 보았던 장면들이 아직도 눈에 선합니다. 예수가 그렇게 믿어지지 않아서 성경을 찢으며 목사님에게 도전하고 반항하고 욕을 하며 대들던 사람들을 성령이 강타했습니다. 그 영혼을 쳤습니다. 그들은 눈물 콧물을 흘리며 대성통곡을 했습니다. 영혼이 무너지기 시작한 것입니다. 저는 당신의 영혼이 그렇게 무너지게 되기를 바랍니다. 돌같이 단단하던 영혼이 솜같이 부드러워지기를 바랍니다. 하나님 앞에서 겸손하고 온유하고 감사하고 찬양하는 영혼이 되기를 바랍니다.

새롭게 되는 날을 선물로 받으라

그러므로 너희가 회개하고 돌이켜 너희 죄 없이 함을 받으라 이같
이 하면 새롭게 되는 날이 주 앞으로부터 이를 것이요(행 3:19).

"회개하라." 이것이 베드로가 고백한 간증의 결론입니다. 기
독교의 가장 축복된 메시지는 "회개하라 천국이 가까이 왔느니
라"(마 3:2)는 말씀입니다. 회개하라는 말은 나쁜 소리가 아닙니
다. 오히려 축복의 소리입니다. 어떤 사람들은 이 말이 기분 나빠
서 교회에 나오지 않는다고 합니다. 회개하라는 말이 자기를 도
둑놈 취급하는 것 같아 싫다는 것입니다.

그렇지 않습니다. '회개하라'는 말은 축복의 언어입니다. 회개란
무엇입니까? 돌아가는 것입니다. 돌이키는 것입니다. 회개의 결론
은 무엇입니까? 죄 사함을 받는 것입니다. 죄인에게 있어 가장 심
각하고 시급하며, 가장 본질적인 문제가 무엇입니까? 그것은 바로
죄 사함을 받는 것입니다. 그것보다 더 급한 것은 없습니다. 시집
장가가고, 공부하고, 사업하는 것은 다 그다음 얘기입니다. 무엇이
중요합니까? 내가 죄로부터 자유해지는 것입니다.

오늘 당신이 죄 사함을 받게 되기를 바랍니다. 오늘 당신이 예수 그리스도 안에서 거듭나기를 바랍니다. 목이 곧고 뻔뻔하고 교만한 영혼들이여, 회개하십시오. 회개하고 돌이키십시오. 돌이켜서 죄 사함을 받으십시오. 그러면 주님으로부터 새롭게 되는 날을 선물로 받을 것입니다. 그날은 내가 자유하게 되는 날이요, 마귀로부터 해방 받는 날이요, 모든 질병과 염려와 근심걱정으로부터 해방 받는 날입니다. 그러므로 회개하고 돌이키십시오. 죄 사함이 이루어질 것입니다. 그러면 주님이 주시는 새로운 삶이, 축복된 삶이 당신을 지배하게 될 것입니다.

12

구원을 위해
예비된 그리스도

사도행전 3:20 - 26

대부분의 그리스도인들이 오래전부터 외워 온 유명한 성경 구절이 있습니다. 요한복음 3장 16절입니다.

한 성도가 죽게 되었습니다. 그는 몹시 불안했고, 구원이 흔들렸습니다. 천국에 갈 자신이 없어졌습니다. 그를 심방한 목사님이 성경 구절을 하나 읽어 주겠다며 요한복음 3장 16절을 읽었습니다. "하나님이 세상을 이처럼 사랑하사 독생자를 주셨으니 이는 그를 믿는 자마다 멸망하지 않고 영생을 얻을까 말까 하노라." 그랬더니 그 사람이 굉장히 놀라며, 성경을 잘못 읽었다고 말했습니다. 이에 목사님은, "당신이 지금 얻을까 말까 하고 있다"고 말해주었습니다. 그렇게 해서 그 성도는 구원의 확신을 얻고 죽음을 맞을 수 있게 되었다고 합니다.

하나님은 우리를 사랑하시어 독생자 예수 그리스도를 보내셨고, 그를 십자가에서 죽게 하심으로 우리를 구원해 주셨습니다. 바로 우리를 위해 십자가에 피 흘려 돌아가신 예수 그리스도가 살아 계셔서, 날 때부터 걷지 못하던 이 거지를 일으켜 세워 주셨습니다. 베드로는 이 사람을 일으킨 것은 자신이 아니라 예수님이라고 말했습니다. 예수님의 이름이, 예수님으로부터 난 믿음이 그를 걷게 한 것이라고 간증했습니다. 그렇습니다. 예수님이 하신 것입니다. 우리를 구원하신 분도 예수님이시요, 우리를 축복하신 분도 예수님이시요, 우리를 사망의 음침한 골짜기에서 벗어나게 하신 분도 예수 그리스도이십니다.

베드로는 이어서 이 예수님을 소개합니다. "바로 이 예수는 너희들이 배척하고 죽인 바로 그분이다. 이 예수를 너희들이 죽였지만, 그분은 무덤에 갇힐 수 없는 분이었다. 사망 권세가 그를 어떻게 할 수 없었다. 그분이 무덤과 사망 권세를 깨뜨리고 부활하신 것이다."

그리고 마지막으로, 베드로는 자신이 이 예수의 죽음과 부활에 대한 증인이라고 말했습니다. "나는 증인이고, 목격자다. 예수는 가공의 인물이나 신화 속 인물이 아니라, 실제의 인물이다. 그분은 지금 살아 역사하시는 분이요, 너희가 지금 보고 충격을 받았던 것처럼, 나면서부터 걸을 수 없었던 이 사람을 일어나 걷고 뛰며 찬양하게 하신 분이다."

당신은 예수님을 어떻게 소개하겠습니까? 예수님의 십자가의 증인이 될 수 있겠습니까? 예수님이 부활하셨다는 사실에 대한 목격자요, 증인이라고 말할 수 있겠습니까? 그렇게 담대하게 이웃에게, 친구들에게 예수 그리스도를 소개할 수 있겠습니까? 베드로는 그렇게 했습니다. 그러나 그는 사람들에게 예수님에 대해 더 깊이 소개하고 싶었습니다.

예정하신 그리스도, 예수

그래서 베드로는 예수님을 다시 새롭게 소개하고 있습니다.

> 또 주께서 너희를 위하여 예정하신 그리스도 곧 예수를 보내시리니
> (행 3:20).

하나님은 이미 오래전부터 우리를 위해 예수 그리스도를 보내기로 예정하셨습니다. 하나님은 예수 그리스도를 지정하시고, 인치시고, 계획하셨습니다. 예수님을 그냥 보내신 것이 아닙니다. 하나님의 역사하시는 섭리로 예수 그리스도를 우리에게 보내신 것입니다.

예수님은 어떤 한 여자와 한 남자 사이에서 태어나 평범하게 살다가, 어느 날 도를 깨우쳐 소위 자신이 메시아라는 자아의식을 갖게 되었다는 설이 있습니다. 아닙니다. 예수님은 하나님의 아들이십니다. 그는 하나님이 계획해서 보내신 분입니다. 하나님이 인쳐서 보내신 분입니다. 그분을 가리켜 우리는 예정되신 예수 그리스도라고 말하는 것입니다.

이 예수님에 대해 성경은 '태초에 말씀으로 존재하셨다'고 말합니다.

> 태초에 말씀이 계시니라 이 말씀이 하나님과 함께 계셨으니 이 말

씀은 곧 하나님이시니라 그가 태초에 하나님과 함께 계셨고 만물이
그로 말미암아 지은 바 되었으니 지은 것이 하나도 그가 없이는 된
것이 없느니라(요 1:1-3).

우리는 이 말씀을 이렇게 다시 읽을 수 있습니다. "태초에 예수
그리스도가 계시니라. 예수님이 하나님과 함께 계셨으니 예수님
은 곧 하나님이시니라. 그가 태초에 하나님과 함께 계셨고 만물이
그로 말미암아 지은 바 되었으니 지은 것이 하나도 그가 없이는 된
것이 없느니라." 그렇습니다. 예수님은 태초에 하나님과 함께 계
셨고, 만물은 그로 말미암아 지은 바 되었으며, 지음 받은 것이 하
나도 예수님 없이는 된 것이 없습니다. 이것이 바로 사도 요한이
우리에게 소개한 예수 그리스도입니다.

그는 근본 하나님의 본체시나 하나님과 동등됨을 취할 것으로 여기
지 아니하시고(빌 2:6).

예수님에 대한 이야기가 나올 때마다 저는 이 말씀을 인용합니
다. 그는 근본 하나님이셨습니다. 그러나 하나님 됨을 포기하고 인
간이 되셨습니다. 하나님의 위대함은 자신을 포기하고 사람들이
제일 되기 싫어하는 종이 된 데 있습니다. 사람들은 누구든지 높아
지고 훌륭해지길 원합니다. 그러나 그리스도는 인간으로 가장 낮

은 자리, 말구유에 오셨습니다. 천한 신분으로, 종으로 오셨습니다. 그분이 예수 그리스도십니다.

예수 그리스도는 세상에 오셔서 자기를 위해 살지 않으셨습니다. 그는 자기를 낮추시고 죽기까지 순종하는 삶을 사셨습니다. 철저하게 자기를 주장하지 않는 삶이었습니다. 그는 하나님이 원하시는 삶을 위해 자신을 십자가에 던졌습니다. 그러나 폭력이나 반항으로 인해 죽은 것이 아닙니다. 예수님은 기쁨으로 겸손하게, 스스로 십자가에 못 박혀 죽으셨습니다.

지나가시는 예수 그리스도를 보고 세례 요한은 이렇게 말합니다. "보라 (세상 죄를 지고 가는) 하나님의 어린 양이로다"(요 1:36). 세례 요한은 성령을 받았습니다. 그리고 성령의 통찰력으로 한 남자를 보았습니다. 그는 보통 사람이 아니었습니다. 그 본신이 하나님이었던 예수를 그가 본 것입니다. "세상 죄를 지고 가는 죄 없으신 예수 그리스도, 모든 인류의 죄를 대신 지시는 예수 그리스도를 보라."

또한 사도 바울은 예수님에 대해 이렇게 말하고 있습니다.

우리가 아직 죄인 되었을 때에 그리스도께서 우리를 위하여 죽으심으로 하나님께서 우리에 대한 자기의 사랑을 확증하셨느니라(롬 5:8).

많은 사람들이 이 말씀 앞에 거꾸러졌습니다. 사람이 착한 사람을 위해 대신 죽을 수는 있습니다. 의로운 사람을 위해 죽는 사람이 간혹 있습니다. 그러나 누가 죄인을 위해 죽는다는 말입니까? 누가 죽어 마땅하고 이 세상에서 존재할 가치가 없는 인간을 위해 대신 죽을 수 있다는 말입니까? 그래서 이 말씀을 들을 때 사람들은 충격을 받는 것입니다. 그분은 나 같은 죄인을 위해 죽으신 것입니다.

당신은 예수님을 누구라고 생각합니까? 예수님을 어떻게 소개하겠습니까? 세례 요한은 "보라 세상 죄를 지고 가는 하나님의 어린 양"(요 1:29)이라고 말했습니다. 당신은 그분에 대해 무슨 말을 하겠습니까? 침묵하겠습니까? 예수님에 대해 아무 할 말이 없는 사람입니까? 그러나 우리는 우리의 심장을 도려내서라도 그 예수님을 말해야 합니다. 그 예수님을 전해야 합니다. 그 예수님을 선포해야 합니다. 베드로는 내가 아니라 예수님이 이 걷지 못하는 자를 일으켜 세우셨다고 선포했습니다. 이것은 그 예수님을 '나의 주님'이라고 말한 것입니다.

연예인교회를 섬기던 시절의 한 자매가 생각납니다. 예수를 갓 믿은 자매였는데, 남편이 출근하려고 보니 와이셔츠 단추 하나가 떨어져 있더랍니다. 그걸 본 남편이 신경질을 냈습니다. 부인이 남편 와이셔츠 단추 하나 챙겨 주지 않는다고 말입니다. 부인은 당황해서 기도했습니다. "하나님, 이 단추 좀 찾아 주세요." 그러면서 급한 마음에 바느질 그릇을 뒤졌는데, 그 많은 단추 중에 그 단추가 딱 잡히더랍니다.

우리 하나님은 걷지 못하는 사람도 일으켜 주시지만, 단추도 찾아 주시는 하나님입니다. 그분을 찬양합니다. 하나님은 죽은 분이 아닙니다. 예수님은 무덤에 갇힌 분이 아닙니다. 그분은 살아서 역사하시는 분입니다. 필요할 때는 단추도 찾아 주시고, 나면서부터 걷지 못하던 자도 걷게 하시며, 죽은 자도 살려 주시는 분입니다.

창세전부터 구원을 계획하시다

'예정하신 그리스도'라는 말속에는 여러 가지 놀라운 비밀이 숨어 있습니다. 하나님이 우리의 구원을 즉흥적으로 이루지 않으셨다는 것입니다. 하나님은 창세전부터 우리를 구원하시려고 계획하셨습니다. 오래전부터 계획하고 준비하신 일이 때가 되자 이루어진 것입니다. 정확한 때에 그분이 오셨다는 뜻입니다. 그러므로 하나님의 구원에는 실수가 없습니다. 하나님은 분명한 목적과 계획과 방법을 가지고 시간을 기다려 정하신 때에 주님을 보내셨습니다. 이분이 '예정하신 그리스도, 곧 예수'십니다.

이 말을 다른 말로 바꾸면, 하나님이 창세전에 우리를 구원하기 위해 섭리하고 예정하셨다는 뜻입니다. 성경은 그 사실에 대해서 다음과 같이 설명합니다.

곧 창세전에 그리스도 안에서 우리를 택하사 우리로 사랑 안에서 그 앞에 거룩하고 흠이 없게 하시려고(엡 1:4).

하나님은 지금 우리를 택하신 것이 아니라, 오래전에 택하셨습니다. 우리가 하나님을 몰랐을 때도 하나님은 우리를 사랑하셨고, 우리가 하나님을 택하지 않았을 때도 하나님은 미리 우리를 택해 주셨던 것입니다. 이것이 하나님의 사랑입니다.

예수님을 핍박하고 예수 믿는 사람을 잡으러 다니던 사도 바울이 다메섹 도상에서 그분을 만나 예수 그리스도를 체험한 후에, 그리고 성령이 함께하시고 눈에서 비늘이 떨어진 이후에 그의 생각은 달라졌습니다. 이렇듯 예수님을 만나면 멈추어졌고 잊혔으며 해석할 수 없었던 과거가 해석됩니다. 멈추어졌던 과거, 잊혔던 과거, 해석할 수 없었던 자신의 과거가 하나씩 하나씩 설명되고 보이기 시작합니다. 제가 만난 어떤 분은 이렇게까지 고백했습니다. "제가 이혼을 안 했더라면 예수를 몰랐을 거예요." 이처럼 이혼하게 된 것까지도 해석할 수 있습니다.

그렇다면 어려운 환경 가운데서 태어난 이유에 대해서도, 그 많은 남자와 여자 중에서 지금의 부모님을 만난 이유에 대해서도, 내가 남자 또는 여자로 태어난 이유에 대해서도 그리고 내가 5백 년 전이 아니라 지금, 미국 땅이 아닌 한국 땅에 태어나 오늘의 삶을 살아가는 이유에 대해서도 그리스도를 알게 되면 해석이 가능해집니다. 이것은 물론 알 수 없는 신비입니다. 그렇지만 예수 그리스도를 알게 되면 그 신비가 풀리기 시작합니다. 사도 바울은 이 신비를 느끼다가, "아담과 하와 때까지다. 아니, 그것도 아니다. 세상이 창조되기 전에 하나님이 나를 택하셨다" 하는 데까지 간 것입니다.

당신에게 하나님이 당신을 택하셨다는 고백이 있습니까? 어쩌다가 세상에 태어났다고 생각하고 있는 것은 아닙니까? 어쩌다가 실수로 세상에 태어났다고 생각하는 사람에게는 인생이 아무 의미도 없을 것입니다. 하지만 하나님은 우리를 택하시고, 우리를 계획하시고, 우리를 예정하고 준비하셔서 오늘 이 시점에서 우리로 하여금 예수를 알게 하셨습니다. 이 사실을 믿으십시오.

완성된 하나님의 구원

'예정하신 그리스도'를 믿으면 우리의 생각에 어떤 변화가 찾아옵니까? '우리의 과거를 섬세하게 섭리하신 그리스도가 우리의 미래도 분명 설계하고 계실 것이다'라는 미래에 대한 안심이 생깁니다. 예정 교리의 결론은 안심입니다. 즉, 그것은 '마귀가 아무리 요동을 쳐서 내 영혼을 뺏으려 해도 빼앗을 수 없다. 내 인생은 실패할 수 없다. 내 미래는 확실하다. 어느 누구도 내 미래를 망가뜨릴 수 없다. 나의 과거를 인도하신 하나님은 분명히 나의 미래도 계획하고 계신다'고 하는 안심입니다.

부모는 자녀를 위해 최선의 것을 계획합니다. 자녀가 따라와 주기만 한다면 어떤 고생을 해서라도 그를 공부시키고, 그에게 아낌없는 투자를 쏟아 부을 것입니다. 마찬가지로 하나님은 최선의 목표를 두고 우리의 인생을 설계하고 계십니다.

어떤 사람들은 방정맞게 이런 생각을 합니다. '나는 미칠 거야. 이렇게 잠을 못 자니, 이렇게 가다가는 미치고 말 거야.' '친구들은 결국 나를 다 떠날 거야.' '나는 결혼도 못 할 거야. 누가 나와 결혼해 주겠어.' 이렇게 자기의 미래와 꿈에 대해서 불안해하는 사람들이 있습니다. 이런 사람은 예수님을 믿어야 합니다. 하나님은 창세전에 우리를 택해서 그분을 보내셨습니다. 그분은 바로 예정되신 예수 그리스도십니다.

성경에는 다음과 같은 말씀이 있습니다.

우리가 이같이 큰 구원을 등한히 여기면 어찌 그 보응을 피하리요 이 구원은 처음에 주로 말씀하신 바요 들은 자들이 우리에게 확증한 바니 하나님도 표적들과 기사들과 여러 가지 능력과 및 자기의 뜻을 따라 성령이 나누어 주신 것으로써 그들과 함께 증언하셨느니라(히 2:3-4).

우리가 받은 구원은 완전한 구원, 큰 구원, 위대한 구원, 우주

적인 구원입니다. 구원이란 'Full Stop'(마침표)이지 'Comma'(쉼표)
가 아닙니다. 구원은 이미 끝난 것입니다. 하나님의 위대한 구원은
완성된 것입니다. 십자가 위에서 구원은 완전히 이루어진 것입니
다. 그러므로 우리는 안심해도 됩니다. 당신의 구원에 대해 불안해
하지 마십시오.

베드로는 우리에게 '예정하신 그리스도'를 소개하고 있습니다.
하나님은 변하지 않으십니다. 10년 후에도 변하지 않으십니다. 우
리는 하나님을 떠나도, 하나님은 우리를 떠나지 않으십니다. 우리
는 하나님을 배신해도, 하나님은 우리를 끝까지 찾아가 용서하시
고, 구원하시고, 우리의 영혼을 되찾으십니다.

하나님이 영원 전부터 거룩한 선지자들의 입을 통하여 말씀하신바
만물을 회복하실 때까지는 하늘이 마땅히 그를 받아 두리라(행 3:21).

하나님은 영원 전부터 만물을 회복하실 때까지 이 놀라운 구원
을 우리에게 계속 베풀어 주십니다.

모세가 예언했던 선지자

베드로는 예정하신 그리스도를 소개하고 난 뒤에 예수 그리스도
를 모세와 다윗과 아브라함과 연계시켜 설명하고 있습니다. 예수

님은 모세가 예언하고 다윗이 말한 메시아요, 또한 아브라함을 통해 복의 근원으로 우리에게 주어진 분이라는 것입니다.

첫째, 베드로는 예수님을 모세와 관련해서 소개하고 있습니다.

모세가 말하되 주 하나님이 너희를 위하여 너희 형제 가운데서 나 같은 선지자 하나를 세울 것이니 너희가 무엇이든지 그의 모든 말을 들을 것이라 누구든지 그 선지자의 말을 듣지 아니하는 자는 백성 중에서 멸망 받으리라 하였고(행 3:22-23).

위의 말씀에 나오는 '나 같은 선지자'는 예수님을 의미합니다. 물론 모세가 이 말을 한 이후에 많은 예언자들과 선지자들이 나타났지만, 베드로가 이 말씀을 인용할 때는 메시아, 바로 여기에 있는 예수 그리스도를 지칭하고 있습니다.

'누구든지 그 선지자의 말을 듣지 아니하는 자는 백성 중에서 멸망을 받을 것'이라고 했는데, 사실 이 말씀은 신명기에 기록된 것입니다.

네 하나님 여호와께서 너희 가운데 네 형제 중에서 너를 위하여 나와 같은 선지자 하나를 일으키시리니 너희는 그의 말을 들을지니라 (신 18:15).

그런데 놀라운 것은, 베드로뿐 아니라 스데반도 똑같이 이 말씀을 인용했다는 것입니다.

이스라엘 자손에 대하여 하나님이 너희 형제 가운데서 나와 같은 선지자를 세우리라 하던 자가 곧 이 모세라(행 7:37).

초대 교회의 신앙 고백은 예수님이 구약성경에 약속된 메시아요, 선지자로 오실 분이었다는 사실을 믿고 받아들이는 것입니다. 왜 베드로가 이런 말을 했을까요? 간단합니다. 유대인들은 메시아가 온다는 사실은 믿었지만, 그 메시아가 예수 그리스도라는 사실은 믿지 않았기 때문입니다. 베드로는 유대인들에게, '바로 너희들이 기다리는 메시아가 모세가 말하던 그 메시아이며, 그가 바로 예수 그리스도다'라고 소개하고 있는 것입니다. 그리고 그는 "누구든지 그 선지자의 말을 듣지 아니하는 자는 백성 중에서 멸망 받으리라"고 했습니다. 이방인이든 유대인이든, 택함을 받은 자든 받지 않은 자든 누구나 예수 그리스도를 거부하면 멸망을 받게 됩니다.

다윗이 말한 메시아
둘째, 베드로는 예수님을 다윗과 연결시켜 이야기하고 있습니다.

또한 사무엘 때부터 이어 말한 모든 선지자도 이때를 가리켜 말하였느니라(행 3:24).

'사무엘 때부터 이어 말한 모든 선지자'란, 바로 그가 기름 부어 세운 다윗과 그 이후에 나온 모든 선지자들을 의미합니다. 특별히 다윗의 왕국이 세워진 것에 대한 말씀을 이야기하고 있습니다.

예수님은 육체적으로는 다윗의 혈통으로 나신 분입니다. 신약성경은 그 사실을 아주 분명하게 말하고 있습니다.

그의 아들에 관하여 말하면 육신으로는 다윗의 혈통에서 나셨고 성결의 영으로는 죽은 자들 가운데서 부활하사 능력으로 하나님의 아들로 선포되셨으니 곧 우리 주 예수 그리스도시니라(롬 1:3-4).

베드로는 예수님을 모세가 말했던 그 선지자라고 이야기했습니다. 또한 그는 이 예수가 다윗의 혈통에서 나신 그리스도였다고 말하고 있습니다. 예수님의 족보가 기록된 마태복음의 첫 말씀을 기억할 것입니다.

아브라함과 다윗의 자손 예수 그리스도의 계보라(마 1:1).

구약의 선지자 나단은 바로 이 다윗 왕국에 대해 '그의 나라는 영원히 견고할 것이고, 다윗의 통치는 영원할 것이다'(삼하 7:12-16 참조)라고 예언했습니다. 물론 다윗의 왕국은 없어졌습니다. 그러나 다윗의 자손인 예수 그리스도의 왕국은 영원합니다. 하나님 나라는 영원합니다. 이 예언은 바로 메시아인 예수 그리스도를 통해서 성취되었습니다.

아브라함에게 약속된 복

셋째, 베드로는 예수님을 아브라함과 관련지어 소개하고 있습니다.

> 너희는 선지자들의 자손이요 또 하나님이 너희 조상과 더불어 세우신 언약의 자손이라 아브라함에게 이르시기를 땅 위의 모든 족속이 너의 씨로 말미암아 복을 받으리라 하셨으니(행 3:25).

이는 이런 말입니다. "너희는 정말 축복받은 백성이다. 너희는 선지자들의 자손이요, 약속의 자손이요, 아브라함의 자손이다. 모세와 다윗과 아브라함에게 주셨던 이 모든 약속이 바로 너희 것이다."

이스라엘 백성이 가졌던 축복이 얼마나 크고 위대하고 영광스러운 것인지 아무리 설명해도 부족할 것입니다. 그만큼 이스라엘 백성은 큰 축복을 받았습니다. 그러나 그렇게 큰 축복이 메시아를 거부함으로 말미암아 저주로 변하고 말았던 것입니다.

이스라엘 역사를 보십시오. 그 민족은 인류 역사상 가장 비참한 민족이 되었습니다. 사실 지금까지 노벨상을 수상했던 사람들 중의 절반은 유대인입니다. 많은 발명가, 철학자들이 유대인들이었습니다. 그렇지만 메시아를 거부한 그 민족은 인류 역사상 가장 비참한 나그네의 삶을 살았습니다. 디아스포라가 되었습니다. 나라를 잃었습니다. 가장 큰 축복이 가장 큰 저주로 변한 것입니다.

세상에서 제일 미움을 받은 민족이 있다면 바로 이스라엘 백성일 것입니다. 그들은 전 인류를 대표해서 6백만 명이나 학살당했습니다. 메시아를 거부했던 일이 얼마나 쓰리고 아픈 일이었던가를 알 수 있습니다. 그러나 하나님은 이스라엘을 결코 포기하신 것도, 미워하신 것도 아니었습니다. 하나님은 그들을 다시 구원하길 원하십니다. 이스라엘 백성이 메시아를 거부했기 때문에 이러한 비참한 역사의 운명에 빠지게 되었지만, 그로 인해 복음이 이방인에게로 갈 수 있었고, 그 결과 많은 이방인들이 구원을 받게 된 것입니다.

내가 너로 큰 민족을 이루고 네게 복을 주어 네 이름을 창대하게 하리니 너는 복이 될지라(창 12:2).

바로 이것이 아브라함 자손의 축복입니다. 이 축복이 이스라엘에게 있었습니다. 그러나 그들이 메시아를 거부함으로써 이 축복이 이방인들에게 흘러들어 오게 된 것입니다. 그러므로 아브라함이 예언한 이 축복은 바로 예수 그리스도를 믿는 모든 이방인들에게도 동일하게 역사하는 것입니다.

너를 축복하는 자에게는 내가 복을 내리고 너를 저주하는 자에게는 내가 저주하리니 땅의 모든 족속이 너로 말미암아 복을 얻을 것이라 하신지라(창 12:3).

이런 축복이 세상 어디에 있겠습니까? 누가 내 이름을 가지고 욕을 하면 망하고, 또 내 이름을 가지고 축복하면 복을 받게 된다니, 얼마나 놀라운 일입니까? 하나님은 이러한 축복을 이스라엘 백성에게 주셨지만, 예수 그리스도로 말미암아 이 축복이 모든 이방인들에게도 전해진 것입니다.

저는 우리 모두가 이 축복을 소유하게 되기를 바랍니다. 이것은 우리로 하여금 예수님을 믿는 긍지를 갖게 합니다. 그것은 '나 때문에 우리 민족이 살 수 있게 되었다'는 긍지입니다. 예수 잘 믿는 집안의 형제 또는 자매가 믿음 없는 집안의 자녀와 결혼을 하는 경우가 종종 있습니다. 이때 믿음의 자녀는 믿지 않는 그 집의 복이 될 수 있습니다. "주 예수를 믿으라 그리하면 너와 네 집이 구원을 받으리라"(행 16:31)는 말씀처럼, 믿음의 한 사람이 겪는 고난으로 그 집이 구원받을 수 있다면, 그 사람은 그 가정의 복이 될 것입니다.

교회는 이 민족의 복이 될 수 있습니다. 저는 그렇게 믿습니다. 우리가 이 사실을 믿고 거룩하고 진실하게 주님의 뜻대로 살아간다면, 우리는 이 민족을 살릴 불씨가 될 것입니다. 이 사회를 변화시킬 불씨가 될 것입니다. 이것이 복이 되는 것입니다.

복이 되십시오. 친구 사이에서도, 직장에서도 복이 되십시오. 다른 사람들이, "이 사람이 들어오더니 회사가 달라졌어. 이 사람이 복덩이구나"라고 말한다면 얼마나 좋겠습니까? 당신 때문에 매출이 몇 배로 신장된다면 얼마나 좋겠습니까? 학교에 들어가든, 직장에 들어가든, 가정에 들어가든, 어느 곳에 가든지 당신이 바로 하나님이 축복하시는 복이 되기를 바랍니다.

이삭이 훌륭한 이유가 무엇입니까? 이삭은 샘을 팔 때마다 물이 나왔습니다. 구약 시대에 샘을 판다는 것은 굉장히 어려운 일이었습니다. 땅을 파도 물이 나올지 안 나올지 모르는 일이었습니다. 그러나 이삭이 지정해서 땅을 파면 어느 곳에서든 물이 나왔습니다. 그런데 사람들이 빼앗아 갔습니다. 그러면 또 샘을 찾아 땅을 팠습니다. 이러한 사람이 이삭이었습니다.

당신이 가는 곳마다 이런 아브라함의 축복이 있기를 바랍니다. 그렇습니다. 베드로는 바로 이 이야기를 하고 있는 것입니다. 하나님은 아브라함에게 "땅의 모든 족속이 너로 말미암아 복을 얻을 것"이라고 하셨습니다.

예수 그리스도를 영접하라

베드로는 모세와 다윗의 예언과 아브라함의 예언을 축복과 연결시켜 설명하며, 바로 이분이 예수 그리스도라고 말합니다.

> 하나님이 그 종을 세워 복 주시려고 너희에게 먼저 보내사 너희로 하여금 돌이켜 각각 그 악함을 버리게 하셨느니라(행 3:26).

그러나 이러한 약속의 자녀요, 예언의 자녀였던 이스라엘 백성은 이 축복을 받고도 메시아를 영접하지 않았습니다. 그래서 이 메시아를 영접하는 축복이 이방으로 흘러들어 가게 된 것입니다.

> 참빛 곧 세상에 와서 각 사람에게 비추는 빛이 있었나니 그가 세상에 계셨으며 세상은 그로 말미암아 지은 바 되었으되 세상이 그를 알지 못하였고 자기 땅에 오매 자기 백성이 영접하지 아니하였으나(요 1:9-11).

이스라엘 백성은 자신의 땅에 온 주인을 무시했습니다. 예수님은 메시아로 이 땅에 오셨지만, 사람들은 그를 영접하지 않았습니다. 인생의 주인은 우리가 아니라 하나님이십니다. 우리는 주인에게 우리 자신을 돌려 드려야 합니다. 이 땅은 우리 것이 아니라 하나님의 것입니다. 그분에게 주권을 돌려 드려야 합니다. 이 우주는 인간의 것이 아니라 하나님의 것입니다. 하나님에게 영광과 존귀를 올려 드려야 합니다.

하나님의 택하신 민족 이스라엘이 예수님을 영접하지 않아 고생했다면, 이방인인 우리는 말할 것도 없을 것입니다. 그렇다면 우리의 살길은 그분의 말씀을 듣는 데 있습니다. 그분을 영접하는 데 있습니다. 이것이 우리가 살 수 있는 유일한 길입니다.

하나님이 이스라엘 백성을 거절하셔서 복음이 이방인에게로 오게 하신 이유는 우리를 살리시기 위함입니다. 로마서 11장 12절은 '이스라엘의 넘어짐이 곧 이방인들의 구원이 되었고, 그들의 실패가 이방인의 풍성함이 되었다'고 말씀합니다. 또 로마서 11장 25절은 "이 신비는 이방인의 충만한 수가 들어오기까지 이스라엘의 더러는 우둔하게 된 것이라"고 말씀합니다. 그래서 이 구원이 우리에게까지 온 것입니다. 그러나 하나님은 이스라엘을 버리지 않으십니다. 그분은 이스라엘을 반드시 회복하고 구원하실 것입니다. 그래서 이방인의 구원과 이스라엘의 구원을 다 같이 이루실 때, 우리 주님이 심판주로 이 세상에 오시게 될 것입니다.

기억하십시오. 예수 그리스도는 우리의 구세주십니다. 그분은 죽으신 분이 아니라 살아 계신 분이요, 지금 역사하셔서 여기에 계시는 분입니다. 그분에게 영광과 찬양과 존귀를 올려 드리십시오.

13

고난이 시작되다

사도행전 4:1-4

영광이 있는 곳에는 언제나 고난이 뒤따랐습니다. 고난이 없는 영광은 존재하지 않습니다. "No Cross, No Crown"이라는 말이 있습니다. 대가를 치르지 않고 오는 축복은 없습니다. 세상적으로도 정치, 경제 등 어느 전문적인 분야에서 정상에 올라 있는 사람들을 보면 그 나름대로 피눈물 나는 고통과 시련과 대가를 치른 것을 볼 수 있습니다. 그냥 쉽게 이루어진 일은 없습니다.

영적인 생활에서도 마찬가지입니다. 영적인 생활에서 가장 필수적인 과정은 고난이라는 터널입니다. 고난을 겪지 않고는 영혼이 성장하지 않습니다. "고난당한 것이 내게 유익이라"(시 119:71). 우리의 고난이 그리스도와 연관되면 축복이 됩니다. 그러나 시련과 고난이 그리스도와 연관되지 않으면, 하나님과 연관되지 않으면 저주가 됩니다. 우리가 받는 모든 고난이 그리스도와 연관될 수 있기를 바랍니다. 그럴 때 그 고난이 우리를 변화시킬 것입니다. 그 시련이 우리를 성장시킬 것입니다. 그 모든 어려움이 우리를 성숙하게 변화시킬 것입니다. 그래서 마지막에는 사도 바울과 같이 간증할 수 있을 것입니다.

생각하건대 현재의 고난은 장차 우리에게 나타날 영광과 비교할 수 없도다(롬 8:18).

초대 교회는 그냥 자라난 교회가 아닙니다. 고난과 역경 속에서, 시련과 핍박 속에서, 심지어는 순교의 제물을 바쳐야 되는 상황 속에서 태어났습니다. 오순절은 축복이고 기적이었습니다. 충격이었습니다. 수많은 사람들이 예수를 믿고 변화되었습니다. 그러나 그것은 단순히 계속되는 기적과 축복이 아니었습니다. 시련과 고난을 통과하는 축복과 능력이었던 것입니다.

우리는 사도행전 1-3장을 통해서 성령이 어떻게 역사하셨고, 어떻게 초대 교회를 탄생시키셨으며, 어떤 능력과 기적을 나타내셨는지에 대해 살펴보았습니다. 특별히 나면서 못 걷게 된 사람이 일어나는 초대 교회의 상징적인 기적의 사건을 보았습니다. 그 기적이 나타났을 때 사람들은 도전과 충격을 받았습니다. 도저히 믿을 수가 없었습니다. 그러나 그 사건은 현실이었습니다. 믿을 수 없지만 사실이었습니다. 그것처럼 더 큰 웅변은 없었던 것입니다.

베드로는 그 사건이 일어났을 때 이런 말을 했습니다. "내가 이 사람을 내 손으로 일으켜 세웠지만, 그것은 내가 한 것이 아니다. 이 사람을 일으켜 세우신 분은 예수 그리스도시다. 예수 그리스도의 이름이다. 예수 그리스도의 능력이 그를 살린 것이다. 그런데 이 예수는 너희들이 십자가에 못 박아 죽인 바로 그 사람이다. 너희들이 예수를 십자가에 못 박아 죽였지만, 하나님이 그를 다시 부활시키셨다. 그리고 나는 이 일의 목격자요, 증인이다." 그리고 계속해서, "이 예수 그리스도는 우연히 태어나신 것이 아니라 예정되신 분이셨다. 아브라함, 모세 그리고 다윗이 예언했던 그 메시아가 바로 예수 그리스도시다. 그가 우리의 구원자시다"라고 예수님을 소개했습니다.

복음을 반대하는 세력들

그러나 그의 설교를 모든 사람이 좋아하지는 않았습니다.

> 사도들이 백성에게 말할 때에 제사장들과 성전 맡은 자와 사두개인들이 이르러 예수 안에 죽은 자의 부활이 있다고 백성을 가르치고 전함을 싫어하여(행 4:1-2).

처음으로 복음을 반대하고 거부한 세력들이 나타난 것입니다.

오순절 날 성령 사건이 일어났을 때, 그 사건을 목격했던 많은 유대인들은 이해할 수 없었습니다. 사람들은, "그것은 새 술에 취한 사건이다. 놀라운 사건이지만 받아들일 수 없다"고 말했습니다. 당시 베드로는 요엘 선지자의 말씀으로 그들에게 설명한 일이 있었습니다. 이제 진짜 기적이 일어났습니다. 그리고 그 기적이 부활하신 예수님을 통해서 일어난 것이라고 선포되었습니다. 그러자 그것을 거부하는 세력, 비판하는 세력, 싫어하는 세력이 나타났습니다.

그들은 누구입니까? 그들이야말로 제일 먼저 하나님의 사건을 기뻐하고 찬양하고 감사해야 할 성전에서 봉사하던 사람들, 곧 제사장들, 성전의 관원들, 성전의 경비와 질서 유지의 책임을 지고 있던 무리들이었습니다. 또 부활을 믿지 않으면서 정치적인 메시아를 대망했던 산헤드린의 사두개인들이었습니다. 여기에 놀라운 역설이 있습니다. 주님을 가장 잘 섬기고 주님을 위해서 살아야 할 사람들이 주님을 가장 반대하는 복음의 반대 세력이 된 것입니다. 여기에 나온 제사장들, 성전 맡은 자와 사두개인들을 생각해 보면, 그들의 모습이 우리의 모습이 아닌가 하는 생각을 하게 됩니다.

사도행전을 계속 보면 재미있는 한 가지 진리가 나타납니다. 교회를 핍박하는 세력은 외부에 있는 것이 아니라 내부에 있다는 것입니다. 교회의 성장과 축복을 방해하는 것은 외부에서 오는 핍박과 고난이 아니라, 내부의 비판과 분열과 거짓과 위선입니다. 마찬가지로 오늘날의 교회 성장을 반대하고 있는 것 역시 교회 자체입니다. 오늘날의 교회 성장을 반대하는 것이 세상 사람들이나 타종교인들이 아니라, 오히려 우리 그리스도인 자신들이라는 것입니다. 하나님의 놀라운 능력을 부인하고, 하나님의 거룩한 역사를 오히려 방해하는 우리의 모습을 발견하게 되는 것입니다.

여기서 우리는 또 하나의 놀라운 진리를 발견하게 됩니다. 모든 사람이 진리를 좋아하지는 않는다는 사실입니다. 진리라면 모든 사람이 좋아해야 될 것 아닙니까? 선이라면 누구를 막론하고 환영해야 하지 않겠습니까? 정의 사회가 이루어진다면 모두들 환영해야 하지 않겠습니까? 그러나 그렇지 않습니다. 진리를 소유하지 않은 사람들에게는 진리를 소유한 사람이 거추장스럽고 부담스럽습니다. 그들에게는 진리가 그렇게 기쁜 것이 아닙니다. 불의한 사람에게는 정의로운 사람이 기쁘지 않습니다. 오히려 그들이 무섭고 두렵습니다. 환영하지 않습니다. 그것은 선도 마찬가지입니다. 악한 사람들은 선을 거부합니다. 어두움의 사람들은 빛을 거부합니다. 그들은 어두움에 있기를 원합니다. 어두움의 현실이 그대로 유지되기를 바랍니다. 아니, 오히려 적극적으로 선과 정의와 진리를 비판하고 도전합니다.

잘못을 인정하지 않는 자들

생각해 보십시오. 나면서부터 걷지 못하던 자가 지금 예수 그리스도의 이름으로 일어났습니다. 그리고 걷고 뛰며 찬양하고 있습니다. 누가 봐도 기뻐해야 할 일이 아닙니까? 그 사람이 내 아들도 아니고 친척도 아니고 나와 상관없는 사람이라 할지라도, 걷지 못하던 사람이 일어나 걷고 뛰었다면 함께 축복해 주어야 할 일일 것입니다. 그러나 사람들은 이 사건을 못마땅하게 생각했습니다. 이 축복을 기쁘게 생각하지 않았습니다.

이유는 두 가지입니다. 첫째는, 사도들이 가르친 내용이 그들의 비위를 건드린 것입니다. 둘째는, 예수 그리스도가 부활했다는 사실이 그들에게 큰 위협이 되었던 것입니다. 그래서 이 축복과 놀랍고 기쁜 소식이 그들에게는 불행한 소식이요, 저주스러운 사건이었으며, 그것을 자기들이 파멸되는 일로 받아들였던 것입니다.

왜 그들은 복음에 대해 거부 반응을 보였을까요? 왜 기뻐해야 할 일에 대해 그렇게 부정적인 반응을 보이게 되었을까요? 그 이유는 세 가지로 추측됩니다.

첫째, 예수가 부활했다면, 그리고 예수가 기적을 일으킨 하나님의 아들이라면, 자기들이 지금까지 주장했던 모든 신앙이 허구로 증명되기 때문입니다. 왜 사람들이 진리를 거부합니까? 자기가 위선자라는 사실이 드러나는 것이 두렵기 때문입니다. 그들은 예수가 죽었고, 부활할 수 없다고 생각했습니다. 그들은 백성에게, 예수는 하나님을 모욕한 참람한 자, 죽어 마땅한 자라고 말했습니다. 그런 죄목으로 고소해서 재판에 넘겼습니다. 그리고 그 죄목으로 예수를 죽였던 것입니다. 하지만 사실은 자기들이 손해 보기 때문에, 자기들의 위치가 불안해지기 때문에 그렇게 거짓으로 가장해서 예수를 죽인 것입니다. 예수는 계속해서 죽어 있어야만 했습니다. 그들에 의하면, 예수는 무덤에 갇혀 있어야만 했습니다.

그러나 유감스럽게도 예수는 부활했습니다. 부활했을 뿐만 아니라 기적을 일으켰습니다. 그렇다면 예수의 부활과 기적은 무엇을 의미합니까? 그들의 모든 행위가 잘못됐다는 사실을 증명하는 것입니다. 여기에 그들의 불안과 괴로움이 있습니다. 자기들의 기대와 생각과 정반대의 일이 일어나고 있는 것입니다.

사람은 누구나 잘못할 수 있습니다. 그러나 잘못했을 때 권위와 자존심과 체면을 버리고 솔직하게 잘못했다고 이야기하는 사람을 보면 참 아름답습니다. 그 사람은 그 일에 대해 정말로 기막힌 자기 패배라고 생각하겠지만, 하나님이나 다른 사람들은 그 사람이야말로 정말 용기 있는 사람, 참으로 놀라운 사람이라고 인정할 것입니다. 그러나 반대로, 어떤 사람은 상황 때문에 자기가 잘못한 줄 알면서도 끝까지 자신의 잘못을 인정하지 않습니다. 끝까지 변명하고, 그것을 인정하기를 싫어하고, 결국에는 할 수 없이 그 사실을 인정할 때조차도 그것이 내 허물이 아니라 다른 사람의 허물 때문에 그렇게 된 것이라고 변명합니다. 그런 사람을 보면 추하고 불쌍합니다. 아무리 자기를 보호하려고 변증을 해도 사람들은 다 압니다.

자신의 잘못을 겸허하게 인정하고 하나님에게 그 사실을 고백하는 것, 그것이 바로 진정한 회개입니다. 하나님은 이것을 기뻐하십니다. 회개는 심판이 아니라 축복입니다. 회개는 스스로 죄를 책임지라는 말이 아니라, 죄를 인정하라는 말입니다. 책임은 하나님이 져 주시겠다는 것입니다. 그것이 복음입니다.

이해관계를 포기하지 못한 자들

둘째, 자신들의 안전과 인기에 문제가 있었기 때문입니다. 예수가 메시아요, 부활하신 분이요, 기적을 베푸신 분이라면 자기들의 신앙의 허구성과 위선이 드러날 뿐만 아니라 자신들의 위치가 흔들립니다. 자신의 위치가 흔들리면 생활에 문제, 즉 생존권을 위협당하는 문제가 생기는 것입니다. 그래서 그들은 아무리 옳은 것이라도 인정할 수 없었습니다. 사람은 누구든지 자기의 생존권 문제에 부딪히면 진리를 대담하게 주장하지 못합니다.

또 그들이 예수님을 인정하면 모든 사람의 관심이 누구에게 집중되겠습니까? 예수님에게로 집중될 것입니다. 그가 살아나신 분이요, 기적을 일으키신 분이기 때문입니다. 그렇다면 그들의 신세는 어떻게 되겠습니까? 버림을 받게 될 것입니다. 그 점이 그들에게는 견딜 수 없었습니다. 그들의 내면적인 동기는 자신들의 신앙의 허구성이 드러남과 동시에, 현실 문제에 위협을 받고 자기들의 기득권이 흔들리는 위기감을 느낀 데 있었습니다.

대부분의 사람들에게 진리란 진리 자체보다는 그 진리와 연관된 자기의 이해관계에 있습니다. 이해관계가 상반되면 진리를 쉽게 포기하거나, 포기하지는 않더라도 그것을 쉽게 왜곡합니다. 그래서 우리 안에는 많은 왜곡된 진리, 위장된 진리, 변명된 진리가 존재합니다. 그것들이 우리의 현실과 삶을 이끌어 가는 것입니다. 그러나 왜곡되고 위장되고 잘못된 진리들은 우리에게 능력과 평안을 주지 못합니다. 위장된 진리는 힘이 없습니다. 그리스도를 믿는다 해도 능력이 되지 않습니다. 왜 그렇습니까? 그리스도가 우리의 이해관계와 연관되어 있기 때문입니다. 교회를 다니거나 신앙생활을 하는 모든 일들이 순수하지 못하고 주위 환경과 지위와 인간관계에 영향을 끼치기 때문에, 실제로 그 능력 안에 들어가기가 어렵게 되는 것입니다.

사탄에 속은 자들

셋째, 신앙의 허구성과 위선이 드러난다든지, 자기의 위치와 삶이 위협받는 것보다 더 본질적인 이유가 있을 수 있습니다. 그것은 바로 영적인 이유입니다. 그들이 복음에 대해 부정적인 반응을 보인 것은 영적인 이유 때문입니다.

영적인 이유란 무엇입니까? 사탄은 그리스도를 거부합니다. 죄는 어두움을 좋아하고 빛을 거부합니다. 어두운 세력들은 점진적으로 세상을 장악하고, 우리를 장악하려고 합니다. 그리고 성령의 빛을 추방하려고 합니다. 그러나 사탄은 그리스도와 직접 싸울 수 없습니다. 그리스도를 대면하면 그 자리에서 쫓겨납니다. 감히 어떻게 사탄이 하나님과 대면할 수 있겠습니까?

그러나 사탄이 그리스도와 대적하는 방법이 하나 있습니다. 그것은 사람을 택하는 것입니다. 사람으로 하여금 하나님을 대적하게 만드는 것입니다. 사람으로 하여금 그리스도를 거부하고 싫어하게 만드는 것입니다. 그래서 수많은 사람들과 집단들이 그리스도를 거부하고 대항하며 하나님을 욕하는 것입니다. 누가 그렇게 합니까? 그 사람 속에 역사하는 사탄입니다.

어떤 사람들을 만나 그리스도를 전해 보면 그리스도를 아주 열정적으로 거부하는 사람들이 있습니다. 이유는 없습니다. 아주 맹목적으로 그리스도를 싫어합니다. 그런 자리에는 사탄이 아주 촌스럽고 무식하게 나타나는 것입니다. 예수쟁이면 무조건 극히 미워하는 사람을 통해서 마귀가 드러나는 것입니다. 본능적으로 그리스도에게 대항하는 사람들은 그래서 그런 것입니다.

그런데 더 무서운 사람들이 있습니다. 아주 지성적으로 예수를 거부하는 사람, 학문적으로 예수를 거부하는 사람, 합리성과 이성을 동원해 아주 세련되게 예수를 거부하는 사람들입니다. 그들에게는 더 교활한 악마들이 있습니다. 이러한 마귀들은 지성인 사회에 많이 있다는 사실을 알아야 합니다. 특별히 지성인들은 자기의 지성과 학문이 우상이기 때문에, 그리고 자신의 삶이 촌스러운 보통 사람들보다는 더 격이 있기 때문에 그 격에 자기가 속아 넘어가는 것입니다. 그러나 그 내면의 깊은 곳에는 마귀가 있어, 그들의 영혼과 인격을 쥐고 있는 것입니다. 그들의 지성을 뒤흔드는 것입니다. 그러면서 아주 멋있고 그럴듯하게 학문적으로 하나님을 거부하는 것입니다. 특별히 신학 안에 들어와 있는 귀신은 아주 무섭습니다. 그들은 성경의 이름으로 성경을 거부합니다. 기독교의 이름으로 예수를 거부하면서 예수를 하나님의 아들로 보지 않고 휴머니스트로, 성자로 만들어 버리는 것입니다.

예수를 거부하는 가장 깊은 영적인 원인은 사탄의 영향력입니다. 그래서 그리스도를 거부하고, 대적하는 것입니다. 종교 전문가라 해야 할 이 제사장들과 사두개인들과 성전 맡은 사람들이 가장 종교적이고 합리적인 이유로 메시아를 거부하고, 메시아를 재판하고, 십자가에 못 박았습니다. 뿐만 아니라 메시아가 다시 살아나서 부활했음에도 불구하고 그것을 믿지 않았습니다. 눈에 보이는데도 믿지 않은 것입니다. 그리고 또 거부했습니다.

우리는 이런 악령의 영향권에서 피할 수 있어야 합니다. 자신의 지성에 속지 마십시오. 저는 당신이 자신의 이성에 스스로 속는 사람이 아니기를 바랍니다. 당신은 참으로 성령의 사람이 되어야 됩니다. 하나님의 성령으로 우리는 하나님을 봐야 할 것입니다.

핍박 속에 부흥이 이루어지다

결국 그들은 사도들을 체포하고 구금하기에 이르렀습니다.

그들을 잡으매 날이 이미 저물었으므로 이튿날까지 가두었으나 (행 4:3).

사람은 우리의 육체를 가둘 수 있지만, 우리의 영혼은 가둘 수 없다는 사실을 알아야 합니다. 그들은 물리적인 힘으로는 사도들을 붙잡을 수 있었으나, 전도를 못 하게 막을 수 있었으나, 사도들의 믿음까지 감옥에 집어넣을 수는 없었습니다. 역사상 폭력과 물리적인 힘으로 승리한 개인이나 나라는 오랫동안 존재하지 못했습니다. 물리적인 힘은 가깝고 현실적이지만, 영원한 것은 아닙니다.

그들은 사도들을 심문하기 위해 체포했습니다.

말씀을 들은 사람 중에 믿는 자가 많으니 남자의 수가 약 오천이나 되었더라(행 4:4).

이 말씀은 3절과 대조를 이룹니다. 예수 믿는 자들을 감옥에 집어넣는 핍박이 시작되었음에도 불구하고 예수 믿는 사람이 남자만 5천 명이나 되었다는 것입니다. 핍박이 왔지만 부흥했습니다. 고난과 핍박은 결코 무서운 것이 아닙니다. 그리스도가 내 안에 있으면, 하나님이 나와 함께 계시면, 나에게 부딪치는 어떤 시련도, 핍박도, 비록 그것이 순교라 할지라도 문제가 되지 않습니다. 오히려 핍박을 받을 때 더 큰 힘이 나고, 고난을 겪을 때 더 성장하게 되는 법입니다. 바로 그것이 사도행전입니다.

사도행전 전체의 줄거리를 두 가지로 요약해 보면, 하나는 '핍박과 고난은 밖에 있는 것이 아니라 안에 있다'는 것이고, 또 하나는

'고난이 올수록 교회는 성장한다'는 것입니다. 흩어질수록 강해지는 것입니다. 이것은 아주 놀랍고 역설적인 진리입니다.

초대 교회의 성장 비결

하나님의 역사

남자가 약 5천 명이 되었다면 여자는 얼마나 되었을까요? 원래 남자보다 여자가 더 하나님에 대해 민감합니다. 따라서 교회에는 여자가 더 많습니다. 여자까지 합하면 약 1만 명이 넘었을 것입니다. 또 엄마들이 아이들을 데려왔을 것입니다. 그렇게 아이들까지 포함시킨다면 분명 1만 명에서 1만 5천 명 정도의 사람이 모였을 것입니다.

오늘날 서울에 있는 교회 중에서 주일에 1만 명이 모이는 교회를 대형 교회로 여깁니다. 인구 밀도와 신앙의 세기가 이렇게 높은 서울에서도 1만 명이 모이면 대형 교회로 간주하는데, 초대 교회 당시의 인구 밀도와 환경과 열악한 교통수단을 고려하면 1만 명 이상이 모이는 것은 보통 일이 아닌 것입니다. 하나님만이 하실 수 있는 일이요, 하나님이 하셨기 때문에 가능한 일이었습니다.

남자만 5천 명이 모였다는 말 속에 숨겨진 놀라운 사실이 있습니다. 초대 교회의 성장 속도가 사람들의 생각과 기대와 계획을 넘어 엄청나게 빨랐다는 점입니다. 예수님이 승천하실 때 제자들이 그 광경을 목격했습니다. 그 후에 그들이 다락방에 모여 합심해서 기도할 때 성령의 바람이 불고, 성령의 불이 그들을 강타했습니다. 성령이 역사하기 시작한 것입니다. 성령 충만의 역사가 나타나서 사람들이 방언으로 말하기 시작했고, 그리스도를 선포했고, 기적이 일어났습니다. 그리고 베드로가 사람들을 향해 설교하자 그 설교를 듣고 3천 명이 세례를 받았고, 믿는 자의 수가 남자만 5천 명이나 되었다고 했습니다.

상상할 수 있습니까? 예수님이 승천하신 후에 남자만 5천 명이 모이기까지 얼마만큼의 시간이 지났을까요? 이것이 하나님이 하시는 일입니다. 우리는 하나님을 너무나 많이 제한하고 있습니다. 우리는 자신의 상식과 자신의 계획과 자신의 경험 이상의 것으로 넘어가는 일을 두려워합니다. 사람들은 하나님을 자기처럼 무능한 하나님으로 생각합니다. 그래서 자기처럼 하나님을 제한하는 것입니다.

열두 명이 120명으로, 120명이 3천 명으로, 3천 명이 5천 명으로 변했다면, 그리고 그것이 하나님이 하신 일이었고 그때 그렇게 하셨다면, 하나님은 지금도 하실 수 있습니다. 이런 기적은 교회에서만 일어나는 것이 아니라, 우리의 가정과 개인의 삶 속에서도 일어날 수 있습니다. 이것을 믿으십시오.

우리는 위대하신 하나님을 위대하게 믿어야 합니다. 예배는 위대하신 하나님을 위대하게 믿는 것입니다. 이렇게 높고 위대하신 분에게 영광과 존귀와 찬양을 돌려 드리는 것이 경배와 찬양입니다. 그것이 우리의 본분입니다.

하나님은 이렇게도 일하셨지만, 어느 정도까지 성장하면 그 이상으로는 안 키우십니다. 그다음에는 다 흩으십니다. 예루살렘교회를 사방으로 흩으셔서 안디옥으로도 가게 하시고, 사마리아로도 가게 하시고, 유다로도 가게 하시고, 땅 끝, 심지어는 사도 바울을 통해 아시아 전체로 퍼지게 하셨습니다. 이것이 확장되는 교회입니다. 하나님은 모으십니다. 그러나 모으는 것으로 끝을 내는 게 아니라, 우리를 흩으십니다. 말씀으로 훈련받고 성령을 받게 해서 전 세계로 흩어 보내는 데 하나님의 교회의 특성이 있는 것입니다.

성령과 말씀

초대 교회가 폭발적으로 성장한 비결은 무엇입니까? 어떻게 갑자기 이렇게 커진 것입니까? 첫째는, 성령입니다. 초대 교회에 성령의 바람이 불기 시작했을 때 그들이 나가 전도해서 3천 명을 만들었습니까? 아닙니다. 무슨 건물을 지었겠습니까? 아닙니다. 그들에게 무슨 제직회나 당회나 조직이 있었겠습니까? 아닙니다. 아무것도 없었습니다. 그들은 살아 있는 그리스도의 몸이었고, 참으로 그리스도의 신부인 공동체였습니다. 그것은 성령의 덩어리였습니다. 그래서 성령의 바람이 부니까 어디에서 오는지는 모르지만 하나님의 사람들이 몰려온 것입니다. 이것이 부흥입니다.

당신에게도 성령의 바람이 불게 되기를 바랍니다. 당신의 가정에 성령의 바람이 불어야 합니다. 인위적으로 무슨 일을 한다고 해서 부부가 화합되는 게 아닙니다. 성령의 바람이 불어야 부부가 하나 되고, 서로 사랑하며 용서하고 회개하는 것입니다. 성령의 바람이 불어야 자녀들도 가정으로 돌아옵니다.

초대 교회에 성령의 바람이 불 때 기적이 일어났습니다. 하나님은 결코 가난하지 않으십니다. 내 주머니를 보고 하나님의 주머니를 판단하지 마십시오. 하나님은 사람, 물질, 기적을 오늘날에도 무한대로 믿는 자에게 보여 주실 수 있습니다. 성령은 하나님의 영이기에, 성령이 살아 역사할 때는 사람들이 깨지고 마음이 변하며 거듭나는 것입니다.

저는 한동안 "성령의 바람이 불지어다. 성령의 불이 임할지어다"라고 외치는 재미로 살았습니다. 산에 올라가 손을 들고, "생기야, 사망당한 서울 시민들에게로 들어갈지어다" 명령하고 나면 기분이 아주 좋습니다. 산이 없으면 아파트 베란다에서라도 한번 해 보십시오. 아침에 일어나 그렇게 하면 서울 시민이 다 내 교인 같습니다. 그들이 내 품안에 있는 것입니다. 우리는 이런 식으로 민족과 세계를 품어야 합니다. 세계가 다 내 것이 되어야 하는 것입니다. 우리는 전 세계로 사람을 다 내보내야 합니다. 북한까지도 보내야 합니다. 성령님은 우리를 현재는 못 들어가는 곳까지 보내실 것입니다. 세계는 하나님의 나라인 동시에 우리의 것입니다.

성령의 바람이 불어야 합니다. 이 성령의 바람이 임해서 우리 모두가 불을 받아야 합니다. 불 받지 않고는 아무 일도 할 수 없습니다. 성령의 불을 받으십시오. 능력을 받아야 주님의 일을 할 수 있습니다.

둘째는, 말씀입니다. 남자만 5천 명이 모였는데 그들은 성령만, 성령의 바람만, 성령의 불만 체험한 것이 아닙니다. 그들은 하나님의 말씀을 들었습니다. 믿음은 말씀을 들을 때 생깁니다. 말씀이 없으면 믿음은 자라지 않습니다. 생각만으로는 자라지 않습니다. 말씀이 들어가야 합니다. 그들은 말씀을 듣고, 성경 공부를 하며, 훈련을 받았습니다. 오늘 우리 식으로 말하면 날마다 큐티와 성경 통독을 했던 것입니다.

하나님의 말씀은 씨와 같습니다. 씨 뿌리는 비유를 떠올려 보십시오. 씨가 길가나 돌밭이나 가시덤불 위에 떨어졌을 때는 아무 열매가 없습니다. 그러나 그 씨가 옥토에 뿌려졌을 때 30배, 60배, 100배의 열매를 맺습니다. 그것이 말씀입니다.

또한 하나님의 말씀은 살아 있고, 운동력이 있습니다. 칼과 같이 찔러 쪼개며, 사람의 마음을 꿰뚫어 보는 것입니다. 그 말씀에 능력이 있고 구원이 있는 것입니다.

초대 교회의 성도들은 성령을 체험했을 뿐만 아니라 말씀을 받아들여 공부하기 시작했습니다. 그랬더니 30배, 60배, 100배의 열매가 맺혔습니다. 그 수가 3천 명이요, 5천 명입니다.

신뢰하고 순종할 때

성령이 임하면 이런 역사들이 일어납니다. 말씀이 마음 밭에 뿌려지기 시작하면 인간의 지성과 이성과 상식과 경험의 세계를 뛰어넘어, 우리가 상상할 수 없고 기대할 수 없었던 일들이 우리의 삶과 가정과 교회에 일어나는 것입니다. 이런 일들이 당신에게 개인적으로 일어나기를 바랍니다. 체험하십시오. 경험하십시오. 그리고 그것을 당신의 것으로 만드십시오.

어떤 사람은 참 변하지 않습니다. 그 믿음이 그 믿음이고, 그 신앙이 그 신앙입니다. 1년이 가도, 10년이 가도 안 변합니다. 성령이 변하게 하시려 해도 변화를 거부하며 자기를 지키려고 애를 씁니다. 교회도 마찬가지입니다. 성장하지 않고 변하지 않는 교회들이 참 많습니다. 참 힘이 듭니다.

뭐든지 자라고 변해야 재미있습니다. 부모가 가장 속상해하는 것은 자녀가 자라지 않는 것입니다. 1년, 2년이 지나도록 키도 안 자라고 지식도 안 자라고 인격도 변하지 않는다면, 부모의 눈에서는 불이 날 것입니다. 당신은 어떻습니까? 변하고 있습니까?

생명은 변합니다. 생명은 자라나는 것입니다. 그것이 어떻게 멈출 수 있겠습니까? 교회의 성장이 어떻게 멈출 수 있겠습니까? 이것은 깊이 생각해 볼 문제입니다. 변하지 않는다면 예수가 아닙니다. 하나님이 그렇게 현상 유지만 하시는 분입니까? 그렇다면 그 복음은 잘못된 것입니다. 복음의 전지가 다 나갔다고 생각하는 이들도 있습니다. 그래서 다시 충전해야 한다고 말합니다. 복음 전지가 다 나가는 법은 없습니다. 복음은 영원합니다. 영원한 능력과 생명이 거기에 있는 것입니다. 처음도 끝도 없는 것입니다.

그러면 복음을 가진 교회와 사람들이 왜 자라지 않습니까? 그것은 그 교회와 사람이 문제입니다. 그들이 복음을 제한했기 때문입니다. 그들이 복음을 신뢰하지 않았기 때문입니다. 그들이 복음을 막아 버렸기 때문입니다. 그래서 그 영혼이 변하지 않는 것입니다.

저는 우리가 변하게 되기를 바랍니다. 복음에 문제가 있는 것이 아니라, 우리에게 문제가 있습니다. 우리가 변하지 않으려고 발버둥치기 때문에 변하지 않는 것입니다. 교회가 성장하지 않는 것입니다. 개인이 변하지 않는 것입니다.

저는 우리가 어떤 악조건과 고난과 시련 속에서도 하나님을 신뢰하고 순종하며 따르기를 원합니다. 그렇게 할 때 복음의 능력이 나타남을 믿습니다. 그리고 그럴 때 기적과 축복은 우리의 것이 될 수 있습니다.

그러나 많은 사람들이 축복을 자기 앞에 놓고도 "하나님, 축복해 주십시오"라고 말합니다. 자기 손안에 기적을 쥐고 있으면서도 기적을 달라고 말합니다. 그리스도는 이미 당신을 위해 죽으셨습니다. 그분은 앞으로 죽으실 분이 아니라, 이미 당신을 위해 죽으신 분입니다.

믿으십시오. 보혈을 신뢰하십시오. 성령의 능력과 성령의 세례를 받으십시오. 말씀을 받을 때 어떤 고난도, 역경도 문제가 되지 않습니다. 심지어 당신이 죽게 될지라도 하나님을 찬양할 수 있을 것입니다. "사망아 너의 승리가 어디 있느냐 사망아 네가 쏘는 것이 어디 있느냐"(고전 15:55). 죽음이 두렵지 않게 됩니다. 실패가 두렵지 않게 됩니다.

하늘의 권세와 땅의 권세

그들은 붙잡혀 심문을 받게 됩니다.

이튿날 관리들과 장로들과 서기관들이 예루살렘에 모였는데 대제사장 안나스와 가야바와 요한과 알렉산더와 및 대제사장의 문중이 다 참여하여 사도들을 가운데 세우고 묻되 너희가 무슨 권세와 누구의 이름으로 이 일을 행하였느냐(행 4:5-7).

여기서 우리는 재미있는 사실을 발견하게 됩니다. 첫째, 예수님 당시 처형에 가담했던 사람들이 그대로 다시 모였다는 사실입니다. 관리들, 장로들, 서기관들, 네 명의 대제사장 및 대제사장의 문중에 있던 사람들이 다 모였습니다. 그들이 왜 모였습니까? 진리를 위해서가 아니라, 진리를 학살하기 위해 모였습니다.

둘째, 그들은 모여서 사도들에게 "무슨 권세와 누구의 이름으로 이 일을 행하였느냐"고 질문합니다. 이들은 내용에는 관심이 없습니다. 기적이 이미 일어났으니 내용에 대한 얘기를 하면 곤란하기에 '누구의 이름으로 했느냐, 왜 했느냐, 무슨 권세로 했느냐'라고 질문합니다. 그런데 이것은 그들이 예수님 생전에 예수님에게 했던 질문과 똑같습니다. 예수님이 성전에서 가르치실 때 예수님에게 인기가 집중되고 모든 사람들의 관심이 예수님에게로 향하자, 이 바리새인들과 서기관들과 성전 맡은 사람들이 질투가 나고 화가 나서 이런 질문을 던졌습니다. "네가 무슨 권위로 이런 일을 하느냐 또 누가 이 권위를 주었느냐"(마 21:23).

여기 모인 종교 지도자들은 심기가 불편했습니다. 그들이 재판해서 죽인 예수가 다시 살아났고, 증인과 목격자들이 그 사실을 백성에게 전했기 때문입니다. 더욱이 그들의 말 가운데 능력이 나타났습니다. 말은 부인할 수 있었지만, 그 능력은 부인할 수 없었습니다. 그래서 이렇게 질문한 것입니다.

여기 더 재미있는 사실이 숨어 있습니다. '권세'라는 말입니다. 권세에는 두 가지가 있습니다. 즉, 하늘의 권세가 있고, 땅의 권세가 있습니다. 땅의 권세는 물질의 권세, 학문의 권세, 돈의 권세, 정치의 권세입니다. 그러나 하늘의 권세는 하나님이 주신 권세, 하나님의 권세, 하늘에 속한 권세입니다.

교회는 어디로부터 권세를 받았습니까? 그것은 하나님으로부터 받은 권세, 성경으로부터 받은 권세, 성령으로부터 받은 권세와 영적 권위입니다. 또 모든 그리스도인들은 "하나님의 자녀가 되는 권세"(요 1:12)를 받았습니다. 우리는 하나님 나라의 시민권자라는 것입니다. 하나님에게 속한 하나님의 백성이라는 것입니다.

제사장들과 서기관들 그리고 성전 맡은 사람들은 어디로부터 권세를 받았겠습니까? 하나님으로부터 권세를 받았습니다. 그래서 하나님의 종으로서 백성을 관리했습니다. 그런데 문제는, 이 제사장들이 하나님의 권세에는 관심이 없고 땅의 권세에만 관심이 있는 것이었습니다. 그들은 땅의 수입, 땅의 인기, 땅의 모든 것에 관심이 있었습니다.

그들이 사도들에게 하는 말을 가만히 들어 보십시오. "너희가 무슨 권세와 누구의 이름으로 이 일을 행하였느냐." 즉, 이곳은 내 땅이라고 주장하는 것입니다. 마치 깡패처럼, "이곳은 내 구역인데 누구 허락받고 이런 일을 하느냐" 물은 것입니다. 하루아침에 하늘의 영광을 "썩어질 사람과 새와 짐승과 기어 다니는 동물 모양의 우상으로"(롬 1:23) 스스로 바꿔 버린 것입니다. 하늘을 나는 독수리가 하루아침에 썩은 냇가를 돌아다니는 오리가 되고 만 것입니다. 우주의 왕자가 땅의 두더지로 변신하고 만 것입니다.

하나님은 우리에게 우주 왕자의 특권을 주셨습니다. 하나님의 자녀가 되는 권세를 주셨습니다. 영광스러운 영적 권위를 주셨습니다. 그러나 사람들은 그 귀한 가치를 깨닫지 못하고 거기에는 별로 관심을 두지 않은 채 이 세상의 권세에 모두 혈안이 되어 있습니다. 누가 그것을 더 많이 차지할 것이냐, 누가 내 영역을 탈취해 갔느냐에 모든 종교와 모든 사람이 관심을 갖고 있는 것입니다.

당신은 당신이 받은 영적 권위와 하늘의 권세를 잘 보존하고, 그것을 누리고 있습니까? 그것을 빼앗기지 마십시오. 어떤 고난이 와도 두려워하지 마십시오. 고난은 우리에게 비극을 주는 것이 아니라, 축복을 주는 것이기 때문입니다.

o

14

예수 그리스도만이
구원이시다

사도행전 4:5-12

o

재판정에 선 사도들

날 때부터 걷지 못하던 자가 나사렛 예수 그리스도의 이름으로 일어나 걷게 되었을 때, 이를 기뻐한 사람들도 있었지만, 당황한 사람들도 있었습니다. 그것이 축복이라는 사람들도 있었지만, 반대로 불쾌하게 생각한 무리들도 있었습니다. 좋은 일이라고 해서 모두가 다 기뻐하지는 않습니다. 불쾌하게 생각하는 사람들이 있을 수 있습니다. 그들은 다름 아닌 당시의 종교 지도자들이었습니다. 누구보다 먼저 기뻐해야 할 사람들이었음에도 불구하고 그들은 이 기적 앞에 당황했습니다. 이미 처형된 예수가 다시 살아났다는 사실이 부담스러웠습니다. 살아났을 뿐 아니라 기적을 일으켰다는 사실 앞에서 더 이상 견딜 수가 없었습니다.

사도들이 백성에게 말할 때에 제사장들과 성전 맡은 자와 사두개인들이 이르러 예수 안에 죽은 자의 부활이 있다고 백성을 가르치고 전함을 싫어하여 그들을 잡으매 날이 이미 저물었으므로 이튿날까지 가두었으나(행 4:1-3).

그들은 예수에 대한 사도들의 가르침을 아주 불쾌해했습니다.

예수를 가르치며, 예수를 들어 죽은 자 가운데 부활했다는 도를 전하는 것을 싫어했습니다. 더구나 예수가 부활했다는 사실뿐 아니라 걷지 못하는 자를 일으켜 걷게 했다는 사실에 대해서는 정말로 참을 수가 없었습니다. 그래서 모였습니다. 자기들과 관계있는 세력들을 모두 모은 뒤, 사도들을 가운데 놓고 일종의 재판을 시작한 것입니다.

> 이튿날 관리들과 장로들과 서기관들이 예루살렘에 모였는데 대제사장 안나스와 가야바와 요한과 알렉산더와 및 대제사장의 문중이 다 참여하여(행 4:5-6).

여기에 기록된 일들은 아주 대단한 사건입니다. 왜 그들이 이렇게 모여서 큰 소동을 벌였을까요? 그 이유는 아주 간단합니다. 나면서부터 걷지 못하던 자가 예수 이름으로 일어났다는 사실을 그들은 인정하고 싶지 않았습니다. 그런데 그것은 부인할 수 없는 사실이요, 변명할 수 없는 사건입니다. 만약 그것을 인정하게 되면 예수를 인정해야 합니다. 즉, 그것은 예수가 부활했다는 사실을 인정하는 것입니다. 또한 예수의 삶이, 예수의 십자가가 옳았다는 사실을 증거하게 되는 것입니다.

그들은 예수를 처형한 장본인들입니다. 그를 신성 모독죄로 몰아 예수는 죽어 마땅한 죄인이라고 정죄한 사람들입니다. 그리고 예수를 십자가에서 죽였습니다. 예수가 옳았다는 이야기는 결국 자기들이 틀렸다는 사실을 인정하는 것입니다. 그리고 그것은 자신들의 모든 삶의 터전을 잃어버리는 결과로 이어집니다. 이것이 무서웠습니다. 그들은 백성이 자기들을 떠나고, 사람들의 관심이 자기로부터 멀어지는 것이 두려웠습니다. 그렇기 때문에 그들은 사실을 인정할 수 없는 상황에 놓여 있었습니다.

우리는 가끔 예수님을 부인할 수도, 믿을 수도 없어서 고민하는 지성인들을 만납니다. 예수를 믿자니 지금까지 살아온 것을 다 틀렸다고 고백해야 하고, 또 자기를 포기해야 합니다. 그것이 무서운 것입니다. 그렇지만 안 믿자니 불안합니다. 양심이 소리를 지릅니다. 그리고 부인할 수 없는 일들이 자꾸 생깁니다.

성령에 대해서도 사람들은 대개 그런 입장에 서 있습니다. 성령님을 부인하자니 괴롭고, 인정하자니 또 괴롭습니다. 그래서 성령님을 어중간하게 믿습니다. 특히 예수 잘 믿는 부인을 만난 남편은 더욱 괴롭습니다. 부인에게 너무 감정적이라며 욕을 하고, 무식해서 그렇다고 핀잔을 줍니다. 그러면서 자기가 교회에 안 다니는 것을 굉장히 지성적인 것인 양 합리화합니다. 자기는 너무나도 도덕적이며 의롭고, 교회는 다 썩었다고 이야기합니다. 그러나 그렇게 욕을 해 놓고도 마음에는 갈등이 있습니다.

이런 사람들에게 부탁하고 싶습니다. 예수님을 빨리 믿는 게 최선책입니다. 그 길밖에는 다른 길이 없습니다. 왜냐하면 그리스도는 사실이기 때문입니다. 당신이 아무리 부인하고 변명하고 피해 가려 해도, 예수를 피해 갈 길은 없습니다. 그는 실재(實在)이기 때문입니다. 그는 이론이 아닙니다. 철학이 아닙니다. 그는 살아 계신 하나님의 아들이십니다. 복음, 성령의 역사, 그리스도는 실제로 있는 사실입니다.

나면서부터 걷지 못하던 자가 예수 그리스도의 이름으로 일어나 걷게 된 것처럼, 예수 그리스도를 영접하고 성령을 체험한 사람은 자기 안에 어떤 영적인 변화가 실제로 있다는 사실을 알게 됩니다. 그것은 부인할 수 없습니다. 만약 예수를 믿는다면서도 내면세계에 깊은 변화가 없다면, 그가 믿는 것은 예수가 아닐지 모르겠습니다. 정말 그분이 예수시라면, 그분은 그 사람 안에서 변화를 일으키시고야 맙니다. 그분은 우리에게 기쁨과 힘과 능력과 찬송을 주시는 분이기 때문입니다. 그분이 바로 예수 그리스도십니다.

비본질적인 질문들

그들은 모여서 사도들을 세워 놓고 공격적으로 질문했습니다.

사도들을 가운데 세우고 묻되 너희가 무슨 권세와 누구의 이름으로 이 일을 행하였느냐(행 4:7).

이 질문 가운데서 두 가지 재미있는 사실을 발견합니다.

첫째, 이 사람들은 기적이 일어난 사실에 대해서는 전혀 관심이 없었습니다. 이 이야기의 주제는 걷지 못하던 사람이 일어난 것이고, 그것은 기적이었습니다. 그러나 기적이 옳고 그른가를 이야기하지 않았습니다. 그들의 관심은 오직 자신들뿐이었습니다.

그들의 질문은 '하나님의 역사가 정말 나타났는가?'가 아니었습니다. 그들에게 '이 기적은 사실인가? 사실이라면 그것이 어떻게 일어났는가?'에 대한 관심은 없습니다. 그들의 관심은, '누구의 이름으로, 무슨 권세로 이런 일을 행했느냐'는 것입니다.

많은 사람들이 본질의 문제는 젖혀 놓고 비본질적인 문제를 제시함으로써 문제의 핵심을 흐립니다. 우리의 인생이 그렇습니다. 한평생을 사는 동안 막상 중요한 일은 아무것도 못 하고 중요하지 않은 일에 인생을 허비하며 세월을 보냅니다.

그러나 지나고 보면 시시한 일입니다. 우리는 얼마나 많은 시시한 일 때문에 싸우고 흥분하고 분노하고 속상해하며 삽니까? 우리가 천국에 갔을 때 하나님 앞에 내놓을 정말로 중요한 일은 몇 가지나 되겠습니까?

둘째, 그들은 '종교적인 것, 하나님에 관한 것, 영적인 것에 대한 특허권은 그들에게 있다'는 자만심을 가지고 있었습니다. 하나님에 관한 것, 율법에 관한 것은 대제사장이며 성전을 책임지는 자신들이 다룰 문제인데, 너희가 무슨 권세로, 누구의 이름으로 이런 엉뚱한 일을 해서 자신들을 당혹스럽게 만드느냐는 것입니다. 이것이 모든 종교와 교회의 실상입니다.

교회의 위기는 그리스도에 대해 이야기하지 않고 교파 이야기를 하는 데 있습니다. 또한 교회의 위기는 '그리스도를 어떻게 전할 것인가, 그분을 어떻게 사랑할 것인가, 어떻게 그리스도인답게 살 것인가'에 대해서는 관심을 갖지 않고, 제도나 방법의 문제에 대해서만 관심을 가질 때 옵니다. 어떤 이들은 심지어 재판까지 하면서 재산 싸움을 합니다. 전공을 가지고 있다는 사람들이 이런 실수를 많이 합니다. '이것은 내 전공이다. 나의 특권이다'라고 생각하는 것입니다. 그래서 '그것은 나만이, 혹은 우리만이 해야 할 영역'이라며 영역 싸움을 합니다. 바로 이 사람들이 진리 앞에 당황했던 사람들입니다.

비본질적인 질문을 본질적인 문제로

이에 베드로가 성령이 충만하여 이르되 백성의 관리들과 장로들아 만일 병자에게 행한 착한 일에 대하여 이 사람이 어떻게 구원을 받았느냐고 오늘 우리에게 질문한다면(행 4:8-9).

우리는 다른 사도들과 함께 재판정에 선 베드로의 행동에서 몇 가지 놀라운 점을 발견하게 됩니다.

첫째, 베드로는 그들의 공격적인 질문을 받은 후 그들의 질문을 바꾸었습니다. 즉, "누구의 이름으로 이 일을 행하였느냐"라는 비본질적인 질문을 "병자에게 행한 착한 일에 대하여 이 사람이 어떻게 구원을 받았느냐고 오늘 우리에게 질문한다면"이라는 본질적인 질문으로 바꾼 것입니다. '나면서부터 걷지 못하던 사람이 일어나게 된 사건은 누구의 권세로, 누구의 이름으로 한 것이 중요한 것이 아니다. 하나님이 하셨다. 그것이 의로운 일이요, 선한 일이요, 좋은 일이다. 이 사람이 이렇게 살아나게 된 것은 구원받은 것이다. 그래서 네가 만일 이 사람이 어떻게 질병에서 나음을 얻었느냐, 어떻게 구원을 받았느냐고 질문한다면, 나는 이렇게 분명하게 당신들에게 대답하겠다'라고 말한 것입니다.

우리는 이 질문 속에 숨어 있는 또 한 가지 놀라운 사실을 발견합니다. 그것은 베드로가 '성령이 충만하여' 말했다는 것입니다. 성령이 충만하다는 것은 성령의 인도함을 받고 말했다는 것입니다. 성령의 지혜로, 성령의 강권함을 받고 말했다는 것입니다. 이것은 굉장히 중요한 사실입니다. 그러면 당시 종교 지도자들의 마음속에는 무엇이 충만해 있었을까요? 아마 그들은 분노와 자기 생각이 충만했을 것입니다. 자기와 자기 집단의 이익이 손상되기 때문에, 지금 그것을 대변해서 말하고 있는 것입니다.

'성령이 충만하여'의 반대말은 '사탄이 충만하여'입니다. 그것은 사탄적인 발언입니다. 그저 악을 쓰고, 소리를 지르고, 헐뜯고, 사람들의 치명적인 약점을 드러내고 공격함으로써 자기의 이익을 취하는 것입니다. 이 두 가지가 대조적입니다. 어떤 사람은 '자기가 충만하여' 말합니다. 자기 판단은 다 옳습니다. 자기가 절대 기준이 됩니다. 자기가 가장 의롭습니다. 자기 생각에, 자기의 소견에 좋을 대로 다 하는 것입니다.

너희와 모든 이스라엘 백성들은 알라 너희가 십자가에 못 박고 하나님이 죽은 자 가운데서 살리신 나사렛 예수 그리스도의 이름으로 이 사람이 건강하게 되어 너희 앞에 섰느니라(행 4:10).

둘째, 베드로는 분명하고 담대하고 신속하게, 확신을 가지고 말했습니다. 이런 담대함이 우리에게도 있어야 합니다. 우리는 세상을 향해서 예수님에 대해 말할 때 굉장히 쑥스러워합니다. 어떤 사람은 다른 말은 잘하면서도 예수님이나 성경에 대해서는 아무 말도 못합니다. 연설하라고 하면 잘하지만 기도하라면 못하는 사람이 있습니다. 말은 잘하는데 성경을 가르치라고 하면 못합니다. 그래서 말과 말씀이 다르다는 것을 느낍니다.

베드로는 모든 관원과 장로와 서기관들 앞에서 담대하게 예수님에 대해 증거했습니다. 그는 성령이 충만했기에 사람이 두렵지 않았습니다. 언제 사람이 자신 있게 이야기합니까? 두렵지 않을 때입니다. 이야기를 하다 보면 사람이 절벽처럼 느껴질 때가 있습니다. 또 어떤 때는 메뚜기처럼 느껴집니다. 성령이 충만하면 사람이 두렵지 않습니다. 베드로는 성령이 충만해서 "너희와 모든 이스라엘 백성들은 알라"고 선포했습니다.

저는 우리 모두가 성령과 말씀이 충만해서 두려움이 없어지고, 어디서나 담대하게 예수님을 전할 수 있게 되길 바랍니다. 구원에 대해 담대하게 말할 수 있기를 바랍니다. "당신은 구원받았습니까?" 하는 질문을 받았을 때 구원받았다고 대답하며, "나는 죽어서 분명 천국에 갈 겁니다"라고 말할 수 있게 되기를 바랍니다.

셋째, 베드로는 이 일을 일으킨 주인공은 자기가 아니라 바로 예수 그리스도라고 다시 한 번 선언했습니다. 베드로는 모든 영광을 예수님에게로 돌린 것입니다. 이는 오늘날의 모든 목회자와 사역자 및 헌신자들이 새겨들어야 할 말씀입니다. "나사렛 예수 그리스도의 이름으로 일어나 걸으라"(행 3:6)고 말한 것은 분명 베드로였습니다. 그리고 자기의 손을 내밀어 잡아 일으켰습니다. 분명히 베드로가 한 것입니다. 그러나 그는 이것을 예수님이 하신 일이라고 고백했습니다.

어떤 때는 우리가 안수해서 기적이 일어나기도 합니다. 또 어떤 때는 놀라운 일이 교회에 나타나기도 합니다. 봉사하고, 십일조 헌금을 하고, 밤이 맞도록 교회에서 수고도 합니다. 그러나 그것은 내가 한 것이 아닙니다. '이 사람을 일으켜 세운 것은 주님이 하신 일이다.' 이 얼마나 놀라운 말입니까? 내가 했다고 하면 공로를 따지게 됩니다. 내가 했다고 하면 남들이 인정해 주지 않는 경우에는 섭섭하고, 남들이 인정을 하면 자랑하게 됩니다.

교회의 모든 영광은 예수님에게 돌려야 합니다. 그렇지 않으면 교회는 인간적인 집단이 될 수 있습니다. 자칫 잘못하면 사람이 모이는 곳이 될 수 있습니다. 세상에 성자가 어디 있습니까? 다 죄인일 뿐입니다. 그러므로 우리는 언제나, 무슨 일을 하든지 주님에게만 영광을 돌려야 하는 것입니다.

너희가 죽인 예수, 하나님이 살리신 예수

베드로는 예수님을 두 가지로 소개하고 있습니다.

> 너희와 모든 이스라엘 백성들은 알라 너희가 십자가에 못 박고 하나님이 죽은 자 가운데서 살리신 나사렛 예수 그리스도의 이름으로 이 사람이 건강하게 되어 너희 앞에 섰느니라(행 4:10).

첫째, 베드로는 '너희가 십자가에 못 박은 예수'라고 했습니다. 일반적으로 '예수님' 하면 사람들은 좋아합니다. 예수님에 대해 말할 때 불편해하는 사람은 없습니다. "수고하고 무거운 짐 진 자들아 다 내게로 오라 내가 너희를 쉬게 하리라"(마 11:28). "내가 곧 길이요 진리요 생명이니"(요 14:6). "나는 선한 목자라"(요 10:11). 얼마나 좋습니까? 예수님을 생각하면 그렇게 좋을 수가 없습니다. 모두 용서를 받을 것 같습니다. 모든 상처가 다 치료될 것 같습니다. 그래서 우리는 예수님에 대해 이야기하기를 좋아합니다. 예수님의 생애를 가르칠 수 있고, 예수님을 설교할 수 있고, 예수님을 전할 수도 있습니다. 이것은 쉽습니다.

그러나 그 예수가 바로 "네가 죽인 예수다"라고 말하면 달라집니다. 그의 이 말을 들은 사람들이 얼마나 놀랐을까요? 그냥 예수 이야기만 했으면 괜찮았을 텐데, 그 예수를 나와 연관시킨 것입니다. 바로 내 죄가, 내가 예수를 죽였다는 것입니다. 우리는 예수님에게 얼마만큼의 영광을 돌리고 있습니까? 예수님의 얼굴을 부끄럽게 하고 있지는 않습니까? "저까짓 게 예수 믿는 사람이야?", "저기가 교회야?" 하는 얘기를 듣고 있지는 않습니까? 예수님을 다시 십자가에 못 박으며 그 얼굴에 다시 상처 내는 일들을 종종 하지는 않습니까?

베드로가 말을 전하고 있는 이들은 결의해서 예수를 처형에 처하게 한 장본인들이었습니다. 그런데 그는 '이 예수는 바로 너희들이 죽인 그 예수다'라고 소개하고 있습니다. 저는 우리가 예수를 말할 때 '내가 죽인 예수'라고 말할 수 있게 되기를 바랍니다. 그래야 예수가 나와 상관이 있습니다. '예수님이 못 박힌 지 2천 년이 지났지만 내가 그리스도를 몰랐을 때 내 안에 있는 죄가, 내 인생 자체가 그리스도를 못 박게 했단 말이군요. 오 주여, 부끄럽고 미안합니다. 내가 당신을 죽인 장본인입니다'라고 인정해야 하는 것입니다.

둘째, 베드로는 "너희가 십자가에 못 박고 하나님이 죽은 자 가운데서 살리신 나사렛 예수 그리스도"라고 말했습니다. 우리는 여기서 아주 대조되는 모습을 봅니다. 베드로는 예수님을 '내가 죽인 예수, 그러나 하나님이 다시 살리신 예수'로 소개하고 있습니다. 바로 이 예수가 나면서부터 걷지 못하게 된 이 사람, 소망이 없어 절망에 빠져 있던 이 사람, 아무 꿈도 없던 이 사람을 건강하게 해서 그들 앞에 서게 했다는 것입니다.

'내가 죽인 예수, 그러나 하나님이 다시 살리신 예수'가 우리를 질병으로부터 건강하게 하시고, 절망에 빠진 우리에게 소망을 주시고, 우리를 좌절에서부터 새롭게 일으켜 세워 주십니다. 저는 이 예수님을 사랑합니다. 저는 이 예수님을 믿습니다. 이 예수님은 2천년 전에만 계셨던 예수님이 아니라, 지금도 똑같이 역사하시는 예수님입니다. 믿는 자에게 하나님은 어제나 오늘이나 영원토록 변함이 없으십니다. 오순절의 사도행전 사건은 바로 지금 우리에게, 우리 교회에 다시 일어날 수 있습니다. 나면서부터 걷지 못하던 사람이 일어난 사건은 우리의 마음속에서 다시 일어날 수 있습니다.

예수 외에는 구원이 없다

> 이 예수는 너희 건축자들의 버린 돌로서 집 모퉁이의 머릿돌이 되었느니라(행 4:11).

베드로는 이 예수님을 생각하면서 적대자들 앞에서 담대하게 선포할 때 이렇게 말했습니다. "너희가 죽인 예수, 하나님이 살리신 예수, 이 예수가 사망을 당한 사람에게 건강을 주었다. 다시 살아나게 했고 구원을 주었다. 그래서 바로 이 예수는 건축자들이 버린 돌로서 모퉁잇돌이 되었다."

율법과 이스라엘 종교가 예수를 버렸습니다. 모든 종교 지도자들이 예수를 학대했습니다. 중요하게 생각하지 않았습니다. 오히려 그를 십자가에 못 박아 죽였습니다. 예수는 건축자들이 버린 돌처럼 쓸모없는 것으로 취급되고 만 것입니다. 그러나 예수님은 우리 구원의 모퉁잇돌, 하나님 나라의 모퉁잇돌이 되셨습니다. 그것은 마치 내가 세상에서 버림받은 죄인으로서 창녀처럼, 간음하다 현장에서 붙잡힌 여인처럼, 세리처럼, 나병 환자처럼 소망 없고 귀신 들려 죽을 수밖에 없는 인생이었지만, 하나님이 그 돌을 뽑아서 당신의 백성으로 삼으시고, 고아로 두지 아니하고 당신의 자녀로 삼아 주신 영광스러운 관계와 같은 것입니다.

베드로는 이렇게 이야기하고 나서, 이제 아주 중요한 결론을 내리고 있습니다.

다른 이로서는 구원을 받을 수 없나니 천하 사람 중에 구원을 받을
만한 다른 이름을 우리에게 주신 일이 없음이라 하였더라(행 4:12).

성경에 많은 말씀이 있지만, 이 말씀은 제가 아주 사랑하는 말씀
중 하나입니다. 저는 이 말씀을 '그 예수'를 믿을 때부터 외웠는데,
이 말씀을 읽으면 제 속에서 불이 납니다. 이 말씀을 읽으면 신앙
이 흔들리다가도 확신이 생깁니다. 우리는 가끔 여러 가지 도전을
받아 흔들리기도 하고 의심도 생깁니다. 그러나 이 말씀을 붙들면
용기와 힘이 생깁니다. 왜 그럴까요? '다른 이로 인해서는 구원이
없다. 내가 믿는 예수만이 구원이다'라고 하니 '내가 예수를 잘못
믿고 있는 게 아닐까?' 하고 흔들리다가도 이 말씀을 들으면 그렇
게 기쁠 수가 없는 것입니다.

우리는 이 말씀 때문에 선교하는 것입니다. 이 말씀이 없었다
면, 다른 종교에도 구원이 있을 수 있고, 다른 사람을 통해 구원받
을 수도 있고, 선행을 통해 구원받을 수도 있을 텐데 선교가 왜 필
요하겠습니까? 이렇게 미친 듯이 예수를 믿을 필요가 어디 있겠습
니까? 주일날 교회에 왔다 갔다 하면서 적당히 믿으면 되지 않겠
습니까? 세상과 적당히 타협하며 살면 되지 않겠습니까? 왜 선교
사들이 자기 직업을 버리고 자녀 교육과 결혼도 포기한 채 그 길

을 가는 것입니까? 이 말씀 때문입니다. 다른 이에게 구원이 있을 수 있다면, 구원의 가능성이 다른 종교에 있을 수 있다면, 선행으로 구원받을 가능성이 있다면, 우리가 이렇게 심각하게 믿어야 할 이유는 없습니다.

'예수 외에 다른 이름으로는 구원이 없다'는 것은 짧지만 무서운 말씀입니다. 많은 지성인들이 이 말씀에 좌절합니다. 예수를 믿으려다가도 이 말씀 때문에 갈등합니다. 사람들은 말합니다. "예수 믿는 사람들은 너무 독선적이야. 왜 기독교에만 구원이 있다고 하지? 만일 예수에게만 구원이 있다면, 예수는 위선자이고 너무 편협한 거 아냐? 남산에 올라가는 길이 어떻게 하나일 수 있어? 동서남북 사방에 길이 있고, 쥐구멍도 있고 샛길도 있는데, 어째서 이쪽으로만 가야 남산에 간다고 말하는 거야? 어째서 예수를 믿어야만 구원이 있다고 말하는 거야? 그건 기독교에서 말하는 사랑과 위배되는 거 아냐?"

그래서 사람들은 타종교에도 구원이 있다고 이야기합니다. 그 말은 굉장히 설득력 있게 들립니다. 휴머니스트들에게는, 인간의 이성과 상식을 존경하는 이들에게는 그처럼 멋있는 말이 없을 것입니다. 즉, 그들의 주장은 기독교에만이 아니라 타종교에도 구원이 있다는 것입니다. 그렇습니까? 힌두교에 구원이 있습니까? 불교에 구원이 있습니까? 샤머니즘에 구원이 있습니까? 뉴에이지에 구원이 있습니까? 석가나 공자나 소크라테스에게 구원이 있습니까?

이 질문에 대한 대답은 오직 한 가지입니다. 예수님 외에는 구원이 없습니다. 이 말은 선포하기가 참 부담스럽습니다. 그러나 그것은 사실입니다.

상대적인 진리나 구원에는 여러 가지 해답이 가능합니다. 그래서 현대 철학의 경향은 상대적 진리관을 내세우는 것입니다. '어떤 사실이 너에게는 그럴 수 있고 옳지만, 나한테는 강요하지 말라'는 것입니다. 전부 상대적인 가치관을 갖고 있습니다. 백인은 백인대로, 흑인은 흑인대로, 동양인은 동양인대로 사는 게 옳다고 합니다. 미국은 미국식으로, 유럽은 유럽식으로, 일본은 일본식으로, 한국은 한국식으로, 북한은 주체식으로 사는 것이 좋다고 생각하는 것입니다. 그것을 다 절대화합니다.

상대적인 진리에는 대답이 많습니다. 상대적인 구원에도 여러 대답은 가능합니다. 그러나 절대적인 진리는 하나입니다. 그 사람들은 절대적인 진리를 거부하는 것입니다. 절대적인 구원에도 답은 하나뿐입니다. 1은 1일 뿐, 0.1은 1이 아닙니다. 0.9 또한 1이 될 수 없습니다. 태양은 하나여야 합니다. 또 태양이 하나라고 불편한 건 없습니다. 어머니가 한 분이어서 불편합니까? 어머니가 둘, 아버지가 둘이 되면 골치가 아픕니다. 나를 낳아 주신 분은 한 분입니다.

진리는 이런 것입니다. 하나님은 한 분이십니다. 상대적인 구원은 여러 가지가 있을 수 있지만, 영원하고 절대적인 구원은 하나뿐입니다. 예수 그리스도 외에는 구원이 없습니다. 하나님은 인류의 역사에 예수 이름 외에는 구원을 준 이름이 없다고 하셨습니다. 저는 이 말씀을 믿습니다. 그래서 선교하고, 교회를 개척하는 것입니다. 그래서 생명을 걸고 주의 이름을 선포하는 것입니다.

석가나 공자, 소크라테스 같은 수많은 성자들이 인류 역사에 나타났지만, 그들의 문제는 무엇입니까? 그들이 비도덕적이고 잘못되었다는 것이 아니라, 그들도 역시 우리와 같은 인간이라는 것입니다. 종교란 무엇입니까? 인간이 하나님이 되고 싶어 하는 것입니다. 그러나 인간은 결코 신이 될 수 없습니다. 인간은 권력을 잡으면 자기가 신이 된 것처럼 느낍니다. 자기의 명령대로 모든 일이 움직이고 법까지 바꿀 수 있다고 생각합니다. 그뿐이 아닙니다. 많은 돈을 갖고 있어도 인간은 자신이 신인 것처럼 착각합니다. 그러나 결코 아닙니다. 인간은 인간일 뿐입니다.

하나님은 인간이 될 수 있습니다. 그래서 하나님입니다. 하지만 인간은 신이 될 수 없습니다. 그래서 인간입니다. 그러나 인간의 가장 큰 문제가 무엇입니까? 자꾸만 하나님이 되려 하는 것입니다. 많은 자유주의자, 인본주의자, 무신론자, 회의론자들의 본질적인 실수가 여기에 있습니다. 더 우스운 것은, 예수 믿는 사람들 가운데도 인본주의적, 자유주의적, 혹은 진화론적인 신앙을 가진 사람이 많아서 하나님을 자기 편리한 대로 생각한다는 것입니다.

저는 미션 스쿨을 생각하면 가슴이 아픕니다. 우리나라의 유명한 미션 스쿨에 예수가 있습니까? 예수님 때문에 세워지고 예수님의 이름으로 세워진 학교들이 현재 예수님은 간 곳 없고, 오히려 일반 대학보다 더합니다. 채플 하나 겨우 살아 있을 뿐입니다.

선악과가 그랬던 것처럼 구원에 있어서의 진리도 똑같습니다. 인간의 환상은 무엇입니까? '이 선악과를 먹으면 신처럼 될 수 있다'는 것입니다. 이렇게 유혹하는 것이 사탄입니다. '하나님이 먹지 말라 하신 이 선악과를 먹으면 눈이 밝아져 하나님처럼 된다'는 것입니다. 우리는 결코 신이 아닙니다. 인간은 인간일 뿐입니다. 신이 되고 싶은 인간의 욕망이 곧 교만이며 죄입니다. 바로 그것이 아담이 저지른 죄입니다. 그 자체가 사탄적인 것입니다.

오직 우리의 구원은 예수 그리스도시며, 그분 외에는 구원이 없습니다.

예수가 구원인 이유

그러면 어떻게 예수님이 구원일 수 있습니까?

첫째, 그는 하나님이셨습니다. 모든 종교 지도자들은 인간입니다. 그러나 성경은 예수님이 본래 하나님이셨다고 말씀합니다. 하나님이시기 때문에 우리를 구원할 수 있는 것입니다.

둘째, 그는 하나님이셨지만, 동시에 인간이었습니다. 그렇기 때문에 그분은 우리의 구원자이십니다. 그가 만약 인간이라면 구원은 불가능할 것입니다. 구원자는 하나님이시며 동시에 인간이어야 합니다. 그래야만 구원할 수 있습니다. 물에 빠진 자가 물에 빠진 자를 구할 수 없듯이, 죄인은 죄인을 구원할 수 없습니다. 죄인은 오직 죄 없는 이가 구원할 수 있습니다. 그분이 바로 예수 그리스도십니다.

그래서 예수님은 십자가에 피 흘려 죽으셨습니다. 그러나 만일 그분이 죽기만 했다면 우리의 구원은 이루어지지 않았을 것입니다. 하나님이 그를 다시 살리셨기 때문에 구원이 완전히 이루어진 것입니다. 그러므로 그는 우리의 "길이요 진리요 생명"(요 14:6)이십니다. 예수님은 여러 길 중에 하나가 아니라 유일한 길이요, 여러 진리 중에 한 진리가 아니라 유일한 진리요, 또한 여러 생명 중에 한 생명이 아니라, 유일한 생명이십니다. 그분이 예수 그리스도십니다.

이 예수님을 믿으십시오. 그분만이 구원이십니다. 성경은, 구원을 위해서 우리에게 다른 이름을 주신 일이 없다고 말씀합니다. 이 예수님을 당신의 구원자로, 주님으로 영접하십시오.

15

보고 들은 것을
말하지 않을 수 없다

사도행전 4:13 - 22

사도 베드로는 성령이 충만해서, 예수님의 부활과 기적을 믿지 못하는 종교 지도자들을 향해 이같이 말했습니다.

너희와 모든 이스라엘 백성들은 알라 너희가 십자가에 못 박고 하나님이 죽은 자 가운데서 살리신 나사렛 예수 그리스도의 이름으로 이 사람이 건강하게 되어 너희 앞에 섰느니라(행 4:10).

성령 충만하면 이렇게 담대해질 수 있습니다. 성령 충만하면 두려움이 사라집니다. 사람의 제일 큰 문제는 사람을 두려워하는 데 있습니다.

사람이 무서워질 때가 있습니다. 자신이 무서워질 때가 있습니다. 모든 두려움은 하나님으로부터 오는 것이 아니라, 자기로부터 오는 것입니다. 그러나 성령이 충만하면 이 인간에 대한 두려움이 사라집니다. 자기를 공격하는 사람들에 대한 두려움이 사라집니다. 베드로는 담대하게 '이 사람이 일어나 걷게 된 것은 바로 너희가 십자가에 못 박고 하나님이 다시 살리신 예수 그리스도가 하신 것'이라고 선언하고 있습니다. 그러고 나서 아주 놀라운 메시지를 전합니다.

천하 사람 중에 구원을 받을 만한 다른 이름을 우리에게 주신 일이 없음이라 (행 4:12).

예수님만이 하나님의 유일한 구원자시라는 것입니다. 왜 예수님만이 구원이십니까? 그는 하나님이셨기 때문입니다. 인간은 인간을 구원할 수 없습니다. 종교 창시자들과 지도자들은 모두 인간이었습니다. 그들의 종교가 좋다 나쁘다, 또는 윤리적이냐 아니냐의 차원이 아닙니다. 문제는 인간이 만든 종교라는 것입니다.

인간이 만든 종교에는 인간의 구원이 있을 수 없습니다. 왜냐하면 그 사람도 죄인이기 때문입니다. 진정한 구원은 죄가 없으신 분이 하는 것입니다. 인간이 인간을 구원하는 것이 아니라, 하나님이 인간을 구원하셔야 하는 것입니다. 그러나 하나님이 하나님으로 계시면 구원은 불가능합니다. 그 하나님이 인간이 되셔야만 인간의 구원이 가능해집니다. 그러므로 인간의 유일한 구원자는 하나님이면서 동시에 인간이어야 합니다. 그분이 바로 예수 그리스도십니다. 그래서 사도 베드로는 다른 이름으로서는 구원이 없다고 말한 것입니다.

우리는 이 문제에 대해서 얼마나 영적으로 괴로워하는지 모릅니다. 많은 사람들이 "어째서 예수만이 구원인가? 왜 기독교만이 절대적인 구원의 종교인가? 이것은 독선과 위선이 아닌가? 이것은 편견이며 오만이 아닌가?"라고 말합니다. 우리는 이렇게 세상 사람들로부터 도전을 받습니다. 그러나 예수만이 구원이십니다.

> 다른 이로서는 구원을 받을 수 없나니 천하 사람 중에 구원을 받을
> 만한 다른 이름을 우리에게 주신 일이 없음이라(행 4:12).

이 말은 성령이 아니고서는 할 수 없습니다. 성령을 받으면 예수님에 대한 새로운 시각이 생깁니다. 예수 그리스도는 세상 사람들에게는 건축자의 버린 돌이었지만, 하나님의 집의 모퉁잇돌이 되셨습니다. 성령을 받지 않은 사람들에게 예수는 한 인간으로 보입니다. 그러나 성령을 받은 사람들에게는 예수가 하나님으로 보입니다. 예수가 유일한 구원자로 보입니다. 베드로는 성령이 충만해서 이런 선언을 했습니다. 그의 말을 들은 종교 지도자들은 놀라지 않을 수 없었습니다. 요즘 말로 충격을 받은 것입니다. 왜 그 사람들은 이런 도전과 충격을 받게 되었을까요?

도전과 충격을 받다

그들이 베드로와 요한이 담대하게 말함을 보고 그들을 본래 학문 없는 범인으로 알았다가 이상히 여기며 또 전에 예수와 함께 있던 줄도 알고 또 병 나은 사람이 그들과 함께 서 있는 것을 보고 비난할

말이 없는지라(행 4:13-14).

베드로의 대답에 사람들이 놀라고 충격을 받은 이유는 네 가지입니다.

첫째, 베드로와 요한이 담대하게 말했기 때문입니다. 단순히 말을 잘하는 것과 '담대하게 말하는 것'은 다릅니다. 담대하게 말하는 것은 성령의 지혜로 확신을 가지고, 주저하지 않고 그리스도의 진리를 선포하는 것입니다. 그들이 놀란 것은, 베드로와 요한이 성령이 충만해서 영적 지혜를 가지고 담대하게 하나님의 복음과 그리스도의 사건을 해석했기 때문입니다. 그것도 짧은 말로 분명하게 한 것을 보며 그들은 놀라지 않을 수 없었습니다.

둘째, 베드로와 요한을 학문 없는 범인으로 생각했기 때문입니다. 공부도 하지 않은 무식한 사람이 어떻게 저렇게 그리스도에 대한 정확한 지식을 말할 수 있겠느냐는 것입니다. 이들이 신학교를 나왔습니까? 아닙니다. 그러나 그들은 성령을 힘입어 '예수 그리스도는 모퉁잇돌'인 것과, '예수 그리스도가 이 사람을 살렸으며, 예수 그리스도 외에는 구원이 없다'는 엄청난 도전의 메시지를 선포할 수 있었습니다.

사람들은 세상적인 지식과 경험, 전문 기술로 모든 것을 다 할 수 있다고 생각합니다. 물론 그렇습니다. 그렇지만 지식이 사람을 감동시킬 수는 있으나, 사람을 구원하지는 못합니다. 학문이 어떤 일정한 상대적 진리를 제시할 수는 있으나, 사람을 구원하지는 못합니다. 오직 사람의 영혼을 구원하는 것은 하나님의 말씀, 성령, 예수 그리스도십니다. 물론 성령 충만한 사람이 학문도 많으면 좋을 것입니다. 사도 바울처럼 말입니다. 그것은 날개를 다는 일일 것입니다. 사도 바울은 그 지식을 가지고 성경을 쓸 수 있었습니다.

종교 지도자들의 문제는, '종교 전문가인 우리들만이 할 일을 훈련도 전혀 받지 않은 너희가 할 수 있다니!' 하는 충격입니다. 그들은 학문의 능력은 알았으나, 성령의 능력은 몰랐습니다. 저는 세상적인 전문 지식과 전문적인 경험을 가진 그리스도인들을 존경합니다. 그러나 그리스도인이라면 성령의 능력을 알아야 합니다. 땅의 지식보다는 하늘의 지식, 육신의 지식보다는 영의 지식, 세상의 법보다는 하나님의 법을 더 잘 알고 체험할 수 있어야 합니다. 그러지 않았을 때 이런 일이 생기면 당황하게 됩니다.

셋째, 베드로와 요한이 "전에 예수와 함께 있던 줄도 알고" 있었기 때문입니다. 이들은 갑자기 나타난 것이 아닙니다. 베드로와 요한은 예수님 살아생전에 그분과 함께 지내, 누구보다 예수님에 대해 잘 알던 사람들입니다. 어떤 사실을 알고 있는 사람에게는 거짓말을 할 수 없습니다. 베드로와 요한은 예수님을 너무나 잘 알고 있었기에, 그들은 베드로와 요한의 증거에 대해 할 말이 없었습니다.

성경 말씀을 많이 알고 있으면 귀신은 우리를 속이지 못합니다.

귀신은 하나님의 말씀을 가지고 속이기 때문입니다. 귀신은 천사의 모습으로 가장해 우리를 속입니다. 신앙적인 방법으로 다가와 당신을 속입니다. 우리가 성령 충만하지 않고 예수님과 깊은 관계에 있지 않으며 하나님 말씀에 대한 정확한 지식이 없다면, 우리는 거짓말로 속이는 사탄의 모든 속임에 쉽게 넘어갈 것입니다. '이단'이 무엇입니까? 성경 밖의 지식을 가지고 이야기하는 것이 아니라, 성경을 가지고 교묘하게 우리를 속이는 것입니다. 예수님의 제자들이 예수님을 너무나 잘 알았기에 이들은 더 이상 할 말이 없었다고 성경은 말씀합니다.

넷째, 병 나은 사람이 그들과 함께 서 있는 것을 보았기 때문입니다. 평생을 걷지 못하던 사람이 일어나 지금 그들과 함께 서 있다는 사실보다 더 강력한 증거가 어디 있겠습니까? 그것은 변명할 수도, 부인할 수도 없는 사실이었습니다. 왜 많은 사람들이 그리스도를 증거하지 못합니까? 왜 능력 있는 삶을 살지 못합니까? 그 이유는 예수가 머리에만, 지식으로만 머물러 있기 때문입니다. 그러나 머리와 가슴에만 있는 것이 아니라, 이렇게 분명한 간증이 있어야 합니다.

간증을 가지는 신앙인이 되십시오. 단순히 '나는 예수를 믿는다. 예수가 나를 위해 죽었다는 사실을 믿는다. 예수를 믿고 내 가슴이 뜨거워졌다' 하는 정도가 아니라, 그것이 삶의 체험이요, 일부요, 변할 수 없는 간증이 되는 삶을 살아가십시오. 그런 사람들이 여기 있습니다. 이것이 바로 영적 능력과 복음의 능력을 보여 주는 베드로와 요한의 모습이었습니다.

사도들에게 회유와 압력을 가하다

이러한 확신 앞에서 종교 지도자들도 어쩔 수 없이 고민했습니다.

> 명하여 공회에서 나가라 하고 서로 의논하여 이르되 이 사람들을 어떻게 할까 그들로 말미암아 유명한 표적 나타난 것이 예루살렘에 사는 모든 사람에게 알려졌으니 우리도 부인할 수 없는지라(행 4:15-16).

그들은 더 이상 할 말이 없었습니다. 베드로와 요한이 성령으로 충만해서 그리스도를 제시했을 뿐 아니라, 예수님에 대해 너무나 잘 알고 있었고, 또 그들에게 능력과 간증이 있었기 때문입니다. 그래서 그들은 할 말이 없었습니다. 앞서 베드로가 성령으로 충만해서 설교했을 때는 3천 명의 사람들이 '어찌할꼬' 하며 가슴을 찢고 회개했습니다. 그들은 회개해서 세례를 받은 후 성령을 선물로 받고 구원을 받아서 떡을 떼며 사도들의 가르침을 받았습니다. 그런데 여기에 나오는 '어찌할꼬'(어떻게 할까)는 구원 못 받을 '어찌할꼬'입니다. 그들은 변명하고 괴로워하고 고민했습니다. 그러다 할 수 있는 것이 없음을 알고, 그들은 물리적인 압력을 넣었습니다.

이것이 민간에 더 퍼지지 못하게 그들을 위협하여 이후에는 이 이름으로 아무에게도 말하지 말게 하자 하고 그들을 불러 경고하여 도무지 예수의 이름으로 말하지도 말고 가르치지도 말라 하니(행 4:17-18).

그들은 회유와 압력을 가하기 시작했습니다. 제자들에게 그 사실을 아무에게도 말하지 말라고 위협했습니다. 그것 외에는 할 수 있는 일이 없었습니다. 얼마나 어리석은 일입니까? 마치 손바닥으로 하늘을 가리려는 행동과 같을 것입니다. 그들은 진리에 대항하고, 진리를 핍박하며, 진리를 감추려고 했습니다.

그렇다면 그들은 왜 진리를 감추려고 했을까요? 왜 진리에 대항하려 했을까요? 이유는 두 가지입니다.

하나는, 그들이 비진리이기 때문입니다. 그들은 어두움의 사람들로서, 그들 안에는 불의와 부정과 잘못된 악이 있었습니다. 어두움은 빛을 싫어합니다. 마찬가지로 비진리는 진리를 싫어합니다. 진리를 싫어하는 가장 결정적인 이유는, 자기가 비진리이기 때문입니다.

다른 하나는, 그 진리가 자신들에게 불이익을 가져올까 봐 염려했기 때문입니다. 사람들은 어떤 사실로 인해 자신의 이익이 없어지고 불이익을 당하게 되면 그것이 진리인 줄 알면서도 거부합니다. 그러나 진리와 싸워 이겨 본 사람은 없습니다. 그러니 하나님과 결코 싸우지 마십시오.

하나님 앞에, 진리 앞에 바로 설 수 있는 유일한 방법은 겸손하게 그 진리를 인정하고 받아들이는 것입니다. 하나님과 오래 대결할수록 갈등이 심해집니다. 진리에 대한 최선의 방법은 겸허하게 자기를 수정하고 받아들이는 것입니다. 성경은 이것을 가리켜 회개라고 말합니다. 회개란 진리를 받아들이는 것입니다. 자기가 잘못된 것을 겸허하게 인정하는 것입니다.

성경에서 회개하라고 말할 때는 그 회개의 대가로 축복과 용서를 준다는 것입니다. 구원을 준다는 것입니다. 그러나 회개하라고 하면 사람들은 두려워합니다. 회개하면 자신의 존재가 다 무너진다고 생각하기 때문입니다. 그래서 사람들은 진리를 바꾸려고 합니다. 자기를 바꾸려 하지 않고 진리를 왜곡하고 거부하려 합니다. 회개하고 예수님을 영접하기보다는 하나님을 바꿔 보려 하는 것입니다.

교활한 사람들은 성경을 바꾸려고 성경의 진리를 인본주의적으로 아주 이상하게 해석합니다. 부활을 믿지 않게 하려고 합니다. 예수를 인정하면서도 부인하는 것입니다. 예수의 인성은 인정하면서도 신성은 부인하는 것입니다. 기적 같은 것을 믿으려 하지 않습니다. 구원을 믿으려 하지 않습니다. 십자가는 믿어도 부활은 믿으려

하지 않습니다. 십자가에 나타난 예수 그리스도의 인격과 희생은 강조하지만, 부활하신 예수님에 대해 말하는 것은 거북스러워합니다. 왜 그렇습니까? 부활했다는 자체가 부담스럽기 때문입니다.

분명하고 확신에 찬 증언

베드로와 요한은 그들의 회유와 압력 앞에 어떻게 대답했습니까?

> 베드로와 요한이 대답하여 이르되 하나님 앞에서 너희의 말을 듣는 것이 하나님의 말씀을 듣는 것보다 옳은가 판단하라 우리는 보고 들은 것을 말하지 아니할 수 없다 하니(행 4:19-20).

첫째, 베드로와 요한은 "하나님 앞에서 너희의 말을 듣는 것이 하나님의 말씀을 듣는 것보다 옳은가 판단하라"고 대답했습니다. 그들은 사람의 말보다 하나님의 말씀에 더 큰 권위와 비중을 두었습니다. 우선순위를 두었다는 말입니다. 참된 신앙이란 하나님 우선주의요, 하나님 제일주의입니다.

교회에 나오는 사람의 신앙은 크게 두 가지로 분류할 수 있습니다. 즉, 나를 위해 하나님이 계시느냐, 아니면 하나님을 위해 내가 있느냐 하는 것입니다. 내 건강, 내 직업, 내 가정, 내 불안, 내 염려, 내 미래, 내 구원을 위한 도구로 하나님이 필요하다고 여기느냐,

아니면 하나님의 영광을 위해 내가 존재하는 것으로 여기느냐는 것입니다. 당신은 어디에 속해 있습니까? 당신이 교회에 가는 이유는 무엇입니까? 하나님이 필요해서입니까, 아니면 하나님의 영광을 위해 예배하기 위해서입니까?

하나님보다 더 높은 것도, 더 옳은 것도 있을 수 없습니다. 인간의 법과 진리는 언제나 상대적이고 시대적인 것입니다. 그러나 우리 인생에 있어서 가장 중요한 것은 하나님입니다. 우리는 주님이 원하시는 것으로 산다는 철학이 있어야 합니다. 이런 신앙 고백이 당신에게 있기를 바랍니다. 이런 신앙의 가치관이 당신 인생의 가치관이 되기를 바랍니다.

목회에도 사람 중심의 목회가 있고, 하나님 중심의 목회가 있습니다. 사람 중심의 목회는 인본주의 목회라 하고, 하나님 중심의 목회는 신본주의 목회라 합니다. 사람 중심의 목회는 무엇입니까? 사람을 기쁘게 하는 목회입니다. 성도들의 귀를 즐겁게 하기 위한 설교를 골라서 하고, 부담스러운 얘기는 하지 않는 것입니다. 축복해 주고, 병 낫게 해 주고, 그저 위로해 주는 설교만 하는 것입니다. 성도들의 자존심을 건드리는 얘기는 하지 않습니다. 그러나 하나님을 기쁘시게 하는 목회는 다릅니다. 성도와 목회자가 함께 하나님을 기쁘시게 해 드리는 것입니다. 그것이 진정한 교회입니다.

사람 중심의 목회나 사람을 기쁘게 하는 목회의 결과는 어디로 가겠습니까? 사람에게 영광을 돌리는 데로 갑니다. 어떠한 개인을 영웅으로 만들거나 개인숭배 사상으로 변질됩니다. 그러나 하나님을 기쁘시게 하는 목회의 결과는 하나님에게 영광을 돌리게 하는 것으로 옮겨 갑니다. 많은 사람들, 특별히 종교인들이 그리스도의 이름으로, 성경의 이름으로, 예수님의 이름으로 하나님의 영광을 더럽힐 때가 많습니다. 교회가 그런 실수를 할 때가 많습니다. 예수님의 이름으로 교파 싸움을 하고, 예수님의 이름으로 교회가 갈라집니다. 그들은 다 하나님의 영광을 위해서 한다지만, 실제로는 사람의 영광 때문에 그런 것입니다. 사람들의 이해관계 때문에 이런 비극적인 일들이 교회 안에, 예수 믿는 사람들 안에 있음을 부인할 수 없습니다.

베드로는 하나님 우선주의, 하나님 제일주의의 신앙을 가지고 있었습니다. '사람의 말을 듣는 것이 옳은가, 하나님의 말씀을 듣는 것이 옳은가?' 당신에게도 부탁하고 싶습니다. 무언가를 결정해야 한다면 성령에 의해, 당신의 양심에 의해 당신의 행위를 하나님 제일주의, 하나님 우선주의로 판단하고 결정하십시오. 우리 인생 최대의 목표와 사명은 하나님에게 영광을 돌리는 데 있습니다.

둘째, 베드로와 요한은 "우리는 보고 들은 것을 말하지 아니할 수 없다"고 말했습니다. 복음이란 이론이나 논리나 철학이 아니라, 생명 자체입니다. 이런 의미에서 복음은 지식적이라기보다 체험적입니다. 그렇습니다. 보고 들은 것을 말하지 않을 수 없습니다.

사도 요한은, "태초부터 있는 생명의 말씀에 관하여는 우리가 들은 바요 눈으로 본 바요 자세히 보고 우리의 손으로 만진 바라"(요일 1:1)고 말했습니다. 예수님을 '태초부터 있는 생명의 말씀'으로 소개하며 귀로 듣고 눈으로 보고 손으로 만졌다고 했습니다.

예수님은 이렇게 만나야 합니다. 당신이 예수님을 전하지 못하는 이유는 눈으로 보고, 귀로 듣고, 손으로 만진 경험이 없기 때문입니다. 지식과 이론으로 아는 예수는 남에게 전하기 어렵습니다. 그러나 당신이 만난 예수, 체험한 예수는 남에게 전하지 않으면 견딜 수 없는 것입니다. 그리스도인임에도 전도해 본 적이 없거나, 전도할 때 부끄러워하거나 전도가 어려운 사람은 무언가 문제가 있는 것입니다. 이렇게 생각해도 틀리지 않습니다. 예수님에 대해서는 잘 알고 있을지 모르지만, 체험한 자만이 예수님을 말하게 되어 있습니다.

그들은 "보고 들은 것을 말하지 아니할 수 없다"고 말했습니다. 또한 사도 요한은 "이 생명이 나타내신바 된지라 이 영원한 생명을 우리가 보았고 증언하여 너희에게 전하노니"(요일 1:2)라고 말했습니다. 얼마나 확신 있고 분명한 증언입니까? 당신도 이런 증언을 할 수 있기를 바랍니다. 내가 체험해야 예수를 전할 수 있습니다. 내가 그분을 만나야 합니다.

"구원을 받으셨습니까?"라고 물으면 사람들은 쉽게 구원받았다고 이야기합니다. 그러나 "성령 세례 받으셨습니까?"라고 물으면 받은 것 같기도 하고 안 받은 것 같기도 하다고 말합니다. 이것은 받지 않은 것이나 다름없습니다. 우리는 이 문제를 분명히 해야 합니다. 왜 많은 그리스도인들이 능력이 없습니까? 그 능력을 몰라서 행하지 않는 것이 아니라, 고칠 능력이 없기 때문입니다. 죄가 나쁜 것을 모르는 사람은 없습니다. 그것을 고칠 능력이 없는 것입니다. 자기 안에 죄가 있다는 것을 모르는 사람은 없습니다. 죄를 이길 힘이 없는 데 문제가 있는 것입니다. 죄를 이길 능력을 구하십시오. 죄를 알면 고민이 생깁니다. 이것을 이겨야 기쁨이 옵니다. 이것이 율법과 은혜와의 관계입니다.

예수님의 제자들을 보십시오. 그들은 수년 동안 예수님과 함께했습니다. 예수님의 말씀을 직접 들었을 뿐만 아니라 기적도 목격했습니다. 나병 환자가 낫는 기적도 보았고, 예수님이 물 위로 걸어오시는 기적도 보았습니다. 그뿐이 아닙니다. 그들은 죽은 자가 살아나는 기적도, 귀신이 떠나가는 일도 보았고, 예수님이 십자가에 처형당하신 후 부활한 현장도 목격했습니다. 그러나 그때까지 그들은 아무것도 할 수 없었습니다.

제자들이 변한 때는 오순절 날이었습니다. 성령으로 오신 예수 그리스도가 그때 그들을 만난 것입니다. 그들은 홀연히 하늘로부터 나는 급하고 강한 바람 같은 소리를 들었습니다. 그 소리가 "그들이 앉은 온 집에 가득하며 마치 불의 혀처럼 갈라지는 것들이"(행 2:2-3) 보였습니다. 이처럼 오순절 사건은 '듣는 사건'이요, '보는 사건'입니다. 그리고 각 사람 위에 성령이 임해서 그들이 성령의 충만함을 받았다고 했습니다. 무슨 말입니까? '접촉'이 시작된 것입니다. 고무풍선에 바람이 들어오듯 그들의 인격 속에, 삶 속에, 육체와 영혼 속에 어떤 영이 들어와 임재하고 지배하는 것을 그들이 느낀 것입니다. 그리고 성령의 말하게 하심을 따라 자기의 생각과 논리가 아닌, 자기의 철학이나 경험에서 나온 것이 아닌 어떤 말들이 그들의 입술을 통해서 나오기 시작했습니다. 이것이 바로 오순절 사건입니다.

우리에게는 이러한 변화가 있어야 합니다. 이런 체험이 있을 때 우리에게도 능력이 나타날 것입니다. "우리는 보고 들은 것을 말하지 아니할 수 없다." 당신에게 이런 믿음이 있게 되기를 바랍니다.

사모하십시오. 목마름이 있다면 간절히 사모하십시오. 아는 것으로, 성경의 지식으로, 설교 듣는 것으로 끝나는 게 아니라, 그것이 당신의 삶이 되어야 합니다. 당신의 간증이 되어야 합니다. 체험이 되어야 합니다. 이때 능력이 나타납니다. 이때 손해를 보고 사업이 망하게 되어도, 감옥에 들어가도, 병이 들고 심지어 죽게 되어도 흔들리지 않는 분명한 확신을 갖게 됩니다.

당신은 그분의 음성을 들었습니까? 그분의 모습을 보았습니까? 그분의 손길을 느껴 본 일이 있습니까? 지식은 사람을 교만하게 합니다. 기도하지 않고 말씀만 공부하면 교만해집니다. 성령의 체험이 없이 지식만 가지거나 훈련만 받게 되면 그 사람은 겸허해지지 않습니다. 둘 다 필요한 것입니다.

오늘날 많은 교회들이 초대 교회가 되고 싶은 꿈과 이상을 가지고 있습니다. 많은 성도들이 초대 교회 교인과 같은 성도가 되고 싶어 합니다. 그때와 같은 능력을 가지고 세상을 변화시키고자 하는 거룩하고 위대한 소망을 가지고 있습니다. 어떻게 해야 가능해질까요? 제도나 방법이나 프로그램이 초대 교회를 만들지 않습니다. 초대 교회를 만든 것은 사람입니다. 성령 체험을 한, 성령으로 오신 그리스도를 체험한 베드로와 요한 같은 사람들이 초대 교회를 만든 것입니다.

기도하는 사람, 하나님 말씀에 붙잡힌 사람, 헌신된 베드로와 요한 같은 사람들이 열 명, 스무 명, 3백 명이 있을 때 이 사회는 변하게 될 것입니다. 그리스도인 한 사람, 한 사람이 성령의 기름 부음을 받아 귀신 쫓는 능력을 가지며, 새 방언을 말하며, 어떤 위기에서도 흔들리지 않으며, 병든 사람에게 손을 얹은즉 나음을 얻는 역사들이 나타나야 합니다. 누군가 갖는 것이 아니라, 모든 성도들이 그 능력을 경험하면서 이런 사도행전적인 꿈과 이상을 가지고 합심해서 기도하며 교회를 섬겨 나갈 때, 이 땅의 교회는 반드시 그런 교회가 되고 말 것입니다.

하나님께 영광을 돌리는 성령의 열매

> 관리들이 백성들 때문에 그들을 어떻게 처벌할지 방법을 찾지 못하고 다시 위협하여 놓아 주었으니 이는 모든 사람이 그 된 일을 보고 하나님께 영광을 돌림이라(행 4:21).

베드로와 요한의 증거에 대해 사람들은 두 가지 반응을 보였습니다. 첫째, 관리들은 어떻게 해야 할지 알지 못했다고 했습니다. 벌할 근거를 찾지 못했기 때문입니다. 얼마나 통쾌하고 시원한지 모르겠습니다. 바로 이것이 귀신이 떠나가는 증거입니다. 사탄은 언제나 우는 사자처럼 우리를 집어삼키려고 합니다. 그러나 그들은 한 길로 왔다가 일곱 길로 도망하고 말 것입니다. 하나님의 말씀에 붙잡혀 있는 사람, 성령에 붙잡혀 있는 사람들에게는 어떤 위험도, 어떤 위기도 다 지나가게 됩니다. 그것이 복음의 승리요, 성령의 역사인 것입니다.

둘째, 모든 사람이 그 된 일을 보고 하나님에게 영광을 돌렸다고 했습니다. 성령의 열매는 하나님께 영광을 돌리는 것입니다. 우리가 예배를 드리고 섬기는 것은 하나님의 영광을 위해서입니다. 하나님 제일주의, 하나님 우선주의로 하나님에게 영광을 돌리는 것입니다. 그것이 진실한 것인지, 거짓된 것인지를 판가름하는 기준은 그 결과가 하나님에게 영광이 되었는지 아닌지에 달려 있습니다. 사람이 영광 받는 것은 다 잘못된 일입니다. 아무리 좋은 이름, 훌륭한 이름으로 했을지라도, 그 결과가 하나님에게 영광이 되지 못하고 사람이 그 영광과 칭찬을 받는다면, 그것은 하나님의 것이 아닌 게 분명합니다.

성령은 우리를 변화시킨다

사도행전의 또 하나의 특징은, 성령의 사건이 일어날 때마다 백성의 칭송을 받고, 하나님에게 영광을 돌리는 일이 계속 생겼다는 것입니다. 특별히 베드로의 설교를 듣고 3천 명이 회개했으며, 떡을 떼고 세례를 받고 사도들의 가르침을 받을 때 "하나님을 찬미하며 또 온 백성에게 칭송을 받으니 주께서 구원받는 사람을 날마다 더하게 하시니라"(행 2:47)고 성경은 기록하고 있습니다.

성령의 사람들, 성령의 교회, 성령의 사건들 앞에는 언제나 전도가 일어납니다. 예수 믿는 사람들이 자꾸 많아지는 것입니다. 따라서 전도가 없다면 문제가 있는 것입니다.

개인도 1년 정도는 봐줄 수 있을지 모르겠습니다. 그러나 3년이 지나도 변하지 않았다면, 문제가 있는 것입니다. 어느 교회가 세워진 지 3년, 5년이 지났는데도 현상 유지를 하고 있다면, 그 교회는 어디엔가 병들어 있는 것입니다. 한번 자신을 돌이켜 보십시오. 3년 전의 당신과 지금의 당신이 다르지 않다면, 당신 영혼의 어느 부분이 병들어 있는 것으로 진단해도 괜찮습니다. 자라지 않는 것은 괜찮은 게 아닙니다. 자라는 것이 정상이기 때문입니다.

지금 우리가 완전한가, 그렇지 않은가는 중요하지 않습니다. 우리는 날마다 변해 가고 있기 때문입니다. 복음이 우리를 변화시킵니다. 생명이 우리를 변화시킵니다. 그러므로 현재 우리의 실수와 연약함 때문에 고민할 필요는 없습니다. 그것을 그대로 인정하며 말씀을 붙잡고 있으면, 세월이 흐르면서 우리는 날마다 변하게 될 것입니다.

성령이 있는 곳에는 필연코 전도의 역사가 있습니다. 교회는 반드시 성장하게 되어 있습니다. 왜냐하면 생명이 있기 때문입니다. 예수 믿는 사람들은 변하게 되어 있습니다. 복음이 있는 곳에는 구제가 생깁니다. 끊임없이 구제와 봉사와 남을 돌보는 일들이 생기기 마련입니다. 성령이 계신 곳에는 언제나 치유가 있었습니다. 저는 하나님의 치유를 믿습니다. 하나님은 과거에도 치유하셨고, 오늘도 치유하십니다. 물론 이것이 모든 사람을 다 고치신다는 뜻은 아닙니다. 그렇지만 하나님의 치유가 있다는 것입니다. 이 얼마나 놀랍고 아름다운 일입니까? 당신의 생애에 상상할 수 없는, 기대할 수 없는 이런 축복과 아름다운 일들이 계속 일어나게 되기를 바랍니다.

이 표적으로 병 나은 사람은 사십여 세나 되었더라(행 4:22).

왜 이 말씀을 기록했을까요? 왜 그의 나이가 40여 세인 것을 밝히는 것일까요? 사도행전 3장 2절에 보면, 그는 나면서부터 못 걷게 된 사람이었습니다. 혼자 다닐 수 없어 다른 사람이 메고 다녔다고 했습니다. 분명한 것은, 앞의 말씀은 그가 걷는 게 불편한 정도의 못 걷는 사람이 아니라, 완전히 일어날 수 없는 사람이었음을 보여 줍니다.

또한 이 말씀에 의하면, 그는 40년 동안 앉아서 살아왔습니다. 건강한 사람도 한곳에 묶어 놓아 걷지 못하게 한 채 40년이 지나면 다리를 펴지 못하게 될 것인데, 모든 정황을 살펴볼 때 그는 분명 40년 동안 다리가 굳은 상태로 지냈음을 알 수 있습니다. 그런데 그가 걸었던 것입니다. 이것이 하나님이 하시는 일입니다. 이렇듯 하나님은 우리의 이성과 기대와 상식을 뛰어넘는 분이십니다.

이 사람이 받은 치유는 심리적 치유가 아닙니다. 언젠가 SBS 방송의 〈그것이 알고 싶다〉 프로그램에서 치유에 대한 내용을 방영한 적이 있었습니다. 그 프로그램의 제작진이 어떤 사람들인지는 모르겠지만, 그들은 하나님의 치유를 인간의 합리적이고 의학적인 방법으로 설명하려 했습니다. 치유 사역자들이나 기도원들이 병을 고치는 경우, 가짜들이 많다는 사실은 인정합니다. 잘못된 것도 많습니다. 부분적인 실수가 있습니다. 그러나 그것 때문에 하나님의 치유가 없다고 말해서는 안 됩니다. 성경을 보십시오. 40세가 되도록 자리에서 일어날 수 없던 사람이 일어났습니다. 하나님이 천지를 창조하셨다는 사실과 예수님이 동정녀의 몸에서 태어나셨다는 것, 또한 예수님이 물 위로 걸으시고 죽은 자가 살아난 사실을 믿는다면서, 나면서부터 걷지 못하던 사람이 일어나 걷게 된 사실은 왜 못 믿습니까? 믿을 수 있어야 하며, 이것은 사실입니다.

그러나 하나님이 누구든지, 언제든지 사람을 치유해 주시는 것은 아닙니다. 그렇다면 치유의 근본적인 목적은 무엇입니까? 그것은 하나님 나라가 임했다는 사실을 보여 주시기 위함입니다. 예수 그리스도가 오심으로 말미암아 하나님 나라가 이 땅에 개입한 사실을 보여 주는 일들입니다. 병든 자가 고침을 받고, 귀신 들린 자가 온전해지고, 예수님이 물 위를 걸은 이 모든 사건들을 통해서 하늘의 사건이 이 땅에 임했다는 사실을 보게 되는 것입니다.

저는 태어나면서부터 40년 동안 걷지 못하게 되었던 이 사람이 일어난 사실을 믿습니다. 이런 기적은 지금도 있을 수 있습니다. 여기에 예수 믿는 놀라운 신비가 있는 것입니다. 그러나 우리는 오래 살아도 감사하고, 일찍 죽어도 감사해야 합니다. 꼭 건강하기 때문에 감사하는 것이 아니라, 병든 채 있어도 감사할 수 있습니다. 꼭 성공했기 때문이 아니라, 실패했어도 우리는 하나님에게 영광을 돌릴 수 있습니다. 이것이 진실한 그리스도인의 모습입니다. 예수 그리스도는 어떤 환경, 어떤 상황에서도 우리의 주인이십니다. 영광을 받으실 구세주이신 것입니다.

16

성령으로 기도하다

사도행전 4:23-31

초대 교회에 성령의 사건이 일어났을 때 그들은 놀라고 감격했습니다. 상상할 수 없는 충격을 받았습니다. 피조물인 인간이 창조주 하나님을 만나게 된다는 사실은 분명 보통 사건이 아닙니다.

우리는 보통 자기 생각을 하고, 자기 경험 안에서 모든 것을 판단하고 행동합니다. 사람은 상상해서 경험할 수 없습니다. 간접 경험을 한다고 하지만 결국 자기의 범주 안에서 생각하게 됩니다. 그리고 자기가 교육받은 지식이 자기 세계의 전부입니다. 그런 인간이 하나님을 생각한다거나 하나님을 경험한다거나 하나님의 지식을 갖게 된다면, 그것은 보통 일이 아닙니다. 그것은 우리가 일상적으로 만나는 충격적인 일이 아니라, 인생을 좌우하는 결정적인 일입니다.

그렇습니다. 성령을 받은 사람들은 이제 말을 해도 보통 말이 아닙니다. 어느 날 성령을 체험하고 나서부터 이상한 말을 하게 됩니다. 분명히 그것은 내 말이 아닙니다. 말은 내가 했는데, 내 생각 이상의 것을 말합니다. 내 경험 이상의 것을 말합니다. 그리고 자꾸만 말씀이 생각납니다. 그뿐만이 아닙니다. 그 사람은 기도를 해도 달라집니다. 옛날에는 분명히 내 기도를 했습니다. 그런데 이제는 내 안에서 내 대신 누군가가 기도하는 것을 느끼고 경험합니다. 그렇다고 이 사람이 완전하게 거룩하고 성숙한 것은 아닙니다. 하지만 뭔가 변한 것입니다. 이것이 바로 초대 교회 사람들의 모습이었습니다.

그들은 우리와 다를 바 없는 보통 사람들이었습니다. 똑같이 돈이나 건강에 예민하고, 자녀 교육이나 세상살이에 문제가 있는 사람들이었습니다. 그런데 무언가 변한 것입니다. 그들의 기도와 생각이 달라진 것입니다. 얼마나 놀라운 일입니까?

초대 교회의 사람들은 태어날 때부터 걷지 못하던 사람이 일어나 걷는 것을 목격하게 되었습니다. 얼마나 놀랐겠습니까? 그것은 분명 땅의 사건도 아니고, 땅의 지식도 아닙니다. 병원에서 일어날 수 있는 일이 아닙니다. 그것은 어떤 초자연적인, 해석할 수 없는 사건이었습니다.

그뿐이 아닙니다. 이렇게 기적이 일어난 사건 때문에 사람들은 핍박받기 시작했습니다. 소위 종교 계급과 사회 지도층 계급이 힘과 권력을 가지고 베드로와 요한을 핍박했습니다. 예수를 전하지 못하게 했습니다. 그러나 베드로와 요한은, "하나님 앞에서 너희의 말을 듣는 것이 하나님의 말씀을 듣는 것보다 옳은가 판단하라"(행 4:19)면서 그들의 말을 꺾었습니다. 그리고 그들은 조용히 사라졌습니다.

성령의 두 가지 기도

사도들이 놓이매 그 동료에게 가서 제사장들과 장로들의 말을 다 알리니 그들이 듣고 한마음으로 하나님께 소리를 높여 이르되 대주재여 천지와 바다와 그 가운데 만물을 지은 이시요(행 4:23-24).

이것이 바로 성령님의 기도입니다. 우리는 이 기도에서 두 가지를 발견하게 됩니다. 첫째, 그들은 합심해서 기도했고, 둘째, 소리를 높여 기도했습니다.

기도에는 개인 기도와 합심 기도, 통성 기도가 있습니다. 예수님은 이 땅에서 사역하실 때 기도를 많이 하셨습니다. 예수님은 병을 고치고, 귀신을 쫓고, 많은 기적과 능력과 기사를 행하고 말씀을 전하셨지만, 사실 예수님 생애의 핵심은 기도 생활, 경건 생활에 있었습니다. 평소에 그분은 사람들과 함께 계셨지만, 새벽 미명에는 조용히 기도하셨습니다. 결정적인 순간에 그분은 땀이 피가 되도록 기도하셨습니다.

사실 우리가 보는 예수님보다 더 중요한 것은 예수님의 보이지 않는 내면적인 경건 생활입니다. 예수님은 개인 기도 시간을 많이 가지셨습니다. 예수님은 "두세 사람이 내 이름으로 모인 곳에는 나도 그들 중에 있느니라"(마 18:20)고 말씀하셨습니다. 그것은 그들의 기도를 들어주시겠다는 말도 되지만, 예수님이 그 기도에 동참해 주시겠다는 뜻도 되는 것입니다.

합심 기도

첫째, 우리는 사도행전에서 새로운 기도를 보게 됩니다. 이것은 예수님 당시에 없었던 것입니다. 이렇게 전심으로, 일심으로 합심해서 기도하는 것은 오순절 이후부터이기 때문입니다. 120명이 모여서 전심을 다해 기도했습니다. 베드로가 한 번 설교할 때 3천 명이 회개하고 세례를 받게 되었는데, 아마 그들이 합심해서 기도했기 때문이라고 생각합니다. 이것이 사도행전에 나타난 특성 가운데 하나입니다.

이렇게 합심해서 기도하면 방언이 터지기 시작합니다. 즉, 놀랍게 성령이 임하시는 것입니다. 놀라운 말로 기도하기 시작하는 것입니다.

이런 기도 중에는 찬양 기도가 터지기도 합니다. 기도가 찬양으로 변합니다. 내 기도의 노래가 찬양이 되는 것입니다. 어떤 사람은 서서 손을 들고 찬양할 수도 있고, 어떤 사람은 무릎 꿇고 기도할 수도 있습니다. 손뼉을 치며, 몸부림치며 할 수도 있습니다. 어떤 사람은 기도하는 가운데 자기도 모르는 멜로디가 영혼 깊은 곳에서 넘쳐나기도 합니다. 이것이 우리가 하는 찬양입니다. 그것은 음악적인 화음이 아닙니다. 전문 음악가가 만드는 것도 아닙니다. 기도하다가, 찬양하다가, 신앙을 고백하다가 그것이 찬양이 되는 것입니다. 자기도 모르는 멜로디가 자기 귀에 들리는 것입니다. 이것이 찬양입니다.

어떤 사람은 중보 기도를 합니다. 나와 아무 상관이 없는데 자꾸 그 사람이 생각납니다. 그 나라가 자꾸 생각납니다. 그 사람이나 나라를 위해 기도하지 않으면 견딜 수가 없습니다. 기도하고 싶지 않지만 하게 됩니다. 그것이 바로 중보 기도입니다. 어느 집단을 위해, 단체를 위해, 어떤 일을 위해 하나님이 기도를 시키시는 것입니다. 기도를 미리 하게 하시는 것입니다. 이런 집단 기도, 합심 기도 속에서 중보 기도가 터지면서 영적 전쟁을 위한 기도를 하게 되는 것입니다.

또한 합심하는 기도 속에는 치유가 일어납니다. 병 고치는 일이 일어납니다. 그 기도 속에 있으면 병이 낫게 되는 것입니다.

통성 기도

둘째, 그들은 소리 높여 기도했습니다. 합심으로 기도하다 보면 소리 높여 기도하게 됩니다. 이것은 머리의 기도가 아니라 가슴의 기도, 성령의 기도이기 때문입니다. 아무나 소리 높여 기도할 수 있는 것이 아닙니다. 하고 싶다고 되는 것도 아닙니다.

우리는 언제 소리를 높입니까? 너무 감당할 수 없는 기쁜 소식을 접했을 때 환호를 합니다. 너무 좋으면 사람이 소리를 지르고, 뛰고, 춤을 춥니다. 또 슬픔이 극에 달해도 소리를 지릅니다. 부모의 죽음이나 자식이 당한 불의의 사고 앞에서 목을 놓고 우는 것이 인간의 본능입니다. 급한 일이 있을 때에도 우리는 소리를 지릅니다. 다리가 부러지거나 피가 나는 응급 사태가 생겼을 때 진찰권을 끊고 기다립니까? 그냥 그대로 응급실로 달려가는 것입니다.

인생의 벼랑길에 서 있는 사람이 있습니다. 죽느냐 사느냐, 사업이 망하느냐 안 망하느냐의 기로에 서서 초주검이 되어 사는 사람들이 있습니다. 이 사람들이 어찌 점잖게 예수를 믿겠습니까? 소리 지르지 않으면 견딜 수가 없을 것입니다. 그런 사람들은 산에 가서 나무뿌리를 몇 개씩 뽑아야 할 것입니다. 너무 급하기 때문입니다.

초대 교회 당시 사람들은 하나님의 사건이 너무 놀랍고 충격적이었기 때문에 소리를 지를 수밖에 없었습니다. 당신은 이런 하나님을, 이런 성령님을 경험했습니까? 아직도 많은 그리스도인들이 소리 지를 필요조차 없을 정도로 성령을 체험하지 못한 채 살아가고 있습니다. 어제가 오늘이고, 오늘이 내일이고, 그저 그렇게 일평생을 아무런 목적도, 변화도 없이 살아가고 있습니다. 교회에 왔다 갔다만 하는 것입니다. 그것이 진정으로 그들의 삶을 변화시킬 수 있을까요? 그렇게 뜨뜻미지근하게 믿는 믿음으로 이 나라를 변화시킬 수 있을까요?

초대 교회가 확장하듯이, 성령의 사람들의 생각 또한 끊임없이 확장하게 됩니다. 성령을 받은 사람들은 한곳에 머물러 있지 못합니다. 안주하지 못합니다. 주고 싶고, 나누고 싶고, 가고 싶은 것입니다. 성령의 생각이 우리 안에 너무나 강력하게 움직이기 때문에 그렇습니다. 있는 자리에서 안전하게, 행복하게 사는 것은 하나님의 뜻이 아닙니다. 하나님은 우리가 폭발해서 대한민국 전체로, 전세계로 당신의 역사가 진행되기를 원하십니다. 되든지 안 되든지, 그것은 중요하지 않습니다. 우리의 마음이 중요한 것입니다.

바로 사도행전의 사람들이 그랬습니다. 그래서 그들은 예루살렘에 모여서 성령을 받고 교회를 구성했지만, 유다와 사마리아와 땅 끝까지 가게 되었습니다. 그들이 가지 못하면 그다음 세대가 갑니다. 그다음 세대도 못 가면 그 다음다음 세대가 가는 것입니다. 이 복음의 역사는 멈추지 않습니다. 성령님의 역사는 절대로 멈추는 법이 없습니다.

성령의 기도 내용

그들이 일심으로 소리 높여 기도했을 때, 그 기도 속에 하나님의 영광이 나타났습니다. 그들의 기도 내용은 무엇입니까?

그들이 듣고 한마음으로 하나님께 소리를 높여 이르되 대주재여 천지와 바다와 그 가운데 만물을 지은 이시요(행 4:24).

첫째, 그들은 하나님의 이름을 불렀습니다. 즉, 그들은 "대주재, 곧 통치하시는 주님, 지배하시는 주님, 살아 역사하시는 주님, 우주의 주권자인 주님이시여"라고 기도했습니다. 그들은 베드로와 요한이 나면서부터 걷지 못하던 사람을 일으켜 세우고 핍박하던 무리가 다 떠났다는 소식을 들었을 때, 통치하고 지배하고 섭리하시는 그분, 우주의 주인이신 그분이 느껴지고 실감이 난 것입니다.

둘째, 그들은 역사와 우주를 통치하시고, 지배하시고, 다스리시는 하나님만 느낀 것이 아니라, 천지를 만드신 창조주를 느꼈습니다. 하나님이 천지를 창조하고 인생을 만드신 분이라면, 그분에게 모든 해답이 있습니다. 그분이 우리 인생을 만드셨는데, 못 하실 것이 무엇이 있겠습니까?

하나님에 대한 최대의 통찰력은 창조주 하나님을 발견하는 데 있습니다. 그것보다 더 높은 하나님은 없습니다. 창조는 본질과 기원의 문제입니다. 그러므로 하나님이 천지 만물과 인간을 지으셨다는 것은, 천지 만물과 인간의 본질이 하나님이라는 뜻입니다. 우리는 그런 하나님을 찬양해야 합니다.

셋째, 그들은 성령으로 미리 말씀하신 하나님을 느꼈습니다.

또 주의 종 우리 조상 다윗의 입을 통하여 성령으로 말씀하시기를 어찌하여 열방이 분노하며 족속들이 허사를 경영하였는고 세상의 군왕들이 나서며 관리들이 함께 모여 주와 그의 그리스도를 대적하도다 하신 이로소이다(행 4:25-26).

우리 하나님은 다윗의 입을 통해 성령으로 미리 말씀해서 우리에게 보여 주신 바로 그 하나님이십니다. 대주재시요, 천지와 바다와 만유를 지으신 이실 뿐만 아니라, 우리를 구원하기로 계획해서 역사 속에 개입하시고, 예수 그리스도를 성령을 통해 미리 말씀하신 분입니다.

어찌하여 이방 나라들이 분노하며 민족들이 헛된 일을 꾸미는가 세상의 군왕들이 나서며 관원들이 서로 꾀하여 여호와와 그의 기름부음 받은 자를 대적하며(시 2:1-2).

하나님은 그리스도가 핍박받을 것을 아셨습니다. 누가 그리스도를 대적하고 핍박합니까? 모든 이방 나라들이 날뛰며 분노한다고 말했습니다. 모든 민족들이 헛된 일을 꾸민다고 말했습니다. 세상의 군왕들이 모두 들고일어난다고 말했습니다. 세상의 통치자들이 함께 모여 주님과 메시아를 대적할 것이라고, 이미 오래전에 다윗의 입을 통해 하나님이 성령으로 말씀해 주신 것입니다.

그렇습니다. 그 사건이 지금 여기에 일어나고 있는 것입니다. 그 그리스도를 대적했던 일들이 지금 여기에 일어나고 있는 것입니다.

과연 헤롯과 본디오 빌라도는 이방인과 이스라엘 백성과 합세하여 하나님께서 기름 부으신 거룩한 종 예수를 거슬러(행 4:27).

헤롯과 빌라도가 예수 그리스도를 핍박해서 죽였지만, 사실 그 이전부터 예수를 적대하던 세력이 있었다는 것입니다. 세상의 관리들과 통치자들과 임금들과 모든 백성 및 모든 열방들 그리고 모든 이방인들이 그리스도의 오심을 거부하고 대적한 것입니다.

그리스도를 대적했던 사탄의 모든 세력들이 예수님 당시에는 헤롯과 빌라도에게 집중됩니다. 예수를 죽이기 위해 헤롯과 빌라도가 만납니다. 사실 이들은 만날 사이가 아닙니다. 그러나 예수를 죽이기 위해 만납니다. 사두개인과 바리새인은 만날 수 있는 집단이 아닙니다. 그들은 서로 적대하고 시기하는 사이입니다. 그러나 예수를 죽이기 위해 만납니다. 또한 그 당시 이스라엘 백성은 이방인과 만날 수 없었습니다. 그러나 그들은 이방인과 합작해서 예수를 거부한 후 결국엔 죽이고 맙니다.

그들이 이렇게 처형한 예수는 누구입니까? 성경은 그를 '하나님께서 기름 부으신 거룩한 종'이라고 말씀합니다. 예수는 인간이지만 인간만이 아닙니다. 그는 하나님이셨습니다. 그는 하나님으로부터 기름 부음 받은 거룩한 종이었습니다. 그는 우리를 구원하기 위해 인간의 몸을 입고 종의 모습으로 이 세상에 오셔서 십자가에 죽기까지 순종한 분입니다.

주여 이제도 그들의 위협함을 굽어보시옵고 또 종들로 하여금 담대
히 하나님의 말씀을 전하게 하여 주시오며(행 4:29).

그들의 기도는 이것입니다. 우리는 이런 위협과 고난 속에 있습
니다. 예수 그리스도를 믿으려 하는 자는 누구든지 이런 위협과 고
난 속에 있습니다. 이것은 예수님 당시나 사도행전 때에만 있는 것
이 아닙니다. 지금도 예수 그리스도를 믿으려 하면 핍박이 있습니
다. 그리스도를 적대하고 거부하고 반대했던 그 영이 헤롯과 빌라
도에게만 있는 것이 아니라, 이스라엘 백성과 이방인과 바리새인
과 서기관들에게만 있는 것이 아니라, 베드로와 요한을 핍박하기
위해 모인 장로들과 제사장들에게만 있는 것이 아니라, 지금도 있
다는 것입니다.

복음 전하는 능력을 주옵소서
이런 고난과 위협 속에서 그들은 두 가지를 기도합니다. 첫째는,
복음 전하는 능력을 위한 기도입니다.

또 종들로 하여금 담대히 하나님의 말씀을 전하게 하여 주시오며
(행 4:29).

그들은 고난이나 위협을 피하게 해 달라고 기도하지 않았습니다. 위협이 있지만 그 속에서 포기하거나 변명하지 않고 그리스도의 복음을 담대히 전할 수 있는 담력과 능력을 위해 기도했습니다.

또한 사도 바울은 다음과 같은 기도를 했습니다.

> 또 나를 위하여 구할 것은 내게 말씀을 주사 나로 입을 열어 복음의 비밀을 담대히 알리게 하옵소서 할 것이니(엡 6:19).

제가 성도들에게 기도 부탁을 한다면, 저의 건강이나 가정보다는, '설교자로서 하나님의 말씀을 타협하지 않고 성경대로 전하게 해 주시옵소서'라는 부탁뿐일 것입니다. '이 말씀을 온 세계에 전하게 해 주시옵소서.' 바로 이것입니다. 그리고 성도들이 기도할 것은, '복음의 사도로 순교하게 하옵소서', '손을 내밀어 병을 낫게 하옵시고, 표적과 기사가 거룩한 종 예수의 이름으로 이루어지게 하옵소서'입니다.

우리가 이 세상을 살아갈 때 우리 능력과 지식으로 할 수 있는 일은 없습니다. 이 사탄의 세상에서 살아갈 수 있는 유일한 힘은 영적 능력, 곧 하늘의 능력을 받는 것입니다.

인간이란 얼마나 초라한 존재입니까? 자기 자신조차 추스르지 못하고, 자기 성품조차 제대로 다스리지 못하는 것이 인간입니다. 자식을 이기는 부모가 있습니까? 없습니다. 자기 배 속에서 난 자식도 어떻게 못 하는 것이 인간입니다. 그 인간이 도대체 무엇을 만들 수 있습니까? 그 지식이, 그 경험이 무엇을 만들 수 있다고 생각합니까?

나를 변화시킬 수 있는 분은 오직 예수님밖에 없습니다. 이 세상을 싸워 이길 수 있는 능력은 우리가 배운 지식이 아닙니다. 세상적 위치, 세상이 부여해 준 권력이나 권위가 아닙니다. 우리가 이 세상에서 살 수 있는 유일한 힘은 하늘로부터 와야 합니다. 영적인 힘이 있어야 이 세상을 살아갈 수 있는 것입니다. 사도행전에서는 그 능력이 병 고치는 것, 기사와 표적 등으로 표현되었습니다. 예수님은 그 능력에 대해 이렇게 말씀하셨습니다.

예수께서 그의 열두 제자를 부르사 더러운 귀신을 쫓아내며 모든 병과 모든 약한 것을 고치는 권능을 주시니라(마 10:1).

예수님은 전도를 위해 제자들을 내보내실 때 돈을 주지 않으셨습니다. 지식을 주지 않으셨습니다. 그러나 오늘날 많은 사람들이 돈으로 전도하려 합니다. 또한 성경 지식이나 신학 지식이 없어서 전도를 못 한다고 생각합니다. 그렇지 않습니다. 오히려 지식이 많으면 지식에 덮여 아무것도 못 합니다. 지식이 많은 사람은 오히려 행동력이 없습니다. 예수님은 그들에게 어떤 방법이나 제도 또는 프로그램으로 전도하라고 하지 않으셨습니다. 예수님은 그들에게 귀신 쫓는 능력을 주셨습니다. 모든 병과 약한 것을 고치는 권능을 주심으로 사람들의 영혼을 구원하도록 하신 것입니다.

> 믿는 자들에게는 이런 표적이 따르리니 곧 그들이 내 이름으로 귀신을 쫓아내며 새 방언을 말하며 뱀을 집어 올리며 무슨 독을 마실지라도 해를 받지 아니하며 병든 사람에게 손을 얹은즉 나으리라 하시더라(막 16:17-18).

우리에게 이 능력이 있게 되기를 바랍니다. 기도의 능력이 있게 되기를 바랍니다. 내 기도가 아니라 하늘의 기도를 할 수 있게 되기를 바랍니다. 성령의 기도를 할 수 있게 되기를 바랍니다.

인간이 갖고 있는 휴머니즘이나 동정심, 사랑에는 한계가 있습니다. 오직 하늘이 주시는 사랑이어야 합니다. 하나님으로부터 받는 능력 외에는 궁극적으로 인간을 살릴 것이 없습니다. 하나님이 우리를 사용하실 때는 우리의 지식과 경험과 돈을 필요로 하지 않습니다. 우리가 훌륭하기 때문에 하나님이 우리를 필요로 하시는 것도 아닙니다. 하나님이 우리를 필요로 하시는 것은, 하나님이 우리에게 능력을 주시어 그 일을 하게 하시려는 것입니다. 세상 지식으로, 세상 방법으로는 영혼이 구원되지 않습니다. 그것은 하나님의 것으로만 되는 것입니다.

초대 교회 사람들은 손을 내밀어 병을 낫게 해 달라고 기도했습니다. 여기서 손을 내미는 것은 믿음의 표시요, 안수의 표시입니다. 그리고 그들은 예수의 이름으로 모든 표적과 기사가 일어나게 해 달라고 기도했습니다.

합심해서 기도할 때 일어나는 성령의 역사

우리는 여기서 고난과 핍박을 이기는 두 가지 비결을 발견하게 됩니다. 첫째는, 말씀에 대한 담대함이요, 둘째는, 영적인 능력입니다. 그들이 합심해서 소리 높여 기도를 마쳤을 때 무슨 일이 일어났습니까?

> 빌기를 다하매 모인 곳이 진동하더니 무리가 다 성령이 충만하여 담대히 하나님의 말씀을 전하니라(행 4:31).

기도를 마치니 모인 곳이 진동했습니다. 지진이 일어났습니다. 저는 실제로 진동이 있었다고 믿습니다. 집이 흔들렸을 것입니다. 이것이 성령의 역사입니다. 우리가 기도할 때 집이 흔들리기를 바랍니다. 지진이 일어나기를 바랍니다. 사람들의 마음이 흔들리기를 바랍니다. 이것이 합심하는 기도요, 주님에게 드리는 기도입니다. 그 후에 모두 성령이 충만했고, 그다음에 그들은 하나님의 말씀을 담대히 전했습니다.

이것은 오순절의 성령 사건과 똑같습니다. 오순절 날 홀연히 급하고 강한 바람 같은 소리가 하늘로부터 들리고, 불의 혀처럼 갈라지는 것이 보였습니다. 표현은 다르지만 이것도 진동하는 것과 다를 바 없습니다. 그리고 모든 사람들이 성령 충만을 받았습니다. 그러고 나서 그들은 성령의 말하게 하심을 따라 담대히 말했던 것입니다.

저는 이 공식이 우리 교회에도 임할 것이라 믿습니다. 우리가 합심해서 통성으로 기도할 때, 방언의 기도와 찬양의 기도를 올려 드릴 때, 중보의 기도와 영적 전쟁의 기도와 치유의 기도와 선교의 기도를 하나님 앞에 올려 드릴 때, 성령이 충만하게 임할 것입니다.

"주여, 우리에게 담대함을 주시옵소서. 복음을 부끄러워하지 말게 하시고, 우리를 유혹하는 모든 세력을 끊어 버리게 하시며, 주님을 믿고 나아가게 하시옵소서. 그리고 영적인 능력을 주시옵소서."

복음에 대한 담대함을 달라고 기도하십시오. 그리고 영적인 능력을 구하십시오. 복음의 담대함으로 세상에 나아가 가정과 민족과 전 세계 열방을 구원하게 하시고, 주님이 주신 능력으로 교회의 변화는 물론 개인의 병과 모든 약한 것들을 해결하게 해 달라고 기도하십시오.

17

모든 물건을 통용하고

사도행전 4:32 - 37

사도행전에 보면 성령이 임했을 때 놀라운 사건과 변화가 일어났습니다. 사람들이 성령을 따라 말하기 시작했고, 초자연적인 현상들을 목격했으며, 담대히 나가 복음을 전하는 것은 물론, 걷지 못하는 사람을 일으켜 세우는 놀라운 기적을 일으켰습니다.

그런데 이런 변화와 함께 또 한 가지 놀라운 변화가 소개되고 있습니다. 즉, 성령이 임하면 방언도 하고, 예언도 하고, 봉사도 하고, 능력과 권능과 치유 및 기적도 일어나지만, 자기의 소유를 자기 것이라고 생각하지 않는 일이 일어납니다. 필요한 모든 이들에게 자신의 것을 나눠 주는 구제가 시작되는 것입니다.

성령 충만, 구제의 시작

> 믿는 무리가 한마음과 한 뜻이 되어 모든 물건을 서로 통용하고 자기 재물을 조금이라도 자기 것이라 하는 이가 하나도 없더라(행 4:32).

성령이 임하시면 무슨 일이 생깁니까? 우리의 인생관, 세계관이 변할 뿐 아니라 물질관도 변합니다. 성령이 임하시면 자기의 재물을 자기 것이라고 생각하지 않게 됩니다. 누가 시켜서가 아닙니다. 이상하게 돈에 대해서, 물질에 대해서 자유로운 마음이 생기기 시작합니다.

"자기 재물을 조금이라도 자기 것이라 하는 이가 하나도 없더라"라는 구절은, 성령이 임하시면 예외 없이 구제가 일어난다는 사실을 말해 줍니다. 성령이 임하시면 선교가 일어나는데, 그것은 구제와 함께 일어납니다. 구제하며 선교하고, 선교하며 구제하는 것입니다. 구제는 강요로 되는 것이 아닙니다. 그것은 저절로 이루어지는 것입니다. 물이 차면 넘치는 것처럼, 이 긍휼 사역, 즉 구제 사역은 성령이 임할 때 차고 넘치게 되는 것입니다.

어떤 사람에게 진정으로 성령이 임했는지, 임하지 않았는지는 여러 가지로 살펴볼 수 있지만, 특히 선교에 관심이 있는지 없는지, 구제하는지 하지 않는지를 보면 알 수 있습니다. 만약 당신이 가난한 누군가를 불쌍히 여기고 필요를 느끼는 사람에게 도움을 주고 있다면, 이미 성령이 차고 넘쳐서 그렇게 되는 것입니다.

교회도 마찬가지입니다. 어떤 교회가 진실한 교회인지, 또 성령이 임한 교회인지의 여부는 그 교회가 구제를 하고 있는지, 선교를 하고 있는지에 따라 결정됩니다. 왜냐하면 구제는 인위적으로 하는 것이 아니기 때문입니다. 교회에서 말하는 진정한 구제는 성령이 충만해서 흘러넘치는 것입니다. 간혹 교회에 보면 말만 많이 하고 헌금이나 구제나 봉사에는 아주 인색한 사람이 있는데, 그 사람이 말을 많이 하는 이유는 자기가 구제하지 않는 변명에 불과합니다.

우리는 일반적으로 성령에 대해 말할 때 방언이나 예언, 권능, 치유, 찬양에 대해 이야기하는 것을 많이 듣습니다. 그러나 성령에 대해 깊이 있게 알고 있는 사람은 봉사나 사역, 좀 더 깊은 사람은 선교에 대해 이야기합니다. 진정한 성령의 역사는 선교하는 것입니다. 그러나 선교까지는 이야기해도 성령의 역사가 구제라고 설교하는 경우는 거의 없습니다.

구제는 성령의 역사입니다. 성령이 충만하면 그 교회에 긍휼이 가득 차게 됩니다. 그리고 연약한 사람, 불쌍한 사람, 외로운 사람에 대한 관심이 깊어집니다. 쏟아 붓습니다. 그들을 조건 없이 사랑하게 됩니다. 이것이 진정한 교회입니다.

초대 교회의 물질관

첫째, '믿는 무리'라는 말이 나옵니다. 초대 교회는 개인이 아니라 '믿는 무리' 모두가 공동체적으로 구제에 대한 관심을 갖고 있었습니다. 그것은 물질에 대한 개인적인 태도가 아니라, 공동체적인 변화가 일어났다는 것입니다. 개인적으로는 누구든지 긍휼을 가질 수 있습니다. 그러나 성령이 임한 초대 교회는 개인 차원의 문제가 아니라, 믿는 무리 모두가 공동체 차원에서 구제에 대한 관심을 갖게 되었다는 것입니다.

오늘날 교회에도 개인적으로 구제에 관심을 가진 사람은 있을 수 있습니다. 그러나 교회가 결정해서 하나님이 주신 헌금을 선교와 구제로 쓸 수 있는 것은 성령의 역사입니다. 놀라운 일입니다. 공동체 차원에서 이런 생각을 하게 된 것입니다.

둘째, '한마음과 한 뜻'이 되었다고 했습니다. 물질에 대한 마음은 사람마다 다릅니다. 한마음이 되기는 참 어렵습니다. 부부라도 돈 쓰는 것이 다릅니다. 남편은 자동차 사기를 원하는데, 부인은 소파 사기를 원할 수 있습니다. 똑같은 돈이지만 서로의 관심이 다르기 때문에, 돈을 사용하는 데 있어 한마음이 되는 것은 쉬운 일이 아닙니다. 더구나 교회에서는 더더욱 그렇습니다. 그런데 믿는 무리에게 성령이 임했을 때, 구제와 교회의 여러 가지 문제에 대해 한마음, 한 뜻이 되었다는 것입니다. 저는 이런 일들이 교회에, 가정에, 부부 사이에 있기를 바랍니다. 한 생각을 갖는 부부는 성령의 부부일 것입니다. 한마음을 갖는 교회는 성령의 교회일 것입니다.

오순절의 특징 가운데 하나는 모든 성도들이 '한마음과 한 뜻'이 되었다는 것입니다. 초대 교회는 기도할 때도, 전도할 때도 그리고 구제를 할 때도 전심으로 한마음, 한 뜻으로 했음을 기억해야 합니다.

셋째, 초대 교회는 '모든 물건을 서로 통용'했다고 했습니다. 물건을 서로 통용했다는 것은 서로의 필요를 발견했다는 것입니다. 특별히 다른 사람의 필요가 눈에 띄었다는 것입니다. 다른 말로 하면, 자기 물건이 아깝지 않았다는 뜻도 됩니다. 아깝지 않았기 때문에 필요에 따라 공급할 수 있었습니다.

누구든지 자기 물건이 아깝고 자기 것이 가장 소중한 법입니다. 그런데 성령이 임하면 가치관이 달라지게 됩니다. 타인의 필요가 자기 소유보다 더 크다는 것을 느끼게 됩니다. 그것이 성령의 깊은 역사입니다.

성령의 초보적인 단계에는 기적, 방언, 예언과 같은 현상들이 일어납니다. 그러나 성령의 더 깊은 단계에 들어가면 사람들은 자기의 삶을 헌신하게 됩니다. 그리고 자기의 것을 자기 것이라 말하지 않게 됩니다. 즉, 영의 자유뿐만 아니라 물질에 대한 자유까지도 느끼게 되는 것입니다.

언젠가 이런 바자회를 해야겠다고 생각한 것이 있습니다. 자기가 가지고 있는 것 중에 제일 좋은 물건을 내놓는 것입니다. 바자회에 무엇을 내놓으라고 하면 사람들은 보통 중간 것을 내놓습니다. 대개 중간이나 중간 이하의 것을 내줍니다. 그런데 저는 집에서 제일 아끼고 소중하게 생각하는 물건을 남에게 그냥 주자고 부탁해 보고 싶습니다. 그래서 그 물질의 노예 상태로부터 해방되자는 것입니다.

교회 안에는 가난한 사람도 부유한 사람도, 배운 사람도 못 배운 사람도, 건강한 사람도 건강하지 못한 사람도, 지위가 높은 사람도 낮은 사람도 있습니다. 그러나 우리에게 성령이 임하면 모두가 한 가족처럼 느껴집니다.

교회가 진정으로 성령 충만하게 되었다는 것을 어떻게 알 수 있을까요? 아마 교회 내에서 직업도 없는 가난한 사람들이 소외감을 느끼지 않을 때일 것입니다. 어떤 사람들은 교회에 와서 굉장한 부담을 느낍니다. '어쩐지 나는 이 교회에 있을 사람 같지 않다. 사람들은 너무 완벽하고 좋아 보이는데 나만 초라하구나' 하는 느낌을 가지는 것입니다. 만약 그런 사람이 있다면, 그 교회는 아직 성령 충만이 덜 됐는지 모릅니다. 가난하고 병들고 소외된 사람들도 '나는 이 교회의 교인이고 하나님의 백성이다'라고 느낄 수 있어야 합니다. 그것이 진정한 교회입니다. 세상에서 높은 직책에 있거나 좋은 직업에 종사하면서 굉장히 많은 일을 하고 돈을 많이 버는 부자라 할지라도 교회에 들어와서는, '나는 하나님 백성의 한 사람이다'라는 겸손한 마음을 가질 때, 그 교회는 진정으로 성령이 충만한 교회일 것입니다. '우리는 그리스도 안에서 한 백성이요, 한 가정'이라고 느낄 수 있는 곳이 진정한 교회입니다.

넷째, 초대 교회에는 '자기 재물을 자기 것이라 하는 이가 없다'고 했습니다. 물건이 통용됐습니다. 그리고 자기 물건을 조금이라도 자기 것이라 하는 이가 없었습니다. 이는 성령의 공동 사회를 이루었다는 것입니다.

분명히 내 물건이고 내 소유입니다. 그러나 성령을 받은 후에 자신의 모든 소유는 하나님의 것이며, 만약 하나님이 그것을 사용하겠다고 하시면 언제든지 그것을 기쁘게 내놓을 수 있다는 마음이 생긴 것입니다. 그것은 누가 강요하거나 시킨 것이 아닙니다. 스스로 그렇게 생각한 것입니다. 그것이 성령의 역사입니다.

우리의 마음속에도 이런 역사들이 스스로 일어나기를 바랍니다. 세상에서 돈 버는 게 얼마나 힘듭니까? 그러나 우리에게 성령이 임하시면 그 돈에 대해서 자유하고 평안한 마음이 생깁니다. 뿐만 아니라 우리가 어렵게 차지한 사회적인 지위에 대해서도 포기할 수 있는 마음이 생깁니다. 그것이 성령의 역사요, 성령으로 인한 물질관의 변화입니다. '소유'가 아니라 '관리'이며, '독점'이 아니라 '나눔'이라는 원리를 체득한 것입니다. 저는 우리에게 그런 일이 있기를 바랍니다.

어디 물질뿐이겠습니까? 성령이 우리에게 임하시면 우리의 시간, 생명, 재능, 소유 모두가 하나님의 것이며, 우리는 잠깐 동안 그 모든 것을 관리하도록 위탁받은 청지기일 뿐이라고 생각하게 됩니다. 청지기는 그 주인이 시키는 것만 하는 게 아닙니다. 주인을 위해서 스스로 무언가를 하는 것입니다. 한 달란트를 주면 그것을 땅에 묻어 버리는 것이 아니라, 그것을 가지고 주님을 위해, 하나님의 영광을 위해 열심히 장사하는 것입니다. 자신을 위해서가 아니라 '주님을 위해, 하나님의 영광을 위해' 하는 것입니다.

생각해 보십시오. 얼마나 놀라운 변화입니까? 우리는 얼마나 물질의 노예로 살고 있습니까? 저는 자유하고 싶습니다. 물질로부터 자유로운 교회가 되기를 원합니다.

마태복음의 산상 설교에서 예수님은 "하나님과 재물을 겸하여 섬기지 못하느니라"(마 6:24)라고 말씀하셨습니다. 사람들은 돈을 하나님처럼 생각합니다. 그래서 현대를 물질 만능 시대라고 말합니다. 그러나 성령이 임하시면 영의 자유와 함께 물질의 자유도 있음을 믿습니다.

성령의 공동체 vs. 공산 사회

여기서 성령과 구제를 생각할 때 조심스럽게 관찰해야 할 것이 있습니다. 그것은 성령의 공동체가 사회주의나 공산주의와 어떻게 다른가 하는 점입니다. 불평등이나 부조리, 불의에 대한 인식과 관점은 양자가 같습니다. 상황과 문제를 바라보는 시각도 거의 같습니다. 그러나 그 문제를 해결하는 태도는 서로 정반대입니다.

사회주의자들이나 공산주의자들의 평등, 자유, 해방에 대한 방법은 성령의 능력이 아닙니다. 그것은 하나님으로부터 온 방법이 아니라 혁명적 방법이요, 폭력적 방법이며, 인위적이고 인간적인 방법입니다. 즉, 그들은 부자의 소유를 인위적, 폭력적, 강압적 방법으로 빼앗아 가난한 자에게 나누어 주자는 것입니다. 다 평등하게 만들자는 것입니다. 서로 비슷하면서 결정적으로 다른 부분이 바로 여기에 있습니다.

그러나 하나님의 방법은 강압적이거나 혁명적, 폭력적인 것이 아닙니다. 성령이 임하면 스스로 물건을 나눕니다. 이것이 성령의 역사요, 교회의 방법입니다. 나눠 주고서 기쁨과 보람과 축복을 느끼는 것입니다. 다른 사람들에게 자신의 것을 주고 좋아하며, 포기하면서 기뻐하는 그것이 하나님의 방법, 교회의 방법, 교회의 평등입니다.

혁명과 폭력과 강제에 의한 나눔에는 기쁨이 없습니다. 거기에는 저주와 슬픔과 억울함이 도처에 깔려 있고, 그 결과는 언제나 비참함뿐입니다. 그러므로 교회에 있어서 구제란 단순한 휴머니즘이나 인류애나 자성의 차원에서 하는 것이 아님을 기억해야 합니다.

신약 시대의 구제는 성령에 의한 것이었습니다. 성령이 충만해서 예수 그리스도의 긍휼로 가난한 자들과 소외된 자들과 도움을 필요로 하는 자들에게 그리스도의 사랑을 전하는 것이었습니다. 그때 모든 사람들에게 평화가 있었습니다. 이것이 초대 교회였습니다.

구제의 유의점

특별히 교회 안에서 구제를 생각할 때 조심해야 할 것이 있습니다.

첫째, 인위적인 구제가 아니어야 합니다. 양심이나 인간의 본성에 호소하는 구제가 아니라, 성령의 차고 넘치는 구제이기를 기도해야 합니다.

우리 주위에는 자선 단체가 많습니다. 그들의 자선과 교회가 하는 자선에는 어떤 차이가 있습니까? 전자는 인간의 양심과 도덕심에 호소한 것이고, 후자는 성령의 역사로 이루지는 것입니다. 똑같은 구제지만, 성령의 역사로 이루어지는 구제에는 구원과 영생이 깃들어 있습니다. 교회에서는 결코 헌금을 위해 인위적으로 설교하거나 부흥회를 해서는 안 됩니다. 그것은 하나님의 방법이 아닙니다. '이 사람은 이만큼 했는데 너는 얼마나 할 것이냐' 하고 사람들을 비교시켜서 헌금하게 하는 것도 하나님의 방법이 아닙니다. 진정한 헌금은 성령에 의해 은혜 받아서, 그 은혜가 차고 넘쳐서 하는 것입니다. 교회는 이것을 통해서 구제를 하는 것입니다.

둘째, 끊임없이 구제해야 합니다. 특별히 다른 사람을 도와줄 때 너무 많은 것들을 따지면 돕기가 어렵습니다. 어떤 경우에는 속아 주면서 도와야 합니다. 구걸을 기업적으로 하는 것으로 생각하는 사람이 있을 수 있습니다. 특별히 육교 같은 데를 건널 때 보면 아픈 부위를 겉으로 드러내 놓고 사람들의 동정심을 사서 구걸하는 사람들이 있습니다. 그런데 그곳을 지나가는 사람들은, '내가 도와 줘 봤자 너한테 돈이 안 간다는 것을 안다. 네 뒤에 있는 건강한 사람이 돈을 다 착취해 가니까 나는 도와주지 않겠다' 하고는 그냥 지나갑니다. 그들은 구제할 수 없는 자기의 마음에 그럴싸한 이론을 끌어다 붙여서 구제를 안 하려는 것입니다. 그런 경우에도 우리는 아무 조건 없이 구제해야 합니다.

가난한 자들에게 여유 있게 주십시오. 긍휼을 베푸십시오. 긍휼은 먼 데 있는 자들을 찾아가 베푸는 것이 아니라, 우리 집에 찾아오는 사람, 우리 주변 사람, 우리와 가까운 사람들에게 베푸는 것입니다. 또한 우리는 베푸는 연습을 해야 합니다. 우리가 긍휼을 베풀 때 성령님은 우리에게 임하시고, 우리가 구제할 때 성령님은 우리의 마음속에 찾아오십니다.

그렇지만 교회 안에서는 구제나 선교 목적 이외의 돈 거래는 하지 않는 편이 좋습니다. 이런 문제로 교회가 시험에 들 때가 얼마나 많은지 모릅니다. 특별히 구제나 금전 문제를 다룰 때 어려움을 많이 겪습니다. 돈이 있는 곳에는 꼭 마귀가 따라옵니다. 그래서 언제나 여러 가지 잡다한 문제들이 따르기 마련입니다. 교회는 들어온 헌금은 그때그때 다 쓰는 것이 제일 좋습니다. 교회가 돈을 쌓아 놓고 모아 두면 이상하게도 나쁜 일들이 자꾸 일어납니다.

돈 거래를 하지 마십시오. 교인들끼리는 돈을 빌려 주거나 꾸는 일을 가능하면 삼가는 것이 영적으로 좋습니다. 물론 형제이기 때문에 급할 때 빌려 줄 수는 있습니다. 그러나 교회나 구역의 이름으로 모일 때는 돈 거래를 하지 마십시오. 보증서지 마십시오. 또 계나 여타의 다른 금융 거래를 하지 마십시오. 구제나 돈의 사용은 영적인 목적 외에는 교회가 건드리지 않는 것이 제일 바람직하기 때문입니다.

은혜를 받으면 구제가 일어난다

사도들이 큰 권능으로 주 예수의 부활을 증언하니 무리가 큰 은혜를 받아 그중에 가난한 사람이 없으니 이는 밭과 집 있는 자는 팔아 그 판 것의 값을 가져다가 사도들의 발 앞에 두매 그들이 각 사람의 필요를 따라 나누어 줌이라(행 4:33-35).

성령이 임하면 은혜를 받게 되고, 은혜를 받으면 구제할 마음이 생깁니다. 그렇다면 우리는 어떻게 구제해야 합니까? 첫째, 구제를 강조하면 구제가 없습니다. 선교를 강조하면 선교가 일어나지 않습니다. 그렇게 하면 구제와 선교에 대한 부담만 생길 뿐입니다.

교회가 구제를 하기 위해서는 먼저 은혜를 받아야 합니다. 그러면 그 은혜는 어떻게 받습니까? 성경은 '사도들이 큰 권능으로 주 예수의 부활을 증언하니 무리가 큰 은혜를 받게 되었다'고 했습니다. 그 결과 구제가 일어난 것입니다.

교회는 예수님에 대해 이야기해야 합니다. 예수님의 부활과 구원에 대해 말해야 합니다. 거듭남을 말해야 합니다. 사회 참여나 구제는 그것 자체를 놓고 이야기할 때 일어나는 것이 아니라, 예수님에 대해 이야기할 때 자연스럽게 일어나는 것입니다. 이것이 원칙입니다.

이것은 소의 젖을 억지로 짜면 안 되는 것과 같습니다. 젖이 많이 나오게 하는 방법은 잘 먹이는 것입니다. 풀과 사료를 잘 먹이면 소에서 젖이 넘쳐흐릅니다. 마찬가지입니다. 교인들이 꼴을 잘 먹어야 합니다. 영적으로 은혜 받고 충만해야 합니다. 기쁨과 감격이 넘쳐야 합니다. 구원의 노래가 있어야 합니다. 그때 구제가 자연스럽게 넘쳐나게 됩니다.

여기서 우리는 한 가지 원리를 발견하게 되는데, 물질적 문제의 근본 해결책은 영적인 문제를 푸는 데 있다는 것입니다. 혹시 경제적으로 어려움을 겪고 있습니까? 물질을 쫓아다니지 마십시오. 그 물질에는 해답이 없습니다. 빨리 새벽 기도를 나오십시오. 무릎 꿇고 하나님께 매달리십시오. 영적인 문제를 해결하면 육적인 문제는 저절로 해결됩니다. 그 문제의 원인을 발견하게 됩니다. 그래서 하나님에게 영광을 돌리게 되는 것입니다.

하나님의 응답은 우리에게 있다

둘째, 사도들이 큰 권능으로 예수의 부활을 증언하니 무리가 큰 은혜를 받아 그중에 가난한 사람이 없어졌습니다. 가난한 사람이 어떻게 없어졌습니까? 사람들이 자신들의 밭과 집을 팔아 그 돈을 사도들의 발 앞에 가져다 놓았기 때문입니다. 이처럼 교회에서 우리가 받는 하나님의 응답은 우리에게 있다는 사실을 발견합니다.

선교 사업과 구제를 하기 위해서는 교회에 돈이 있어야 합니다.

그러나 그것은 밤이 새도록 철야 기도를 하고 금식한다고 해서 어디서 갑자기 생기는 것이 아닙니다. 또 하나님이 어느 부자를 통해 필요한 물질을 주심으로 응답해 주시는 것도 아닙니다. 그런 것은 기대하지 마십시오. 누군가 도와줄 것이라고 생각하지 마십시오.

기도의 응답은 '누군가'가 아니라 바로 '나'입니다. 성령이 임해서 내 마음을 열게 하시고, 내 통장을 열게 하시고, 내 주머니를 털게 하시는 것입니다. 그것이 바로 사도행전적 방법이었습니다. 제삼자가 찾아오는 것이 아닙니다. 우리가 변하는 것입니다. 저는 당신의 통장이 열리기를 바랍니다. 당신의 마음이 변하기를 바랍니다. 이것이 성령의 역사입니다. 해답은 우리에게 있습니다. 초대 교회 안에는 필요를 채워 주는 이런 역사가 있었습니다.

인류가 가진 모든 것을 서로 나눌 수 있다면, 지구상의 모든 가난은 사라질 것입니다. 하나님이 인류에게 주신 모든 것들을 서로 나눌 수 있다면, 한 사람도 빠짐없이 잘 먹게 될 것입니다. 그러나 부(富)를 몇 사람과 몇 나라가 독점하고 있기 때문에 연약하고 능력 없는 나라들은 굶는 것입니다. 물질이 없어서, 돈이 없어서 가난한 것이 아니라, 나누지 않기 때문에 가난한 것입니다.

이 성령의 역사는 그들 안에 응답이 있었습니다. 그리고 교회 안에 응답이 있다고 믿습니다. 이는 제삼자를 통해서가 아니라, 우리 안에서 일어나는 것입니다. 성령이 우리 안에 임하시면 우리가 변하는 것입니다. 우리가 변하면 물이 수평을 이루듯이, 그런 평등이 이루어집니다.

소유를 팔아 드리다

셋째, 초대 교회의 성도들은 밭과 집을 팔아서 그 돈을 사도들의 발 앞에 놓고 그들로 하여금 가난한 자를 돌보도록 했습니다. 그것이 사도행전적 헌금 방법이며, 교회의 방법입니다. 그들은 교회 공동체에 자신의 소유를 맡기고 교회로 하여금 일을 하게 한 것입니다. 여기에 교회의 막중한 사명이 있습니다. 교회에는, 특히 교회의 지도자들에게는 성도들의 헌금을 하나님의 방법대로 사용해야 할 책임이 있습니다.

만약 우리가 직접 구제한다면 우리가 칭찬받게 될 것입니다. 그렇게 되면 시험받을 일도 많이 생길 것입니다. 도움을 받는 사람도 주님을 바라보지 않고 우리만 바라보게 될 것입니다. 그러다 보면 처음에는 잘 시작했으나 나중에는 어려움에 빠지게 될 것입니다. 그래서 초대 교회는 그 돈을 사도들의 발 앞에 갖다 놓고 사도들로 하여금 공평하게 예수 그리스도의 이름으로, 교회의 이름으로 구제하게 한 것입니다. 그것이 얼마나 지혜롭고 놀라운 방법인지 모릅니다.

가끔 십일조에 대해 질문하는 사람들이 있습니다. "십일조는 꼭 본교회에 내야 되나요? 제가 아는 개척 교회에 보내면 안 되나요?" 십일조는 섬기는 교회에 내는 것이 제일 원칙입니다. 비록 다른 교회에서 왔다 할지라도 섬기는 교회에 내는 것이 제일 바람직합니다. 하지만 본교회가 너무 어렵고 힘들어 십일조를 그곳에 보내고 싶다면, 그런 목적을 봉투에 써서 섬기고 있는 교회를 통해 어려운 본교회로 헌금이 가게 하는 것이 옳습니다. 교회는 또 그 일을 해 주어야 합니다.

선교 단체인 OMF에서는 특정 선교사에게 헌금을 보내도 개인에게 바로 가지 않습니다. 헌금은 모두 선교 본부로 보내집니다. 선교 헌금을 많이 받은 사람은 많게, 적게 받은 사람은 적게 주는 것이 아니라, 모아서 평등하게 나누어 줍니다. 이것이 OMF의 하나의 원리입니다. 그러나 꼭 그 사람에게 보내고 싶으면 이렇게 써야 합니다. "이 돈으로 아무개 선교사님의 치아 좀 고쳐 주십시오"라고 용도를 밝히면, 그 헌금은 100퍼센트 그 사람에게 전달됩니다. 아주 지혜로운 방법이라고 생각합니다.

어쨌든 중요한 것은, 초대 교회 교인들은 직접 구제하지 않고, 그것을 교회 공동체에 맡겨 그 돈을 예수의 이름으로 쓰게 했다는 것입니다.

성령과 구제의 대표적인 모델, 바나바

> 구브로에서 난 레위족 사람이 있으니 이름은 요셉이라 사도들이 일 컬어 바나바라(번역하면 위로의 아들이라) 하니(행 4:36).

성경은 이렇게 성령과 구제에 관한 말씀을 나누는 한편, 사도행 전에서 가장 인격적으로 나타난 모델의 예를 이곳에 기록하고 있 습니다. 그 사람의 이름은 바나바입니다. 구브로에서 난 부유한 사 람이었습니다. 그는 구브로에 땅을 좀 갖고 있었던 것 같습니다. 아마 은퇴 이후 말년에 쓰려고 사 두었는지도 모르겠습니다. 이 사 람이 성령을 체험하고 기도하다가 그 땅을 팔았습니다. 가난한 자 에게 주기 위해, 나눠 주기 위해 그 땅을 판 것입니다.

바나바라는 이름은 '권위자, 위로하는 자'라는 뜻으로서, 그는 사도행전에 나타난 인물 중에서 뛰어난 인격을 가진 사람입니다. 그는 사역을 많이 한 사람은 아닙니다. 사도 바울은 사역에 뛰어난 사람인 반면, 바나바는 훌륭한 인격을 소유한 사람이었습니다. 마 치 여호수아의 그늘 밑에 갈렙이 있었던 것처럼, 바나바는 사도 바 울의 그늘 밑에 있었습니다. 그러나 갈렙이 위대한 인격의 소유자 였던 것처럼, 바나바 역시도 그랬습니다. 이렇게 훌륭한 인격을 가 졌으며 물질적으로도 부유했던 바나바는 자신의 물질을 자신이 쓰지 않고 사도들의 발 앞에 갖다 놓았습니다. 우리는 여기서 그의 겸손을 읽을 수 있습니다.

지금까지 사도행전에 나타난 성령과 구제의 관계를 살폈습니다. 저는 이런 일들이 교회 안에서 일어나기를 바랍니다. 이런 풍성한 은혜와 축제의 사건들이 그리스도인들의 삶 가운데 일어나기를 바랍니다.

사람은 도움을 받을 때보다 도움을 줄 때 더 큰 기쁨과 즐거움을 느끼는 존재입니다. 당신의 것을 나누십시오. 조그만 것이라도, 냉수 한 잔이라도 나눌 수 있는 넉넉한 마음을 가지십시오.

18

거짓의 영을 주의하라

사도행전 5:1-11

우리의 삶에는 축복만 있는 게 아닙니다. 반드시 위기의 순간이 찾아옵니다. 그러나 문제는 그 위기를 어떻게 겪느냐, 어떻게 관리하고 그것에 대처하느냐에 따라 축복이 계속될 수도 있고, 심판이 올 수도 있다는 것입니다.

초대 교회에 성령이 불같이 임했을 때 기적과 능력이 나타나고 회개의 역사가 일어났습니다. 그 결과 하루에 3천 명이 세례를 받기도 했습니다. 성령 세례도 받았습니다. 그뿐만이 아닙니다. 성령이 임하자 성도들 사이에 친교와 말씀이 나타나고, 심지어 자기의 물건을 자기 것이 아니라고 하는 놀라운 일이 일어났습니다.

저는 성령의 역사 중에서 이 부분이 굉장히 중요하다고 생각합니다. 성령의 역사로 말미암는 영적인 변화는 모든 사람이 이해합니다. 그러나 성도들 사이에 물질적인 변화까지 온다는 것은 놀라운 일입니다. 사람들은 하나님을 믿으면서 동시에 돈의 위력도 믿습니다. 이 세상에서는 돈과 물질, 곧 소유가 굉장히 중요하기 때문입니다. 그러나 초대 교회에 성령이 임했을 때 자기 소유를 자기 것이라 하지 않는 일이 생겼습니다. 물건을 필요에 따라 서로 통용하는 일이 생겼습니다. 그것은 이 지상에 한 번도 존재하지 않았던 새로운 사회, 곧 성령의 사회였습니다.

뜻이 하늘에서 이루어진 것처럼 땅에서도 이루어지게 해 달라고 기도하신 예수님의 말씀대로 정말 하나님의 뜻과 나라가 이 땅에, 이 지상에, 우리 같은 죄인들 속에서 이루어졌습니다. 새로운 사회 (New Society)가 생겼습니다. 그것이 오순절에 있었던 성령 공동체였습니다. 얼마나 놀랍습니까? 플라톤의 《국가론》 이후에 많은 사람들이 유토피아(Utopia)를 추구했습니다. 하지만 유토피아란 무엇입니까? 유토피아는 그리스어의 후토퍼스(ou[not]+topos[place])에서 유래한 말로, 세상에는 그런 장소가 없다는 의미와도 같습니다.

많은 사람들이 이상 사회와 이상 국가를 꿈꾸었습니다. 그것 때문에 그들은 이데올로기 투쟁을 했습니다. 그러나 이 지상에는 그런 이상 사회가 없습니다. 역사가 진행할수록 세상은 악해질 뿐입니다. 문화는 타락합니다. 문명은 사라집니다. 그것이 세계 역사입니다. 그런데 이 지상에 놀라운 새로운 사회가 탄생했습니다. 그것이 오순절에 생겨난 성령 공동체입니다. 120명의 사람들에게 생긴 일이었습니다. 그들은 서로 물건을 나누었습니다. 마음을 나누었습니다. 삶을 나누었습니다. 그들은 하나님 나라를 경험하기 시작했습니다.

저는 이러한 경험이 우리에게 있기를 바랍니다. 이러한 경험이 교회 안에도 생기길 바랍니다. 우리 안에 성령이 임하시면, 시기하고 미워하는 대신 사랑하게 됩니다. 교회 안에 성령이 임하시면, 착취하고 소유하기 전에 나누어 주기 시작합니다. 우리는 이런 경험을 할 수 있어야 합니다.

교회는 우리 같은 죄인들, 죄를 다시 지을 수밖에 없는 평범한 인간들이 모여 있는 곳이지만, 성령님이 계시면 우리는 놀라운 새 사회와 새 세계를 경험할 수 있습니다. 초대 교회 교인들은 그것을 경험했습니다.

성령의 구제와 세상적인 구제

이런 성령의 사회, 하나님 나라를 마귀가 그냥 둘 리 없습니다. 마귀는 호시탐탐 때를 엿보며 이 오순절의 성령 공동체를 파괴하고 분열시키기 위해 우는 사자처럼 우리를 지켜보고 있습니다. 이는 초대 교회도 마찬가지였습니다.

> 아나니아라 하는 사람이 그의 아내 삽비라와 더불어 소유를 팔아 그 값에서 얼마를 감추매 그 아내도 알더라 얼마만 가져다가 사도들의 발 앞에 두니(행 5:1-2).

아나니아와 삽비라는 초대 교회의 초창기 창립 교인이었습니다. 그들은 재산도 있고, 신앙도 어느 정도 수준까지 올라 있던 부부였습니다. 아마 그들은 초대 교회의 상징적인 인물이자 성령 충만한 인격자인 바나바로부터 도전을 받았던 것 같습니다. 바나바는 성령으로 충만해서 자기 소유의 밭을 팔아 그 대금을 사도들의 발 앞에 헌금했습니다. 그리고 사도들로 하여금 그 돈을 교회의 가난한 자들과 필요한 곳을 위해 사용하도록 했습니다.

우리는 성령이 임하면 구제가 일어나는 것을 믿습니다. 참된 구제는 성령을 통해 일어납니다. 사람이 자신의 도덕이나 양심이나 휴머니즘으로 구제하면 사람이 드러납니다. 그러나 성령으로 구제하면 사람은 감춰지고 하나님만이 드러나십니다. 이것이 성령의 구제와 세상적인 구제의 차이점입니다. 세상에서 구제하면 그 사람에게 박수를 치며 그를 존경하지만, 성령의 구제가 일어나면 하나님에게 영광을 돌리게 되는 것입니다.

지금 이런 구제가 일어났습니다. 아마 사람들은 바나바를 존경했을 것입니다. 이런 내용이 성경에는 기록되어 있지 않지만, 본문을 잘 분석해 보면 다음과 같은 결론에 도달하게 됩니다. 분명히 바나바는 당시의 많은 초대 교인들에게 존경과 칭찬을 받았을 것입니다. '어떻게 자기 재산을 팔아서 가난한 자에게 줄 수 있을까' 하며 사람들은 그의 인격에 감동했을 것입니다.

아나니아와 삽비라는 바로 이 바나바에게 질투를 느꼈던 것 같습니다. 예수 믿는 사람들이 하나님 때문에 헌금하고 구제하는 일도 있지만, 오기와 질투로 하는 경우도 있습니다. 아나니아와 삽비라의 경우가 바로 그런 것입니다. 사람들의 존경과 칭찬을 받는 바나바를 보며 그들은 영적으로 질투를 느꼈습니다. 그래서 그들도 자기 소유의 땅을 팔아 그 값을 사도들 앞에 놓았습니다.

사탄의 거짓된 영

아나니아와 삽비라의 행위는 객관적으로 보기에 바나바의 구제와 똑같은 것이었습니다. 자기 소유의 땅을 팔아 그것을 사도들의 발 앞에 두고 구제에 쓰도록 한 것입니다. 그러나 사람들이 볼 수 없는 부분, 이 부부들만의 은밀한 대화 속에는 다른 것이 숨겨져 있었습니다. 그것이 사도행전 5장 1-2절에 나타납니다.

성경은 아나니아와 삽비라의 행위에 대해 "그 값에서 얼마를 감추매"라는 내용을 기록하고 있습니다. 속된 말로 하면 얼마를 '삥땅'친 것입니다. 이것이 바나바와, 아니니아와 삽비라 부부의 차이입니다. 바나바는 성령에 이끌려 구제를 했습니다. 그러나 아나니아와 삽비라는 질투와 시기심에서 인위적으로 구제를 한 것입니다.

하나님이 우리에게 주시는 메시지가 바로 이 부분에 있습니다. 사탄의 가장 무서운 공격은 파괴하거나 공격하거나 소리 지르며 달려드는 거라사의 귀신 들린 사람처럼 외형적으로 나타나는 것이 아닙니다. 마귀는 은밀하고 비밀스럽게, 둘만의 대화 속에서 사람을 속이도록 거짓된 영을 집어넣습니다.

만약 이 사건이 무사히 통과되었다면 아무도 그 사실을 눈치채지 못했을 것입니다. 마귀는 초대 교회의 성령 공동체를 파괴하는 가장 무서운 무기로 거짓말하는 영, 속이는 영을 아무도 모르게 아나니아와 삽비라의 마음속에 심어 놓은 것입니다. 겉으로는 교회가 부흥하고 구제하며 선교할 수 있습니다. 겉으로는 북 치고 장구 치면서 큰소리로 사람들의 박수갈채를 이끌어 낼 수 있습니다. 그러나 그 속에 무엇이 있는가가 중요합니다. 즉, 거짓의 영이 있는가, 아니면 진실의 영이 있는가 하는 것입니다. 이것은 객관적으로는 어느 누구도 눈치챌 수 없습니다. 마귀는 은밀하고도 조용하게 거짓의 영을 그 공동체에 살짝 심어 놓기 위해 씨를 뿌리려고 그 작업을 했던 것입니다. 그리고 여기에 아나니아와 삽비라가 걸려든 것입니다.

그럼 아나니아와 삽비라는 어떤 부부입니까? 앞에서도 언급했듯이, 그들은 초대 교회의 창립 교인이었고, 부유할 뿐만 아니라 헌신된 사람이었습니다. 생각해 보십시오. 체면이나 형식으로라도 자기 집이나 땅을 팔아서 헌금할 정도면 믿음이 대단한 사람입니다. 당신은 교회 일을 위해 자신의 땅이나 집을 팔 수 있겠습니까? 이것은 결코 쉬운 일이 아닙니다.

그러나 아나니아와 삽비라의 문제는 그들의 신앙이 내면적이기보다는 외형적이었다는 데 있습니다. 사람들이 어떻게 보느냐에 많은 관심을 가지고 있었습니다. 하나님이 어떻게 생각하시느냐는 덜 중요했던 것입니다. 너무나 많은 사람들이 이 부분에서 실수를 합니다. 열심도 있고, 헌신도 있고, 희생도 있습니다. 그러나 하나님이 나를 어떻게 생각하시느냐보다는 사람들이 나를 어떻게 보느냐에 더 관심이 많습니다. 어떤 교활한 사람들은 그런 것들을 자극하고 경쟁심을 유발해서 봉사하게 합니다. 그것은 결코 좋은 것이 아닙니다. 의로운 일이 아닙니다. 문제는 하나님이 어떻게 보시느냐는 것입니다.

하나님을 향한 신앙, 인간 중심의 신앙

아나니아는 진실보다 체면이 중요한 사람이었습니다. 이는 마치 예수님의 제자 중에는 헌신과 사랑을 품었던 베드로도 있었던 반면, 똑같은 제자였고 회계의 일도 맡았지만 예수님과는 전혀 상관없게 된 가룟 유다도 있었던 것과 같습니다. 교회 안에는 베드로와 가룟 유다가 공존합니다.

구약성경에서도 이런 예를 찾아볼 수 있습니다. 아브라함은 갈대아 우르를 하나님의 음성을 듣고 떠났습니다. "내가 네게 보여줄 땅으로 가라"(창 12:1)는 말씀을 붙들고 믿음으로 떠났습니다. 그러나 롯은 하나님을 보지 않고 아브라함을 바라보며 떠났습니다. 이것이 아브라함과 롯의 차이입니다.

당신은 하나님을 보고 신앙생활을 합니까, 아니면 사람을 보고 합니까? 우리는 신앙생활을 하면서 교회에서 많은 상처를 받습니다. 왜 상처를 받습니까? 사람을 보기 때문입니다. 사람 때문에 시

험에 드는 것입니다. 그래서 사도 바울은 에베소서에서 이런 말을
했습니다.

　　마귀에게 틈을 주지 말라(엡 4:27).

　이렇게 외형적이고 체면을 중시하며 신앙생활을 했던 아나니아
와 삽비라를 마귀가 그냥 스쳐갈 리 없습니다. 결국 마귀는 그들을
찍어 자기의 도구로 삼았습니다.
　아나니아와 삽비라는 열심도 있고, 헌신도 있고, 희생도 있었습
니다. 그러나 그들의 신앙 깊은 곳에는 들뜬 신앙이 있었습니다.
인간적인 열망이 있었습니다. 그들의 신앙 깊은 곳에는 성령으로
말미암은 것이 아닌, 모든 사람으로부터 칭찬받고 싶고 박수 받고
싶은 인간적인 동기가 숨어 있었습니다. 그리고 마귀가 그 틈을 여
지없이 공격해 들어간 것입니다.

예수의 이름으로 악한 영들을 대적하라

성경은 우리에게 "마귀에게 틈을 주지 말라"고 말씀합니다. 마귀
는 택한 자라 할지라도 우는 사자처럼 집어삼키려 합니다. 마귀
는 우리에게 여러 가지 합리적인 이유를 들어 '화를 내라, 신경질
을 내라, 불평하라'고 충동질합니다. 마귀는 없는 것을 하지 않습

니다. 있는 것을 가지고 부정적으로 보게 합니다. 사실을 부정적으로 해석하게 하는 것입니다. '원망해라. 불평해라. 너도 인간 아니냐. 너도 네 자존심이 있지 않으냐. 참지 말고 따져라. 너는 왜 그렇게 바보같이 당하고만 있느냐.' 마귀가 계속해서 공격할 때 당신은 어떻게 하겠습니까?

직장에서, 가정에서, 교회에서 이런 일들이 있을 수 있습니다. 이런 일들은 좋은 일을 하려고 할 때 더 일어납니다. 선을 행할 때 이런 시험이 더 많습니다. 그러나 성경은 "마귀의 간계를 능히 대적하기 위하여 하나님의 전신 갑주를 입으라"(엡 6:11), "그런즉 너희는 하나님께 복종할지어다 마귀를 대적하라 그리하면 너희를 피하리라"(약 4:7)고 말씀합니다. 비록 그것이 옳고, 합리적이고, 설득력이 있다 할지라도 거부해야 합니다. "예수 이름으로 명하노니, 더러운 귀신아, 떠날지어다. 나를 분노하게 하고, 질투하게 하고, 시험에 들게 하는 모든 악한 영들아, 내게서 떠날지어다!"라고 대적해야 합니다.

아나니아와 삽비라는 사탄에게 속고 말았습니다. 사탄은 이렇게 속삭였을 것입니다. "땅을 얼마에 팔았는지 누가 아느냐? 너희 부부랑 산 사람 외에는 누가 아느냐? 그 돈을 다 바치기가 아깝지 않느냐? 얼마를 감춰라. 너도 자식이 있지 않으냐. 너도 지금 돈이 필요하니까 잠깐 꿍쳐 두었다가 다른 데 써라. 누가 아느냐. 아무도 모른다. 소유를 판 돈이 이게 다였다고 하면 될 것 아니냐?" 그리고 그들은 이렇게 생각했을 것입니다. '그래, 나도 옷 한 벌 입을 자격이 있지. 그래, 나도 조금 큰 집에 살 자격이 있지. 나도 이 돈이 필요해.' 그래서 그들은 사탄이 속삭이는 음성에 빨려 들어가고 말았습니다.

하나님에 대한 잘못된 생각

그들은 하나님에 대해 잘못된 생각을 갖고 있었습니다. 첫째, 하나님은 사람을 외모로 취하지 않고 그 중심을 보신다는 사실을 잊어버렸습니다. 하나님의 관심은 헌금의 액수에 있는 것이 아니라, 헌금하는 태도에 있습니다. 하나님은 과부의 동전 두 닢을 기뻐 받으시는 분입니다. 하나님은 거지가 아니십니다. 하나님은 돈이 없는 분이 아니십니다. 하나님이 우리로 하여금 헌금하고 헌신하고 봉사하게 하시는 것은, 우리를 축복하시기 위함입니다.

교회는 보리떡 다섯 개와 물고기 두 마리만 있으면 되는 곳입니다. 그것이 교회입니다. 교회는 세상의 많은 돈을 가지고 운영하는 곳이 아니라, 물고기 두 마리와 보리떡 다섯 개를 가지고도 5천 명을 먹일 수 있는 기적을 만드는 곳입니다. 하나님은 돈의 양에 관심이 있는 것이 아니라, 돈을 대하는 태도에 관심이 있으십니다. 어떤 태도로 헌금을 드리는가, 어떤 태도로 봉사하는가에 관심을 보이십니다.

아무리 적은 돈을 드려도, 우리 마음의 중심과 신앙에 부끄러움이 없다면 하나님은 그것을 기쁘게 받으십니다. "주여, 이것이 제가 가지고 있는 전부입니다. 제 신앙입니다"라고 고백하면 하나님은 동전 두 닢도 기뻐하십니다. 그러나 아무리 많은 것을 바쳤다 할지라도 그 양심과 신앙에 부끄러움이 있다면, 하나님은 기뻐하지 않으십니다. 이것이 하나님의 마음입니다.

둘째, 그들은 하나님이 속으실 거라 생각했습니다. 왜 많은 사람들이 죄를 짓습니까? 자기가 속이면 하나님이 속으실 거라 생각하기 때문입니다. 하나님은 속지 않으십니다. 하나님은 우리의 모든 행위를 아시는 분입니다. 시편 기자는 하나님의 속성에 대해 이렇게 말했습니다.

> 여호와여 주께서 나를 살펴보셨으므로 나를 아시나이다 주께서 내가 앉고 일어섬을 아시고 멀리서도 나의 생각을 밝히 아시오며 나의 모든 길과 내가 눕는 것을 살펴보셨으므로 나의 모든 행위를 익히 아시오니 여호와여 내 혀의 말을 알지 못하시는 것이 하나도 없으시니이다(시 139:1-4).

누가 신앙인입니까? 하나님을 생각하고 의식하는 자입니다. 우리의 눈을 가린다고 세상이 다 가려지는 것이 아닙니다. 우리가 마음속으로 말하는 것도 하나님은 나팔 소리같이 들으십니다. 뒤에

서 얘기하는 것도 지붕에서 듣는 것처럼 들으십니다. 그분이 하나
님이십니다.

마귀에게 속지 않으시는 하나님

아나니아와 삽비라는 하나님이 속으실 거라 생각했습니다.

> 베드로가 이르되 아나니아야 어찌하여 사탄이 네 마음에 가득하여
> 네가 성령을 속이고 땅값 얼마를 감추었느냐(행 5:3).

그러나 하나님의 성령은 결코 마귀에게 속지 않으십니다. 베드
로는 그 내용을 전혀 모르고 있었지만, 성령 충만한 베드로 앞에
거짓의 영인 사탄은 통과할 수 없었습니다. 그가 성령 받기 전이었
다면 금방 속아 넘어갔을 것입니다. 예수님도 베드로에게, "사탄
아 내 뒤로 물러가라"(막 8:33)고 하신 적이 있었습니다. 하지만 성
령 충만한 사람은 못 속입니다. 성령 충만한 교회는 못 속입니다.
악령 들린 사람들이, 거짓말하는 영들이 하나님의 사람과 교회 앞
에서는 그대로 당하는 법입니다.

아나니아에게 한 베드로의 말이 무엇입니까? "아나니아야 어찌
하여 사탄이 네 마음에 가득하여." 베드로가 본 것은 아나니아가
땅값 얼마를 감추었다는 사실이 아니라, 그렇게 하도록 유혹했던

사탄의 장난이었습니다. 거짓 영을 심으려 했던 마귀의 세력을 본 것입니다.

많은 사람들이 사탄의 생각을 자신의 생각이라고 착각합니다. 믿음이 없거나 말씀이 없는 사람은 마귀의 속살거리는 이야기를 아주 달콤하게 듣습니다. 그리고 그것이 바로 자기 생각이었다고 말합니다. 그러나 성령의 사람들은 그러한 속살거림을, '그것은 하나님의 생각이 아니다. 하나님의 말씀이 아니다'라고 하며 거부합니다.

사탄은 우리로 하여금 거짓말을 하게 합니다. 거짓의 영을 집어넣고, 거짓을 계속 실습하게 합니다. 없는 것을 자꾸 과장하게 만듭니다. 예수 믿는 사람들, 특별히 성령 받은 사람들도 다르지 않습니다. 은혜 받은 것을 과장하고, 기적을 과장합니다. 때로는 거짓말도 합니다. 이것은 사탄의 엄청난 도전이 아닐 수 없습니다.

사탄은 성령과 하나님까지도 속이려 들었습니다. 그러나 성령 충만한 베드로를 속일 수는 없었습니다. 그들의 정체가 그대로 드러난 것입니다.

영적인 태도를 보시는 하나님

땅이 그대로 있을 때에는 네 땅이 아니며 판 후에도 네 마음대로 할 수가 없더냐 어찌하여 이 일을 네 마음에 두었느냐 사람에게 거짓

말한 것이 아니요 하나님께로다(행 5:4).

하나님은 땅을 파는지의 여부에 관심이 있으신 게 아닙니다. 그것은 중요하지 않습니다. 팔면 어떻고, 또 안 팔면 어떻습니까? 땅을 팔지 않는다고 하나님이 화를 내십니까? 하나님은 그런 분이 아니십니다. 하나님은 우리가 소유의 일부분을 드리든지, 아니면 절반이나 그 이상을 드리든지 그것을 문제 삼지 않으십니다. 이것은 땅을 판 후에 "하나님, 저 그 돈 안 드리겠습니다. 하나님, 이 돈 제가 다 쓰겠습니다"라고 말씀드려도 야단치지 않으신다는 말입니다. 그러나 문제는, 우리의 것을 드리는 체하며 하나님을 속이고 다른 사람들의 인정과 칭찬을 들으려 하는 거짓된 행위입니다. 그것은 사람을 속인 것이 아니라 하나님을 속인 것이기 때문입니다. 하나님의 관심은 돈의 많고 적음에 있는 게 아니라, 우리의 영적인 태도에 있으십니다.

오늘날 교회는 성전을 건축하고 선교를 하면서도 돈을 벌기 위해 이 세상과 타협하는 경우가 많습니다. 그러나 그것은 교회가 파멸에 이르는 지름길입니다. 우리를 파괴시키는 마귀의 가장 무서운 도구는 거짓말, 곧 거짓된 영입니다. 요즘 우리 사회를 보십시오. 사람들은 거짓말을 죄라고 생각하지 않습니다. 자신의 거짓된 행위가 다른 사람들의 눈에 드러나면 죄인 것을 인정하지만, 그것이 드러나지 않으면 죄가 아니라고 생각하는 것입니다. 거짓말했느냐, 안 했느냐는 따지지 않습니다. 안 들키면 되는 것입니다. 얼마나 악한 세상입니까? 얼마나 많은 거짓된 영이 우리를 지배하고 있습니까?

하나님 앞에서 무엇이 죄인가가 중요합니다. 그것은 우리의 양심이 호소하고, 신앙이 말합니다. 중요한 것은, 거짓말을 하지 않으려는 마음입니다. 내가 손해 보고, 내가 망하고, 내가 인격적으로 매도당하는 한이 있어도 거짓말은 하지 말아야 합니다. 이것이 성령 받은 사람의 모습입니다.

우리에게 이런 축복이 있기를 바랍니다. 우리 사회가 그런 사회가 되기를 바랍니다. 우리 교회가 그런 교회가 되기를 바랍니다. 교회에서 이랬다저랬다 안 하는 사람, 언제나 한결같은 사람, 언제나 투명한 사람, 그 사람이 성령의 사람입니다. 그 사람이 하나님의 사람입니다. 저는 당신에게 성경의 권면을 하고 싶습니다. 이랬다저랬다 하는 사람하고는 절대 사귀지 마십시오. 또한 그런 사람이 되지 마십시오. 말이 왔다 갔다 하고 거짓말하는 사람은 아무리 열심히 헌신하고 봉사하더라도 경계하십시오. 큰 화가 임합니다. 성경의 원리입니다.

죄를 용납하지 않으시는 하나님

아나니아가 이 말을 듣고 엎드러져 혼이 떠나니 이 일을 듣는 사람
이 다 크게 두려워하더라 젊은 사람들이 일어나 시신을 싸서 메고
나가 장사하니라(행 5:5-6).

베드로를 통해서 성령의 음성을 듣는 순간, 아나니아의 혼이 떠
나고 말았습니다. 처음에 저는 하나님이 너무 과격하신 것이 아닌
가 하고 당황하기도 했습니다. 그러나 제 생각을 포기하고 성경을
따르기로 했습니다. 좀 당혹스럽기는 하지만 그것이 진리이기 때
문입니다.

하나님의 성령이 이 문제에 대해 얼마나 과격하게 응답하셨는
지 보십시오. 아나니아가 그 자리에서 죽고 말았습니다. 하나님
은 어떤 죄인도 용서하십니다. 그러나 하나님은 기만당하지 않으
십니다. 하나님은 죄인은 용서하셔도 죄는 용납하지 않으십니다.

요즘 사람들은 하나님을 너무나 쉽고 안일하게 생각합니다. 현
대인들의 하나님에 대한 태도는 너무나 경박하고 경솔하고 유치
합니다. 너무나 물질주의적입니다. 너무나 세속적입니다. 현대인
들은 이러한 세상의 사고에 완전히 말려들었습니다. 하나님에 대
해 경건한 태도를 취하는 사람을 본 적이 있습니까? 심지어 교회
안에도 하나님에 대한 경건이 없습니다. 하나님이 기적을 주시고,

축복을 주시고, 사랑을 주시고, 건강을 주시니 하나님을 자기 마음대로, 함부로 대하는 것입니다. 하나님에 대해 거짓말을 하고, 하나님을 적당히 속이려는 것입니다.

그러나 이것은 교회가 심각하게 경계해야 할 문제입니다. 우리는 하나님을 만홀히 여겨서는 안 됩니다. 하나님을 쉽게, 함부로 생각해서는 안 됩니다. 사람이 늘어나고 많은 헌금이 모이고 기적이 일어난다고 하면 모든 것이 끝난 것입니까? 그렇지 않습니다. 우리는 하나님에 대한 경건하고 거룩한 태도가 필요합니다.

구약 시대의 성도들은 하나님의 이름을 감히 부르지도 못했습니다. 하나님의 법궤에 손이 닿으면 즉사했습니다. 그만큼 하나님은 거룩하십니다. 모세가 하나님 앞에 올라갔을 때 그 얼굴 피부에 광채가 나서 수건을 덮은 사건을 기억할 것입니다. 하나님은 그만큼 거룩한 분이십니다.

하나님에 대한 경건한 태도, 거룩한 태도는 지금도 필요합니다. 하나님은 우리의 아버지가 되셨습니다. 그렇다고 하나님의 인격이 낮아지신 것은 아닙니다. 어린아이가 자기 아버지를 아버지라 부른다 해서 그 아버지의 인격이 낮아지지 않는 것처럼 말입니다. 그것은 사랑이 크다는 이야기입니다. 그러나 사람들은 하나님을 낮게 취급하려 합니다. 이 사건을 보여 준 이유가 여기에 있습니다.

하나님을 경외하라

세 시간쯤 지나 그의 아내가 그 일어난 일을 알지 못하고 들어오니 베드로가 이르되 그 땅 판 값이 이것뿐이냐 내게 말하라 하니 이르되 예 이것뿐이라 하더라 베드로가 이르되 너희가 어찌 함께 꾀하여 주의 영을 시험하려 하느냐 보라 네 남편을 장사하고 오는 사람들의 발이 문 앞에 이르렀으니 또 너를 메어 내가리라 하니 곧 그가 베드로의 발 앞에 엎드러져 혼이 떠나는지라 젊은 사람들이 들어와 죽은 것을 보고 메어다가 그의 남편 곁에 장사하니(행 5:7-10).

아나니아와 삽비라는 '함께 꾀하여' 주의 영을 시험하려 했습니다. 하나님을 시험하지 마십시오. 성령을 속이지 마십시오. 하나님을 경외하십시오. 하나님을 찬양하고 경배하십시오. 그러면 하나님의 축복이 당신에게 임할 것입니다.

당신의 영이 하나님에게 속했는지, 아니면 거짓의 영인 사탄에게 속했는지 분별할 수 있기를 바랍니다. 또 당신의 영혼과 인격 안에 사탄이 좀먹은 부분이 있다면, 회복을 위해 간구하기를 바랍니다.

온 교회와 이 일을 듣는 사람들이 다 크게 두려워하니라(행 5:11).

아나니아와 삽비라 사건을 소개해 준 이유가 여기에 있습니다. 우리로 하여금 두려워하도록, 하나님을 경외하도록, 성령의 놀라운 역사도 있지만 두려운 하나님도 계시다는 사실을 동시에 알도록 이 말씀을 주신 것입니다. 당신에게서 거짓의 영이 떠나가고, 당신의 마음에 평화와 기쁨과 자유가 충만하기를 바랍니다.

3부

축복으로 향하는 고난의 시작

사도행전 5:12-8:40

그리스도인의 특징은 고난입니다.
우리가 그리스도인이라는 증거는 고난 받는 것입니다.
예수를 믿으면서도 주님을 위해
한 번도 고난 받은 적이 없다면, 그것은 부끄러운 일입니다.
그 이름을 위해, 혹은 예수님 때문에 모함을 받아 본 적도,
오해를 받아 본 적도, 손해를 본 일도 없다면,
그는 예수를 사랑하지 않는 사람일 것입니다.

19

위기로 드러나는
진정한 믿음

사도행전 5:12-16

마귀의 유혹

초대 교회가 겪은 첫 번째 시련과 시험은 아나니아와 삽비라 부부를 통해서 왔습니다. 사탄은 그들의 마음속에 시기와 질투로 갈등이 생겼을 때, 그들을 통해서 초대 교회의 공동체에 거짓과 속임의 영을 집어넣으려 했던 것입니다.

사탄은 사람들의 눈에 띄게 나타나지 않습니다. 만약 사탄이 겉으로 눈에 띄게 나타난다면, 사람들은 모두 도망갈 것입니다. 어느 누구도 사탄에게 걸릴 사람은 없을 것입니다. 그렇지만 사탄은 언제나 천사로 가장하고 나타납니다. 그럴듯한 합리와 이성을 가지고 나타납니다. 천사로 가장하고 말씀으로 위장하는 등, 예수 믿는 신앙을 가장해서 들어오는 것입니다. 처음엔 신앙적이고 좋은 동기인 줄 알았는데, 나중에 보면 문제가 되는 것입니다.

우리에게는 영적인 분별력이 필요합니다. 우리에게 말씀이 없으면 그것이 하나님으로부터 온 것인지, 아니면 사탄으로부터 온 것인지 구분하기가 어렵습니다. 기도하지 않으면 그것이 인간으로부터 온 것인지, 아니면 하나님으로부터 온 것인지 구분하기가 어렵습니다. 그러므로 우리는 쉬지 않고 기도하며, 경계해야 합니다. 하나님 앞에 무릎을 꿇어야 합니다. 말씀 속으로 깊이 뿌리를 내려야 합니다. 그렇게 할 때 영적인 분별력이 생겨서 사탄의 유혹을 막을 수 있기 때문입니다.

기억하십시오. 사탄은 우는 사자처럼 달려들긴 하지만 숨어서 옵니다. 속임수로, 교활하게 다가옵니다. 눈에 띄지 않게 찾아옵니다. 또 사탄은 우리에게 큰 죄를 지으라고 말하지 않습니다. 큰 거짓말을 하라고 꾀지도 않습니다. 작은 거짓말을 하라고 합니다. '이 정도면 해도 되지 않겠느냐'고 말하는 것입니다. 그 꼬임에 넘어가면, 살인하고 미워하고 간음하고 도둑질하는 등, 눈에 띄는 큰 죄는 안 저지를지라도 작은 죄, 간단한 죄는 쉽게 타협을 하게 됩니다.

마귀는 큰 죄로 다가오지 않습니다. 작은 죄로 다가옵니다. 큰 거짓말로 찾아오기보다는 작은 거짓말로 찾아옵니다. 그래서 자꾸 거짓말을 연습하게 만듭니다. 거짓말을 해서 별일이 없다는 사실을 자꾸 확인시킵니다. '이것 봐라, 거짓말해도 별일이 안 일어나지 않느냐?' 하며 작은 죄들을 짓게 합니다. 그러다가 어느 날 큰 죄를 짓게 만들고, 큰 거짓말을 하게 만들고, 돌이킬 수 없는 결정적인 실패를 하게 만드는 것입니다. 아담과 하와가 속아 넘어갔던 것이 바로 이런 일이었습니다. 작은 실수를 한 것입니다. 대수롭지도 않은 일이었습니다.

마귀는 우리에게 두 가지 작업을 합니다. 첫 번째 단계로서, 우리에게 거짓과 속임수를 가지고 교활하게 찾아옵니다. 일단 찾아와서 우리가 거짓의 영을 갖게 해, 성령의 공동체인 교회 안에 거짓의 영을 아무도 모르게 심어 놓습니다. 그리고 두 번째 단계로, 그 공동체로 하여금 거짓말을 하게 합니다. 우리로 하여금 거짓말을 하게 하며, 속임수를 쓰도록 유도하는 것이 사탄의 장난입니다.

아담과 하와를 보십시오. 어느 날 사탄이 하와에게 뱀의 모습으로 찾아왔습니다. 그리고 다음과 같은 질문을 했습니다. "하나님이 참으로 너희에게 동산 모든 나무의 열매를 먹지 말라 하시더냐"(창 3:1).

아주 그럴듯한 질문입니다. 의문을 갖게 하는 질문입니다. 마귀는 절대로 '하나님은 없다'는 식으로 말하지 않습니다. '하나님은 계셔. 그런데 하나님이 정말 그렇게 말씀하셨어?'라고 말하는 것입니다. 또한 사탄은 우리가 구원받은 사실을 부인하지 않습니다. '너, 구원받았어. 그런데 정말 받은 거 맞아?'라고 물음을 던지는 것입니다. 그렇게 물음을 던지면, 사람들은 잘 믿다가도 다시 한 번 생각해 보고 의심을 하게 됩니다. 마귀는 우리에게 의심의 물음표를 집어넣는 것입니다.

하와가 그 속임수에 걸려들었습니다. 하나님은 "동산 각종 나무의 열매는 네가 임의로 먹되 선악을 알게 하는 나무의 열매는 먹지 말라"(창 2:16-17)고 하셨습니다. 그런데 마귀가 던진 질문은 "다 먹지 말라고 하셨느냐?"는 것이었습니다. 그것은 하와뿐 아니라 우리도 속아 넘어가기 아주 쉬운 질문입니다.

그때 하와는, 하나님이 "동산 나무의 열매를 우리가 먹을 수 있으나 동산 중앙에 있는 나무의 열매는 하나님의 말씀에 너희는 먹지도 말고 만지지도 말라"(창 3:2-3)고 하셨다고 대답했습니다. 그러나 하나님은 "먹지 말라"고만 말씀하셨습니다. 그다음에 하와는, 이것을 먹으면 "너희가 죽을까 하노라"(창 3:3) 말씀하셨다고 대답했습니다. 그러나 하나님은 "반드시 죽으리라"(창 2:17)고 말씀하셨습니다. 마귀의 유혹이 바로 이것입니다. 하나님의 말씀을 살짝 바꾸는 것입니다. 전체를 들어 보면 참 좋은 것 같습니다. 그런데 어느 순간에 말을 살짝 바꿉니다.

말을 살짝 바꾸는 사람을 조심하십시오. 그런 사람들은 말을 크게 바꾸지 않습니다. 즉, 우리의 말 가운데 의문 부호를 슬쩍 붙여 놓는다든지, 조그마한 것 하나를 덧붙인다든지, 아니면 하나를 뺀다든지 하는 것이 사탄이 쓰는 방법입니다.

옛 이야기 중에 '낙타와 천막 이야기'를 잘 알고 있을 것입니다. 사막에서 잠을 자는데 낙타가 주인에게 말했습니다. "이렇게 추운데 코끝만 천막에 살짝 넣으면 안 될까요?" 그러자 주인이 "그래, 괜찮아"라고 말합니다. 한참 잠을 자다 보니 어느새 낙타의 머리가 천막 안으로 들어와 있었습니다. 그래서 주인이 막 야단을 쳤습니다. 낙타는 머리가 추워 안 되겠다고 말합니다. 할 수 없이 주인은 그대로 놓아두었습니다. 또 한참 있으니까 낙타의 발이 들어오고, 나중에는 다리뿐 아니라 몸 전체가 천막 안으로 들어와, 결국에는 낙타가 그 주인을 내쫓고 천막을 차지했다는 우스갯소리입니다. 바로 이것이 사탄이 우리에게 접근해 오는 방법입니다. 작은 죄에서부터 사탄의 유혹을 차단하십시오. 작은 거짓말이라도 거부하십시오.

교회가 부흥하고, 구제와 봉사와 선교의 열기가 뜨겁고, 성경 공부와 제자 훈련, 설교가 훌륭하다 할지라도 그 집단 속에 거짓과 속임수의 영이 있다면, 결국 그 모든 축복은 물거품이 되고 말 것입니다. 거짓은 그렇게 무섭고 경계해야 하는 것입니다.

어떤 사회가 좋은 사회입니까? 돈 많은 사회, 경제가 활성화되는 사회가 아니라, 믿을 수 있는 사회가 좋은 사회입니다. 상품을 믿을 수 있어야 합니다. 카탈로그의 내용과 실제 상품이 같으면 사람들은 기분이 좋습니다. 카탈로그의 것과 실제 상품이 다르면 속았다는 느낌이 듭니다. 그런 물건은 쓰면서도 기분이 나쁩니다. 바가지 썼다는 느낌 때문입니다. 이런 기분 나쁜 것이 우리 민족 가운데, 우리나라 사회에 가득 차 있습니다. 그래서 얼굴이 항상 찌푸려져 있습니다.

어떤 부부가 제일 좋은 부부입니까? 남편이 하는 말을 아내가 모두 믿을 수 있는 부부입니다. 상대방의 말을 믿을 수 있어야 합니다. 남편은 또 아내가 하는 말에는 거짓이 없다는 사실을 믿어야 합니다. 이 믿음의 말을 한다는 것은 참으로 중요합니다. 그렇기 때문에 마귀는 우리 가운데 거짓과 속임수를 심어 넣으려는 것입니다. 그리고 그것을 통해서 신뢰의 벽을 허물어뜨리려는 것입니다.

뿐만 아니라, 마귀는 교회 안에도 거짓의 영을 심어 넣으려고 합니다. '너희는 성경 공부도 하고, 제자 훈련도 하고, 선교사도 파송하고, 하고 싶은 대로 다 해라. 그런데 거짓이 좀 있으면 좋겠다. 과장도 좀 했으면 좋겠다'고 말하는 것입니다. 그러므로 교회는 특별히 통계를 조심해야 합니다. 전도를 100명 해 놓고 200명 했다고 말하기가 쉽습니다. 성도를 1천 명 모아 놓고 2천 명이 다닌다고 말하기가 쉽습니다. 자꾸 과장하고 싶은 것입니다.

이것이 아무것도 아닌 것 같아도 바로 여기에 마귀의 술수가 있습니다. 이것을 조심해야 합니다. 만일 마귀가 우리 안에 거짓의 영을 심는 데 성공한다면, 우리는 결국 무너지고 말 것입니다. 이것이 바로 아나니아와 삽비라를 통해서 얻을 수 있는 교훈입니다.

왜 하나님이 아나니아와 삽비라를 그렇게 죽이셨을까요? 그것은 하나님이 그 문제를 얼마나 심각하게 생각하시는지를 반증해 주는 사례라고 할 수 있습니다. 우리는 거짓말을 별로 대수롭지 않게 생각합니다. 그러나 하나님은 거짓말을 굉장히 심각하게 생각하십니다.

거짓 영에 대한 성령의 경고

거짓에 대한 성령의 경고는 아주 강력합니다. 그 사례가 구약성경에도 기록되어 있습니다.

우리가 세상을 이기는 방법은 간단합니다. 거룩해지는 것입니다. 거짓말을 하지 않는 것입니다. 진실해지는 것입니다. 우리가 세상을 돈이나 권력, 학문과 지성과 지식을 가지고 이길 수 있겠습니까? 교회에는 그럴 힘이 없습니다. 돈도 없고, 세상적인 배경도 없습니다. 교회의 힘은 그런 것에 있는 것이 아닙니다. 교회의 힘은 영적인 힘입니다. 영적인 능력과 힘을 가지고 세상에 나가 싸워야 이기게 됩니다. 사탄과 맞서 싸워 이기는 것입니다.

하나님은 여리고 성을 무너뜨린 이스라엘 백성과 여호수아에게 다음과 같은 주문을 하셨습니다. "너희들이 전쟁에서 분명히 이기게 될 텐데, 그때 조심할 것이 하나 있다. 절대 전리품에는 손을 대지 마라." 하나님은 왜 전리품에 손을 대지 말라고 하셨을까요? 그 이유는, 이스라엘의 거룩과 성결을 지켜 주시기 위해서였습니다. 생각해 보십시오. 우리의 타락은 대부분 물질에서부터 비롯됩니다. 물질을 갖고 싶은 욕망, 이기적인 욕망, 유명해지고 싶은 욕망, 이런 것 때문에 타락하는 것입니다.

그런데 '전리품에 손을 대지 말라'는 말씀을 들은 사람들 중에 아간이 있었습니다. 그는 하나님의 명령을 귀담아 듣지 않고 사탄의 유혹에 빠져 하나님의 말씀에 불순종했습니다. 하나님의 명령을 소홀히 생각한 것입니다. 그는 하나님이 속으실 줄 알았습니다.

인간은 어리석게도 하나님이 속으실 거라고 생각합니다. 왜 죄를 짓습니까? 하나님이 속으실 것 같으니 죄를 짓는 것입니다. 그러나 하나님은 절대로 속지 않으십니다. 하나님은 우리의 폐부를 들여다보십니다. 우리의 마음속 깊은 곳을 보십니다. 하나님 앞에서는 숨길 것이 없습니다. 하나님은 못 듣는 것이 없으십니다. 그래서 히브리서 기자는, "하나님의 말씀은 살아 있고 활력이 있어 좌우에 날 선 어떤 검보다도 예리하여 혼과 영과 및 관절과 골수를 찔러 쪼개기까지 하며 또 마음의 생각과 뜻을 판단하나니"(히 4:12)라고 말한 것입니다. 우리의 깊은 것을 그분은 다 헤아리시는 것입니다. 우리가 숨어서 하는 행위를 하나님은 다 보고 계시는 것입니다.

그러나 아간은 여호수아를 속이고 전리품을 감추었습니다. 마치 아나니아와 삽비라가 땅을 팔아서 그 대금의 일부를 감추었던 것과 같습니다. 그다음에 전투가 벌어졌습니다. 여리고 성 전투와는 비교도 될 수 없을 만큼 아주 작은 아이 성 전투였습니다. 전혀 싸움 상대도 되지 않는 적과의 전투였습니다. 이스라엘 백성은 자신들이 손쉽게 이길 줄 알았습니다. 그러나 놀랍게도 이스라엘이 참패하는 수치를 당하고 말았습니다.

자신만만하게 행동하다가 여지없이 깨진 사람들을 가끔 만납니다. 대개 사람들은 자기 전공에서 많이 깨집니다. 자기 전공이기 때문에 꼭 성공할 줄 알았는데, 안 되는 것이 기적이라고 생각했는데 일이 이상하게 꼬입니다. 상상 못할 변수들이 생깁니다. 어쩌다 하나를 해결하면 두 개가 터지고, 두 개를 해결하면 네 개가 터집니다. 길이 없습니다. 옛날에는 다 되었던 일들인데 안 되는 것입니다.

아이 성에서의 참패란 있을 수 없는 일이었습니다. 그래서 여호수아는 통곡을 했습니다. 이스라엘 백성은 분통이 터졌습니다. 그들이 다 모였습니다. 그때 하나님은 모든 이스라엘 백성 앞에서 제비뽑기를 통해 그 원인을 밝혀 주셨습니다. 즉, 제비뽑기로 유다 지파가 뽑혔고, 그 지파 중에서 또다시 세라 족속이 뽑혔고, 또 그 족속의 남자 중에서 삽디가 뽑혔고, 결국 그 가족 중에서 갈미의 아들인 아간이 뽑힌 것입니다. 아간의 고백을 들어 보십시오.

> 내가 노략한 물건 중에 시날 산의 아름다운 외투 한 벌과 은 이백 세겔과 그 무게가 오십 세겔 되는 금덩이 하나를 보고 탐내어 가졌나이다(수 7:21).

여기에서 죄가 들어오는 세 가지 과정을 봅니다. 우선은 '보는 것'입니다. 즉, 안목의 정욕입니다. 그렇게 보고 나면 갖고 싶은 '탐욕'이 생깁니다. 그 순간 우리는 하나님의 말씀을 잃어버립니다. 누구든지 보는 유혹을 안 느낄 수는 없습니다. 그러나 보는 것을 탐욕으로 바꾸는 일을 막는 데는 말씀과 하나님의 능력이 필요합니다. 그러나 그는 보고 탐내어, 결국은 그 물건을 '취하고' 말았습니다.

아간 한 사람의 거짓 때문에 이스라엘이 전쟁에서 참패했다는 것이 가능한 일입니까? 영적으로는 가능한 일입니다. 거짓말은 거짓말한 한 사람에게만 속하는 것이 아닙니다. 아담 한 사람의 타락이 그 한 사람의 타락으로 끝나지 않고 모든 인류의 타락으로 연결되었던 것처럼, 죄란 이런 속성을 가졌습니다. 한 가정에서 한 사람이 타락을 해 죄를 지었습니다. 그것이 개인의 문제입니까? 아닙니다. 가족 전체의 문제입니다. 교회에서 직분을 맡은 사람에게 영적으로 문제가 생겼습니다. 그것이 한 개인의 문제입니까? 아닙니다. 교회 전체의 문제입니다. 그것은 또한 우리 사회 전체의 문제도 됩니다.

바로 이런 이유 때문에 아이 성 전투에서 이스라엘이 참패를 당하는 수치를 겪게 된 것입니다. 하나님은 여기서 거짓과 속임수에 대한 엄중한 경고를 또 보내고 계십니다. 이 부분에 대해서 하나님은 단호하십니다. 양보가 없으십니다. 그것은 한 사람이나 단순한 한 죄에 국한된 문제가 아니라, 결국 그 성령 공동체를 파괴시키는 무서운 일이기 때문입니다. 하나님은 그것을 막으셨습니다. 어떻게 막으셨습니까? 아간을 아골 골짜기로 데려갑니다. 여호수아는 거기서 그를 돌로 쳐 죽입니다. 그리고 그가 훔쳤던 물건을 불로 태워 버립니다.

너무 지나치다는 생각이 듭니다. 그러나 그것은 결코 하나님 보시기에 지나친 것이 아닙니다. 사람이 보기에는 대수롭지 않은 사건이 하나님에게는 굉장히 중요한 사건일 수 있습니다.

그러면 하나님 보시기에 중요한 사건은 다 어디에 걸립니까? 거룩에 걸립니다. 성결, 거룩, 순결입니다. 요즘 이 땅의 젊은이들이 순결을 중요하게 생각하지 않는 현상을 저는 아주 경계합니다. 그것은 단순한 육체의 문제가 아니라, 영적인 문제와 깊이 연관되어 있기 때문입니다. 성령 충만한 베드로 앞에서 사탄은 더 이상 숨길 수 없었습니다.

교회가 성령 충만하면 거짓은 떠나게 되어 있습니다. 거짓이 교회 안에 있다는 것은 교회가 그만큼 성령 충만하지 않다는 증거입니다. 그러나 정말 교회가 하나님과 말씀 중심으로 서 있고 거룩하다면, 거짓은 그 안에 존재할 수 없게 될 것입니다.

거짓의 영이 떠나고, 다시 말해서 아나니아와 삽비라가 그렇게 비참하게 죽고, 그 시체도 떠메어 나가고 난 후에 초대 교회에는 어떠한 일이 일어났습니까? 축복이 오기 시작했습니다. 위기 뒤에는 언제나 축복이 있습니다. 축복이 오는 것을 마귀가 보기 때문에, 먼저 달려와서 위기를 안겨 주는 것입니다.

고난이나 위기 속에 있는 사람들은 안심하십시오. 그것은 징계하기 위한 고난이라기보다는 축복을 위한 고난일지 모릅니다. 이 위기와 시험을 잘 견디지 못하면 어떤 일이 생깁니까? 저주가 옵니다. 그러나 이 위기를 잘 견디면 축복이 오는 것입니다.

사탄은 우는 사자처럼 당신을 집어삼키려고 달려들 것입니다.

당신의 신앙을, 당신의 교회를 무너뜨리려 할 것입니다. 합리적이고도 상식적인 근거로, 그럴듯한 이유로, 희망적인 이유를 들어 다각도로 우리를 공격해 올 것입니다. 그러니 영적 분별력을 가지십시오. 함부로 비판하지 마십시오. 함부로 결정하지 마십시오. 그런가, 아닌가를 말씀과 기도 가운데 곰곰이 잘 살펴보고, 마귀로부터 온 것이면 대담하게 거절해 버리십시오. 그때 거절을 하면 사탄이 떠나고, 사탄이 떠나면 축복이 임하는 것입니다.

위기 뒤에 오는 축복

표적과 기사가 일어나다

사도들의 손을 통하여 민간에 표적과 기사가 많이 일어나매(행 5:12).

첫 번째 축복은, 사탄의 음흉한 계획이 좌절된 후에 사도들의 손에 의해서 민간에 표적과 기사가 많이 일어나게 된 것입니다. 물이 차고 넘치듯이, 교회가 거룩하고 순결하고 깨끗해지면서 능력이 나타났습니다. 능력은 거룩에서 옵니다. 교회의 능력은, 천국의 능력은 거룩으로부터 나옵니다. 순결로부터 나옵니다. 이제 초대교회에 능력이 나타나기 시작했습니다. 여기 '사도들의 손을 통하여'라는 말씀은 지도자들의 손에 의해 기적이 일어난 것을 말합니다. 진정으로 은혜 받고 성장한 교회는 교회의 지도부, 영적 지도자들이 거룩하고 경건합니다. 그들의 손에서부터 축복과 기적이 흘러넘치게 됩니다. 영적 지도자들이 겸손하고 온유하고 깨끗한 영적인 사람, 기도하는 사람이 되어서 양 떼들을 돌보도록 하는 것이 바로 초대 교회 부흥의 원칙이었습니다.

하나님은 살아 역사하는 분이십니다. 신앙이란 과거를 회상하는 데 의의가 있는 것이 아니라, 바로 오늘의 현실 속에서 살아 역사하시는 하나님의 손길과 축복과 그 응답과 기적을 보는 것입니다. 교회는 결코 과거의 전통만을 회상하는 교회가 되어서는 안 됩니다. 만약 과거를 우려먹고 사는 교회라면, 차라리 흩어지는 편이 낫습니다. 교회는 날마다 새로워야 합니다. 부흥해야 합니다. 차고 넘쳐야 합니다. 하나님의 기적을 매순간 현장에서 맛보아야 합니다.

진짜 믿음과 가짜 믿음이 구분되다

두 번째 축복은, 믿는 사람들이 다 마음을 같이해서 솔로몬 행각에 모이기 시작한 것입니다.

믿는 사람이 다 마음을 같이하여 솔로몬 행각에 모이고(행 5:12).

처음에는 믿는 사람과 믿지 않는 사람이, 적당히 믿는 사람과 잘 믿는 사람이 섞여 있었을 것입니다. 오히려 적당히 믿는 사람들이 더 큰소리치고 은혜 받은 것처럼 활동했을 수도 있습니다. 은혜가 없는 교회에서는 하나님의 사람, 성령의 사람이 아닌 육의 사람들이 판치고 돌아다닙니다. 그 사람들이 여론을 만듭니다. 그러나 사람들은 아나니아와 삽비라가 시체로 나가는 것을 보고 아주 큰 충격을 받았습니다. 그때 믿는 사람들이 솔로몬 행각에 다 모이기 시작했다는 것입니다. 그 말은, 믿는 사람과 안 믿는 사람, 진짜와 가짜가 구분되었다는 것입니다.

그렇습니다. 성령은 진리의 영입니다. 이 진리의 영이 임하면 진리와 비진리, 진실과 거짓, 빛과 어두움이 여지없이 갈라지게 됩니다. 만약 그것들이 구분되지 않고 적당히 섞여 있다면, 그것은 일종의 혼합주의일 것입니다. 세상적인 가치일 것이고, 상대적 진리에 불과할 것입니다.

아나니아와 삽비라 부부의 사건을 보고 성령의 사람, 곧 믿는 사람들이 솔로몬 행각에 모이기 시작했습니다. 참 재미있는 일입니다. 또 무슨 일이 있었습니까?

그 나머지는 감히 그들과 상종하는 사람이 없으나(행 5:13).

가짜와 진짜, 비슷하게 생긴 사람들이 옛날에는 그저 적당히 숨어 있었는데, 아나니아와 삽비라 사건이 생기고 나자 그들은 사도들과 감히 상종하지 못했습니다. 섬뜩했고 두려웠던 것입니다. 뿐만 아니라 거짓과 속이는 영이 자기들 가운데도 있다는 사실을 알게 되었습니다. 자기가 가짜라는 사실을 알게 되었습니다. 그들은 감히 사도들과 성도들을 상면할 수 없게 된 현실을 보게 된 것입니다. 저는 이런 일이 교회에 있기를 바랍니다. 적당히 믿는 사람이 있다면, 오늘로서 끝을 내야 합니다.

악이라는 것은 오래 존재하지 않습니다. 제한된 시간이 있습니다. 그 시간이 가까이 다가오고 있습니다. 뜨뜻미지근하게 믿고 있다면, 더 이상 시간을 끌지 마십시오. 예수를 분명히 믿으십시오. 비슷하다고 해서 진짜가 되지는 않습니다.

제가 자동차 면허를 따서 처음 운전을 했을 때입니다. 운전하고 있는데 모든 차들이 다 저한테 달라붙는 것 같았습니다. 손에 힘을 주고 땀을 빼면서 운전하는데 교통 경찰관이 불러 세웠습니다. 얼마나 긴장이 되었겠습니까? "제가 뭘 잘못했습니까?" 물었더니, 경찰관이 "불 좀 켜고 다니세요"라고 대답했습니다. 너무 긴장한 나머지, 밤이 됐는데도 헤드라이트 켜는 것을 잊고 있었습니다. 다른 차들이 다 불빛을 내고 다니고, 또 가로등 불빛이 있으니 차가 가는 데 별문제가 없었던 것입니다.

교회에서도 남의 불빛에 의지해서 그냥 지나가는 사람들이 있습니다. 성령님은 그런 사람들에게 이렇게 말씀하십니다. "불 좀 켜고 다녀라." 간혹 부인의 신앙에 의존해서 교회에 나오는 남편들이 있습니다. 은혜 받는 직장에 다니면서 자기도 은혜 받고 있다고 착각하는 사람들이 있습니다. 큰 교회에 다니면 자신의 믿음도 그만큼 크다고 생각하는 사람들이 있습니다. 아닙니다. 다른 사람이 기도한다고 해서 내 신앙이 자라지 않습니다. 내가 기도해야 합니다. 내가 무릎 꿇어야 합니다. 내가 말씀을 먹어야 하고, 내 신앙이 되어야 합니다. 자동차는 가로등과 자동차 불빛이 있는 거리에서만 다니는 것이 아니라, 어느 날 시골길을 가야 합니다. 그럴 경우 자기 등불이 없으면 갈 수 없습니다.

당신의 믿음이 있어야 합니다. 당신 안에 하나님의 말씀과 능력과 거룩이 있어야 합니다. 주저하지 마십시오. 믿음이 없거나 불확실한 사람들은 처음부터 다시 시작하십시오. 그래서 당신의 믿음을 확인하십시오. 내 신앙의 불이 정말 켜져 있는지 확인해야 합니다. 이것이 확인되지 않으면, 진짜 위기에 부딪혔을 때 당황하게 됩니다. 당신이 암에 걸렸다고 생각해 보십시오. 얼마나 당황하겠습니까? 준비가 안 되어 있는데 살날이 3개월밖에 남지 않았다고 생각해 보십시오. '지금 죽으면 안 되는데….' 그러나 시간은 가까이 오고 있습니다. 그렇습니다. 이제 더 이상 시간이 없습니다. 이렇게 적당히 살 수 있는 시간이 얼마 남지 않았습니다.

성경은 "또한 너희가 이 시기를 알거니와 자다가 깰 때가 벌써 되었으니 이는 이제 우리의 구원이 처음 믿을 때보다 가까웠음이라"(롬 13:11)고 말씀합니다. 늦잠 자지 못합니다. 해는 이미 중천에 올라왔습니다. 이제는 이불을 걷고 일어나야 합니다. 언제까지 이렇게 신앙생활하겠습니까? 언제까지 두 세계 사이에서 머뭇거리겠습니까? 지금 결단하십시오. 담배를 끊을 사람은 끊으십시오. 담배나 그 비슷한 것들, 해서는 안 되는 것들, 해야 되는지 고민하는 것들은 더 이상 고민하지 말고 지금 바로 끊으십시오. 결심하십시오. "밤이 깊고 낮이 가까웠으니 그러므로 우리가 어둠의 일을 벗고 빛의 갑옷을 입자"(롬 13:12).

아나니아와 삽비라 같은 사건은 교회에도, 개인에게도 있어서는 안 됩니다. 그 사건이 남은 사람들을 섬뜩하게 하고 정신 차려 흩어지게 했는데, 그때는 너무 늦습니다. 이런 사건이 오기 전에 당신에게 축복이 임하기를 바랍니다.

교회의 본질은 거룩에 있습니다. 교회는 다른 세속적인 능력이 필요한 것이 아니라, 바로 이러한 거룩과 순결의 모습이 있어야 합니다. 교회의 진정한 리더십은 다른 능력이 아니라, 기도하는 능력이어야 합니다. 누가 교회의 영적 지도자입니까? 기도하는 사람입니다. 엎드려 기도하는 사람, 말씀에 순종하는 사람, 겸손하고 화해자가 되며, 말없이 순종하고 봉사하는 사람에게 교회의 지도력이 있는 것입니다.

사람들의 칭찬을 받다

세 번째 축복은, 백성의 칭찬을 받은 것입니다.

> 백성이 칭송하더라(행 5:13).

오순절에 성령의 사건이 일어났을 때, 사람들은 그 모습을 보고 칭찬했습니다. 요즘 교회에 성령이 임하시면 우리가 욕을 먹습니다. 시끄럽기 때문입니다. 시끄러울 수 있습니다. 그러나 시끄러움보다 더 위대한 것이 있으면 사람들은 감동을 받고 칭찬을 합니다. 문제는, 시끄러운 것은 있는데 삶이 없다는 것입니다. 방언과 예언을 하고 기적이 있을지라도, 그곳에 그리스도의 삶이 안 보이면 칭찬하지 않습니다.

성령의 역사가 일어나면 사람들이 칭찬합니다. 당신이 정말 성령 받은 사람이라면, 당신의 이웃이 당신을 칭찬하게 될 것입니다. "야, 참 대단한 사람이다. 어쩌면 저럴 수 있을까? 어쩌면 저렇게 살 수 있을까?" 이런 말들이 나오게 될 것입니다.

아나니아와 삽비라 사건이 있은 후에 사람들은 그 교회와 공동체를 칭찬했습니다. 옳은 것은 언제나 옳은 것이고, 틀린 것은 언제나 틀린 것입니다. 아무리 합리화하고 감춰도 옳은 것이 틀릴 수 없고, 틀린 것이 옳을 수는 없습니다. 잘못된 것을 고치려 하면 언제나 불안과 위기와 고통이 따르게 마련입니다. 생각해 보십시오.

우리가 무엇 하나 고쳐 보려 하면 교회나 개인의 삶 속에서 관행으로 해 왔던 일들이 걸립니다. 그것을 수술하고 고치려 하면 얼마나 큰 불안과 고통이 따르고, 위기가 생기는지 모릅니다. 그러나 우리는 끝없이 주님이 원하시는 방향으로 들어가야 합니다. 교회가 거룩하면 지저분한 일이 생기지 않습니다. 가정도 마찬가지입니다. 거룩해야 합니다. 거룩을, 진실을 사모해야 합니다.

밧세바와 동침한 후 나단 선지자에게 경고를 받은 다윗이 시편에서 무슨 기도를 드렸습니까? "주의 얼굴을 내 죄에서 돌이키시고 내 모든 죄악을 지워 주소서 하나님이여 내 속에 정한 마음을 창조하시고 내 안에 정직한 영을 새롭게 하소서"(시 51:9-10). 우리도 이런 기도를 해야 합니다. 우리 안에서 거짓의 영이 다 떠나기를 바랍니다. 크고 작은 거짓말을 합리화하며 살아왔던 그런 영이 우리에게서 떠나기를 바랍니다. 그리고 '우리 안에 정직한 영을 주옵소서. 힘들더라도 정직한 것을 말하게 하옵소서' 하는 축복이 우리에게 있게 되기를 바랍니다. 예수님도 마태복음에서, 모래 위에 집을 짓지 말고 반석 위에 집을 지으라고 말씀하셨습니다. "나의 이 말을 듣고 행하지 아니하는 자는 그 집을 모래 위에 지은 어리석은 사람 같으리니 비가 내리고 창수가 나고 바람이 불어 그 집에 부딪치매 무너져 그 무너짐이 심하니라"(마 7:26-27).

지금도 늦지 않았습니다. 다시 시작해야 합니다. 잘못된 기초 위에서는 절대로 진리가 세워질 수 없습니다. 잘못된 기초 위에 세워진 것은 아무리 큰 대가를 치르더라도 허물어야 합니다. 길이 없습니다. 그것은 세울수록 더 위험하기 때문입니다. 다시 시작하는 것은 결코 늦은 것이 아닙니다.

우리에게는 다시 시작할 용기가 있어야 합니다. 밑에서부터 정직의 영을 가지고, 진실의 영을 가지고 다시 시작할 용기가 있어야 합니다.

사람들이 믿고 주 앞으로 나아오다

네 번째 축복은, 믿고 주 앞에 나오는 사람들이 많이 생긴 것입니다.

> 믿고 주께로 나아오는 자가 더 많으니 남녀의 큰 무리더라(행 5:14).

성령이 임하시는 곳에는 전도가 있습니다. 저는 우리 교회가 차고 넘치기를 바랍니다. 이 교회가 차고 넘쳐서 곳곳에 교회를 세워 줄 수 있기를 바랍니다. 은혜 받은 교인들이 흩어져서 곳곳에 교회를 만들 수 있기를 바랍니다. 이것이 사도행전입니다. 여기에 안착하는 것만으로 만족하는 것은 사도행전이 아닙니다.

> 심지어 병든 사람을 메고 거리에 나가 침대와 요 위에 누이고 베드로가 지날 때에 혹 그의 그림자라도 누구에게 덮일까 바라고 (행 5:15).

보십시오. 얼마나 놀랍고 충격적인 장면입니까? 병든 사람들을 메고 거리에 나가 침대와 요 위에 뉘었습니다. 아마 베드로가 잘 다니는 길에 침대와 요를 깔았던 것 같습니다. 며칠 동안 기다렸을지도 모르겠습니다. 베드로가 지나가는데 그림자라도 덮이기를 바랐다니, 얼마나 놀라운 일입니까?

베드로의 그림자가 걸려서 병이 나을 수도 있고, 안 나을 수도 있습니다. 그것은 장담할 수 없습니다. 그러나 그것은 중요하지 않습니다. 베드로에게 이런 영적인 영향력이 있었다는 것이 중요합니다. 사람들이 그렇게 생각했다는 것입니다. 그것이 교회가 줄 수 있는 영향력입니다. 한 성도가 줄 수 있는 영향력입니다. 이런 영적인 권위가 그들에게 있었습니다.

저는 우리에게 이런 영적인 권위가 있기를 바랍니다. 교회가 이런 영적인 영향력을 끼칠 수 있기를 바랍니다. 오늘날의 모든 신학교가 이렇게 되기를 바랍니다. 그때 하나님이 영광을 받으실 것입니다. 구원받는 자의 수가 많아질 것입니다. 이 축복이 당신에게 임하기를 바랍니다.

20

핍박이 다시 오다

사도행전 5:17 - 32

시험과 시련이 지나가면 부흥과 축복이 옵니다. 그러나 부흥과 축복 속에도 사탄의 시기와 질투는 계속됩니다. 그래서 부흥과 축복 속에서도 또다시 핍박과 시련을 겪게 되는 것입니다. 이런 과정을 통해서 우리의 신앙은 성숙해집니다. 축복만을 통해서 성숙해지는 것이 아니라, 고난을 통해서도 성숙해집니다. 축복과 고난, 이두 가지는 동전의 양면과 같아서, 그것이 우리가 신앙생활을 할 때 세상을 바라보지 않고 더욱더 주님을 바라보도록 하는 것입니다.

사도행전을 보면, 오순절 날 성령이 임해서 베드로에게 기적과 능력이 나타났습니다(행 4:5 이하). 태어날 때부터 걷지 못하던 자가 일어난 것입니다. 이 사건으로 말미암아 관리와 장로들, 서기관과 대제사장 및 문중들이 다 모여 베드로와 사도들을 핍박하기 시작했습니다.

그런데 얼마 후 또다시 핍박이 시작되었습니다. 핍박이 시작된 계기는 아나니아와 삽비라 사건이었습니다. 아나니아와 삽비라가 성령을 속인 죄로 그 자리에서 즉사했습니다. 그때 사람들은 충격을 받았습니다. 그래서 믿는 무리는 솔로몬 행각에 모였고, 믿지 않는 사람들은 사도들과 상관할 수 없게 되었습니다. 백성은 이런 거룩한, 능력 있는 그리고 순수한 초대 교회의 공동체를 보고 감격하며 축복하기 시작했습니다. 바로 그때 핍박이 찾아왔습니다.

핍박이 오는 이유

대제사장과 그와 함께 있는 사람 즉 사두개인의 당파가 다 마음
에 시기가 가득하여 일어나서 사도들을 잡아다가 옥에 가두었더
니(행 5:17-18).

여기서 우리는 두 가지 사실을 배우게 됩니다. 첫째, 핍박과 시
련은 먼 데서 오는 게 아니라는 사실입니다. 핍박과 고난과 시련의
배후에는 언제나 사탄이 있기 마련입니다. 그러나 여기서는 핍박
이 먼 데서 오지 않고 가까운 데서 온다는 놀라운 사실을 보게 됩
니다. 핍박은 불신자들이 아닌, 믿는 사람으로부터 오는 것입니다.

모르는 사람은 핍박하지 않습니다. 아는 사람이 하는 것입니다.
위의 말씀에 보면, 핍박한 사람들은 대제사장과 사두개인의 당파
였다고 말합니다. 오히려 이러한 종교 지도자들은 하나님을 섬기
는 사도들을 축복해 주어야 옳았을 것입니다. 그러나 축복해 주기
보다는 사도들을 핍박하고 공격했던 사실을 보게 됩니다.

둘째, 핍박이 오는 이유는 시기와 질투 때문이라는 사실입니다.
겉으로는 신앙적인 이유와 교리적인 이유를 말합니다. 합리적인

이야기를 합니다. 교회가 아닌 세상에서도 그런 것을 많이 봅니다. 비판하는 사람, 문제를 일으키는 사람을 보면 다 이야기가 그럴듯하고 합리적입니다. 회사를 위해, 국가를 위해 집단행동을 하고 여러 가지 행동을 합니다.

그러나 정말 그럴까요? 정말 그 사람들이 진리를 위해서, 국가를 위해서, 하나님을 위해서, 신앙과 교회를 위해서 그랬을까요? 그래서 그렇게 공격하고 핍박하는 것일까요? 아닙니다. 그런 사람도 있겠지만, 진짜 그런 사람은 그렇게 험악한 태도를 취하지 않을 것입니다. 진짜 그런 사람들은 비판하고 공격하는 방법이 굉장히 성경적일 것입니다. 사람들이 그렇게 무섭게 핍박하고 공격하고 시련을 주는 것은 진리 때문이 아닙니다. 앞의 말씀대로, 핍박하는 사람들의 대부분은 그 마음에 '시기가 가득하여' 비판하고 공격하는 것입니다.

시련을 주는 이유는 두 가지입니다. 하나는, 이해관계 때문입니다. 결국 자기가 손해 보고, 소외되고, 그 이익으로부터 벗어나기 때문입니다. 그들은 이익을 놓치지 않기 위해서, 그 중심 세력으로부터 벗어나지 않기 위해서 상대방을 공격하는 것입니다. 다른 하나는, 시기와 질투 때문입니다. 많은 사람들이 거룩하고, 합리적이고, 신앙적으로 말하지만, 그 뒤에는 시기와 질투가 있다는 것입니다. 존경을 하루아침에 빼앗겼을 때, 다른 사람이 나보다 훨씬 뛰어날 때 사람들은 시기와 질투를 하게 되는데, 그것을 교묘하게 다른 방법으로 표현하는 것입니다.

종교 지도자들이 초대 교회의 사도들을 핍박한 가장 본질적이고 핵심적인 이유는 다른 데 있지 않습니다. 결국 사람들은 이해관계에 집착하는 것이고, 질투와 시기 때문에 원하지 않는 행동을 하게 되는 것입니다. 주변 사람들을 떠올려 보십시오. 어리석은 시기와 질투 때문에 패가망신하는 사람이 얼마나 많습니까. 내용을 가만히 살펴보면 본질을 쉽게 파악할 수 있습니다.

사탄은 우리로 하여금 좋은 일을 하게 하면서도 질투와 시기를 하게 합니다. 왜 질투와 시기가 생길까요? 비교 때문입니다. 물건은 크다 작다, 좋다 나쁘다고 비교할 수 있습니다. 그러나 인격은 비교의 대상이 아닙니다. 창조의 대상입니다. 사람은 '크다 작다, 잘생겼다 못생겼다, 똑똑하다 미련하다' 등의 말로 비교하지 말아야 합니다. 그래서 성경에서는 미련하다는 말을 하지 말라고 했습니다. 인격은 인격 그대로가 좋은 것입니다.

비교를 하면 어떤 일이 생깁니까? 나보다 못났다고 생각하면 우월감이 생기고, 나보다 잘났다고 생각하면 질투를 하게 됩니다. 우월감을 가지면 어떻게 됩니까? 교만하고 지배하려고 합니다. 우월감을 가진 사람은 남의 말을 듣지 않습니다. 자기 이론과 생각이 가장 옳은 것이라고 여기기 때문입니다. 우리는 그런 사람을 가리켜 '가르칠 수 없는 사람'이라고 합니다.

핍박은 가까운 데서 옵니다. 핍박의 가장 본질적인 이유는 신앙 문제, 교리 문제 때문이 아니라, 시기와 질투 때문입니다.

하나님의 정하신 역사

그들은 드디어 잘못된 판단을 내립니다. 그들은 마음에 시기가 가득해서 사도들을 잡아다가 옥에 가두었습니다. 감옥이란 사람들이 가장 싫어하는 곳입니다. 세상 법을 어겼을 때 가두어 놓는 곳이 감옥입니다. 감옥에는 마땅히 들어갈 사람이 들어간 경우도 있지만, 가끔은 억울한 사람도 들어갈 수 있습니다.

세상 사람들은 감옥을 두려워합니다. 그러나 하나님의 사람들은 감옥을 두려워하지 않습니다. 오히려 그 감옥을 기뻐합니다. 사도 바울이 감옥에서 "기뻐하라 내가 다시 말하노니 기뻐하라"(빌 4:4)고 말할 수 있었던 이유가 바로 여기에 있습니다. 사람들은 감옥을 두려워하지만, 그리스도인들은 그것보다도 하나님을 더 두려워합니다.

주의 사자가 밤에 옥문을 열고 끌어내어 이르되 가서 성전에 서서 이 생명의 말씀을 다 백성에게 말하라 하매(행 5:19-20).

우리는 여기서 하나님이 적절하게 역사하시는 것을 볼 수 있습니다. 하나님은 일찍 오시지도 않고, 늦게 오시지도 않습니다. 하나님은 하나님의 때에 오십니다. 예수 그리스도는 하나님의 정확한 때에 베들레헴에서 태어나셨습니다. 하나님은 400년 동안 이스라엘이 애굽에서 고난을 겪는 것을 지켜보고 계셨습니다. 그러나 때가 되자 모세를 통해 탈출시키십니다. 하나님은 침묵하시는 것 같지만, 결코 침묵하지 않으십니다. 하나님은 아무것도 모르시는 것 같지만, 결코 모르시는 것이 아닙니다. 하나님은 당신의 시간을 계산하고 계실 뿐입니다. 바로 이것 때문에 절망해서는 안 되는 것입니다. 바로 이것 때문에 조급해해서는 안 되는 것입니다. 우리는 믿음을 가지고 끝까지 기다려야 합니다.

여리고 성은 일곱 번을 돌았을 때 무너졌습니다. 나아만 장군은 요단 강물에 일곱 번째 들어갈 때에야 문둥병이 고쳐졌습니다. 여섯 번째까지는 그대로였습니다. 하나님은 결코 주무시지 않으십니다. 졸지도 않으십니다. 우리의 고난을 지켜보고 계십니다. 우리의 상황을 눈동자처럼 지켜보시는 것입니다. 우리의 실패와 질병, 고통스런 삶의 순간순간을 지켜보고 계시는 것입니다. 우리는 여기서 이것을 알 수 있습니다.

'주의 사자가 밤에 옥문을 열었다'고 했습니다. 어느 누구도 생각할 수 없었던 시간입니다. 그러나 그때가 하나님의 시간이었던 것입니다. 굳게 잠긴 옥문을 열 수 있는 분은 하나님이십니다. 하나님은 죽은 자도 살리십니다. 그러나 죽게 내버려두시는 분도 하나님이십니다.

이제는 하나님 나라에 가서 영광스러운 삶을 살고 계실 이화여자대학교 교수였던 한 분이 기억납니다. 제가 영국에 있을 때도 그분의 편지를 가끔 받았었는데, 이화여자대학교의 복음화를 위해 늘 애쓰신 분입니다. 그분의 아들이 근육이 말라 가는 절망적인 불치병에 걸렸습니다. 그분은 하나님에게 무릎을 꿇고 기도했고, 3년 동안 기도한 결과 한 사람도 살아난 예가 없는 그 병에서 그 아들이 치유를 받고 살아났습니다.

그런데 이번에는 그 권사님이 유방암에 걸렸습니다. 자기 아들을 살려 주신 하나님이 자신을 살려 주실 것이라고 굳게 믿었습니다. 그러나 두 번의 수술에도 실패하고 말았습니다. 방사선 치료로 머리가 다 빠졌고, 손이 심하게 부었습니다. 저한테 편지하기를, 오른손으로 편지를 쓸 수 없어 왼손으로 타자를 친다고 했습니다. 너무너무 고통스러울 때는 하나님을 부인하고 싶을 정도였답니다. 아무리 기도해도 응답이 없었던 것입니다.

그런데 어느 날 기도 중에 하나님이 이런 응답을 주셨다고 합니다. '네 아들은 살아서 내게 영광을 돌리고, 너는 죽어서 내게 영광을 돌리느니라.' 그 순간, 권사님은 하나님의 뜻에 순종하기로 작정했습니다. 그런데 생각해 보니, 자기가 똑똑하고 돈도 있어서 시집, 친정 식구들을 다 먹여 살렸는데, 돈을 주면서 상처 주지 않은 사람이 없더랍니다. 그래서 그 사람들을 다 불러 모아 사과하고 용서를 구하며 잘못을 고백했는데, 그렇게 하는 데 1년이 걸렸다고 합니다. 마음에 걸리는 사람들은 다 만나서 사과를 했습니다. 그래서 그분을 위로하러 갔던 사람들이 다 은혜 받고 믿음이 부흥되어 돌아갔습니다. 그분은 그렇게 하나님 앞에 영광을 돌렸습니다.

하나님은 감옥에서 사람을 빼 오기도 하시고, 어떤 때는 감옥에서 죽게도 하십니다. 우리는 하나님의 비밀을 다 알지 못합니다. 하지만 분명한 것은, 살아서 영광을 돌릴 수도 있고, 죽어서 영광을 돌릴 수도 있다는 것입니다. 사나 죽으나 우리는 그리스도의 것입니다. 하나님은 당신의 역사를 통해 당신의 뜻을 이루십니다.

기적을 베푸신 목적

주의 사자가 밤에 옥문을 열고 그들을 끌어내면서 명한 메시지는 굉장히 중요합니다. 그 메시지가 무엇입니까? "가서 성전에 서서 이 생명의 말씀을 다 백성에게 말하라"(행 5:20). 감옥에서 건져 낸 것보다 더 중요한 것이 그 뒤에 있는 메시지입니다. 왜 그들을 감옥에서 건져 내셨습니까? 만약 감옥에서 하나님에게 영광을 돌릴 수 있다면, 하나님은 그들을 빼내지 않으셨을 것입니다.

기억하십시오. '사명'이란, 하나님이 주신 말씀을 받아 그것을 수행하는 것입니다. 즉, 하나님의 말씀이 있어야 사명이 있는 것입니다. 말씀이 없는데 어찌 사명이 있겠습니까? 우리는 그 사명을 발견해야 합니다. 이것을 발견하지 못한 채 먹고 마시는 사람은 돼

지처럼 사는 인생입니다. 자기 삶의 의미도 모르고, 돈 버는 의미도 모르고, 자신이 오래 살아야 될 의미도 모르고, 그런 은사를 주신 의미도 모른 채 적당히 살아가는 사람들은 얼마나 불쌍한지 모릅니다.

하나님이 이 사람들을 감옥에서 건져 내신 이유가 여기에 있습니다. "가서 성전에 서서 이 생명의 말씀을 다 백성에게 말하라." 여기서 우리는 크게 두 가지 사건을 볼 수 있습니다. 하나는, 하나님이 옥문을 열고 기적을 베푸신 사건이고, 다른 하나는, 하나님이 사명을 주신 사건입니다. 이 두 가지는 무관하지 않습니다. 왜 하나님이 우리에게 기적을 베풀어 주십니까? 왜 하나님이 우리의 생명을 연장시켜 주십니까? 왜 하나님이 우리를 절망 중에서 구원해 주십니까?

큰 병에 걸리거나 절망적인 상황에 부딪히면 우리는 보통 이런 기도를 합니다. "하나님, 이번에 저를 고쳐 주시면, 제 남은 생애를 주님을 위해 살겠습니다." 아마 이런 기도를 안 하는 사람은 없을 것입니다. 그렇지만 그 기도를 기억하는 사람은 별로 없습니다. 건강해지면 다 잊어버립니다. 돈을 벌고 나면 다 잊어버립니다. 환경이 편해지면 다 잊어버립니다. 혹시 그런 약속을 한 적이 있다면, 그 서원을 지키십시오. 그것이 축복의 비결입니다. 하나님은 잊지 않으십니다.

기적에는 선교적 의미가 있습니다. 하나님이 기적을 베푸실 때는 이유가 있는 것입니다. 우리의 가장 큰 바람이 있다면 어쩌면 빨리 죽는 것일지도 모릅니다. 이런 고생스러운 세상에서 오래 살아 무엇 하겠습니까? 빨리 하늘나라로 가서 주님과 함께 영원한 삶을 누리는 것이 더 행복하지 않겠습니까? "밤 깊도록 동산 안에 주와 함께 있으려 하나"(〈저 장미꽃 위에 이슬〉, 새찬송가 442장)라는 찬송가 가사만 보아도 그렇습니다. 밤새도록 주와 함께 있고 싶은 것이 우리의 심정입니다. 앞으로 살면서 고생이 얼마나 많겠습니까? 그러나 우리가 동산 안에 주와 함께 머물러 있지 않고 세상에 내려가는 이유는, 선교 때문입니다. 주님을 위해 내 생애를 통해서 이루어야 할 일이 있기 때문에, 전도해야 할 사람들이 있기 때문에, 한 생명이라도 구원해야 하기 때문에, 내 주위에 가난하고 병든 이웃들이 있기 때문에, 그들에게 하나님의 사랑을 나누어 주기 위해 우리는 이 세상에 존재하는 것입니다.

하나님 말씀에 순종한 제자들

그들이 듣고 새벽에 성전에 들어가서 가르치더니 대제사장과 그와 함께 있는 사람들이 와서 공회와 이스라엘 족속의 원로들을 다 모으고 사람을 옥에 보내어 사도들을 잡아오라 하니(행 5:21).

여기서 우리는 두 부류의 사람들을 봅니다. 첫째, 사도들입니다. 사도들은 기적을 목격했습니다. 간수도 있고 문도 잠겼는데 그 감옥을 빠져나왔습니다. 얼마나 놀랐겠습니까? 그런데 이렇게 빠져나온 그들에게 주의 사자가 메시지를 주었습니다. 사도들은 명령을 받은 새벽에 성전으로 향했습니다. 이 새벽이라는 말에서 우리는 순종의 의미를 배웁니다. 새벽에 누가 있겠습니까? 사람들은 아침이 되어야 모이지 않겠습니까? 그러나 그들은 주의 사자의 명령이 떨어지기가 무섭게 새벽에 성전으로 향했습니다. 우리는 이렇게 순종하는 사람이 되어야 합니다. '오늘 가라' 하시면 새벽에라도 갈 수 있어야 합니다.

교회 모임에 제일 늦게 오는 사람이 있습니다. 예배에도 꼭 시간이 다 지나서 오는 사람이 있습니다. 그런데 어떤 사람은 약속 시간 전에 옵니다. 시간을 꼭 지키는 것과 항상 늦게 나타나는 것은 다릅니다. 당신에게 주님의 일에 순종하는 축복이 있기를 바랍니다.

순종하는 사람에게는 땅을 기업으로 주십니다. 독한 사람이 세상을 차지할 것 같지만, 하나님은 온유한 사람이 세상을 차지한다고 말씀하셨습니다. 사나운 사람들이 이길 것 같지만, 순종하는 사람이 이깁니다. 반항하는 사람은 이길 수 없습니다. 고발하고 비판하는 사람은 언제나 패배하게 되어 있습니다. 순종하는 사람이 이기게 됩니다.

둘째, 하나님의 기적을 상상하지 못하는 종교적 무리들입니다.

그들은 재판하기 위해서 사람들을 감옥에 보냈습니다. 하지만 밤새 무슨 일이 일어났는지 전혀 눈치채지 못했습니다. 그런데 하룻밤 사이에 기적이 일어난 것입니다. 하룻밤 사이에 역사가 지나간 것입니다.

우리에게는 사람을 과거로 평가하는 나쁜 버릇이 있습니다. 어떤 사람이 과거에 잘못했던 것을 알게 되면, 현재의 모습은 아랑곳않고 선입견을 가지고 과거의 그 사람으로 단정해 버립니다. 그러나 하룻밤 사이에도 그 인생이 변할 수 있다는 사실을 기억해야 합니다.

당신의 아내를 과거로 평가하지 마십시오. 오늘 당신의 아내는 새롭게 변하고 거듭난 사람입니다. 당신의 남편을, 과거에 술 먹고 집에 늦게 들어오던 남편으로 생각하지 마십시오. 그는 지금 이 순간 변할 수 있는 가능성을 지닌 존재입니다. 그가 오늘 위대한 사도로 탄생할 수도 있습니다. 그러니 사람을 과거로 판단하지 마십시오.

하나님 나라는 과거에도 임했지만 오늘도 임합니다. 우리는 마음의 문을 열고 변화되기를 사모해야 합니다. 그러면 우리는 베드로가 될 수 있습니다. 바울처럼 우리 생애가 변할 수 있습니다. 과거에는 하나님의 기적을 비판했던 사람이지만, 오늘은 그 기적을 일으키는 사람이 될 수 있는 것입니다.

인간의 지성과 이성을 뛰어넘는 믿음의 세계

부하들이 가서 옥에서 사도들을 보지 못하고 돌아와 이르되 우리가
보니 옥은 든든하게 잠기고 지키는 사람들이 문에 서 있으되 문을
열고 본즉 그 안에는 한 사람도 없더이다 하니(행 5:22-23).

이 세상에는 우리가 이해할 수 있는 일도 있지만, 이해할 수 없
는 일도 있다는 사실을 인정해야 합니다. 믿음의 세계에는 새로운
사실, 설명할 수 없는 사실이 있습니다. 영적인 세계에는 우리의
상식과 이성과 세상의 경험과 합리적 논리로 이해할 수 없는 일들
이 있습니다.

구약성경을 보십시오. 천지 창조를 무슨 수로 설명할 수 있겠습
니까? 하나님이 말씀 한마디로 세상을 창조하신 사실을 어찌 인간
의 이성과 경험으로 다 이해할 수 있겠습니까? 영이 아니면, 신앙
이 아니면 이해하지 못합니다. 노아의 홍수 사건은 어떻습니까?
합리적으로 이해되는 사건입니까? 홍해가 갈라져 60만 명이 홍해
를 건넌 사건은 또 어떻습니까? 그 노도 광풍이 불던 바다가 육지
로 바뀌어 버린 일을 이해할 수 있겠습니까? 설명할 수 있겠습니
까? 여리고 성은 또 어찌 그렇게 무너질 수 있겠습니까?

신약성경이라고 다르지 않습니다. 처녀가 어찌 아이를 낳을 수
있겠습니까? 걷지 못하던 사람이 일어나고, 앞 못 보던 사람이 눈

을 뜨며, 귀신이 나가고, 죽은 자가 살아나는 기적이 어떻게 가능하겠습니까? 예수님이 물 위로 걸으셨습니다. 말씀 한마디로 풍랑이 잠잠해졌습니다. 오병이어로 5천 명이 먹고 열두 광주리가 남았습니다. 상식적으로, 합리적으로 설명이 됩니까? 그러나 이 모든 것들은 구원의 핵심 진리들입니다. 이런 일들이 있다는 사실을 우리는 인정해야 합니다. 사람의 일만 있는 것이 아니라 하늘의 일도 있고, 땅의 일만 있는 것이 아니라 영원한 일이 있는 것입니다.

지상에서 살아가는 삶이 인생의 전부는 아닙니다. 우리의 육신이 끝나면 영원한 세계가 있다는 사실을 믿으십시오. 천국과 지옥은 반드시 있습니다. 우리는 이 사실을 인정해야 합니다. 이것이 진정한 지성입니다.

문이 잠겼어도, 문지기가 그대로 있어도 감옥 안에 있어야 할 사람이 없어졌습니다. "부하들이 가서 옥에서 사도들을 보지 못하고 돌아와 이르되, '우리가 보니 옥은 든든하게 잠기고 지키는 사람들이 문에 서 있으되 문을 열고 본즉 그 안에는 한 사람도 없더이다.'" 이런 얘기입니다.

성전 맡은 자와 제사장들이 이 말을 듣고 의혹하여 이 일이 어찌 될까 하더니 사람이 와서 알리되 보소서 옥에 가두었던 사람들이 성전에 서서 백성을 가르치더이다 하니(행 5:24-25).

사도들은 사라진 것이 아니라 성전에 있었습니다. 위치가 바뀌었을 뿐입니다. 그리스도인의 삶이란 이런 기적과 복음 선포의 연속입니다. 그러나 세속적인 사람들은 언제나 물리적인 힘으로 일을 처리하려고 합니다.

성전 맡은 자가 부하들과 같이 가서 그들을 잡아왔으나 강제로 못함은 백성들이 돌로 칠까 두려워함이더라 그들을 끌어다가 공회 앞에 세우니 대제사장이 물어 이르되 우리가 이 이름으로 사람을 가르치지 말라고 엄금하였으되 너희가 너희 가르침을 예루살렘에 가득하게 하니 이 사람의 피를 우리에게로 돌리고자 함이로다(행 5:26-28).

그들은 사도들을 체포했습니다. 백성이 두려워 강제로 어떻게 할 순 없었지만, 결국 그들은 사도들을 심문하기로 결정하고, 예수를 가르치는 것과 예수의 죽음이 자기들 때문이라고 말하는 것을 따졌습니다. 여기에 베드로는 다음과 같이 대답했습니다.

베드로와 사도들이 대답하여 이르되 사람보다 하나님께 순종하는 것이 마땅하니라(행 5:29).

베드로는 여기서 성령으로 충만해 명쾌한 대답을 합니다. "우리가 사람에게 순종하는 것이 옳으냐, 하나님에게 순종하는 것이 옳으냐? 우리는 사람에게 순종하는 것이 아니라 하나님에게 순종하는 것이다."

우리는 세상에서 삽니다. 그러므로 세상의 법을 따라 살 수밖에 없습니다. 그러나 세상 사람은 아닙니다. 세상에 살지만 우리는 하나님의 사람입니다. 세상에서는 세상 법을 따르지만, 우리 마음에는 하나님의 법이 있습니다. 말씀의 법이 있는 것입니다. 이런 행동 원리를 베드로는 분명하게 제시했습니다. 하지만 베드로는 이런 자기 삶의 행동 원리를 말한 것뿐만이 아닙니다. 더욱 놀라운 고백이 이어집니다.

재판정에서 전도하다

> 너희가 나무에 달아 죽인 예수를 우리 조상의 하나님이 살리시고 이스라엘에게 회개함과 죄 사함을 주시려고 그를 오른손으로 높이사 임금과 구주로 삼으셨느니라(행 5:30-31).

우리는 여기서 사도들의 위대함을 봅니다. 자기를 심문하는 사람에게 전도한 것입니다. 즉, 예수를 전한 것입니다. 미운 사람이 있다면 욕하지 말고, 예수를 전하십시오. 그 사람이 나를 욕하는 것은 그에게 예수가 없어서 그러는 것입니다. 예수가 없는 이들에게 베드로와 사도들은 바로 그 자리에서 영광스러운 주님을 소개했습니다. "우리 주님은 너희가 나무에 달아 죽인 예수다." 십자가의 예수를 전했습니다. "이 예수를 하나님이 다시 살리셨다." 부활하신 예수를 전했습니다. "이 예수가 너희를 구원하기 위해 회개함과 죄 사함을 주시는 임금, 곧 구주 되시는 그리스도다." 구원자 예수 그리스도를 소개했습니다.

원수에게 줄 수 있는 최대의 선물은 예수입니다. 혹시 갈등을 느끼는 사람이 있습니까? 대화가 끊긴 사람이 있습니까? 가능하면 지금 바로 그 사람을 찾아가십시오. 가서 예수님을 소개하십시오. 사도들은 그렇게 했습니다.

우리는 이 일에 증인이요 하나님이 자기에게 순종하는 사람들에게 주신 성령도 그러하니라 하더라(행 5:32).

사도들은 첫째, 행동 원리를 제시했고, 둘째, 예수 그리스도를 제시했고, 셋째, 자기들이야말로 이 모든 일에 살아 있는 증인이라고 담대하게 말했습니다. 우리도 이런 고백을 할 수 있어야 합니다. "예수님이 십자가에 못 박혀 돌아가셨음을 나는 증언할 수 있다. 부활하신 예수님을 나는 증언할 수 있다." 그들은 고백했습니다. 자신들이야말로 증인이라고 담대하게 말한 것입니다. 성령도 증인이라고 말했습니다. 얼마나 놀라운 말입니까? 그들은 결코 세상의 협박과 핍박을 두려워하지 않았습니다. 오히려 더 담대하게 예수 그리스도를 선포하고, 예수 그리스도의 증인임을 고백했습니다.

성만찬을 가질 때 우리는 주님의 살과 피를 먹고 마시는 축복을 누립니다. 당신은 과연 주님의 살과 피를 먹고 마실 만한 자격이 있습니까? 그만큼 깨끗하고 의롭습니까? 우리는 다 그렇지 못합니다. 예수 그리스도의 살과 피는 무엇입니까? 그것은 주의 죽으심을 주님 오시는 그날까지 전하는 것입니다. 그것이 성만찬입니다. 복음 증거 없는 성만찬은 존재하지 않습니다. 예수님과 우리가 하나가 되었다면, 우리는 나가서 예수 그리스도를 외쳐야 합니다. 예수 그리스도를 선포해야 합니다. 그 이름을 만방에 선포하는 것입니다. 원수에게까지도 선포하는 것입니다. 이것이 성만찬입니다.

그들은 기적을 맛보았습니다. 기적만 맛본 것이 아니라, 그리스도 복음의 전도자로서 순종해서 증인의 삶을 살았습니다. 이런 축복이 우리 모두에게 함께하기를 바랍니다.

21

예수를 담대히 전하다

사도행전 5:33-42

오직 예수님을 증거함

주의 천사의 도움으로 감옥에서 나왔을 때, 베드로와 사도들은 주님의 명령대로 새벽에 성전으로 달려갔습니다. 새벽부터 그들은 생명의 말씀이신 예수 그리스도를 전파하기 시작했습니다. 그들의 주된 관심은 감옥에서 나온 것이 아니라, 다시 살아나신 예수 그리스도를 전파하는 데 있었습니다. 결국 그들은 그날 아침에 대제사장들에 의해 체포당하고 공회에 끌려가 질문을 받게 됩니다. 그러나 이런 상황 속에서도 그들은 주저하지 않고 담대하게 예수 그리스도를 증거했습니다. 이것이 바로 앞 장에서 다루었던, 핍박을 받으면서도 복음을 전했던 베드로와 사도들의 이야기입니다.

그들의 마음속에는 사람보다 하나님을 순종하는 것이 마땅하다는 생각이 있었습니다. 우리는 보통 세상에 살면서 하나님의 종이 되기보다는 사람의 종이 되기 쉽고, 조직의 종이 되기 쉽습니다. 또 그렇게 살아갑니다. 어떤 회사나 정부나 권력층이나 어떤 조직의 사람으로 살아가는 것입니다. 그러나 그들은 사람보다는 하나님에게 순종하는 것이 옳다고 믿었습니다. 그들은 담대하게 예수님을 증거했습니다. 그 증거의 결과가 불리할지라도, 예수님을 증거했습니다.

그들은 세 가지로 예수님을 증거했습니다. "이 예수는 너희들이 나무에 달아 죽인 바로 그 예수다. 이 예수는 너희 조상의 하나님이 다시 살려 주신 예수다. 그리고 이 예수는 이스라엘로 하여금 회개와 죄 사함을 얻게 하려고 임금과 구주가 되신 예수다." 그리고 더 중요한 이야기를 합니다. "내가 증인이다." 이것처럼 설득력 있는 말이 없습니다. 전도할 때 우리의 간증이 설득력을 더해 줍니다. 자기 체험이기 때문입니다. 내가 그렇게 경험했다는 것입니다. 간증을 하면 사람들은 마음의 문을 엽니다. 마음의 문을 열 때 말씀을 집어넣어야 합니다.

사도행전을 자세히 읽어 보면 사도들의 모든 설교가 예수님에게 집중되는 것을 볼 수 있습니다. 사도 바울은 고린도전서 2장에서 이런 고백을 합니다. "예수 그리스도와 그가 십자가에 못 박히신 것 외에는 아무것도 알지 아니하기로 작정하였음이라"(고전 2:2). 사도 바울이 지식이 없어서 그런 것이 아닙니다. 그는 많은 지식이 있었지만 그 지식을 포기했습니다. 예수 그리스도의 지식만 알겠다는 것입니다. 예수 그리스도만 말하겠다는 것입니다.

오순절 날 성령이 임했습니다. 사도행전은 성령에 대한 이야기입니다. 그러나 더 자세히 살펴보면, 사실은 모두 예수님에 관한 이야기입니다. 성령이 계신 곳에는 예수님이 드러나기 때문입니다. 성령은 결코 자신을 나타내는 분이 아니십니다. "내가 떠나가는 것이 너희에게 유익이라 … 내가 그(보혜사)를 너희에게로 보내리니"(요 16:7). 보혜사 성령이 오셔서 무엇을 했습니까? "그가 너희에게 모든 것을 가르치고 내가 너희에게 말한 모든 것을 생각나게 하리라"(요 14:26).

성령이 세상에 오신 목적은 성령 자체에 있지 않고 예수 그리스도를 보여 주시기 위한 것에 있습니다. 성령 충만이란 예수 충만인 것입니다. 성령이 역사할 때 우리가 볼 수 있는 것은 예수님입니다. 우리는 성령이 충만한 사람에게서 예수님 닮은 인격을 만나게 됩니다. 예수님은 육체로 온 하나님이십니다. 그러면 성령은 누구십니까? 영으로 온 예수 그리스도십니다. 성령이 계신 곳에는 그리스도가 나타납니다. 성령 받은 사람은 예수 이야기를 합니다. 예수가 나의 구주시요, 나의 하나님이라고 말합니다.

분노하는 제사장들

예수님에 대한 말씀을 베드로와 사도들에게 들었을 때, 사람들의 반응은 어땠습니까?

그들이 듣고 크게 노하여 사도들을 없이하고자 할새(행 5:33).

첫째, 그들은 분노했습니다. 화가 난 것입니다. 둘째, 그들은 살기가 생겨 사도들을 죽이려 했습니다. 어떤 사람은 사소한 사건이나 말씀을 듣고도 하나님을 생각합니다. 가을에 단풍이 져도, 겨울에 눈이 와도 하나님을 생각합니다. 아침에 일어나 신선한 공기를 마시면서도 하나님을 찬양하고 싶어 합니다. 작은 말에 큰 은혜를 받습니다. 그러나 어떤 사람은 예수님을 데려다 보여 줘도 안 믿습니다. 예수님이 직접 나타나서 말씀하셔도 안 믿습니다. 예수님에 대해 분노하고 책잡으려 합니다. 그런 이들이 바리새인과 서기관들이었습니다. 그들은 예수님을 보면서도 몰랐습니다. 하나님의 음성을 들려 줘도 하나님을 알지 못했습니다.

생각해 보십시오. 왜 사람들이 예수님에 대해 분노할까요? 전도하면 화를 내는 사람이 있습니다. '너나 믿으라'고 그럽니다. 아주 싫어합니다. 왜 예수님에게 적대감을 가질까요? 왜 예수님을 배척할까요? 이유는 분명합니다. 마귀가 뒤에 있기 때문입니다. 사탄이 뒤에 없다면, 그렇게까지 분노하거나 배척하거나 죽이려 들지 않을 것입니다. 예수님을 배척하거나 예수님에 대해 분노하고 거부하는 배후에는 분명 영적으로 사탄의 세력이 있는 것입니다.

그런데 놀라운 일은, 이와 반대로 예수를 안 믿고 우상을 숭배하는 불신자들 가운데도 하나님을 생각하는 사람이 있다는 사실입니다. 구약성경에 나오는 기생 라합이 바로 그런 사람이었습니다. 그는 하나님을 모르는 이방 가나안 족속이었습니다. 기생이라고 말했습니다. 하나님을 믿을 기회가 없는 여자였습니다. 그런데 그가 하나님에 대한 소문을 들었습니다. 이스라엘 백성이 홍해를 건넜다는 소문을 들었습니다. 광야를 지날 때 반석에서 물이 나왔다는 이야기를 들었습니다. 급기야는 그 사람들이 지금 요단 강을 건너온다는 이야기를 들었습니다. 이 소문을 들었을 때, 그 여자가 하나님을 생각한 것입니다. '이 하나님은 누구일까?' 비록 이방 백성으로 이방종교 안에서 살았지만, 그녀는 하나님을 생각한 것입니다. 그리고 정탐꾼이 왔을 때 그들을 숨겨 주었습니다.

그녀는 이렇게 말했습니다. "우리가 (너희 하나님이 행하신 일을) 듣자 곧 마음이 녹았고 너희로 말미암아 사람이 정신을 잃었나니 너희의 하나님 여호와는 위로는 하늘에서도 아래로는 땅에서도 하나님이시니라"(수 2:11). 이렇게 해서 그녀는 구원을 받습니다. 얼마나 놀라운 일입니까?

이슬람 신자들 가운데도 누군가는 하나님을 경배하고 있을 것입니다. 말씀도 들을 수 없고, 성경 공부도 할 수 없고, 성경책 하나 가질 수 없는 아주 극한 상황에서도 하나님을 경외하는 누군가가 있을 수 있습니다. 북한에도 하나님을 경외하는 사람이 있음을 저는 믿습니다. 우리가 전도하는 것은 다 그것 때문입니다. 이 사람이 그런 사람 아닌가 싶어서 전도하는 것입니다.

하나님은 빌립에게 광야로 가라고 명령하셨습니다. 거기에는 하나님을 모르지만 하나님에 대한 갈급함을 가지고 있던 에디오피아 내시가 있었습니다. 하나님은 그 사람에게 말씀으로 응답하고 세례를 주기 위해 빌립을 보내신 것입니다. 이것이 바로 선교입니다. 그래서 우리는 곳곳에 가서 "예수 믿으십시오"라고 말해야 합니다. 물론 아무나 반응하는 것은 아닙니다. 하나님에 대해 갈급해하는 사람들이 그 말에 걸립니다. 예수님에 대해 이야기해 달라고 요구합니다. 어떻게 하면 예수를 믿을 수 있느냐고 묻습니다. 그때 예수님을 전해 주는 것입니다.

가말리엘의 지성과 역사의식

이러한 바리새인들 가운데 놀라운 한 사람이 있었습니다. 그 사람을 소개하고자 합니다.

> 바리새인 가말리엘은 율법 교사로 모든 백성에게 존경을 받는 자라 공회 중에 일어나 명하여 사도들을 잠깐 밖에 나가게 하고 말하되 이스라엘 사람들아 너희가 이 사람들에게 대하여 어떻게 하려는지 조심하라 이전에 드다가 일어나 스스로 선전하매 사람이 약 사백 명이나 따르더니 그가 죽임을 당하매 따르던 모든 사람들이 흩어져 없어졌고 그 후 호적할 때에 갈릴리의 유다가 일어나 백성을 꾀어 따르게 하다가 그도 망한즉 따르던 모든 사람들이 흩어졌느니라 이제 내가 너희에게 말하노니 이 사람들을 상관하지 말고 버려두라 이 사상과 이 소행이 사람으로부터 났으면 무너질 것이요 만일 하나님께로부터 났으면 너희가 그들을 무너뜨릴 수 없겠고 도리어 하

나님을 대적하는 자가 될까 하노라 하니 (행 5:34-39).

우리는 여기에서 가말리엘이라는 유대의 한 지성인을 봅니다. 첫째, 그는 바리새인이었습니다. 예수님을 괴롭혔던 일들 때문에 인상이 나쁘지만, 사실 바리새인은 하나님을 위해 구별된 사람들이었습니다. 그들은 하나님의 말씀인 율법을 위해 태어난 사람들로서, 평생 하나님의 말씀을 연구해서 강론하고, 말씀대로 실천하며 살려는 의지를 가진 참 존경스런 사람들이었습니다. 가말리엘이 바로 이런 바리새인이었다는 것입니다.

둘째, 그는 율법 교사였습니다. 율법을 가르치기 위해 율법을 얼마나 많이 공부했겠습니까? 우리가 공부하는 것 정도가 아닐 것입니다. 그는 하나님의 말씀을 실로 많이 연구했던 사람입니다.

셋째, 그는 '모든 백성에게 존경을 받는 자'였습니다. 우리는 언제 사람을 존경합니까? 사람들은 그의 말과 행동이 일치하며 자신이 말한 대로 사는 사람을 볼 때 굉장히 존경스러워합니다. 타인보다 탁월한 지혜와 지식과 능력을 소유했을 때, 경외하고 존경합니다. 다른 사람이 두렵고 겁이 나서 하지 못하는 일에 용기와 지혜를 가지고 뛰어들 때, 존경합니다. 또 특별히 자기를 희생하고 다른 사람을 살릴 때, 자기는 손해 보지만 다른 사람에게 이익을 끼칠 때 그리고 다른 사람을 위해서 죽어 줄 때 우리는 그 사람을 존경합니다.

이 사람은 바로 이런 존경을 받은 사람이었는데, 한두 사람이 아니라 모든 백성에게 존경을 받는 사람이라고 했습니다. 많은 사람들이 존경을 받기 원하지만 희생하기는 원치 않습니다. 율법 교사인 가말리엘은 유대 최고의 랍비인 힐렐의 제자였습니다. 그는 유대인들에게 최대의 존경을 받는 사람이었고, 우리가 잘 아는 대로 사도 바울의 선생이었습니다. 자기를 소개할 때 사도 바울은 가말리엘의 문하생이라고 표현한 바 있습니다.

제자들의 재판을 막다

가말리엘은 역사의식을 갖고 있었습니다. 지성인의 특징 가운데 하나는 역사의식을 갖고 있다는 것입니다. 그는 드다와 갈릴리 유다가 일으켰던 두 가지 역사적 사례를 들면서 베드로와 사도들이 인민재판 받는 것을 막았습니다. 놀라운 일입니다. 특별히 자기의 계파에 속한 사람들의 행동을 막은 것이고, 어떻게 보면 욕을 먹을 수밖에 없는 일인데, 그런 권면을 한 것입니다. 현재 일어난 사건만 가지고 현재를 해석하지 않고, 역사를 돌아보면서 오늘의 문제를 해석하는 역사의식을 갖고 있는 것은 가말리엘이 대단한 지성인이었다는 사실을 보여 줍니다.

많은 사람들은 흥분합니다. 감정적인, 현실적인 대안을 말합니다. 그러나 지성인의 역할은 감정적이고 흥분하는 대중을 이런 역사의식을 가지고 선도하는 것입니다. 그들에게는 그렇게 해야 할 책임이 있습니다.

저는 이 가말리엘을 보면서 이와 비슷한 지성인들이 우리 주위에 많이 있음을 알게 됩니다. 우리나라에는 하나님을 믿지는 않았지만 민족적 전통 위에서 한 시대에 큰 영향력을 미쳤던 사람들이 많았습니다. 아주 귀하고 존경스럽고 훌륭한 분들입니다. 그들은 백성들로부터 사랑과 존경을 받았습니다. 어떤 이들은 나라를 위해 희생해서 민중의 별이 되기도 했습니다. 우리가 말하는 대로 이순신 장군, 세종 대왕도 생각할 수 있고, 이희승, 최현배와 같은 우리 민족사의 좋은 전통을 가르쳐 준 선생님도 있습니다. 가말리엘이 죽었을 때 사람들은, "랍비 가말리엘이 죽었으니 율법과 순결과 절제에 대한 존경심도 함께 죽어 간다"고 말했다고 합니다. 그만큼 그는 존경을 받는 사람이었습니다.

이제 내가 너희에게 말하노니 이 사람들을 상관하지 말고 버려두라 이 사상과 이 소행이 사람으로부터 났으면 무너질 것이요 만일 하나님께로부터 났으면 너희가 그들을 무너뜨릴 수 없겠고 도리어 하나님을 대적하는 자가 될까 하노라 하니(행 5:38-39).

가말리엘은 위대한 지성과 역사의식을 가졌던 양심의 사람이었습니다. 그가 예수님에 대한 생각을 이렇게 표현한 것입니다. 석가나 공자나 소크라테스나 가말리엘 모두가 구원을 말했지만, 그것은 목마른 구원이었습니다. 그들은 다 인간적인 구원을 말했습니다. 문제는 이 구원이 하나님으로부터 왔는가, 인간으로부터 왔는가 하는 것입니다. 인간으로부터 온 구원은 목마른 구원입니다. 해답이 없는 구원입니다. 그것은 결국 망하게 될 것입니다. 그러나 하나님으로부터 온 구원은 영원한 구원입니다. 변하지 않는 구원입니다. 그것은 우리의 노력과 고행과 수행을 통해서 얻어지는 게 아니라, 믿음으로 얻어지는 것입니다.

가말리엘은 이렇게 말했습니다. "이 소행이 사람으로부터 났으면 무너질 것이요 만일 하나님께로부터 났으면 너희가 그들을 무너뜨릴 수 없겠고 도리어 하나님을 대적하는 자가 될까 하노라." 지성인의 정직과 양심이 여기에 있습니다. 동시에 인간의 도덕과 가르침과 수양에는 한계가 있음을 발견하게 됩니다. 우리는 그 한계 앞에 겸손해야 합니다. 많은 지식인들이 지식과 지성을 자랑합니다. 그러나 우리가 가지고 있는 지식은 우주의 모든 지식에 비하면 한 점도 안 될 것입니다. 그럼에도 불구하고 우리는 하나님을 대적하려 하고, 하나님에게 반기를 들려고 합니다.

"말씀하옵소서 주의 종이 듣겠나이다"(삼상 3:10). 이것이 인간 본연의 모습입니다. 저는 모든 지성과 양심은 어린 양 예수 그리스도를 바라보아야 한다고 믿습니다. 그것이 정직이요, 겸손입니다. 자기의 섣부른 지식으로 하나님에게 대항해서는 안 됩니다. 하나님을 대항하는 것 뒤에는 언제나 사탄의 세력이 있음을 알아야 합니다.

> 그들이 옳게 여겨 사도들을 불러들여 채찍질하며 예수의 이름으로 말하는 것을 금하고 놓으니(행 5:40).

가말리엘의 충고를 받은 사람들은 그 권위와 존경 때문에 그의 말을 따르게 되었습니다. 한 바리새인, 한 지성인의 도움으로 사도들은 결국 풀려난 것입니다. 그런데 이 자유를 해석하는 것이 문제입니다. 사도들과 베드로가 이 자유를 어떻게 해석했느냐는 것입니다.

'그 이름을 위하여'

> 사도들은 그 이름을 위하여 능욕 받는 일에 합당한 자로 여기심을 기뻐하면서 공회 앞을 떠나니라(행 5:41).

사도들은 감옥에서 나온 것 때문에 기뻐하지 않았습니다. 자유롭게 풀려나서 기뻐한 게 아니라, '그 이름을 위하여' 능욕 받는 일에 합당한 자로 여겨졌기 때문에 기뻐했습니다. 만약 감옥 밖으로 나와 자유롭게 되었어도 하나님을 증거할 수 없었다면, 그들은 다시 감옥으로 갔을 것입니다. 그리고 거기서 전도하는 편이 낫다고 생각했을 것입니다. 그들의 관심은 예수님뿐이었습니다. 감옥이냐 감옥이 아니냐, 핍박이냐 핍박이 아니냐가 아니었습니다. 그들의 관심은 주님이었습니다. 사랑하는 주님을 전할 수 있다면 어떤 조건이나 환경도 문제가 되지 않았던 것입니다.

로마서의 주제가 바로 '그 이름을 위하여'입니다. '그 이름을 위하여' 사도가 된 것입니다. 예수 이름보다 귀한 이름은 없고, 예수 이름보다 능력 있는 이름은 없습니다. 예수 이름보다 높은 이름은 없고, 예수 이름보다 복된 이름은 없습니다. '그 이름을 위하여' 살 만한 가치가 있는 것입니다. '그 이름을 위하여' 내가 희생하고 죽을 가치가 있는 것입니다. 사도 바울은 '그 이름을 위하여' 사도로 부름을 받았다고 말했습니다. 이처럼 베드로와 다른 사도들도 '그 이름을 위하여' 능욕 받는 자로 인정받았다는 사실 앞에 감격하고 눈물을 흘렸던 것입니다.

고난은 그리스도인의 특권

그리스도인의 특징은 고난입니다. 우리가 그리스도인이라는 증거는 고난 받는 것입니다. 예수를 믿으면서도 주님을 위해 한 번도 고난 받은 적이 없다면, 그것은 부끄러운 일입니다. 그 이름을 위해, 혹은 예수님 때문에 모함을 받아 본 적도, 오해를 받아 본 적도, 손해를 본 일도 없다면, 그는 예수를 사랑하지 않는 사람일 것입니다. 사랑한다는 것은 얻는다는 뜻이 아닙니다. 대가를 치른다는 뜻입니다. 사랑하는 사람을 위해서는 언제나 대가를 치르는 법입니다. 그러나 사랑하지 않는 사람에게는 언제나 이기적으로 대합니다. 사랑이라는 이름으로 그 사람으로부터 이익을 챙기는 것입니다. 희생이 없이, 대가를 치르는 일이 없이 어찌 사랑이 있을 수 있습니까?

그러나 우리는 예수를 믿으면서도 고난 받기를 거부합니다. 심지어 교회에 와서도 고난 받는 일을 하지 않으려 합니다. 교회에 와서도 섬김을 받으려 하고, 높은 자리에 앉아 지배하려고 합니다. 교회에 나와서는 오해도 받아 보고, 속도 상해 보고, 그러면서도 말하지 않고, 싸우지 않고, 변명하지 않고 그냥 지내야 합니다. 내가 싸워 봤자 예수님에게 영광이 되지 않기 때문에 그냥 당하는 것입니다. 이것이 바로 '그 이름을 위하여' 능욕 받는 것입니다.

사람들은 파티나 결혼식이나 세상의 약속 자리에는 열심히 나갑니다. 하지만 장례식에는 잘 가지 않습니다. 형제자매의 아픔에 인색합니다. 무엇이 그렇게 중요합니까? 그리스도인이라면 응당 결혼식보다는 장례식에 더 많이 나타나야 합니다. 그리스도인이란 무엇입니까? 그리스도인이란 그리스도로 인해서 고난을 받는 사람입니다. 당신은 무엇 때문에 기뻐합니까? 누구 때문에 삽니까? 자신 때문입니까, 아니면 성공이나 물질, 명예 때문입니까? 혹은 자녀 때문입니까? 무엇 때문에 열심히 세상을 사는 것입니까? 무엇으로 당신 인생의 의미를 설명할 수 있습니까?

어떤 사람은 일벌레입니다. 마치 일하기 위해서 태어난 듯 일을 합니다. 돈 벌기 위해 태어난 인생입니다. 반면 아무것도 안 하고 그냥 존재하기 위해 태어난 사람도 있습니다. 그러나 우리가 존재하는 이유는, '그 이름을 위하여'입니다. 누군가를 위해 죽을 수 있는 사람이 행복한 인생입니다. 불러야 할 노래가 있을 때 우리는 행복합니다. 들어야 할 깃발이 있을 때 행복한 것입니다. 무언가를 위해서 후회 없이 죽을 수 있다면, 그는 행복한 사람입니다. 그런 분이 바로 예수 그리스도십니다.

의를 위하여 박해를 받은 자는 복이 있나니 천국이 그들의 것임이라 나로 말미암아 너희를 욕하고 박해하고 거짓으로 너희를 거슬러 모든 악한 말을 할 때에는 너희에게 복이 있나니(마 5:10-11).

우리는 선지자의 반열에 서 있습니다. 그래서 우리는 억울한 일을 당해야 합니다. 억울한 일을 당하고, 고통스러운 일을 당하며, 무시당할 때 기뻐할 수 있어야 합니다. 그것 때문에 자존심 상해하면 안 됩니다. 보복하려고 해도 안 됩니다. 이것이 그리스도인입니다.

팔복(八福)은 가난한 마음에서부터 시작됩니다. 그러나 팔복의 끝은 '의를 위하여 박해를 받는 것'입니다. 인생의 진정한 행복은 핍박을 받는 데 있고, 고난을 겪는 데 있습니다. 그러나 문제는, 누구를 위한 고난과 핍박이냐는 것입니다. 그것은 오직 '예수님을 위하여'이어야 합니다. 어떤 사람은 자기가 실수해서 그르친 일을 가지고 고난 받는다고 말합니다. 그러나 아닙니다. 그분을 위하여, '오직 그 이름을 위하여' 고난을 받아야 합니다.

> 오히려 너희가 그리스도의 고난에 참여하는 것으로 즐거워하라 이는 그의 영광을 나타내실 때에 너희로 즐거워하고 기뻐하게 하려 함이라(벧전 4:13).

날마다 가르치고 전파하다

> 그들이 날마다 성전에 있든지 집에 있든지 예수는 그리스도라고 가르치기와 전도하기를 그치지 아니하니라(행 5:42).

여기에 전도자들의 생활이 나타납니다. 그들의 생활공간은 성전과 집이었습니다. 그러나 문제는 성전도 아니고 집도 아니었습니다. 성전에 있든지 집에 있든지, 그들의 관심은 예수였습니다. 공간이나 시간에 관심이 있지 않았습니다. 공간과 시간의 씨줄, 날

줄로 엮어지는 것이 우리가 살아가는 역사라고 말합니다. 하지만 우리의 관심은 공간이나 시간에 대한 것이 아니라, 예수 그리스도여야 합니다.

어떤 사람은 자기 직장과 전공과 가정을 포기하고 주님을 섬깁니다. 자기의 직장과 전공을 바꿔 목사가 되기도 하고, 선교사가 되기도 하고, 전임 사역자가 되기도 합니다. 또 사도 바울처럼 예수님을 위해 정말 결혼하지 않기로 서약한 사람도 있습니다. 반면 어떤 사람은 자기 직장과 전공을 통해서 주님을 섬기기도 합니다. 헌신된 평신도들입니다. 그러나 직장을 가지든 포기하든, 그것은 중요하지 않습니다. 정말 중요한 것은 예수 그리스도에 대한 태도입니다.

예수님에 대한 당신의 태도는 무엇입니까? 정말 그 이름을 위하여 핍박을 받는 것입니까? 그 이름을 위하여 고난을 겪는 것입니까? 누가 설교를 못 하게 한다면 들에 나가 돌에 대고라도 설교하고 싶을 만큼의 열정이 있습니까? 하늘을 향해서 미친 사람처럼 예수님을 이야기하고 싶고, 예수님의 구원을 선포하고 싶은 그런 열정이 있습니까? 바로 그것입니다. 자리와 환경을 만들어 줘서 일하는 게 아닙니다. 그것이 없다 할지라도 주님은 나의 주님인 것입니다.

또 한 가지 살펴보아야 할 것이 있습니다. 그들은 날마다 가르치고 전도했다고 했습니다. 교회에서 사역이나 잦은 모임을 갖다 보면 자기도 모르게, "아무리 교회 일도 좋지만 내 생활도 있어야지, 우리 가족생활도 있어야지"라는 말을 하게 됩니다. 어디까지가 내 생활이고, 어디까지가 주님의 생활입니까? 내 생활이 있다는 이야기는 주님을 섬기는 것이 의무라는 말입니다. 내 것도 있다는 말은 주님을 섬기는 것이 의무일 뿐 아니라 형식이요, 율법이라는 것입니다. 내 생활이 어디 있고, 주님 생활이 어디 있습니까? 우리의 모든 것이 주님의 것입니다. 우리의 모든 시간이 주님의 것입니다. 주님 때문에 기뻐하면 내 삶이 기쁨이요, 내 가정이 기쁨인 것입니다. 이렇게 말할 수는 있습니다. "주님의 일을 하다 좀 쉬어야겠다." 이건 가능한 말입니다. 그러나 내 생활을 가져야겠다는 이야기는 그것과는 전혀 다릅니다. 정말 주님 안에 있으면 내 돈이 어디 있고, 주님 돈이 어디 있습니까?

그들의 관심은 그리스도였습니다. 그들에게 주님의 일이란, 예수가 그리스도라고 가르치고 전파하는 것이었습니다. '날마다' 그렇게 했다고 했습니다. 우리의 관심도 여기에 있어야 합니다.

교회가 교회 건물을 짓기 위해 존재하는 것은 아닙니다. 교회 건물은 필요해서 짓는 것뿐입니다. 어떤 경우에는 너무 무리한 건축 계획을 세워서 교회가 깨지기도 합니다. 뭐 하자고 건축한 것입니까? 깨지자고 건축을 시작한 것입니까? 예수님을 전하기 위해 한 것입니다. 그래서 필요하면 건물도 짓는 것이고, 필요 없으면 건물이 없어도 괜찮은 것입니다. 조직이 왜 필요합니까? 선교 단체가 왜 필요합니까? 주님을 전하기 위해 선교 단체가 필요한 것이지, 선교 단체를 위해 선교가 필요한 것은 아닙니다. 언제나 우리는 이 점을 생각해야 합니다.

영생이란 무엇입니까? 성경은, "영생은 곧 유일하신 참하나님과 그가 보내신 자 예수 그리스도를 아는 것"(요 17:3)이라고 말씀합니다. 예수를 아는 것보다 더 중요한 것은 없습니다. 예수를 아는 것은 길거리에서 할 수도 있고, 강의실에서 할 수도 있습니다. 교회당 안에서 할 수도 있고, 빈 들에 가서 할 수도 있습니다. 그 일을 위해서 건물이 필요한 것뿐입니다. 우리는 중심을 잃어버려서는 안 됩니다. "초막이나 궁궐이나 내 주 예수 모신 곳이 그 어디나 하늘나라"(〈내 영혼이 은총 입어〉, 새찬송가 438장)인 것을 기억해야 합니다.

그들은 날마다 성전에 있든지 집에 있든지, 예수가 그리스도라 가르치며 전파하기를 쉬지 않았다고 했습니다. 저는 그런 일이 당신의 가정과 직장 그리고 교회에서 계속 일어나기를 바랍니다. 그리스도란, 하나님이 구약에서 약속하신 기름 부음 받은 종, 참하나님의 아들, 우리의 참구원자라는 뜻입니다. 예수가 그리스도라는 말은, '그분이야말로 나의 구세주시요, 나의 주님이십니다'라는 고백인 것입니다. 이런 고백이 우리에게 있기를 바랍니다.

22

성령과 지혜가 충만한
일곱을 세우다

사도행전 6:1-7

초대 교회는 급성장했습니다. 열두 명이 120명으로, 120명이 3천 명, 5천 명으로 불어났습니다. 성경은 "남자의 수가 약 오천이나 되었더라"(행 4:4)고 기록합니다. 또 "믿고 주께로 나아오는 자가 더 많으니 남녀의 큰 무리더라"(행 5:14)는 내용이 있는데, 이는 수를 셀 수가 없어서 그렇게 표현한 것입니다. 짧은 시간 안에 이렇게 대형 교회가 된 것입니다.

하지만 성경을 보면 이러한 교회의 성장과 성도들이 거둔 신앙의 소식과 함께 초대 교회 안에서 불만의 소리가 자라고 있음을 보게 됩니다. 그것은 교회의 급성장으로 말미암아 생긴 결과였습니다.

> 그때에 제자가 더 많아졌는데 헬라파 유대인들이 자기의 과부들이 매일의 구제에 빠지므로 히브리파 사람을 원망하니(행 6:1).

이것은 작은 일 같지만 실제로 교회 안에서는 큰일이었습니다. 초대 교회 안에서 섭섭함과 불만과 비판의 소리가 생긴 이유는 두 가지였습니다.

갑작스런 숫자의 부흥

먼저는, 제자가 많이 생겼기 때문입니다. 제자의 수가 열두 명에서 갑자기 120명으로, 3천 명으로, 5천 명으로 그리고 셀 수 없는 남녀의 큰 무리로 늘어났습니다. 더욱이 시간을 두고 성장한 것이 아니라 갑자기 성장했습니다. 그렇게 다양하고 많은 사람들이 모이다 보니 많은 문제가 생길 수밖에 없었습니다.

초대 교회에서는 평신도라는 말을 쓰지 않았습니다. 평신도라는 말은 후일에 만든 신학적인 용어입니다. 그래서 성경에는 평신도라는 말이 없습니다. 사실 초대 교회에서는 '제자'라는 말을 사용했습니다. 따라서 우리도 평신도라는 말보다는 제자라는 말을 써야 할 것입니다. 그 말이 제일 좋습니다.

그런데 제자들의 숫자가 많아지면서 문제가 생겼습니다. 교인들의 수가 많아지면 이런 문제들이 발생합니다. 첫째, 교인 한 사람, 한 사람의 개인적인 중요성이 상실되는 문제가 발생합니다. 교인들은 군중 속의 고독을 느낍니다. 한 인간이 인격적으로 제대로 취급받지 못하는 위험이 발생하는 것입니다. 왜냐하면 개인보다 집단이 우선되고, 인격보다는 사역과 프로그램이 우선되기 때문입니다. 그래서 개인의 가치를 낮게 평가할 위험성이 있습니다.

둘째, 전문가들이 필요해지는 상황이 발생합니다. 이전에는 아마추어적인 기술로도 교회 관리가 충분히 가능했지만, 이제는 전문가들을 필요로 하게 되는 것입니다. 전문 지식이 필요해지면서 평신도의 역할보다는 목회자의 역할이 강화되기 시작합니다. 그래서 평신도들은 숫자로 취급받게 되어, 자신이 중요하지 않은 사람이라는 생각을 은연중에 갖게 됩니다. 또 '꼭 내가 아니어도 그 일을 할 사람은 많다'는 생각을 하게 되기 쉽습니다.

교회에서 가장 소중한 것은 우리가 그리스도 몸의 지체라는 놀라운 소속감입니다. 천국 백성, 하나님 나라에 속한 백성으로서, 정말 하나님 앞에서 왕자와 공주, 우주의 왕자로서 살아간다는 영적인 자부심과 이런 마음을 가진 사람들과의 공동체 내에서의 친교가 굉장히 중요한데, 이런 것들을 은연중에 잃어버리는 것입니다.

셋째, 애초의 목적과 비전을 잃어버리거나 약화시키는 문제가 발생합니다. 현실적으로 교회를 운영하는 중요한 문제들이 본질적인 문제보다 더 급하게 취급되고 우선시되기 때문입니다. 중요한 문제들은 뒷전으로 하고 현실적인 문제를 우선해서 다루다 보니 교회의 우선순위가 뒤바뀌고, 그렇게 해서 처음의 목적과 비전이 희미해지기 시작합니다. 여기에 위기가 있습니다. 이것은 교회뿐만 아니라 이런 부류의 모든 단체에서 일상적으로 볼 수 있는 문제입니다.

이러한 세 가지 위기들이 초대 교회에도 그대로 발생했습니다. 아무리 교회가 급성장하고 대형화된다 해도, 중요한 것은 사역이나 프로그램보다 사람일 것입니다. 평신도의 역할은 어떤 이유에서든 약화되어서는 안 됩니다. 교회의 본질과 목표는 변질될 수 없습니다. 또 변질되어서는 안 되는 것입니다. 바로 이러한 점들이 오늘날 교회가 빠질 수 있는 위험성이 있는 문제들입니다.

이런 문제들과 맞서서 우리는 부단히 고민하고 기도하며 싸워야 합니다. 그럴 때 교회는 사도행전적인 아름다운 교회로 계속 성장하고, 나눠 주는 교회가 될 것이며, 교회 안에서 서로 싸우느라 정력을 낭비하거나 별로 중요하지 않은 문제들에 돈과 시간을 허비하는 일을 하지 않게 될 것입니다.

우리는 끊임없이 주님이 원하시는 쪽으로 흘러가야 합니다. 그런 방향으로 헌금을 쓰고, 그런 방향으로 사람들을 파송하고, 그런 방향의 사역에 사람을 투입해야 할 것입니다. 사람들이 많아지면 앞에서 언급한 문제들이 따를 수 있기 때문입니다.

교회 내에서의 일치 문제

두 번째는, 교회에서의 구제 활동 때문이었습니다. "그때에 제자가 더 많아졌는데 헬라파 유대인들이 자기의 과부들이 매일의 구제에 빠지므로 히브리파 사람을 원망하니"(행 6:1). 이것은 구제 때문에 생기긴 했지만, 사실 구제 자체의 문제는 아니었습니다. 구제하자는 데는 이의가 있을 수 없습니다. 선교하자는 데는 이의가 있을 수 없습니다. 전도하자는 데는 이의가 있을 수 없습니다. 그러나 구제하는 방법이나 과정에서의 문제 때문에는 싸울 수 있습니다. 즉, 구제 방법이나 그 과정에서의 문제를 놓고 다투다가 구제하는 일 자체를 잃어버리는 것입니다.

상황에 불과한 문제를 놓고 다투다가 본질의 문제를 잃어버리는 것이 우리 인간입니다. 바로 초대 교회는 이런 위험성들을 갖고 있었습니다. 헬라파 유대인들은 자기 파의 과부들이 매일 분배되는 구제에서 빠졌다고 주장했습니다. 여기서 우리는 헬라파 유대인과 히브리파 유대인이 등장한다는 사실을 알 수 있습니다. 그들은 어떤 사람들입니까? 헬라파 유대인들은 예루살렘 밖에서 사는 사람들이었습니다. 다시 말하면 헬라 문화권 속에서 살던 유대인들이었는데, 그들이 예수를 믿게 되어 교회 안에 들어오게 된 것입니다. 반면 히브리파 유대인들은 어떤 사람들이었습니까? 예루살렘에서 태어나 살아온 유대인들로서 예수를 믿게 된 사람들입니다.

쉽게 말하면 헬라파 유대인들은 굴러 들어온 돌이고, 히브리파 유대인들은 박힌 돌입니다. 그런데 이 굴러 들어온 돌이 박힌 돌을 캐내려고 하는 것입니다. 이런 문제가 지금 초대 교회 안에 생겼다는 것입니다. 그렇지만 외지에서 온 헬라파 유대인들은 아마 히브리파 유대인들에 의해 소외당한다는 피해의식을 갖게 된 모양입니다. 그래서 교회 공동체에 모이면서도 끼리끼리 은밀하게 자기들만의 모임을 가졌던 것 같습니다. 그리고 "어떻게 이럴 수가 있느냐? 왜 우리 과부들만 구제에서 빠져야 하느냐?"며 울분을 토하고 흥분을 하게 된 모양입니다.

그 당시 교회 내외로 가난한 과부들과 극빈자들이 많았습니다. 그래서 교인들은 가난한 이들에게 음식을 접대했습니다. 하루에 한 끼 내지 두 끼를 만들어서 음식을 제대로 못 먹는 과부와 극빈자들에게 음식을 대접한 것입니다. 그런데 '매일의 구제에 빠지므로'라는 상황이 벌어진 것 같습니다. 헬라파 사람들은 외지에서 온 것도 서러운데, 자기네 식구들은 혜택도 제대로 못 받는 상황에서 봉사의 일을 더 많이 감당하게 된 처지에 대해 불평을 한 것입니다. '누구는 쉬운 일을 하고, 누구는 어려운 일을 하느냐?', '누구는 교회에서 회의하고 의논하고 지시하는데, 누구는 종같이 궂은 일만 하느냐?' 하는 문제들이 생긴 것입니다.

이런 문제들은 초대 교회뿐 아니라 현대 교회에도 있을 수 있습니다. 교회 창립 때부터 있던 교인들이 있습니다. 새로운 교인들이 늘어납니다. 그런데 열심은 언제나 새로운 사람들에게 더 있기 마련입니다. 그러니 창립 교인들은 뒤로 처지게 됩니다. 이제 그들은 '우리도 왕년에 다 열심히 했다'고 말합니다. 그러니 그들과 새로운 교인들 사이에는 눈에 보이지 않는 갈등의 벽이 생기게 됩니다.

왜 이런 문제들이 생기는 것입니까? 본질을 잃어버렸기 때문입니다. 아무것도 아닌 문제가 커지면 본질적인 문제들을 잃어버리게 되는 것입니다. 그것이 오늘날 많은 교회들이 전도하지 못하고, 선교하지 못하고, 성장하지 못하는 이유입니다. 바로 이런 제도와 관행과 모든 관계들 때문에 전통적인 교회일수록, 연수가 오래된 교회일수록 아무것도 하지 못하고 갈등 속에 휘말리는 것입니다.

사도행전적인 문제 해결 방법

초대 교회 내에 이런 문제가 생긴 것을 눈치챈 사도들은 현명한 판단을 해서 다음과 같은 행동을 취하게 됩니다.

> 열두 사도가 모든 제자를 불러 이르되 우리가 하나님의 말씀을 제쳐 놓고 접대를 일삼는 것이 마땅하지 아니하니 형제들아 너희 가운데서 성령과 지혜가 충만하여 칭찬받는 사람 일곱을 택하라 우리가 이 일을 그들에게 맡기고(행 6:2-3).

급성장한 교회, 대형 교회의 문제점 중 하나인 우선순위의 혼돈, 즉 본질의 문제가 퇴색되는 문제점을 그들이 발견했습니다. 오순절에 성령이 처음 임했을 때 사도들의 본질적인 임무는 설교하고, 가르치고, 성도들을 양육하는 것이었습니다. 그들은 떡을 떼고 교제하고 가르치며 아름다운 공동체를 만들어 갔습니다. 지상에서는 볼 수 없는 천국을 만들어 놓았습니다. 그러나 시간이 지나면서 사람들은 많아진 반면, 설교하는 횟수는 줄어들었습니다. 그리고 성경을 가르치기 위한 준비가 부실해졌습니다. 사도들은 이제 조직과 사람을 관리하는 쪽에 신경을 쓰게 되었습니다. 너무나 많은 사람들이 갑자기 밀려왔기 때문입니다.

　사도들은 지금 자기들이 무언가 잘못하고 있다는 사실을 깨달았습니다. 설교하고 가르치는 일에 힘써야 하는데, 그 일들은 뒷전에 남겨 두고 급한 불부터 끄려다 보니 엉뚱한 일에 말려들었다는 것입니다. 그들은 우선순위가 잘못되었다는 사실을 인식했습니다. 즉, 그들은 본질적인 문제와 비본질적인 문제가 섞여 버렸음을 깨닫게 된 것입니다. 그래서 그들은 그런 잘못을 수정해야겠다고 생각하게 되었습니다.

　무슨 일이든지 어려운 문제나 갈등이 생기면 제일 먼저 본질로 돌아가는 것이 좋습니다. 처음의 자리로 돌아가는 것입니다. 신앙의 갈등이 있습니까? 처음 은혜 받았던 때로 돌아가십시오. 결혼 생활에 문제가 있습니까? 처음 사랑을 나누던 그때로 돌아가십시오. 그때와 지금이 왜 달라졌습니까? 왜 변했습니까? 우리는 처음으로 돌아가야 합니다. 첫사랑으로 돌아가야 합니다. 첫 믿음으로 돌아가야 합니다. 우리가 왜 일을 하고 있습니까? 우리가 왜 이 교회를 만들었습니까? 하나님은 왜 이 교회를 만드셨습니까? 사람들을 관리하라고 만드셨습니까? 아닙니다. 하나님의 백성이 하나님의 뜻대로 살 수 있도록 도움을 주고, 하나님의 그 계획대로 움직여 가고 있는지를 돌아보기 위함입니다.

　교회의 부흥은 교인의 수나 헌금 액수의 많고 적음, 큰 건물을 짓는 데 있는 것이 아닙니다. 그것들은 부수적인 것입니다. 교회의 진정한 부흥은 우리가 하나님이 만드신 본질로 돌아가는 데 있습니다. 인생의 참된 행복은 하나님이 인생을 만드신 그 본질로 돌아가는 데 있으며, 교회의 행복과 부흥은 하나님이 그 교회를 처음 만드신 그때로 돌아가는 데 있는 것입니다.

우선순위가 잘못 매겨져 있으면 빨리 수정해야 합니다. 부끄러워할 필요도 없고, 자존심 상해할 필요도 없습니다. 누구든지 실수할 수 있기에 그 잘못을 빨리 바꾸면 됩니다. 이것이 진정한 교회의 부흥인 것입니다.

이 사건을 통해서 배울 수 있는 또 한 가지 사항은, 교회의 진정한 영적 부흥이 어디서부터 비롯되느냐 하는 것입니다. 부흥은 목회자들로 하여금 말씀과 기도하는 일에 힘쓰게 하는 데서 나옵니다. 많은 목회자들이 교회 행정이나 사역 뒷바라지에 세월을 다 보냅니다. 너무나 할 일이 많기 때문입니다. 그러나 전임 교역자들이나 사역자들이 그렇게 하면 교회는 부흥하지 않습니다. 영적으로 메말라 갈 뿐입니다. 행정적으로, 조직적으로는 교회가 잘될지 모르지만, 영적으로는 죽어 가는 것입니다. 진정한 부흥은 목회자들이 기도하는 일에 시간을 쓰는 데서 비롯됩니다. 성경을 연구하고 설교하는 데 시간을 쓰는 데서 비롯됩니다. 교회의 진정한 부흥을 원한다면 목회자들로 하여금 기도하고, 설교하고, 성경을 연구하는 데 전념하게 하십시오. 이것이 바로 사도행전적 방법입니다.

또한 사도들은 제자들의 역할, 성도들의 역할을 잘하도록 격려

했습니다. 목회자 중심으로 교회를 이끌어 가지 않고, 성령 충만하고 능력 있는 성도들이 하나님의 일을 분담하도록 제도와 조직을 바꾼 것입니다. 이런 말이 있습니다. "설교가 좋으면 교회가 부흥하고, 심방을 잘하면 교회 안에 사랑이 생기고, 교육과 성경 공부를 잘하면 교인들의 영적 지식이 높아지고, 행정이 좋으면 교회가 편안하다." 즉, 행정을 아주 잘하니 서로 부딪히고 시끄러운 법이 없다는 것입니다. 초대 교회가 바로 이러한 요소를 갖추게 됩니다.

교회 안에서 평신도 또는 제자들의 역할을 극대화해야 합니다. 그들에게 사명을 주고, 기름을 붓고, 안수해야 합니다. 그런 다음 훈련을 통해 그들이 교회 조직과 재정과 사역을 관리하고, 그 후에는 세상으로 나가 하나님 나라를 만들어 가도록 해야 합니다. 목회자가 이 모든 일을 다 할 수는 없습니다. 목회자가 할 일은 제자들이 영적으로 지치지 않도록 위로하고, 격려하고, 말씀을 주고, 훈련하고, 도와주는 것입니다. 그것이 바로 초대 교회의 모습이었습니다.

일곱 명의 평신도 사역자들

초대 교회에는 세 부류의 계층이 있었습니다. 첫째는, 제자입니다. 이는 예수 믿는 모든 성도를 말합니다. 둘째는, 사도입니다. 이들은 사도행전 1장에 언급된 열두 제자를 의미합니다. 요즘 시대로 말하면 목회자의 역할을 하는 분들입니다. 그런데 여기에 또 하나의 그룹이 등장합니다. '일곱 명의 사람들'입니다. 여기에는 집사라는 말도 없고, 장로라는 말도 없습니다. 성경에는 단지 '칭찬받는 사람 일곱'이라고 되어 있을 뿐입니다. 사도들은 그들에게 기도하며 안수해 주었습니다. 하나님이 그들을 뽑아서 예수님의 몸된 교회를 능력 있고 활력 있게 성장시킬 수 있는 영적인 중간 지도자들로 세워 주셨습니다. 오늘날 우리는 그들을 초대 교회의 집사라고도 부르고, 장로라고도 말합니다. 그들은 교회 장로직의 기초였다고도 말합니다.

현대 교회의 위기 중 하나는 집사나 장로직에 대한 냉소적인 태도에서 비롯됩니다. 겉으로는 '나는 집사나 장로 자리에는 관심이 없어'라고 말하면서도 속으로는 굉장한 관심을 갖습니다. 이것이 우리의 현실입니다. 그러나 우리는 하나님이 주신 직분에 대한 경건함과 귀함을 알아야 합니다. 무슨 일이든지 영적 권위가 형성되지 않으면 위기가 찾아오기 때문입니다.

저는 당신이 영광스러운 장로나 집사가 되기를 바랍니다. 세상에서의 명예 때문이 아니라, 하나님의 일을 섬기는 축복 때문에 그렇습니다. 그러나 직분은 세상이 말하는 것처럼 돈으로 사고 팔 수 있는 것도 아니고, 체면이나 인간적인 관계로 만들어지는 것도 아닙니다. 그것은 하나님이 기름 부어 주시는 영적 권위입니다.

사도들이 일곱 사람을 뽑은 이유는 무엇입니까? 첫째, 사역을 나누기 위해서입니다. 지금까지는 모든 일을 사도들 중심으로 했

습니다. 그러나 사도들이 하던 사역의 일부를 모든 제자들, 곧 성
도들에게 나누어 주는 것을 봅니다.

그렇다면 그렇게 나누는 목적은 무엇입니까? 성도들도 사도들
의 협력자로서 일을 함께 감당하게 하기 위해서입니다. 교회에서
집사나 장로를 뽑는 가장 중요한 이유는, 목회를 돕는 협력자들을
선출함으로써 교회의 모든 일을 한 사람이 독점하지 않도록 나누
려는 것입니다. 당시의 상황을 보면 이 사람들은 거의 전임이었습
니다. 오늘날 우리의 문제는 목회자들 외에는 직분자들 중 전임이
별로 없다는 것입니다. 저는 앞으로 평신도들 가운데서도 전임 사
역자가 많이 나오기를 바랍니다. 그것은 꼭 월급을 받는다거나 직
업의 개념에서의 전임 사역이 아니라, 헌신의 개념으로 그런 사역
자들이 많이 있어야 한다는 것입니다.

모르몬교(예수 그리스도 후기 성도 교회) 같은 이단에서는 젊은 시절
의 2년을 하나님 앞에서 헌신합니다. 그래서 그 기간 동안 선교사
로 활동하다가 직장으로 돌아갑니다. 반면 우리 기독교에서는 예
수 믿는 사람들이 이런 헌신을 거의 하지 않기 때문에 교회의 수준
이 어느 한계 이상을 못 넘습니다. 선교 단체에서는 헌신이 깊습니
다. 그들은 자기 직업을 통해서 헌신하거나 직장을 포기한 채 거기
에 스태프로 들어가서 일을 하기 때문입니다. 하지만 교회에서는
헌신이 깊을 수 없습니다. 언제나 그 한계를 벗어나지 못합니다.
이런 의미에서 교회에서 파송을 받아 선교사로 나간다는 것은 제

도적으로 어렵게 되어 있습니다. 직업을 포기한 채 1년이고 2년이고 하나님 앞에서 살겠다는 결단을 하지 않고는 그런 일들이 불가능합니다. 직장생활 다 하고, 가정생활 다 하고 남는 시간에 봉사한다면, 그것이 얼마나 깊이 있고, 얼마나 가능하겠습니까?

우리가 첫 일곱 집사, 혹은 장로라 부르는 이들 중에서 발견하는 것은 스데반과 빌립 같은 사람들입니다. 여기에 집사의 기준이 있습니다. 저는 교회의 모든 장로 및 안수 집사들의 기준이 스데반에 이르기를 바랍니다. 빌립의 수준이기를 바랍니다. 그렇습니다. 교회의 영적 지도자의 수준이 곧 교회의 수준이고, 그것이 그 시대의 영적 수준을 결정합니다.

사도들이 사람들을 뽑고 안수하는 과정에서 아주 재미있는 사실들을 보게 됩니다. 첫째, 사도들은 원리 내지는 기준을 제시하고 제자들이 뽑았다는 것입니다. 그러면 사도들이 제시한 원리 혹은 기준은 무엇입니까? 몇 가지가 있습니다. 먼저, 그것들은 세상적인 기준이 아니었습니다. 교회의 기준은 세상적인 기준과는 다릅니다.

첫 번째 기준은, '성령 충만'입니다. 교회는 개인의 기능이나 능력, 학력과 경력을 우선시하기보다는 영적 성숙도를 우선시해야 합니다. 하나님과 깊이 교제하는 사람, 온유하고 겸손한 사람이 교회의 영적 지도자가 되어야 합니다. 성경을 많이 읽고, 기도를 많이 하고, 구제와 봉사를 많이 하면서 겉으로 드러나지는 않지만 내면적, 영적으로 하나님과 깊이 교제를 갖는 사람이 교회의 지도자인 것입니다. 꼭 그렇게 되어야 합니다.

두 번째 기준은, '지혜 충만'입니다. 어떤 사람은 성격이 순수하고 믿음과 성령이 충만하지만, 지혜가 없어서 할 말, 못 할 말을 구분하지 못합니다. 이때 그 사람의 성령 충만과 열심은 덕이 되지 않습니다. 오히려 그의 행동은 사람들에게 상처를 주고, 문제를 더 어렵게 만듭니다.

지혜로운 사람이란 어떤 사람입니까? 분별력 있는 사람, 사리를 판단할 줄 아는 사람, 조직을 이해할 줄 아는 사람, 앞뒤를 가릴 줄 아는 사람, 할 말과 안 할 말을 아는 사람 그리고 화해자입니다. 자기 것을 주장하는 사람은 지혜로운 사람이 아닙니다. 남의 얘기를 경청해 주는 사람이 지혜로운 사람입니다. 바로 이런 지혜로운 사람들 때문에 교회는 문제가 없어져서 조용하고 편안해지는 것입니다. 어떤 사람은 문제를 많이 지적합니다. 하지만 누가 문제를 모릅니까? 문제를 지적하기보다는 해결할 줄 알아야 합니다. 문제를 없앨 줄 알아야 하는 것입니다. 당신은 똑똑한 사람이 되지 말고 지혜로운 사람이 되십시오. 지혜로운 사람은 곧 조직을 잘 관리할 능력이 있는 사람입니다.

세 번째 기준은, '칭찬 받는 사람'입니다. 칭찬을 받을 정도면 모두에게 잘 알려져 있는 사람입니다. 빛은 숨길 수 없습니다. 다 드러납니다. 성령과 지혜가 충만한 사람은 숨어 있을 수 없습니다.

그는 스스로 드러내려 하지 않겠지만, 그가 가는 곳에는 빛이 드러나게 되어 있습니다. 사람들로부터 존경과 사랑을 받게 되는 것입니다.

사도들은 이런 사람 일곱을 택하라고 했습니다. 일곱이라는 말은 아마도 숫자의 개념보다는 완전수, 또는 충족수에 대한 의미가 더 강할 것입니다.

이 일곱이라는 숫자에서 초대 교회의 놀라운 원리를 또 하나 보게 됩니다. 바로 동역입니다. 파트너십(partnership), 소위 그들이 팀 사역(team ministry)을 했던 것입니다. 혼자 일하지 않고 은사가 각기 다른 일곱 명이 서로를 섬기고 도와주면서 협력하는 모습을 보게 됩니다. 어떤 사람은 "나한테 일을 맡겼으면 간섭하지 말라"고 하면서 일을 독점한 채 주변은 살피지 않고 집중해서 일합니다. 하지만 열심은 좋으나 다른 사람에게는 상처가 될 수 있습니다. 일은 혼자 하는 게 아닙니다. 동역해야 하는 것입니다.

스데반과 빌립은 서로 다른 은사를 가진 사람들이었습니다. 스데반은 위대한 설교자로서 교리를 보존하는 사람이었습니다. 반면에 빌립은 사마리아에 가서 전도했고, 특히 에디오피아 내시를 전도한 위대한 전도자였습니다. 그들에게 영성이 부족하거나 성경을 가르칠 만한 지식이 없었던 게 아닙니다. 그럼에도 교회 안에서 행정과 재정 관리 등, 자기들에게 맡겨진 일들을 감당하는 모습을 볼 수 있습니다.

여기서 재미있는 또 한 가지 사실은, 이미 자격이 된 사람을 뽑았다는 것입니다. 앞으로 자격을 갖출 수 있는 사람을 선택한 것이 아니라, 이미 준비된 사람을 뽑았다는 것이 초대 교회의 특징입니다. 뿐만 아니라 이 사례에서 중요한 점은, 그 일꾼들을 누가 뽑았는가 하는 것입니다. 사도들이 뽑지 않고 제자들이 뽑았다는 데 특색이 있습니다. 교회의 일꾼들을 사역자가 아닌, 제자인 성도들이 뽑았다는 것입니다.

우리는 언제, 어느 때에, 어디로 갈지 알 수 없습니다. 그러기에 있는 자리에서 하나님의 일꾼으로 양육을 받아야 합니다. 훈련을 받으며 준비해야 합니다. 그래서 계속해서 교회를 섬기거나 가난하고 어려운 교회들을 도와줄 수 있는 사람으로 바뀌어야 합니다. 결코 그대로 있어서는 안 됩니다.

진정한 부흥이란

온 무리가 이 말을 기뻐하여 믿음과 성령이 충만한 사람 스데반과 또 빌립과 브로고로와 니가노르와 디몬과 바메나와 유대교에 입교했던 안디옥 사람 니골라를 택하여 사도들 앞에 세우니 사도들이 기도하고 그들에게 안수하니라(행 6:5-6).

그때 '온 무리가 이 말을 듣고 기뻐했다'고 했습니다. 그리고 그들은 성령과 지혜가 충만하며 칭찬받는 사람 일곱을 뽑아서 사도들 앞에 세웠습니다. 사도들은 그들을 위해서 기도하고 안수해 주었습니다. 안수는 영적 권위를 부여하는 행위입니다. 안수는 바로 그들에게 성령의 임재가 있음을 말해 주는 것입니다.

드디어 집사와 장로, 곧 일꾼들이 뽑혔습니다. 그때 무슨 일이 일어났습니까?

하나님의 말씀이 점점 왕성하여 예루살렘에 있는 제자의 수가 더 심히 많아지고 허다한 제사장의 무리도 이 도에 복종하니라(행 6:7).

첫째, 말씀의 부흥이 일어났습니다. 진정한 부흥은 말씀의 부흥입니다. 말씀이 부흥하면 우리의 영이 살아나고 그리스도가 나타납니다.

왜 말씀이 부흥했을까요? 사도들이 말씀과 기도하는 일에 힘썼기 때문입니다. 다른 말로 하면, 뽑힌 일곱 사람과 제자들이 다른 일들을 분담해서 도와주어, 사도들이 교회의 행정이나 재정, 사역이나 구제 같은 일에 끼어들지 않고 자신들이 해야 할 본연의 일, 곧 기도와 말씀 연구 및 가르치고 전하는 일에 전념했기 때문에 말씀이 부흥할 수 있었다는 것입니다. 이런 일이 우리에게도 있기를 바랍니다. 그것이 교회의 진정한 부흥입니다.

둘째, 말씀의 부흥과 함께 예루살렘에 있는 제자의 수가 많아졌습니다. 말씀의 부흥과 함께 교인의 수가 많아져야 완전한 부흥입니다. 교회는 부흥하게 되어 있습니다. 하나님이 정말 하나님이시라면 어찌 부흥이 안 일어날 수 있겠습니까? 내가 믿는 하나님이 정말 하나님이시라면 어찌 내 삶에 기적이 없겠습니까? 기적이 일어나는 것은 너무나 당연한 일이 아니겠습니까?

우리 주위에는 성장을 멈춘 교회나 자라지 않는 성도들이 있습니다. 생각해 보십시오. 자녀가 성장하지 않을 때 그걸 바라보는 아버지의 마음이 어떨까요? 다섯 살 먹은 아이가 자라지 않은 채 1년이 가도, 2년이 가도 계속 그대로 머물러 있다면, 부모는 아이를 데리고 이 병원, 저 병원으로 뛰어다닐 것입니다. 말로 표현할 수 없을 만큼 안타깝고 속상할 것입니다. 사실 현재의 수준은 문제가 되지 않습니다. 우리가 좀 잘못할 수도 있고, 영적 수준이 낮을 수도 있습니다. 괜찮습니다. 자라면 됩니다. 하지만 현재 아무리 높은 영적 수준에 있다 할지라도 더 이상 자라지 않는다면, 그것은 문제가 되는 것입니다. 교회는 자라야 합니다. 성도들도 자라야 합니다. 하나님은 죽은 하나님이 아니시기 때문입니다. 하나님은 살아 계십니다. 그 하나님을 정말 믿는다면, 우리는 성장해야 합니다. 변해야 하고, 달라져야 합니다.

여기서 성장하자는 말은 우리의 왕국을 만들고 조직을 키우자는 말이 아닙니다. 우리가 할 수 있는 일에는 한계가 있습니다. 그러나 한계가 왔다고 해서 성장을 멈출 수는 없습니다. 계속해서 전진하며 하나님 나라를 위해 확장되고 빛나야 합니다.

하나님은 바로 당신을 그런 일에 사용하고자 하십니다. 준비하십시오. 자신을 훈련하십시오. 그렇게 해서 위대한 하나님의 사역자, 일꾼이 되십시오.

23

초대 교회 성도의 모델,
스데반

사도행전 6:8-15

사람보다 중요한 전략은 없다

사람보다 중요한 전략은 없습니다. 무슨 일을 할 때는 먼저 사람이 있어야 합니다. 그 사람이 해야 할 목표가 있어야 합니다. 그 사명과 목표를 이루기 위해 방법이 필요합니다. 그 방법을 위해 만남이 있어야 합니다. 그리고 그 만남을 위해 일을 추진할 돈이 필요합니다. 누군가 이것을 '5M'(Man, Mission, Method, Meeting, Money)이라 했습니다.

그렇습니다. 이 모든 것들이 다 중요합니다. 그러나 결정적으로 중요한 것은 사람입니다. 사람이 곧 방법입니다. 사람이 곧 목표일 수 있고, 전략일 수 있습니다. 그 사람만큼 그 일이 됩니다. 그 사람의 역량과 열정만큼 일이 이루어진다는 말입니다. 그래서 한 조직에서 리더가 변하면 그 조직이 변할 수 있습니다. 그러나 리더가 변하지 않으면 모든 것이 그대로 있게 되고, 어쩌면 퇴보하게 될 것입니다. 한 나라의 대통령이 어떤 생각을 하느냐에 따라 5년이 결정되는 것입니다. 그만큼 한 사람의 생각이 중요하고, 한 사람의 위치가 중요합니다.

사도행전은 성령으로 변화되고 거듭난 사람들의 이야기입니다. 사실 사도행전은 성령의 이야기이지만, 동시에 성령 받은 사람들의 이야기이기도 합니다. 성령 받은 사람들을 통해서 예루살렘이 변했고, 세상이 변한 것입니다. 이 일을 위해 예수님은 열두 사람을 선택하셨습니다. 예수님이 3년 동안 하신 일을 요약하면, 제자 열두 명을 키운 것입니다. 그것이 예수님의 방법이었고, 전략이었습니다. 따라서 예수님이 세계를 변화시키시는 전략은 제자 열두 명이었습니다. 그러나 그 열두 명 중에 한 명은 실패했습니다. 가룟 유다입니다. 제자들은 실패한 가룟 유다 대신 맛디아를 뽑아 집어 넣었습니다. 그리고 수를 채웠을 때 오순절에 성령이 임했습니다.

성령을 체험한 그들은 모두 변했습니다. 예수님을 따라다니던 당시 모습과 전혀 달라졌습니다. 그들이 변했기 때문에 세계가 변한 것입니다. 그들은 부활의 증인이 되었습니다. 누가 시켜서, 월급을 주어서 그렇게 된 것이 아니라, 스스로 그렇게 하지 않으면 견딜 수 없었던 것입니다. 은혜는 받은 사람만이 압니다. 그들은 스스로 순교하기를 원했습니다. 예수님의 열두 제자 가운데 한 사람을 빼놓고는 다 순교했습니다. 그들은 거룩한 죽음으로 인생을 마친 것입니다.

사람이 변하면 조직이 변합니다. 제자 열두 명이 120명으로, 120명이 3천 명으로, 3천 명이 5천 명으로, 5천 명이 수를 셀 수 없는 큰 무리로 변했습니다. 사도행전은 열두 사도의 리더십에 의해서 이루어졌습니다. 그러나 사도행전을 잘 살펴보면 놀라운 사실을 발견하게 됩니다. 그것은 열두 명의 사도들만 일을 한 것이 아니라는 사실입니다. 예수님 당시 열두 명이 선택되었지만, 사도행전에서 보면 열두 명의 사도들이 다시 일곱 명의 일꾼을 택했습니다. 그들은 제자들, 요즘 말로 하면 평신도들 중에서 일곱 명을 택해 이 지도력을 나눠 가졌습니다. 일곱 명의 집사 또는 장로로 불리는 사람들을 선택해서 교회의 조직, 행정, 사역, 재정을 맡긴 것이 오늘날 집사와 장로 제도의 효시가 된 것입니다. 그들은 다 안수를 받았습니다.

결국은 사람입니다. 결국은 어떤 사람들이 있느냐가 한 교회가 어떤 교회로 되느냐를 결정합니다. 사람들이 무슨 생각을 하고 어떤 은혜와 체험을 했느냐는 것이 그 교회를 결정하는 중요한 요소가 됩니다. 교회의 핵심 구성원에, 지도부에 성령을 체험하고 거듭난 사람이 있으면, 그 교회는 거듭나고, 기적이 일어나며, 확장하고, 부흥합니다. 그러나 교인이 많아도, 큰 조직을 갖추고 있어도, 오랜 전통을 유지하고 있어도 거듭나고 성령 받고 변화된 사람이 없으면, 그 교회에서는 아무 일도 일어나지 않습니다. 모여서 의논하고, 서로 좋아하고, 식사하고 헤어지는 일 외에는 영적으로 아무 일도 일어나지 않는 것입니다.

초대 교회의 리더십

초대 교회의 리더십을 살펴보면 굉장히 재미있는 몇 가지 사실을 발견하게 됩니다. 초대 교회는 열두 사도와 안수 받은 일곱 집사 또는 장로에 의해 형성되었습니다. 베드로를 포함한 열두 사도는 (물론 가룟 유다 대신 맛디아가 들어오긴 했지만) 하나님이 예비하신 사람들, 요즘 말로 하면 목회자에 해당하는 그룹일 것입니다.

그런데 또 하나의 리더십이 있었습니다. 열두 사도 이외에 '사도'라 불리는 특별한 한 사람이 있었는데, 그가 바로 사도행전을 거의 지배한 사도 바울입니다. 그는 열두 제자에 속하지 않았으나, 우리는 그를 가리켜 '사도'라고 말합니다. 그는 선교사로 떠난 사람입니다.

사도들 중에는 목회하는 사람이 있고, 선교사로 떠나는 사람이 있었습니다. 그래서 교회 안에는 목회적 리더십이 있고, 선교적 리더십이 있는 것입니다. 목회자는 열두 명이었고 선교사는 한 명이었지만, 이 선교사가 문을 엶으로써 예루살렘교회가 세계적인 교회로 변해 갈 수 있었습니다. 재미있는 것은, 베드로가 국내 선교를 담당한 반면, 바울은 해외 선교를 담당했다는 점입니다. 예수님은 사도 바울을 가리켜 '이방인을 위하여 택한 나의 그릇'(행 9:15 참조)이라고 말씀하셨습니다.

그러면 사도행전은 베드로를 중심으로 한 열두 사도와 사도 바울 이야기가 전부입니까? 그렇지 않습니다. 사도행전을 자세히 살펴보면, 예수님의 제자로 부름 받은 수많은 그리스도인들 가운데 성령과 지혜가 충만한 사람들을 뽑아서 초대 교회의 지도자로 세

왔음을 알 수 있습니다. 여기에 사도행전의 특징이 있습니다. 목회는 목사 혼자 하는 것이 아니라, 성도가 함께해야 한다는 것입니다. 이것이 사도행전적 교회의 모습입니다.

우리 교회가 창립될 때부터 제게는 꿈과 이상이 있었습니다. 그것은 진정한 신약의 교회, 예수님이 세워 주신 교회, 사도행전적인 교회를 만들자는 것이었습니다. '그렇지 않다면 이 많은 교회들을 두고 우리가 또 하나의 교회를 만들 필요가 뭐 있겠느냐?', '왜 하나님은 여기에 교회를 만들고 특별한 사람들을 불러 세워 주시는 것일까?'를 생각했습니다.

이 교회를 처음 시작할 때 이런 기도를 드렸습니다. "주여, 제가 사람을 초청하지 않게 해 주십시오. 하나님이 보낸 사람들이 이 교회에 오게 해 주십시오. 그들이 선교에 미친 사람, 하나님에게 미친 사람이 되게 해 주십시오."

베드로를 중심으로 한 사도들은 말씀과 기도 사역에 전념했고, 사도 바울과 같은 리더십은 선교를 위해 부름을 받았고, 스데반과 빌립과 같은 평신도 집사 또는 장로들은 구제와 재정과 같은 교회의 모든 행정과 일반 사역을 위해 헌신했습니다. 저는 우리 교회에 이런 세 가지 리더십이 잘 갖추어지기를 기도합니다. 이것이 사도행전적 교회의 모습입니다.

하나님은 우리를 부르고 계십니다. 어떤 사람은 베드로나 사도들처럼 목사로 부르십니다. 그런 사람은 지체하지 말고 신학교로

가기 바랍니다. 목회자들 중에는 목사가 안 되었으면 좋았을 사람들이 많습니다. 은사를 혼동해서 목사가 된 것입니다. 반면에 꼭 목사가 되어야 할 사람들도 있습니다. 부름이 계속 주어지는데도 응답하지 않는 사람들은 평생 마음 고생합니다. 그런 사람들은 지체하지 말고 그 길로 가기 바랍니다.

하나님은 또 어떤 사람들을 선교사로 부르십니다. '너는 이방인을 위하여 택한 나의 그릇이라' 하시며 어떤 민족을 위해서 그 사람을 선택하십니다. 말씀을 듣다 보니 그냥 느낌이 와서 선교사로 나가는 것이 아닙니다. 자신이 태어나기 전부터 하나님이 어느 민족을 위해 그 사람을 택하셔서, '너는 그 민족을 위해 가라'고 부름을 주신 사람들이 있는 것입니다. 그 사람들은 지체하지 말고 가야 합니다.

그러나 또 어떤 사람들은 평신도로서 세상에서 자신의 직업을 가지고 헌신하며 살도록 부르심을 받습니다. 바로 이런 사람들이 스데반과 빌립 같은 집사에 해당하는 경우로서, 삶의 현장에서 주님을 위해 살도록 부르심을 받는 것입니다.

그런데 어떤 경우든 공통점이 하나 있습니다. 모든 그리스도인은 예외 없이 부르심을 받았다는 사실입니다. 한 사람도 예외가 없습니다. 그리스도인이 되었는데도 부르심이 없다는 것은 거짓말입니다. 모든 사람에게는 부르심과 사명이 있습니다. 그러면 그 부르심과 사명은 무엇이겠습니까? 그것도 하나입니다. 전 세계를 변화시키기 위한 부르심입니다. 모든 백성으로, 모든 족속으로, 모든 열방으로 하여금 예수 그리스도를 믿게 하기 위해 어떤 사람은 목사로, 어떤 사람은 선교사로, 어떤 사람은 평신도로서 직업과 생활을 통해 사명을 감당하도록 부르시는 것입니다. 여기에 교회가 응답하고, 우리가 응답해야 합니다.

평신도의 모델, 스데반

그런데 변화 받고 거듭난 사람이 세상과 조직을 변화시킬 수 있다면, 우리에게는 변화 받고 거듭나서 닮아야 할 모델이 필요합니다.

당신의 생애에 있어 가장 큰 영향을 준 사람은 누구입니까? 가장 존경하는 사람은 누구입니까? 중·고등학교 학생들에게는 연예인이 모델이 됩니다. 얼마나 좋아하는지, TV에 어떤 가수가 나왔다 하면 소리를 질러 대는데 굉장합니다. 야구 선수, 축구 선수, 농구 선수 등 다 자기의 스타들이 있습니다. 그래서 그 사람의 머리 스타일, 입는 옷, 몸짓까지 흉내 내면서 따라다니는 모습을 볼 수 있습니다. 그렇습니다. 어떤 면에서는 그렇게 해서 그 사람을 닮아 갈 수 있는 것입니다.

당신은 누구를 이상으로 하고 있습니까? 누구를 닮아 가고 있습니까? '나는 저 사람처럼 살고 싶다. 내 인생은 이렇게 살았으면 좋겠다.' 이런 것이 당신의 마음속에서 얼마나 강렬하게 동기를 유발하고 있습니까? 모든 그리스도인의 모델은 예수 그리스도십니다. 우리에게는 그리스도를 닮고 싶어 하는 마음이 있습니다. 예수님처럼 살고 싶은 열정이 있습니다. 예수님은 우리의 구원자이며, 하나님이십니다. 우리에게는 나보다는 높지만 예수님보다는 약간 수준이 낮아 내가 닮아 갈 수 있는 모델이 필요합니다. 그 모델이 바로 스데반 집사입니다. 그는 사도가 아니었습니다. 사도 바울 같은 사람도 아니었습니다. 그러나 스데반은 사도 바울을 만든 사람이었습니다. 그는 보통 제자요, 그들 중에서 뽑힌 한 리더십이었습니다. 우리는 이 스데반에 대해 같이 생각해 보고자 합니다.

> 스데반이 은혜와 권능이 충만하여 큰 기사와 표적을 민간에 행하니(행 6:8).

평신도의 한 모델이 된 스데반은 첫째, 신앙과 인격이 성령으로 성숙된 사람이요, 인격과 능력이 완벽한 조화를 이룬 사람으로 나타납니다. 성경에 나타난 집사의 자격은 '성령과 지혜가 충만'(행 6:3)하고, '믿음과 성령이 충만한'(행 6:5) 사람입니다. 그리고 위의 말씀은 특별히 스데반을 지칭해서 '은혜와 권능이 충만한' 사람이라고 했습니다. 이를 통해 우리는 스데반에게 다섯 가지 중요한 인격적인 요소가 있음을 발견하게 됩니다. 즉, 성령, 지혜, 믿음, 은혜, 권능입니다.

대부분의 사람들은 무엇 하나를 잘하면, 무엇 하나를 잘 못합니다. 그러나 스데반은 영성, 능력, 지혜, 조직 관리 등 모든 것에 완벽한 조화를 가진 지도자였습니다. 저는 성도들이 이러한 신앙 인격과 영성을 닮아 갈 수 있게 되기를 바랍니다.

둘째, 스데반은 분명히 모든 사람에게 존경과 사랑을 받는 사람이었을 것입니다. 뿐만 아닙니다. 성경은 그가 '큰 기사와 표적을 민간에 행했다'고 묘사했습니다. 즉, 스데반에게도 예수님처럼 병고치는 능력과 귀신을 쫓아내는 능력이 있었다는 것입니다. 예수님이 표적과 기사와 이적을 베푸셨던 것 같은 그런 영적인 능력이 스데반에게 있었던 것입니다. 보통 어떤 병을 잘 고치거나 능력이 있으면 인격 면에서는 약합니다. 하지만 스데반은 이 양면을 완벽하게 잘 갖추고 있음을 보게 됩니다.

셋째, 스데반은 초대 교회의 구제, 재정, 모든 행정과 사역들을 실제로 수행했던 사람으로 믿어집니다. 또한 그는 설교를 잘하며, 지적인 수준이 굉장히 높은 사람이었습니다. 그렇지만 겸손히 교회의 조직 안에 들어와 모든 행정을 관리하는 사람으로서 봉사했습니다.

오늘날의 교회도 이러한 신실하고 거듭난 일꾼들을 요구하고 있습니다. 당신의 전문성을 교회 각 부서에서, 각 사역 영역에서 필요로 하고 있습니다. 저는 당신이 먼저 교회에서 봉사하게 되기를 바랍니다. 그러나 직책을 맡아 봉사를 이미 많이 한 사람들은 다시 교회 안에서 일을 맡을 것이 아니라, 이제는 교회 밖으로 나가야 합니다. 밖으로 나가 개척을 해서, 앞으로 또 다른 교인들이 교회 밖으로 나갈 수 있도록 모든 통로를 뚫어 놓아야 합니다. 그래야만 많은 이들이 뚫어 놓은 그 길을 따라가게 될 것입니다. 어떤 사람들은 해외에 나가서 통로를 뚫어 놓고, 어떤 사람들은 우리나라 방방곡곡 모든 영역으로 들어가서, 또는 다른 연약한 교회들로 들어가서 앞으로 다른 이들이 일할 수 있도록 길을 열어 놓아야 하는 것입니다.

그렇지만 가장 기본적인 봉사는 교회 안에서 할 수 있습니다. 스데반 집사처럼 성도들이 교회 내의 모든 필요한 조직에서 헌신해야 합니다. 이렇게 해서 교회가 든든하게 서고 아주 활발하게 움직이며 성장해 갈 때, 그 모든 역량이 모여 우리나라 방방곡곡으로, 전 세계로 나갈 수 있게 될 것입니다.

넷째, 스데반은 위대한 변론가이며 변증가였습니다.

이른바 자유민들 즉 구레네인, 알렉산드리아인, 길리기아와 아시아에서 온 사람들의 회당에서 어떤 자들이 일어나 스데반과 더불어 논쟁할새 스데반이 지혜와 성령으로 말함을 그들이 능히 당하지 못하여(행 6:9-10).

스데반과 변론한 사람들은 그가 지혜와 성령으로 말하므로 능히 당하지 못했다고 했습니다. 당시 성령의 역사가 예루살렘을 중심으로 주변 도시에 굉장히 광범위하게 영향을 미쳤던 것 같습니다. 구레네인, 알렉산드리아인, 길리기아와 아시아의 모든 사람들이 충격을 받았습니다. 모든 이방 철학들과 우상들과 종교들이 도전을 받았습니다. 유대교까지도 도전을 받았습니다. 그들은 위협을 느꼈기 때문에, 이제 논쟁을 통해 변론과 공격을 하기 위해 이렇게 다 모여든 것입니다.

성경은 '스데반을 당할 자가 없었다'고 말씀합니다. 스데반은 말씀과 복음에 능력이 있을 뿐 아니라, 모든 이방 철학과 종교의 신봉자들과 논쟁할 수 있을 만큼 지성인이었다는 것입니다. 사도 바울이 예수 그리스도 외에는 아무것도 알지 아니하고 그리스도 외의 모든 것을 배설물로 여기겠다고 서원한 것처럼, 그는 예수만 말했습니다. 그 사람이 무식해서가 아닙니다. 많은 지식과 높은 지성이 있었지만, 그는 예수만 말하고 있었던 것입니다. 이렇게 그가 논쟁해서 이길 수 있었다는 것은, 당시의 철학과 문화에 통달하지 않으면 있을 수 없는 일입니다.

그뿐만이 아닙니다. 7장을 보십시오. 스데반이 설교하는 것을 보면 그가 얼마나 구약성경에 통달했는지를 알 수 있습니다. 그리고 그는 예수에 대해 깊고 예리한 통찰력을 가진 사람이었습니다. 바로 이런 사람이 초대 교회의 집사요, 장로였습니다. 이것이 한 기준입니다.

저는 스데반의 이러한 모습을 생각하면서 우리 한국 교회의 현실을 돌아보았습니다. 한국의 초대 교회에는 신앙의 위대한 인물들이 많았습니다. 그들은 신(新) 문화를 들여왔고, 민족의 양심을 가지고 3·1 운동을 일으켰으며, 해방 후 건국의 기초를 닦았던 분들입니다. 사회의 지도급 인사들은 대부분 그리스도인이었습니다. 교회 지도자가 곧 사회 지도자였습니다. 그만큼 교회의 지도력이 높았고, 영향력이 있었던 것입니다.

그러나 오늘의 현실은 어떻습니까? 교인도 많아지고 교회도 커졌지만, 교회 안에서 인물을 찾아보기가 어렵습니다. 우리 교회뿐 아니라 다른 교회를 아무리 찾아봐도 감동받을 만한 인물이 별로 없습니다. 교회뿐 아니라 민족을 감동시킬 만한 영적 지도력, 도덕성을 가진 인물이 드물고, 그나마 점점 사라져 간다는 것입니다. 여기에 가슴 아픈 현실이 있습니다.

교회는 양적으로 커지는 것보다 질적으로 높아지는 것이 더 중요합니다. 적어도 교회 안에는 스데반과 빌립 같은 사람이 있어야 합니다. 요즘 교회는 아무에게나 장로나 집사의 직분을 줍니다. 그 때문에 교회의 영적 권위가 낮아지는 현상을 볼 수 있습니다. 교회는 더 깊어져야 합니다. 교회는 더 격이 높아져야 합니다. 교회의 수준이 곧 민족의 수준이 되어야 합니다.

오늘날 한국 사회의 모든 부조리한 현상을 들춰 보면 교인들이 관여하고 있습니다. 어디에 내놓고 이야기하기 어려울 만큼 교회는 세상과 비슷해져 가고 있습니다. 교회의 영적 수준이 높아져야 합니다. 내가 비록 못 따라갈망정 수준을 낮춰서는 안 됩니다. 그래야 우리가 이 세상을 변화시킬 수 있습니다.

사람들을 매수하여 말하게 하되 이 사람이 모세와 하나님을 모독하는 말을 하는 것을 우리가 들었노라 하게 하고 백성과 장로와 서기관들을 충동시켜 와서 잡아가지고 공회에 이르러 거짓 증인들을 세우니 이르되 이 사람이 이 거룩한 곳과 율법을 거슬러 말하기를 마지 아니하는도다(행 6:11-13).

사도행전이 제시하는 성도의 표준은 스데반입니다. 스데반의 신앙의 수준은 순교하는 데까지 이르렀습니다. 우리가 스데반의 수준에까지 이르진 못할지라도, 그 기준을 낮춰서는 안 됩니다. 성도의 기준은 순교하는 데까지 이르는 것입니다. 그것이 바로 기독교의 본질입니다.

스데반은 핍박을 받았습니다. 사람들은 스데반을 죽이고 싶어 했습니다. 그리고 실제로 그들은 스데반을 죽이고 말았습니다. 예수님을 십자가에 못 박아 죽인 그들이 이제 스데반을 돌로 쳐 죽이고 돌무덤을 만들어 버린 것입니다.

모함 받는 스데반

그들은 스데반을 모함했습니다. 어떻게 모함했습니까?

첫째, 그들은 거짓 증인을 내세웠습니다. 즉, 스데반이 모세와 하나님을 모독하는 말을 했다는 것입니다. 이것은 예수님에게 씌웠던 죄명과 비슷합니다.

> 그의 말에 이 나사렛 예수가 이곳을 헐고 또 모세가 우리에게 전하여 준 규례를 고치겠다 함을 우리가 들었노라 하거늘(행 6:14).

둘째, 그들은 백성의 장로들과 서기관들을 충동질해서 그를 공회 재판정에 세웠습니다. 재판정에서 그들은 또 거짓 증인을 내세웠습니다.

누구든지 오해나 부당한 대우를 받으면 참기 어렵고 억울한 법입니다. 혹시 억울한 누명을 쓰고 억울한 재판을 받아 본 적이 있습니까? 오래전에 구치소를 다녀온 적이 있습니다. 구치소나 교도소에 가 보면 억울하다는 사람이 많습니다. 실제로도 억울하게 들어간 사람이 있습니다. 억울하게 누명을 쓰고 살인죄로 감옥에 잡혀 들어가 오래 복역했는데, 나중에 그 사건의 진상이 밝혀져 그가 진범이 아니라는 사실이 드러날 수 있습니다. 내가 누구를 믿고 어떤 말을 했는데, 어느 날 그 사람이 그 얘기를 180도 뒤집어서 나에게 피해 주는 말로 사용할 수도 있습니다. 그때 우리의 마음속에는 분노가 생깁니다. 걷잡을 수 없는 감정의 회오리에 말려들게 됩니다. 그 순간 얼굴은 창백해지고 일그러질 것입니다. 아무리 웃고 싶어도 입이 떨리고, 분을 참느라 몸을 부들부들 떨면서 뛰는 심장을 진정시킬 수 없을 것입니다.

이런 상황이 깊어지면 사람들은 대부분 복수를 결심합니다. '두고 보자. 내가 지금은 당하지만 언젠가는 복수하리라' 하며 복수의 칼을 갑니다. 동양의 모든 문학은 복수와 보복의 문학입니다. 무협지의 내용을 보십시오. 거의 다 복수하는 이야기입니다.

천사의 얼굴을 한 스데반

사람들은 스데반을 주목하기 시작했습니다. '저렇게 오해를 받고 사람들이 위증을 하며 공격하는데, 과연 스데반은 어떤 표정을 보일까?'

> 공회 중에 앉은 사람들이 다 스데반을 주목하여 보니 그 얼굴이 천사의 얼굴과 같더라(행 6:15).

공회에 앉은 사람들은 한 사람도 예외 없이 스데반을 주목하여 보았다고 말했습니다. '스데반이 화가 날 텐데 참고 있는 것일까? 앞으로 얼굴이 일그러질 것인가, 아니면 다른 어떤 표정을 지을 것인가?' 모두들 궁금했을 것입니다. 그런데 놀라운 일이 그 법정 안에 일어났습니다. 분노로 떨며 창백해지고 일그러져야 할 그 얼굴에 놀라운 천사의 얼굴이 있었기 때문입니다.

생각해 보십시오. 어떻게 이런 일들이 가능합니까? 당신의 경험과 비교해 보십시오. 이게 지금 가능한 일입니까? '법정소란죄'라는 법정 용어가 있습니다. 어떤 사람은 자기가 죄를 짓고도 억울하고 불공정하다고 재판을 거부하고 법정에서 소란을 피웁니다. 실제로 억울한 사람도 많습니다. 얼마나 억울하면 저랬을까 하는 생각도 듭니다.

하나님을 바라보는 스데반

그러나 스데반의 경우는 달랐습니다. 창백해야 할 그의 얼굴에는 상상할 수 없는 천사의 얼굴이 빛나고 있었습니다. 얼마나 놀랍고 충격적인 사실입니까? 스데반에게 어떻게 이런 것들이 가능했을까요? 어떻게 얼굴이 천사처럼 빛날 수 있었을까요?

스데반의 모습을 떠올리며 제 모습을 상기해 보았습니다. 연말이 다가오면 교회 목회자들과 함께 다음 연도 계획을 세우기 위한 모임을 자주 갖게 되는데, 그때 제 얼굴이 천사의 얼굴이었나 생각하면, 아니었습니다. 보스의 얼굴이었습니다. 사람을 부리고 지시하는 얼굴이었습니다. 당회를 할 때 제 얼굴이 천사의 얼굴이었나 생각하면, 아니었습니다. 우리는 작은 오해를 잘 못 참고, 자존심 상하는 것을 굉장히 힘들어합니다.

스데반과 저와는 무슨 차이가 있습니까? 그에게는 어떻게 그것이 가능했을까요?

첫째, 그는 다른 세계에 살고 있는 사람이었습니다. 그의 몸은 세상에 있지만, 마음은 세상에 없었습니다. 우리는 세상을 살면서 우리의 마음 또한 세상에 있습니다. 우리는 여러 인간관계를 피해 갈 수 없는 사람들입니다. 그러나 스데반의 몸은 재판정에 서서 공격을 받았고 그 결과 오해를 받았지만, 그의 영은 하나님과 함께 있었습니다. 그렇지 않았다면 그의 얼굴은 천사의 얼굴이 될 수 없었을 것입니다. 그는 하늘 보좌에 서 계신 주님을 보고 있었습니다.

사도행전 7장에서, 사람들이 귀를 막고 돌을 들어 스데반을 쳐 죽이려고 할 때 그는 이렇게 말했습니다. "보라 하늘이 열리고 인자가 하나님 우편에 서신 것을 보노라"(행 7:56). 스데반은 늘 하늘을 생각하는 사람이었습니다. 우리는 하늘을 올려다보면서도 구름은 보지만 영원을 보지 못합니다. 하늘 보좌를 보는 눈이 없습니다. 우리의 경험은 너무나 천박하고, 세속적이고, 욕망에 사로잡혀 있습니다. 거룩이 우리 안에서 경험되지 않습니다. 얼굴은 마음의 표현입니다. 우리 마음에서 그러한 거룩과 영원과 하나님 보좌를 경험한 일이 없기 때문에 우리 얼굴이 빛날 수 없는 것입니다. 그는 재판을 받는 중에도 영원한 통치자이신 예수님을 생각했던 것이 틀림없습니다.

구약의 에녹을 생각해 봅시다. 그는 300년 동안 하나님과 동행했다고 성경은 기록하고 있습니다. 그렇다면 나름대로 큐티도 하고 다른 것도 다 하는 우리의 동행과 에녹의 동행은 무엇이 다를까요? 좀 다른 것 같습니다. 아마도 에녹은 목회자와 성도가 서로 만나 교제하듯이, 하나님과 늘 교제하며 함께 지냈던 것 같습니다. 분명히 에녹의 얼굴은 하나님의 얼굴이었을 것입니다. 누구하고 사느냐에 따라 얼굴 모습이 그렇게 바뀝니다. 무엇을 생각하느냐에 따라 그 얼굴이 됩니다. 누군가 "나이 사십이 되면 자기 얼굴에 책임을 져야 한다"고 말했습니다. 그 사람의 생각이 그 사람의 얼굴인 것입니다. 그러면 어떻게 스데반은 그런 얼굴을 가질 수 있었을까요? 그는 늘 하나님을 생각했고, 그의 마음은 늘 천국에 있었기 때문입니다.

저는, 우리의 몸은 비록 땅 위에 살고 있지만 늘 하나님을 생각하게 되기를 바랍니다. 구름만 보지 말고, 구름 저편에 있는 찬란한 하늘의 보좌를 경험할 수 있길 바랍니다.

둘째, 스데반은 성령님의 지배를 받고 있었습니다. 예수님이 그를 지배하고 계셨습니다. 만약 그렇지 않았다면 어떻게 그의 얼굴이 천사의 얼굴처럼 될 수 있었겠습니까? 인간이 열심히 수행하고 노력한다고 천사의 얼굴을 할 수 있을까요? 그것은 불가능합니다.

만약 우리에게 천사의 얼굴이 있다면, 그것은 분명 성령이 우리 안에 계시기 때문에 가능할 것입니다.

스데반은 그 순간 자기에게 욕하고 돌멩이를 던지는 사람들을 바라보면서, 십자가에 못 박힐 때 그들을 위해 기도하시던 예수님을 생각했을지 모릅니다. '저들의 죄를 용서해 주시옵소서.' 아마 그 영이 스데반에게 임했는지 모르겠습니다.

셋째, 스데반은 자신을 재판하던 사람들을 용서하고 있었습니다. 어떤 경우에도 용서하지 않고는 이런 일이 불가능합니다. 용서할 때 우리는 하나님의 마음을 이해하게 됩니다. 사랑할 때 우리는 십자가에 접근하게 됩니다. 우리가 포기할 때, 예수의 겸손을 느끼게 되는 것입니다. 이러한 그의 태도는 사람들의 돌에 맞아 죽어가는 스데반의 기도문 속에 다시 나타납니다.

> 무릎을 꿇고 크게 불러 이르되 주여 이 죄를 그들에게 돌리지 마옵소서 이 말을 하고 자니라(행 7:60).

이 기도를 볼 때, 스데반은 자기를 모함하고, 핍박하고, 재판하고, 급기야는 돌팔매질을 해서 죽이기까지 하는 그들을 용서하고 있었음에 틀림없습니다.

당신은 천사의 얼굴을 하고 싶습니까? 그렇다면 용서하십시오. 용서하지 않고는 천사의 얼굴이 불가능합니다. 사랑하지 않고는 천사의 얼굴이 불가능합니다. 하늘의 보좌를 생각하지 않고는 천사의 얼굴이 불가능합니다. 예수님이 들어와 우리 마음을 지배하지 않으시고는 이 마음이 불가능합니다.

예수님이 어느 날 사랑하는 베드로와 요한과 야고보를 데리고 높은 산에 올라가셨습니다. 그런데 그곳에서 갑자기 예수님이 변형되셨습니다.

그들 앞에서 변형되사 그 얼굴이 해같이 빛나며 옷이 빛과 같이 희어졌더라(마 17:2).

예수님의 얼굴이 해같이 빛났다고 했습니다. 그의 옷이 빛과 같이 희어졌다고 했습니다. 이 예수는 십자가에서 죽은 예수도 아니고, 부활한 예수도 아니고, 지금 동행하는 예수도 아니었습니다. 이 예수는 요한계시록에 나타나듯이, 하늘 보좌에 계셔서 역사를 통치하시고, 지배하시고, 이 세상 마지막 날 심판주로 다시 오실 그 예수 그리스도였습니다. 그 얼굴이 힘 있게 빛났던 것입니다. 바로 그 예수를 이들이 본 것입니다. 이 예수는 모세와 엘리야와 대화를 하고 있었습니다.

우리에게도 이 거룩의 경험이 필요합니다. 이 예수를 보는 눈이 필요합니다. 이런 신령한 경험들이 필요합니다. 우리가 어떤 충격적인 사건을 목격하면 오랜 세월이 지나도 잘 잊히지가 않습니다.

마찬가지로 우리에게 나타난 예수 그리스도, 체험된 예수 그리스도, 통치하시는 예수 그리스도, 우주의 주인이신 예수 그리스도, 다시 오실 예수 그리스도가 우리 마음을 완전히 지배하고 계셔야 합니다.

스데반은 이런 영적 경험을 했습니다. 당신은 어떻습니까? 당신이 무엇을 생각하느냐가 바로 당신입니다. 당신이 누구하고 사느냐가 바로 당신입니다. 하나님과 동행하고 싶지 않습니까? 이런 신령한 영적인 경험들을 하고 싶지 않습니까? 이것이 없이 어찌 이 험악한 세상을 살아갈 용기를 가질 수 있겠습니까? 파도처럼 밀려오는 수많은 인생의 역경들을 우리가 어찌 다 감당할 수 있겠습니까?

그러므로 너희가 그리스도와 함께 다시 살리심을 받았으면 위의 것을 찾으라 거기는 그리스도께서 하나님 우편에 앉아 계시느니라 위의 것을 생각하고 땅의 것을 생각하지 말라 이는 너희가 죽었고 너희 생명이 그리스도와 함께 하나님 안에 감추어졌음이라 우리 생명이신 그리스도께서 나타나실 그때에 너희도 그와 함께 영광 중에 나타나리라(골 3:1-4).

'우리 생명이신 그리스도께서 나타나실 그때', 하나님의 축복이 당신과 함께하길 바랍니다.

24

스데반의 설교 1: 위기를 기회로 삼다

사도행전 7:1-55

천사의 얼굴을 가진 스데반, 그의 모습은 하나님의 사람의 모습이었습니다. 스데반은 초대 교회의 성도를 대표하는 한 모델이었습니다. 그는 천국 백성, 성도의 수준과 기준을 결정해 준 사람이었습니다. 성경은 그에 대해 성령과 지혜가 충만한 사람 그리고 믿음과 권능이 충만한 사람이었다고 소개합니다.

우리는 그 사람을 통해 조화된 한 인격을 봅니다. 한곳에 치우치지 않는 성숙한 한 그리스도인을 봅니다. 그는 모든 사람들로부터 사랑과 존경을 받았고, 또 실제로 예수님처럼 기사와 표적을 행한 사람이었습니다. 뿐만 아니라 성도로서 교회 안에서 구제와 봉사와 재정 출납에 관여했던 신실한 일꾼이었습니다. 이런 것을 보면 그는 조화된 인격자로서 유능한 행정가였다고 볼 수 있습니다. 또한 그는 구약성경에 대한 탁월한 지식을 가진 지성인이요, 복음의 탁월한 변증가로서, 그 변증은 설교가 될 만큼 놀라운 것이었습니다. 바로 그 사람이 초대 교회 성도의 한 모델인 것입니다.

위기를 설교의 기회로 삼은 스데반

이제 스데반은 7장에 들어가면서 긴 변증과 설교를 하게 됩니다.

대제사장이 이르되 이것이 사실이냐 스데반이 이르되 여러분 부형들이여 들으소서 우리 조상 아브라함이 하란에 있기 전 메소보다미아에 있을 때에 영광의 하나님이 그에게 보여(행 7:1-2).

여기서부터 50절까지 스데반의 변증과 설교가 계속됩니다. 우리는 여기에서 첫째, 스데반이 자신이 맞은 위기를 설교의 기회로 삼은 것을 보게 됩니다. 지금 그는 백성의 장로들과 서기관들에 의해 체포되어 공회에 서서 위증 재판을 받고 있습니다. 대제사장은 지금 그를 미워해서 죽이려고까지 하는 사람들의 살벌한 이야기를 듣고, 적당히 넘어가지 않고 그것이 사실이냐고 반문합니다. 그런데 사람들이 위증한 내용은 전혀 딴 이야기를 꾸며 낸 것일 뿐 아니라, 스데반의 이야기를 살짝 바꿔서 해석을 달리한 것입니다.

마귀도 언제나 비슷합니다. 이단이 무서운 것은 비슷하기 때문입니다. 차라리 불교나 무속이라면 아주 다르다는 것을 금방 압니다. 그런데 이단은 성경도 봅니다. 교회라는 말도 붙입니다. 그들은 기독교와 비슷한데 전혀 딴 이야기를 합니다. 완전히 뒤바뀌 버리는 것입니다. 이것이 바로 이단의 모습입니다. 이단은 다를 이(異), 끝 단(端), 즉 처음은 같은데 끝이 다르다는 것입니다.

증인들의 말은 스데반이 한 이야기를 돌려놓았습니다. 바꿔서 해석한 것입니다. 스데반은 이러한 위기 앞에 섰을 때 기회를 놓치지 않았습니다. 일반적으로 우리는 생각하지 못한 위기가 오면 먼저 당황합니다. 겉으로는 초연한 척하지만 내심 불안하고 당황스러워 어쩔 줄을 몰라 합니다. 그리고 쉽게 절망합니다. 위기가 오면 우선순위에 혼돈이 옵니다. 먼저 할 것과 나중에 할 것의 구분이 잘 안 되고, 막 서두르기 시작합니다.

어떤 경우에는 위기가 오면 '하나님이 나한테 이럴 수 있느냐'며 하나님을 원망합니다. '나는 거짓말도 안 하고 이렇게 착하게 살아왔는데, 왜 나에게 이런 일이 생기느냐'는 것입니다. 또 교회에 다니는 사람은 '내가 새벽 기도도 열심히 했는데 이럴 수 있느냐'며 쉽게 하나님을 원망합니다. 그리고 이러한 일들에 관여했던 사람들을 원망합니다. 자신의 잘못은 제일 끝에 가서 발견합니다. 이렇게 맞고, 저렇게 맞고, 한참을 얻어맞고 제일 나중에서야 자신이 잘못한 것을 알게 되는 것이 인간입니다.

사람은 평소에 무엇을 생각하느냐가 그 사람입니다. 특별히 위기에 부딪히면 평소에 생각하던 것이 나타나기 마련입니다. 재판 중에도 천사의 얼굴을 했던 스데반, 그는 평소 하나님을 깊이 생각했음이 분명합니다. 땅에 살았지만 그의 관심은 하나님이었고 예수님이었습니다. 그것이 분명합니다. 이러한 위기 가운데서도 그는 위기를 모면하는 데는 관심이 전혀 없고, 그것을 오히려 복음 전도의 기회로 삼았기 때문입니다.

어떤 사람은 사업이 어려움을 겪을 수도 있고 망할 수도 있습니다. 몸에 심각한 질병을 가질 수도 있습니다. 이럴 경우 대부분의 사람들은, '내가 이 질병에서 어떻게 탈피할 수 있을까, 이 사업의 위기에서 어떻게 탈출할 것인가'를 생각하지만, 스데반은 '이 위기를 어떻게 전도의 기회로 삼을까'라고 생각했습니다. 분명히 그는 평소에 예수님에 대한 생각을 많이 했을 것입니다. 그랬기 때문에 위기가 닥쳤음에도 자기가 살 구멍을 찾는 것이 아니라, 이 기회에 예수를 전해야겠다고 생각한 것입니다.

지혜로운 설교자, 스데반

1-2절에 보면 스데반이 변증을 하는데, 그는 구약을 설교하는 것에서부터 시작합니다. 특별히 아브라함에서부터 시작됩니다.

설교자는 자기 청중이 누구인지를 잘 알아야 합니다. 정말 지혜로운 변증가였던 사도 바울은 자기가 전도해야 될 대상을 잘 알았습니다. 사도 바울은 유대인들을 만나면 언제나 구약에서부터 이야기를 풀어 갔습니다. 유대인들은 구약에 익숙했고, 아브라함을 가장 존경했기 때문에 그들이 가장 존경하는 사람으로부터 이야기를 시작했던 것입니다. 그러나 아덴에 가서 하나님을 모르는 이방인들에게 전도할 때는 구약으로부터 시작하지 않았습니다. "너희들이 범사에 종교성이 많구나. 너희는 알지 못하는 신에게까지 절을 하는구나. 너희는 알지 못하는 신에게 절하지만, 내가 정말 하나님을 너희에게 소개해 주겠다." 일반적인 신 개념으로부터 이야기를 접근해 갔습니다. 이방인들은 구약을 모르기 때문입니다. 이처럼 사도 바울은 전도할 때 그 대상에 따라 다른 이야기를 했습니다. 그런데 스데반도 여기서 유대인들이 가장 좋아하고 존경했던 구약의 인물, 아브라함부터 시작하고 있습니다.

전도의 원리가 여기에 있습니다. 우리는 전도할 때 사람들의 환경, 배경, 전공, 학력, 경력 등을 면밀히 살피고 그들이 이해할 수 있도록 지혜롭게 접근해야 합니다. 왜 전도가 안 됩니까? 어떤 사람은 전도하러 갔다가 예수님 욕만 먹이고 돌아옵니다. 어떤 사람은 가서 예수님과 석가모니 사이에 싸움을 붙여 놓습니다. 전혀 상황을 모르기 때문입니다. 유교적인 배경에서 자란 어른들은 전통적인 가치관을 흩뜨려 놓으면 아주 힘들어합니다. 목사님 가운데도 이러한 원리를 전혀 모르는 분들이 계십니다. 설교 하나 가지고 아무데나 씁니다. 이 교회에도, 저 교회에도 똑같은 설교를 준비해 갑니다. 청중이 다른데도 말입니다. 우리는 스데반을 닮아 지혜롭게 전도할 수 있어야 합니다.

스데반의 설교의 여섯 가지 주제

스데반은 구약의 말씀을 인용하고 요약해서 설교했습니다. 2-50절까지는 아주 긴 메시지입니다. 하지만 창세기부터 말라기까지의 방대한 분량을 50절에 걸쳐 압축한, 아주 쉽게 요약한 내용인 것을 알 수 있습니다. 우리는 이것을 여섯 가지 주제로 나눌 수 있습니다.

첫째, 2-16절까지는 창세기의 요약입니다. 하나님은 자기 백성을 구원하기 위해 아브라함과 야곱과 요셉을 부르고 인도하셨다는 내용입니다.

둘째, 17-41절까지는 출애굽기와 레위기의 요약입니다. 즉, 하나님이 당신의 백성을 애굽에서 탈출시키기 위해 모세를 사용하셨다는 내용입니다. 그리고 그들을 애굽에서 이끌어 내고 보호하셨다는 이야기입니다.

셋째, 42-44절까지는 민수기와 신명기를 요약했습니다. 하나님이 당신의 백성을 광야에서 시험하고 그들을 교훈하셨던 내용입니다.

넷째, 45절 말씀은 여호수아서에 대한 이야기입니다. 하나님은 약속대로 이스라엘 백성을 젖과 꿀이 흐르는 가나안 땅으로 인도해 내셨고, 그 땅을 정복하게 하셨습니다.

다섯째, 46-47절 말씀은 사무엘하부터 역대하까지의 내용을 담고 있습니다. 하나님은 자기 백성에게 하나님을 경외하도록 하셨습니다. 특별히 다윗과 솔로몬을 사용하셔서 성전을 지었다는 이야기가 등장합니다.

마지막으로 48-50절까지는 에스겔에서 말라기까지의 내용입니다. 하나님은 성전에서 예배를 받으시기도 하지만, 사람의 손으로 지은 성전 안에 제한되지 않는 분이라는 내용입니다.

스데반은 50절까지 일사천리로 구약의 내용을 요약해서 말씀을 전했습니다. 여기까지 들었을 때 사람들은 '우리 이야기를 하고 있구나' 생각했기에 갈등이 없었습니다. 자기들과 같은 신앙의 동질성을 느끼게 된 것입니다.

스데반의 변증의 요점

그러나 스데반이 이야기하려 했던 것은 그게 아니었습니다. 그들의 신앙과 생활에 대해 언급하면서 그들의 잘못된 생각과 위선과 허위를 들춰내는 데 변증의 요점이 있었습니다.

> 목이 곧고 마음과 귀에 할례를 받지 못한 사람들아 너희도 너희 조상과 같이 항상 성령을 거스르는도다(행 7:51).

이것은 구약 역사의 개관이 끝난 직후에 던져진 폭탄선언입니다. 스데반의 설교는 크게 두 가지로 요약됩니다. 하나님을 믿고 따르는 이스라엘 백성이 있는 반면, 하나님을 믿지만 내면적으로는 하나님을 거역하고, 오히려 하나님의 종을 죽이고 하나님의 역사에 배반하는 불순종한 이스라엘 백성이 있다는 것입니다. 그것이 스데반이 이야기한 전체적인 내용의 요점입니다.

우리는 어떤 사람의 믿음을 객관적으로 구분할 수 없습니다. 똑같이 하나님을 믿으면서도 어떤 사람은 정말 하나님에게 순종하는가 하면, 어떤 사람은 교회 안에서 언제나 하나님과 반대되는 사상과 신학과 생각을 계속 주장합니다. 겉으로 보면 비슷합니다. 그러나 결과는 전혀 다릅니다. 문제는 정말 하나님을 생각했느냐, 아니면 자기를 생각했느냐는 것입니다. 이런 두 그룹이 있다는 것입니다.

그 당시 스데반을 고발한 대제사장 및 장로와 서기관들은 아브라함의 후손만이 하나님의 택한 백성이요, 아브라함의 후손으로서 그런 종교적인 그룹에만 속하면 그들이 어떻게 살았든 상관없이 구원을 받는다고 생각했습니다. 그런데 이런 전통적인 생각을 하고 있던 그들에게 스데반이, "목이 곧고 마음과 귀에 할례를 받지 못한 사람들아 너희도 너희 조상과 같이 항상 성령을 거스르는도다"라고 말했을 때 얼마나 놀랐겠습니까? 지금까지 같은 편인 줄 알았는데, 마지막 순간 자기들에게 폭탄선언을 한 것입니다. 아마 스데반은 조용히 말했을 것 같습니다. 그런데 그 내용은 무섭고 강렬했습니다.

너희 조상들이 선지자들 중의 누구를 박해하지 아니하였느냐 의인이 오시리라 예고한 자들을 그들이 죽였고 이제 너희는 그 의인을 잡아 준 자요 살인한 자가 되나니 너희는 천사가 전한 율법을 받고도 지키지 아니하였도다 하니라 (행 7:52-53).

구약에 보면 하나님의 종들과 예언자들을 죽이고 핍박하고 거부한 일들이 거의 이스라엘 역사의 주류를 이루고 있습니다. 왕들의 이야기, 예언자들의 이야기를 들어 보면 전부 그런 것들입니다. 그런데 그렇게 선지자와 종들을 핍박하고 죽인 그 사람들이 다 하나님을 사랑한다고 하고, 하나님을 위해서라고 말하며 핍박하고 죽였던 것입니다.

설교를 들을 때 그 설교 속에 좋은 모델이 나옵니다. 가만히 들어 보니 그 모델이 꼭 자기와도 같습니다. 그런데 모델이 되는 그 하나님의 착한 종을 나쁜 사람들이 죽입니다. 그래서 우리는 그 나쁜 사람에게 분노합니다. 그랬는데 설교가 끝날 무렵 갑자기, "네가 바로 그 나쁜 사람이다"라고 말하는 것입니다. 그러면 얼마나 충격을 받겠습니까?

다윗과 나단 선지자 사이에도 그런 이야기가 있었습니다. 다윗이 우리아의 아내 밧세바를 몰래 빼앗아 옵니다. 그리고 그 남편을 죽입니다. 아무도 모르게 완전 범죄를 했습니다. 그때 하나님의 선지자 나단이 다윗을 찾아갑니다. 그리고 이렇게 말합니다.

"왕이시여, 이런 일이 있을 수 있습니까? 어느 마을에 양 백 마리를 가진 큰 부자가 있었습니다. 바로 그 옆집에는 양 한 마리를 가진 사람이 살았는데, 그 사람은 그 양을 딸같이 아끼고 사랑했습니다. 그런데 양을 백 마리나 가진 큰 부잣집에 손님이 오자, 그 부자는 자기 양은 놓아두고 딸 같은 양 한 마리밖에 없는 사람에게서 그 양을 빼앗아 자기 손님을 대접했습니다."

그러자 다윗은 화를 내면서 당장 그 부자를 잡아 오라고 했습니다. 그때 나단이 조용한 목소리로 말했습니다. "그 사람이 바로 당신입니다." 그 순간 다윗은 고꾸라져서 회개했습니다. 그런데 이런 일이 여기서 생긴 것입니다. 이것이 설교입니다.

설교에 대한 사람들의 반응

사람들이 얼마나 큰 충격을 받았는지 보십시오.

> 그들이 이 말을 듣고 마음에 찔려 그를 향하여 이를 갈거늘(행 7:54).

두 가지 반응이 나타납니다. 공회원들은 스데반의 말을 듣고 마음에 찔려 이를 갈았습니다. 왜 그들이 화를 냈습니까? 스데반의 말이 사실이기 때문입니다. 어떤 사실의 정곡을 찌르면 사람들은 화를 냅니다. 분노합니다. 사실이 아니면 그렇게 상처받을 일이 없습니다. '그럴 수도 있겠지' 하고 그냥 넘어갑니다. 사실이 아니니까 그렇습니다. 그런데 우리가 어떤 비판을 받거나 문제에 맞닥뜨렸을 때 당황하는 것은, 그것이 어느 정도 사실이기 때문입니다.

마음에 찔리면 회개하는 사람들이 있습니다. 베드로의 설교를 들은 사람들은 우리가 '어찌할꼬' 하고 가슴을 쳤습니다. 그때 베드로는 그들에게 회개하고 주 예수를 믿으라고 했습니다. 그리고 성령을 선물로 받으라고 말했습니다. 그때 그들은 회개하고, 세례를 받고, 3천 명이 주 앞에 돌아왔습니다.

반면에 가슴이 찔린 것은 똑같은데 이를 가는 사람들이 있습니다. 스데반의 설교를 들은 사람들이 그랬습니다. 하나님의 택함을 받지 못한 사람들입니다. 찔려서 회개하고 순종하는 사람은 택함 받은 사람입니다. 찔림을 받았으면서도 더 이를 갈고 반항하고 부딪치고 싸우는 사람은 하나님의 택한 사람이 아닙니다. 성령으로 거듭난 사람, 하나님으로부터 택함 받은 복된 사람은 언제나 하나님의 음성을 들을 때 찔림을 받고 회개하고 겸손히 돌아섭니다.

스데반의 세 가지 모습

사람들이 이를 가는 살벌한 분위기, 어쩌면 자신을 죽일지 모르는 그런 살벌한 분위기 속에서 스데반은 어떤 모습을 하고 있습니까?

> 스데반이 성령 충만하여 하늘을 우러러 주목하여 하나님의 영광과
> 및 예수께서 하나님 우편에 서신 것을 보고(행 7:55).

스데반에게서 세 가지 모습이 나타납니다.

첫째, 성령이 충만했다고 말했습니다. 사람들은 위기가 오면 당

황합니다. 불의의 질병에 걸렸다든지, 하던 사업이 계획대로 안 되었다든지 했을 때 사람들은 어쩔 줄을 몰라 합니다. 무엇을 해야 할지 모르기 때문입니다. 그러나 스데반은 이런 상황에서 성령이 충만했습니다. 어떻게 스데반의 얼굴이 천사처럼 될 수 있었을까요? 그는 땅 위에 살고 있었지만 그의 관심은 하늘에 있었기 때문에, 그 순간 하나님의 성령이 충만했기 때문에, 그리스도가 그와 함께 계셨기 때문에, 그는 상황과 상관없이 천사의 표정을 가질 수 있었습니다. 그는 설교 도중에도 성령 충만했고, 설교를 끝내고 나서도 성령 충만했습니다.

둘째, 그는 하늘을 우러러 주목했다고 말했습니다. 스데반에 대한 표현입니다. 그는 지금 재판 중에 있습니다. 사람들이 이를 갈며 공격하고 있습니다. 어쩌면 그 소리가 그에게는 안 들렸는지도 모릅니다. 우리의 문제는, "누가 염려함으로 그 키를 한 자라도 더할 수 있겠느냐"(마 6:27)는 말씀에도 불구하고 끊임없이 염려하고 불안해하는 데 있습니다. 스데반은 그 순간에 '하늘을 우러러 주목하여' 보았다고 했습니다. 그의 육신은 땅에 있었지만, 그의 마음은 하나님과 함께 있었습니다.

눈이 있는 것보다 더 중요한 것은 무엇을 보느냐, 어디를 보느냐입니다. 눈이 있다고 다 눈이 아닙니다. 입이 있다고 다 입이 아닙니다. 귀가 있다고 다 귀가 아닙니다. 볼 수 없는 눈도 있고, 들을 수 없는 귀도 있고, 말할 수 없는 입도 있습니다. 저는 당신의 눈과 귀와 입에 성령의 기름 부으심이 있게 되기를 바랍니다. 그러면 이 세상을 살아갈 때 자신의 위치가 불안해도, 가진 것도 없고 배경도 없다 할지라도, 우리의 마음에 하나님이 계시기에 '하나님은 내 영혼의 힘이시다', '천만인이 내 곁에서 넘어져도 나는 부족함이 없으리로다' 하고 고백할 수 있습니다. 이것이 있어야 합니다. 사람들이 하는 말은 중요하지 않습니다. 하나님이 내게 무슨 말씀을 하시는지가 중요한 것입니다.

셋째, 그는 하늘을 우러러 하나님의 영광의 빛을 보았습니다. 하나님의 영광의 빛 속에 있는 그리스도를 보았습니다. 그리스도는 하나님 우편에 서 계셨습니다. 아마 하나님 우편에 서 계신 그리스도는 금방 뛰어갈 것만 같은 표정으로, 재판받고 머지않아 돌에 맞아 죽게 될 사랑하는 스데반을 보고 계셨을 것입니다. 스데반이 그 모습을 본 것입니다. 그분을 만난 것입니다.

천국은 하나님의 영광의 빛으로 가득 찬 곳입니다. 하나님은 영광의 하나님이시요, 자신의 영광의 빛으로 충만한 분이십니다. 하나님의 영광은 이론이나 사상이나 철학이 아니라, 살아 있는 인격체의 실제적인 빛입니다. 하나님이 임재하시는 곳에는 하나님의 영광의 빛이 충만합니다.

저는 우리 교회에 하나님의 영광의 빛이 충만하기를 기도합니다. 하나님과 접촉을 많이 한 사람들은 그들의 몸과 얼굴에서 하나님의 빛이 나타납니다. 모세가 하나님을 만나고 났을 때 수건으로 얼굴을 가렸다고 했습니다. 얼굴의 빛이 너무 강렬해서 그런 것입니다. 스데반은 그것을 보았습니다. 태양빛을 본 사람은 촛불에 만족하지 않습니다. 하나님을 본 사람은 세상 것에 만족하지 못합니다. 주님을 경험한 사람은 세상의 상대적 가치에 흥분하지 않습니다. 당신은 하나님의 영광의 빛을 보았습니까? 보기를 원합니까? 저는, 당신이 그것을 보기 원합니다.

그러면 하나님의 영광의 찬란한 빛 속에는 무엇이 있었습니까? 빛 속을 가만히 들여다보니 한 사람이 서 있었습니다. 보일 듯 말 듯, 그러나 점점 강렬하게 한 사람이 나타났습니다. 그분이 바로 하나님 우편에 서 계신 예수 그리스도십니다. 로마서 8장에 의하면, 그분은 지금도 우리를 위해서 중보 기도하는 분이십니다. 이스라엘이 애굽에서 400년 동안 종살이한 것을 하나님은 하나도 놓치지 않고 다 보고 계셨습니다. 하나님도 울고 계셨습니다. 오늘날도 동일합니다. 사랑하는 자녀들이 고생하고 병들고 어려움을 겪는 것을 하나님도 똑같이 눈물을 흘리며 보고 계십니다.

하나님은 당신의 독생자 예수 그리스도를 인류를 위해 십자가에 못 박아 죽게 해야 했는데, 그 아버지의 심정을 아브라함에게도 경험시키십니다. 그것이 아브라함 이야기입니다. "네 사랑하는 독자 이삭을 데리고 모리아 땅으로 가서 내가 네게 일러 준 한 산 거기서 그를 번제로 드리라"(창 22:2). 하나님은 어떤 면에서 보면 잔인하십니다. 3일 동안이나 끌고 다녔습니다. 3일 동안 아이와 함께 자고 함께 먹으며 아브라함은 무슨 생각을 했을까요? 한편으로 보면 살인이요, 한편으로 보면 신앙입니다. 마지막 순간에 그는 자기 아들 이삭을 붙잡아 칼을 들고 자기 손으로 그 심장을 찌르려 합니다. 이것이 하나님의 마음입니다. 우리는 우리의 죄 때문에 병도 들고 죽기도 하고 실패도 하지만, 예수 그리스도는 죄가 없음에도 불구하고 우리를 위해 죽으신 것입니다. 사랑이 아무리 크다고 한들 자기 자식하고 바꾸겠습니까? 누가 내 자식을 죽이면서까지 남을 사랑하겠습니까? 그러나 하나님은 당신의 아들을 죽이면서까지 우리를 사랑하신 것입니다. 의인과 선인을 위해 죽는 사람은 가끔 있지만, 누가 죄인을 위해서 죽겠습니까? 그렇게 못되게 산 사람을 위해서 누가 죽는다는 말입니까? 이것이 하나님의 마음입니다.

예수님은 우리의 병과 우리의 한숨을 알고 계십니다. 예수님이 서 계셨다는 것은 바로 그런 뜻입니다. 그분은 하나님 보좌 곁에서 우리와 똑같은 부모의 심정을 가지고 우리를 위해 울면서 기도하고 계십니다. 당신을 위해서, 당신의 가정을 위해서, 당신의 직장과 캠퍼스를 위해서 우리 주님이 기도하며 울고 계시는 것입니다.

어떤 경우에도 하나님이 당신을 외면했다고 말하지 마십시오. 고난이 깊은 때일수록 주님은 당신과 더 가까이 계십니다. 주님이 당신을 떠났다고 생각할 때, 주님은 당신과 제일 가까운 곳에 계십니다. 부활하신 주님을 보고도 제자들은 모두 고기를 잡으러 갔습니다. 그러나 밤새도록 수고했음에도 잡은 것은 하나도 없었습니다. 배고프고 지친 그들이 새벽에 빈 배를 끌고 내려올 때, 어떤 사람이 거기 서 있었습니다.

"얘들아, 고기를 많이 잡았느냐?"

그들은 그때까지도 그가 예수님인 줄 몰랐습니다.

"아니요, 한 마리도 못 잡았습니다."

바로 그 순간, 아주 영리하고 감각이 빠른 요한이 '옛날에 어디서 듣던 소리다' 생각하고 외쳤습니다. "주님이시다." 그 순간에 눈을 뜨게 된 것입니다.

그렇습니다. 고기를 한 마리도 잡지 못하고 추위와 배고픔에 절망한 그때, 주님은 거기 계셨습니다. 그리고 그 주님이 지금, 당신과 함께 계십니다. 스데반이 보았던 그 주님을 당신도 보게 되기를 바랍니다.

25

스데반의 설교 2:
믿음의 조상을 이야기하다

사도행전 7:1-16

하나님이 믿음의 조상을 부르시다

스데반이 대제사장을 비롯한 모든 유대인들에게 변론한 구약의 역사에 대한 말씀을 나누려 합니다. 스데반은 먼저, 하나님이 믿음의 조상인 아브라함을 비롯해서 이삭과 야곱과 요셉을 부르고 인도하셨던 내용을 이야기합니다.

> 스데반이 이르되 여러분 부형들이여 들으소서 우리 조상 아브라함이 하란에 있기 전 메소보다미아에 있을 때에 영광의 하나님이 그에게 보여 이르시되 네 고향과 친척을 떠나 내가 네게 보일 땅으로 가라 하시니 아브라함이 갈대아 사람의 땅을 떠나 하란에 거하다가 그의 아버지가 죽으매 하나님이 그를 거기서 너희 지금 사는 이 땅으로 옮기셨느니라(행 7:2-4).

첫째, 하나님이 믿음의 조상 아브라함과 이삭과 야곱을 부르고 인도하셨다는 것입니다. 2절을 보면, "아브라함이 하란에 있기 전 메소보다미아에 있을 때에 영광의 하나님이 그에게 보여"라고 되어 있습니다. 하나님이 행동하신 것입니다. 하나님이 주도권을 잡으셨습니다.

둘째, 아브라함에게 "네 고향과 친척을 떠나 내가 네게 보일 땅으로 가라"고 말씀하신 분도 하나님이십니다. 인생을 허락하시는 분도 하나님이시고, 인생의 내용을 허락하시는 분도 하나님이십니다. 인생은 인생 자체로 스스로 시작되지 않습니다. 인생은 하나님으로부터 시작됩니다. 하나님이 우리 인생의 내용을 만들어 주실 때, 우리 인생이 내용을 갖게 됩니다.

셋째, 아브라함을 약속의 땅으로 옮겨 주신 분도 하나님이십니다. 앞의 말씀을 종합해 보면, 아브라함에게 나타나서 말씀하신 이도 하나님이시요, 갈대아 우르 땅을 떠나라고 명령하신 이도 하나님이시요 그리고 이스라엘 백성으로 하여금 그들이 거하고 있는 가나안 땅으로 오게 하신 이도 하나님이시라는 것입니다.

지금 스데반이 구약, 특별히 창세기의 역사를 거론하면서 유대인들과 대제사장들과 거기에 있는 백성에게 전하고 싶어 한 분명한 사실은, '하나님이 하셨다'는 것입니다. 그렇습니다. 하나님이 천지를 창조하셨습니다. 하나님이 주어고, 천지는 목적어입니다. 또한 하나님이 인간을 창조하셨습니다. 타락이란 무엇입니까? 창조의 대상이 되었던 인간이 창조의 주체로 올라서려는 교만입니다. 인간이 역사를 구원하려는 것입니다. 인간이 무엇을 해보려고 하는 것입니다. 이것이 타락입니다. 전도는 분명 내가 한 것 같지만, 그렇지 않습니다. 하나님이 나를 포함한 누군가를 통해서 전도하게 하시는 것입니다. 구제와 봉사는 누가 했습니까? 분명히 내 주머니에서 돈이 나왔지만, 내가 한 것이 아닙니다. 하나님이 나로 하여금 그런 긍휼과 은혜의 마음을 갖게 해서 그 일을 하게 하신 것입니다. 교회는 누가 세웠습니까? 사람들이 와서 예배를 드리지만 하나님이 하신 것입니다. 이것이 신앙입니다. 하나님이 하셨다는 것입니다.

태초에 하나님이 천지를, 그리고 인간을 창조하셨습니다. 인간이 죄를 지어 죽게 되었을 때, 그 인간을 위해 구원의 행동을 하신 분은 하나님이십니다. 인간이 요청해서 하나님의 구원이 온 것이 아닙니다. 독생자 예수 그리스도를 세상에 보내 주신 이도 하나님이십니다. 그리고 그 예수 그리스도를 이 세상에 보내기 위해 택하신 한 사람이 아브라함이요, 택하신 혈통이 다윗 왕가입니다. 이 아브라함의 자손, 다윗의 혈통으로부터 예수 그리스도가 세상에 나오게 된 것입니다. 그렇게 하신 이가 바로 하나님이십니다.

하나님이 당신을 부르셨다는 사실을 믿으십시오. 하나님이 당신을 이 세상에 오게 하셨고, 한국 땅에 태어나게 하신 것입니다. 그리고 하나님이 당신으로 하여금 복음을 듣게 하신 것입니다. 왜냐하면 당신을 통해서 하고 싶은 일이 있으시기 때문입니다. 이것을 인정하고 고백하고 그대로 사는 것, 그것이 믿음입니다.

사도 요한은 이러한 신앙의 내용을 다음과 같이 말합니다.

너희가 나를 택한 것이 아니요 내가 너희를 택하여 세웠나니 이는

너희로 가서 열매를 맺게 하고 또 너희 열매가 항상 있게 하여 내 이
름으로 아버지께 무엇을 구하든지 다 받게 하려 함이라(요 15:16).

우리로 하여금 이런 생각을 하게 한 이도 하나님이십니다. 믿음
의 세계에서는 절대로 스스로 깨달아지는 것이 없습니다. 계시가
있어야 깨달음이 있는 것이고, 하나님의 섭리와 계획이 있어야 내
가 응답하는 것입니다. 선교사로 가는 것도 우리 마음대로 가는 게
아닙니다. 성령님을 통해서 하나님이 그 마음을 주셨기 때문에 선
교의 꿈과 비전을 갖게 되는 것입니다. 그리고 하나님이 주신 선교
의 꿈과 비전은 그 누구도 막을 수 없습니다. 선교사로 가겠다는
자식은 부모도 절대 못 말립니다. 하나님이 주신 것이기 때문에 그
렇습니다.

사랑은 여기 있으니 우리가 하나님을 사랑한 것이 아니요 하나님
이 우리를 사랑하사 우리 죄를 속하기 위하여 화목 제물로 그 아
들을 보내셨음이라(요일 4:10).

사랑의 원리는, 사랑을 받아야 사랑하게 되어 있다는 것입니다.
우리가 어떻게 하나님의 사랑에 눈뜨게 되었을까요? 하나님이 먼
저 나를 사랑하셨기 때문입니다. 하나님이 먼저 사랑하지 않으셨
다면, 우리는 하나님에 대해 사랑의 눈을 뜰 수 없습니다. 그가 먼

저 사랑하셨기 때문에 내가 사랑에 눈뜨게 된 것이고, 하나님을 아빠 아버지라 부르게 된 것이고, 그분 집에 왔을 때 눈물이 나며, 그분 품에 안겼을 때 위로와 치료를 받게 되는 것입니다.

영광 받기 합당하신 분

스데반의 두 번째 메시지는, 하나님은 영광의 하나님으로 나타나셨다는 것입니다. 그가 재판을 받고 설교를 마쳤을 때 사람들이 이를 갈았습니다. 분노했습니다. 그때 스데반의 눈은 땅이나 사람들을 향해 있지 않았습니다. 스데반은 하늘을 주목하여 보았다고 했습니다. 그 하늘에서 그는 하나님의 영광과 하나님 우편에 서 계신 예수 그리스도를 본 것입니다.

영광이란 인간의 것이 아니라 하나님의 것입니다. 인간이란 하나님에게 영광을 돌리기 위해 있는 존재지, 영광을 받는 존재가 아닙니다. 하나님의 영광을 인간이 도둑질해 가면 안 됩니다. 그러나 너무나 많은 종교인과 교회들이 하나님의 영광을 가로챕니다. 그래서 하나님에게 가야 할 영광이 사람에게 갑니다. 목사에게 갑니다. 영계의 거성, 위대한 종이라고 하면서 그 영광을 인간이 전부 가져가는 것입니다. 교회 부흥을 인간이 한 것처럼 생각합니다. 설교를 잘해서, 목회를 잘해서, 아니면 그 사람의 믿음이 좋아서 교회가 커진 것처럼 착각을 합니다. 그렇지 않습니다. 인간은 영광을 받을 만한 존재가 아니라, 인간이야말로 영광을 돌려야 하는 존재에 불과합니다.

하나님은 누구십니까? 영광을 받기에 합당한 분이십니다. 그러므로 우리는 하나님 앞에 경배와 찬양을 올려 드려야 합니다.

> 내 이름으로 불리는 모든 자 곧 내가 내 영광을 위하여 창조한 자를
> 오게 하라 그를 내가 지었고 그를 내가 만들었느니라(사 43:7).

인간의 진정한 행복은, 인간이 영광을 받을 때가 아니라, 영광을 받으실 분에게 영광을 돌릴 때 옵니다. 인간이 높은 자리에 서 있거나 어떤 명예와 성공을 성취했을 때가 아니라, 나를 지으신 그분에게 감사와 찬송과 존귀를 올릴 때입니다. 이는 마치 참된 인간이 되는 본분이, 육신의 부모를 존경하고 그들에게 효도하는 것과 같습니다. 아무리 훌륭한 자녀라 할지라도 부모를 섬기지 않는 자식은 참된 자식이 아닙니다. 세상에서 어떤 성취를 했고 어떤 위대한 일을 했다 할지라도, 자기 육신의 부모를 섬기지 못하는 인간은 인간이 아닙니다. 마찬가지입니다. 인간의 참된 본분은 하나님에게 영광을 돌리는 데 있습니다.

과정을 겪게 하시는 하나님

세 번째 메시지는, 하나님이 인간을 인도하실 때는 반드시 어떤 과정을 거치게 하신다는 것입니다. 하나님은 믿음의 조상 아브라함을 부르실 때 먼저 갈대아 땅을 떠나게 하셨습니다. 갈대아는 아브라함이 태어난 고향이며, 일가친척이 사는 곳입니다.

사람은 누구든지 고향을 그리워합니다. 저희 가정은 북한에서 피난 나온 가정이었습니다. 그래서 저희 아버님이 돌아가실 때까지 늘 생각한 것이 북한이었습니다. 저희 집에 여섯 형제가 있는데, 형님이 목사고, 누님이 목사 부인이고, 제가 목사고, 누이동생이 선교사 부인이고, 막내 동생이 '두란노 경배와 찬양'을 이끌고 있습니다. 여동생 한 명을 제외한 모두가 목회의 길을 걷고 있는 것입니다. 그리고 온 가족이 다 달라붙어 사역을 합니다. 왜냐하면 저희 아버님 평생의 말씀이, "목사 돼서 이북에 가서 교회 세워라", "통일만 되면 이북에 가서 교회 세워라. 그것을 위해서 준비해라"였기 때문입니다. 이렇듯 늘 고향을 생각하는 것이 인간입니다. 객지에 살던 사람도 죽을 때는 고향에 돌아와 그곳에 뼈를 묻고 싶어 합니다.

환경은 우리로 하여금 떠나지 못하게 지배합니다. 그런데 하나님이 믿음을 주기 위해 하시는 첫 번째 작업은 고향을 떠나게 하는 것입니다. 그래서인지 피난 간 사람들은 대개 믿음이 좋습니다. 자기를 보호하고 있던 기득권을 버리고, 보호 세력을 떠나니까 그런 것입니다. 믿음의 제1단계는 인간적으로 의지하는 모든 것들을 떠나는 것입니다. 그것이 믿음의 시작입니다.

또한 하나님은 아브라함을 약속의 땅으로 곧바로 가게 하지 않고 하란에 머물게 하셨습니다. 하란은 하나님이 약속하신 땅이 아닙니다. 그러나 하나님은 아브라함을 하란에 머물게 하셨습니다. 이것은 굉장히 중요한 이야기입니다. 아브라함은 일정한 기간 동안 하란에서 살아야 했습니다. 그 일정한 기간이란 그의 아버지 데라가 죽을 때까지였습니다. 하나님은 그의 아버지 데라가 죽을 때까지 임시적으로 하란에 머물러 살게 하신 것입니다. 이것은 아브라함을 영적인 사람으로 훈련시키시는 하나의 과정이었습니다.

하나님은 우리의 인생을 하나님의 궁극적인 목표에 두시지 않고, 목표는 아니지만 거기까지 가는 어느 한 과정에 두십니다. 거기서 여러 가지 일을 하게 하십니다. 인생이란 우리의 목표가 아닙니다. 이 세상은 우리가 가야 할 마지막 목표가 아니라, 잠깐 두시는 과정입니다. 이곳이 바로 하란입니다. 언젠가는 떠나야 합니다. 우리가 의지하고, 신뢰하고, 자기 보호의 온실이라고 생각했던 친척과 가족의 집을 떠나는 과정이 있고, 그다음에 궁극적인 목표는 아니지만 임시로 거주하는 그리고 있어야만 하는 '하란'에 머무는 시간이 있는 것입니다.

언제 하란을 떠나야 합니까? 잘 모릅니다. 그냥 있는 것입니다. 기다리는 것입니다. 선교란 어떤 의미에서 기다리는 것입니다. 신앙이란 어떤 의미에서 약속된 기다림입니다. 그 기다림의 현장에서 사랑하고, 순종하고, 복음을 전하고, 충성스럽게 살아가는 것입니다.

약속의 땅

네 번째 메시지는, 약속의 땅이 있다는 것입니다. 우리는 왜 교회에 모여 예배드리고, 헌금하고, 구제하고, 봉사하고, 기도하는 것입니까? 결국은 하나님의 궁극적인 목적을 이루기 위해서입니다. 우리를 약속의 땅, 축복의 땅으로 가게 하시는 것입니다. 하나님은 우리의 인생을 과정 속에서 끝내지 않으십니다. 그 과정은 반드시 목표를 향합니다. 약속의 땅으로 우리를 반드시 이끌어 내시는 것입니다.

이스라엘 백성을 젖과 꿀이 흐르는 가나안 땅으로 인도해 내셨듯이, 하나님은 우리를 반드시 당신의 목적대로 가게 하십니다. 그런데 하나님이 가게 하실 때 안 가는 사람은 고생합니다. 가야 할 때 빨리 가십시오. 세상은 우리의 목표가 아닙니다. 잠깐 머물다 가는 '하란'에 불과합니다. 우리에게는 새 하늘과 새 땅이 있습니다. 영원한 그 나라가 있습니다. 우리가 이 세상에서 사는 것은 그 나라에 가는 과정일 뿐입니다.

그러나 여기서 발붙일 만한 땅도 유업으로 주지 아니하시고 다만 이 땅을 아직 자식도 없는 그와 그의 후손에게 소유로 주신다고 약속하셨으며(행 7:5).

너무 놀라운 말씀이 여기에 있습니다. 약속의 땅으로 갔는데, 그곳에서는 발붙일 땅을 주지 않으셨다는 것입니다. 하나님은 묘하십니다. 약속의 땅에 가면 땅을 주셔야 할 것 아닙니까? 그런데 주시지 않습니다. 그렇다면 약속의 땅에 대해 주신 약속은 무엇입니까? 그것은 아브라함이 아니라 아브라함의 씨, 아브라함의 자손에게 주실 약속입니다. 그런데 아브라함은 아기를 낳지 못하는 부인하고 삽니다. 이것이 바로 믿음인 것입니다. 아브라함에게 약속을 주시는 것이 아니라, 그 자손에게 약속을 주신다는 것입니다. 얼마나 놀라운 하나님이십니까? 저는 당신이 이런 하나님의 놀라운 섭리와 인도하심에 눈뜨게 되기를 바랍니다.

하나님이 주시려는 축복은 당신에게만 있는 것이 아닙니다. 어쩌면 당신은 발붙일 땅이 없을지도 모릅니다. 그러나 하나님은 당신과 당신의 후손에게 주실 말씀을 약속하고 계십니다.

특별히 이 말씀은 임종에 직면한 사람들이 아주 실감하는 말입니다. 죽음에 직면한 사람만이 세상에서 고생하며 모았던 돈과 재산과 물질이 아무 소용없음을 실감하기 때문입니다. 큰 집에 누워 있습니다. 수많은 땅이 있습니다. 큰 공장이 있습니다. 그러나 3개월밖에 살 수 없습니다. 그 공장과 돈과 그 많은 화려한 물건이 그에게 무슨 의미가 있겠습니까? 바로 그것입니다. 하나님의 약속은 물질에 있는 것이 아닙니다. 하나님의 약속은 세상의 부요함에 있는 것이 아닙니다. 하나님의 약속은 더 넓고 깊고 영원한 것입니다.

하나님이 또 이같이 말씀하시되 그 후손이 다른 땅에서 나그네가 되리니 그 땅 사람들이 종으로 삼아 사백 년 동안을 괴롭게 하리라 하시고 또 이르시되 종 삼는 나라를 내가 심판하리니 그 후에 그들이 나와서 이곳에서 나를 섬기리라 하시고(행 7:6-7).

스데반이 말하고 있는 사건들은 구약에서 역사적으로 모두 성취된 것들입니다. 이것은 동시에 모든 약속의 자녀들이 겪어야 할 고난과 시련들이기도 합니다. 약속의 땅보다 더 중요한 것은 약속 그 자체입니다. 그리고 약속의 자녀들입니다. 그들은 온실에서 자라나지 않았습니다. 400년 동안 종살이 과정을 거쳐 태어난 자녀들입니다.

할례의 언약을 아브라함에게 주셨더니 그가 이삭을 낳아 여드레 만에 할례를 행하고 이삭이 야곱을, 야곱이 우리 열두 조상을 낳으니라(행 7:8).

하나님은 약속의 자녀들에게 할례의 언약을 주셨습니다. 그런데 이 할례의 언약을 임신할 수 없는 상황에서 주셨습니다. 아브라함은 임신할 수 없는 상황에서 하나님의 기적을 경험하고 이삭을 낳았습니다. 이삭은 야곱을, 야곱은 열두 자녀를 낳았습니다. 이것이 믿음의 세계입니다. 아기를 낳을 수 없는 부인에게서 이런 일이 일어난 것입니다. 하나님은 불가능을 가능하게 하시는 분입니다. 없는 것을 있게 하시는 분입니다. 하나님은 막힌 것을 뚫는 분이십니다. 나를 위해서가 아니라, 그분 자신을 위해서입니다.

이런 하나님을 믿으십시오. 우리는 너무나 많은 자기의 이성과 너무나 큰 불신앙으로 우리 자신을 제한하고 있습니다. 내가 못 하니까 하나님도 못 하실 것이라고 생각하는 것입니다. 우리는, 교회가 사실은 얼마나 믿음이 없는가를 매일 봅니다. 너무나 믿음이 없습니다. 믿음의 눈이 없습니다. 자기들이 못 하니까 하나님도 못 하시리라 생각합니다. 나는 못 해도 하나님은 하십니다. 당신의 생각을 내려놓으십시오. 그리고 믿음으로 가 보십시오. 믿음의 세계로 들어가 보면 신비한 세계가 자리 잡고 있습니다. 당신의 인생에, 당신의 자녀에게 신비한 인생이 기다리고 있습니다.

우리 교회는 주님의 위대한 일을 성취하는 교회도 될 수 있고, 동시에 아무것도 안 하고 전통에 파묻히는 무덤과 같은 교회도 될 수 있습니다. 그 선택은 우리에게 있습니다. 우리가 위대해서가 아니라, 하나님이 위대하시기에 우리는 위대한 역사를 이룰 수 있습니다. 스데반은 그것을 본 것입니다. 그래서 죽을 수 있었습니다.

　당신은 무엇을 하러 예배에 옵니까? 설교 한 번 듣기 위해 옵니까? 주일날 위로받으려고 옵니까? 믿음을 가지십시오. 위대하신 하나님을 발견하고 당신의 하나님, 축복의 하나님을 만나십시오.

극적인 요셉의 생애

이제 스데반은 요셉 이야기로 들어갑니다.

> 여러 조상이 요셉을 시기하여 애굽에 팔았더니 하나님이 그와 함께 계셔 그 모든 환난에서 건져 내사 애굽 왕 바로 앞에서 은총과 지혜를 주시매 바로가 그를 애굽과 자기 온 집의 통치자로 세웠느니라(행 7:9-10).

　요셉의 생애는 한마디로 극적인 인생입니다. 한국 전쟁 때 북한에서 피난 나온 사람들 가운데 달랑 숟가락 하나 들고 나왔다는 이들이 많습니다. 또 미국에 가면 아주 귀에 못이 박히도록 듣는 얘기가 있습니다. "나는 미국에 올 때 100달러 가지고 왔다. 아니, 50달러 가지고 왔다." 미국에 처음 왔을 때는 그랬는데, 이렇게 살아왔다는 이야기입니다.

　위의 말씀에 보면 요셉이야말로 극적인 인생, 반전의 인생을 살았습니다. 깊은 우물에 빠져 보기도 했고, 억울하게 감옥에 들어가기도 했고, 한 나라의 총리대신도 되었던 극적인 생애를 살았습니다. 또 나쁜 여자를 만나 감옥에 갇히는 곤욕을 치른 것도 모자라, 감옥에서도 배신을 경험합니다. 그렇지만 피를 나눈 형제에게 배신을 당하는 일이야말로 참 어려웠을 것입니다. 요셉은 그런 배신을 겪었습니다. 그러나 요셉은 어떤 상황에서든지 신실함을 잃지 않았습니다. 그는 어떤 위기에도 거짓말하지 않았습니다. 비록 모함을 받고 감옥에 들어가는 한이 있어도 그는 잔꾀를 부리지 않았습니다. 그것이 요셉의 인생입니다. 그 결과 그는 애굽의 총리대신까지 되었습니다. 이것이 기막힌 인생, 고난과 역경 속에서 삶이 곤두박질하는 한 인생에게 역사하시는 하나님의 섭리입니다.

혹시 고난 중에 있습니까? 드라마 속의 주인공처럼 힘겨운 인생을 살고 있습니까? 걱정하지 마십시오. 그런 사람일수록 하나님의 역사와 섭리가 강할 수 있습니다. 운동 경기에서 꼴찌인 사람이 목표를 바꾸면 일등이 될 수 있습니다. 목표를 세상이 아니라 천국에 두면 꼴찌가 일등이 될 수 있는 것입니다. 반대로 세상의 선두주자가 천국에서는 꼴찌일 수도 있습니다.

그때에 애굽과 가나안 온 땅에 흉년이 들어 큰 환난이 있을새 우리 조상들이 양식이 없는지라 야곱이 애굽에 곡식 있다는 말을 듣고 먼저 우리 조상들을 보내고 또 재차 보내매 요셉이 자기 형제들에게 알려지게 되고 또 요셉의 친족이 바로에게 드러나게 되니라 요셉이 사람을 보내어 그의 아버지 야곱과 온 친족 일흔다섯 사람을 청하였더니 야곱이 애굽으로 내려가 자기와 우리 조상들이 거기서 죽고 세겜으로 옮겨져 아브라함이 세겜 하몰의 자손에게서 은으로 값 주고 산 무덤에 장사되니라(행 7:11-16).

요셉의 생애에서 두 번째로 발견하는 것은, 요셉을 총리대신으로 만드신 데에 하나님의 목적이 있는 게 아니라는 점입니다. 하나님의 목적은, 요셉이 총리대신이 됨으로써 하나님의 섭리를 깨닫게 하는 데 있었습니다. 하나님이 당신을 부자로 만드신 것은 그 자체에 목적이 있는 게 아닙니다. 당신을 세상적으로 성공하게 하신 것이나 높은 자리에 앉게 하신 것은 '하나는 우편에, 하나는 좌편에 앉게 하기 위해서'가 아니라는 것입니다. 총리대신 자리는 그가 형들과 아버지를 다시 만나게 하는 데 사용된 도구에 불과했습니다.

하나님의 섭리란 예측할 수 없습니다. 알 수 없는 하나의 신비입니다. '왜 나를 그런 고난 속에 집어넣으셨을까? 그 고난 속에서 왜 하나님이 나를 영화롭게 하시는 것일까?' 자기는 한 것이 없는데 항상 잘되는 사람이 있습니다. 항상 잘되는 사람은 조심해야 합니다. 그냥 된 게 아닙니다. 하나님에게 어떤 목적이 있어서, 땀 흘리며 고생하지도 않았는데 그렇게 되게 하신 것입니다.

애굽 땅에 찾아온 흉년은 자연적인 현상이 아니었습니다. 하나님의 섭리였습니다. 아버지를 만나게 하기 위해 총리대신을 만들고, 흉년도 만드신 것입니다. 그러나 그것은 예수님을 믿지 않는 시각에서 보면 아주 불공평한 것입니다. 하지만 신앙의 눈으로 보면 그렇게 세심하고 완벽한 사랑의 표현이 없습니다. 결국 흉년 때문에 양식이 떨어져 형들은 애굽을 찾게 되었고, 그곳에서 총리대신이 된 동생을 만나게 된 것입니다.

우리가 이 보배를 질그릇에 가졌으니 이는 심히 큰 능력은 하나님께 있고 우리에게 있지 아니함을 알게 하려 함이라 우리가 사방으로 욱여쌈을 당하여도 싸이지 아니하며 답답한 일을 당하여도 낙심하지 아니하며 박해를 받아도 버린바 되지 아니하며 거꾸러뜨림을 당하여도 망하지 아니하고(고후 4:7-9).

믿음의 사람들은 이 말씀이 무슨 뜻인지 압니다. 믿음의 조상들은 어떤 신앙의 위기에서도 좌절하거나, 낙심하거나, 버린바 되지 않았고, 망하지 않았습니다.

우리는 결코 망하지 않습니다. 죽어도 안 망합니다. 우리는 위기 속에 끝을 맺지 않습니다. 위기에서 반드시 탈출할 것입니다. 어떤 일이 있어도 결코 낙심하지 않게 될 것입니다. 당신이 쌓은 인생의 모든 바벨탑들이 다 무너질지라도 걱정하지 마십시오. 하나님은 성령의 탑을 세워 주십니다.

요셉의 생애를 통해 세 번째로 발견하게 되는 것은, 결국 인생은 죽지만 죽음으로 끝나지 않는다는 사실입니다. 야곱의 경우를 생각해 보십시오. 그는 생애를 세겜에서 마칩니다.

> 야곱이 애굽으로 내려가 자기와 우리 조상들이 거기서 죽고 세겜으로 옮겨져 아브라함이 세겜 하몰의 자손에게서 은으로 값 주고 산 무덤에 장사되니라(행 7:15-16).

인생은 한 줌의 흙입니다. 믿음이 있으나 없으나 흙인 사실은 변함이 없습니다. 고난과 역경으로 점철된 파란만장한 삶을 살았다 하더라도 결국 한 줌의 흙으로 돌아갑니다. 아무리 화려하고 성공적인 삶을 살았어도 결국 한 줌의 흙으로 돌아가는 것이 인생입니다. 욥은 이러한 인생을 이렇게 말했습니다. "내가 모태에서 알몸으로 나왔사온즉 또한 알몸이 그리로 돌아가올지라 주신 이도 여호와시요 거두신 이도 여호와시오니 여호와의 이름이 찬송을 받으실지니이다"(욥 1:21).

그런데 인생이 정말 한 줌의 흙에 불과하다면, 왜 예수를 믿는 것입니까? 왜 선하게, 진실하게, 고난을 겪으면서 그렇게 살아야 하는 것입니까? 과연 전도자가 말한 것처럼 인생은 '헛되고 헛되며 헛되고 헛된 것'(전 1:2 참조)입니까? 그렇지 않습니다. 아브라함의 생애는 아브라함 자신이 아니라 아브라함의 후손에 있는 것입니다. 약속의 자녀들 때문에 존재했던 것입니다. 바로 그 후손에게서 인류의 메시아, 구세주가 나오기 때문입니다.

우리의 생애도 이런 의미를 갖습니다. 자신만 생각하지 마십시오. 아브라함과 이삭과 야곱과 요셉의 생애가 그러했듯이, 비록 외국에서 나그네로 살면서 마지막 한 줌의 흙으로 돌아가는 것이 우리의 인생이지만, 그것이 그 인생의 전부는 아닙니다. 여기 하나님의 구원의 섭리가 있습니다.

우리 삶의 의미가 여기에 있습니다. 우리도 언젠가는 한 줌의 흙으로 돌아갈 것입니다. 그리고 우리의 자손들이 우리를 위해 추도 예배를 드릴 것입니다. 하지만 추도 예배를 드리는 것으로 우리의 인생이 끝나지 않습니다. 우리 믿음의 삶, 순종의 삶 그리고 하나님을 바라보았던 아브라함과 같은 나그네의 삶이 새 하늘과 새 땅의 영원한 축복으로 변할 것이며, 그 축복이 우리의 자손과 이 민족의 후대에 남겨지게 될 것입니다.

26

스데반의 설교 3:
모세를 통해 구원하시다

사도행전 7:17-41

모세를 택하신 하나님

앞 장에서 우리는 스데반의 설교를 다루었습니다. 하나님이 어떻게 아브라함과 이삭과 야곱과 요셉을 택해서 믿음의 조상으로 삼고 인도하고 축복하셨는지 이야기했습니다.

스데반은 계속해서 모세라는 한 사람을 이야기합니다. 그는 이스라엘 백성을 구원하기 위해 택함 받은 이스라엘의 지도자였습니다.

> 하나님이 아브라함에게 약속하신 때가 가까우매 이스라엘 백성이
> 애굽에서 번성하여 많아졌더니(행 7:17).

여기서 모세를 인도하신 하나님은 아브라함을 인도했던 바로 그 하나님이십니다. 아브라함을 인도했던 하나님은 어떤 하나님이십니까? 약속의 하나님이십니다. 하나님은 그냥 일하지 않으십니다. 반드시 약속하고 일하십니다. 하나님은 예언하고 성취하십니다. 하나님이 아브라함에게 갈대아 우르 땅을 떠나라고 명령하실 때 이런 약속을 하셨습니다.

내가 너로 큰 민족을 이루고 네게 복을 주어 네 이름을 창대하게 하리니 너는 복이 될지라(창 12:2).

첫 번째 약속은, '내가 너로 큰 민족을 이루어 주겠다'는 것입니다. 두 번째 약속은, '내가 네게 복을 주어 네 이름을 창대하게 하겠다'는 것이고, 그 후 아브라함의 이름은 약속대로 온 지면에 창대하게 되었습니다. 세 번째는, '너를 복이 되게 하겠다'는 약속입니다. 아브라함의 후손에서 예수 그리스도가 태어난 것입니다. 예수 그리스도로 말미암아 온 인류가 구원받은 것은 결국 이 가정을 통해서였던 것입니다. 하나님이 아브라함에게 하신 이 약속들은 신실하게 그대로 이루어졌습니다.

성경이란 어떤 책입니까? 약속의 책입니다. 그래서 우리는 구약을 Old Testament, 다른 말로 Promise라고 합니다. 하나님은 인간에게 약속하셨습니다. 그 약속을 기록한 것이 구약입니다. 또 신약을 New Testament라고 합니다. 하나님이 약속하신 모든 구약의 내용이 신약에서 성취되었습니다. 그래서 구약과 신약을 '약속과 성취'라는 말로 표현합니다. 구약의 약속과 신약의 성취, 이 구조가 신구약을 꿰뚫는 구조입니다. 우리는 이 구조를 통해 예수님이 말씀하신 모든 예언들과 요한계시록에 있는 모든 예언들이 마지막 날에 그대로 성취될 것임을 확신하는 것입니다.

주님은 다시 오실 것입니다. 심판주로 이 땅에 다시 오실 것입니다. 마지막 역사의 심판이 있을 것입니다. 하나님이 약속하신 것은 땅에 떨어지지 않고 반드시, 일점일획도 틀림없이 성취될 것입니다.

이스라엘 역사는 무슨 의미가 있습니까? 하나님의 역사를 이루기 위한 역사라는 것입니다. 이스라엘 백성은 또 무슨 의미가 있습니까? 하나님의 역사를 이루기 위해 선택된 백성이라는 것입니다. 그렇다면 우리는 무슨 의미가 있습니까? 우리에게 있는 진정한 의미는, 하나님의 역사를 이루기 위해 선택받은 도구라는 것입니다. 그럴 때만이 우리에게 진정한 삶의 의미가 있는 것입니다.

약속을 이루기 위해 준비된 환경

성경은 약속의 때가 가까워지자, 애굽에 있는 이스라엘 백성이 번성하기 시작했다고 말씀합니다. 이스라엘 여자들이 눈에 띄게 아이를 잘 낳기 시작했습니다. 이스라엘 백성이 아기를 낳으면 그 아기는 죽지 않고, 아무리 악한 조건 속에서도 병들지 않고 생존했던 것입니다.

요셉을 알지 못하는 새 임금이 애굽 왕위에 오르매 그가 우리 족속에게 교활한 방법을 써서 조상들을 괴롭게 하여 그 어린아이들을 내버려 살지 못하게 하려 할새(행 7:18-19).

애굽의 왕은 이스라엘 백성이 잡초처럼 무성하게 번성하는 것을 보고 두려워했습니다. 그래서 이스라엘 백성 중에서 태어난 남자아이들을 모두 죽이기로 결정했습니다. 산파가 아이를 받을 때 남자아이면 그 자리에서 다 죽여 버렸습니다. 만약 죽지 않고 어떻게 살아났다 하더라도 국법으로 아이를 죽이도록 했습니다. 얼마나 번성하면 이런 일이 있었겠습니까?

요셉을 알지 못하는 새 임금이 왕위에 오르게 되었습니다. 이것은 무엇을 의미합니까? 바로 하나님의 약속을 이루기 위한 주변 환경이라는 것입니다. 그것은 우연한 일일 수도 있고, 역사의 한 과정이라고 말할 수도 있습니다. 하지만 그것은 분명한 하나님의 계획이었습니다. 바로가 악한 꾀를 내어 이스라엘 백성의 조상들을 괴롭힌 것도 하나님의 약속이 이루어지기 위해 준비된 환경인 것이고, 남자아이를 국법으로 죽이도록 한 것도 약속을 성취하기 위한 하나의 주변 환경인 것입니다. 역사에는 우연이 없습니다. 하나님의 편에서 보면 모든 것이 필연이고 섭리입니다.

죽음의 환경에서 태어난 모세

그때에 모세가 났는데 하나님 보시기에 아름다운지라 그의 아버지의 집에서 석 달 동안 길리더니 버려진 후에 바로의 딸이 그를 데려

다가 자기 아들로 기르매 모세가 애굽 사람의 모든 지혜를 배워 그
의 말과 하는 일들이 능하더라(행 7:20-22).

여기 하나님의 약속을 성취하기 위해 모세라는 한 사람이 태어
납니다. 그는 레위인 부모 슬하에서 태어났습니다. 스데반은 모세
의 생애를 3기로 요약해 줍니다. 그의 생애의 첫 시기는 40세까지
였습니다. 모세의 첫 번째 생애는 자아를 깨닫는 기간이었습니다.
절망적인 환경에서 태어나서 영광의 자리에 앉기까지가 모세 생
애의 제1기에 해당됩니다.

모세는 죽음의 환경에서 태어났습니다. 애굽 왕이 이스라엘 백
성을 약화시키기 위해 태어나는 남자아이들은 모두 죽이도록 국
법으로 정한 것입니다. 모세는 죽음을 피할 수 없는 그런 절망적인
환경에서 태어났습니다. 그런데 모세는 죽지 않았습니다.

우리는 여기서 재미있는 사실을 발견합니다. 하나님의 약속과
섭리가 있으면 죽을 수밖에 없는 최악의 상황에서도 죽지 않는다
는 것입니다. 모세가 태어난 환경은 죽음의 환경이었습니다. 탄생
자체가 곧 죽음을 의미했습니다. 그러나 부모는 그를 죽일 수 없었
습니다. 3개월 동안 그를 숨겨서 키우던 그의 부모는 그를 역청과
나무진을 칠한 갈대 상자에 담아 나일 강에 띄워 죽음의 여행을 시
켰습니다. 모세는 이제 더 이상 어떻게 할 수 없는 상황에서 갈대
상자에 담겨 정처 없이 떠내려가야 했습니다.

그런데 하필 그 시간에 바로의 딸이 나일 강에서 목욕을 하고 있었습니다. 공주가 그 갈대 상자를 가져오게 해서 들여다보니, 그 안에는 천진난만한 어린아이가 들어 있었습니다. 공주는 이 아이를 자신의 양아들로 삼았습니다. 죽음의 여행을 한, 석 달밖에 안 된 모세는 하루아침에 공주의 아들로 변신했습니다. 왕자의 신분이라는 주변 환경을 갖게 된 것입니다. 그래서 그는 당대 최고인 애굽의 학문을 모두 배울 수 있었습니다. 그는 왕자의 특권을 갖게 되었고, 말과 행사에 있어서 완벽한 신사가 된 것입니다.

민족과 역사에 눈을 뜬 모세

그의 나이가 어느덧 40이 되었습니다.

나이가 사십이 되매 그 형제 이스라엘 자손을 돌볼 생각이 나더니 한 사람이 원통한 일 당함을 보고 보호하여 압제받는 자를 위하여 원수를 갚아 애굽 사람을 쳐 죽이니라 그는 그의 형제들이 하나님께서 자기의 손을 통하여 구원해 주시는 것을 깨달으리라고 생각하였으나 그들이 깨닫지 못하였더라 이튿날 이스라엘 사람끼리 싸울 때에 모세가 와서 화해시키려 하여 이르되 너희는 형제인데 어찌 서로 해치느냐 하니 그 동무를 해치는 사람이 모세를 밀어뜨려 이르되 누가 너를 관리와 재판장으로 우리 위에 세웠느냐 네가 어제는 애굽 사람을 죽임과 같이 또 나를 죽이려느냐 하니 모세가 이 말 때문에 도주하여 미디안 땅에서 나그네 되어 거기서 아들 둘을 낳으니라(행 7:23-29).

이제 모세의 제2기 인생이 시작됩니다. 그 나이가 40입니다. 40이 되어서야 그는 자기의 동족을 생각하게 되었습니다. 모세 인생의 제1기가 자아가 눈뜰 시기라면, 제2기의 인생은 민족과 역사에 눈뜨는 시기였습니다. 쉽게 말하면, 모세가 이제 철이 좀 든 것입니다.

이 세상에는 아직도 철들지 않은 어른들이 참 많습니다. 나이 40이 넘어도 민족과 역사를 생각하지 못하고, 자기 삶의 주변에서 헤어나지 못하는 사람이 많습니다. 나라와 역사와 민족은 그만두고라도, 자기 가족 하나 잘 돌보지 못하는 철없는 어른들이 많습니다. 반면에 어떤 사람은 나이와 상관없이 철이 일찍 들기도 합니다.

모세는 나이 40이 되어서야 민족에 대해 눈을 떴습니다. 자신은 왕족으로 있지만, 자기 민족이 억울하게 종살이하고 불공정하게 재판받는 모습을 보게 되니 가슴이 아팠습니다.

어느 날, 애굽 사람이 이스라엘 백성을 핍박하는 광경을 보고 화가 난 모세는 그 일에 개입을 했습니다. 그리고 이스라엘 사람 편을 들다가 애굽 사람을 쳐 죽이고 말았습니다. 여기에 바로 철든 사람의 한계와 좌절이 있습니다. 즉, 선한 애국심으로는 살인을 해도 된다는 논리입니다. 그러나 문제는 이스라엘 사람들끼리 서로 싸움을 벌이자 그가 당황한 것입니다. 모세는 그 일에 또 개입을 했습니다. 그런데 이번에는 정반대의 반응이 나왔습니다. 서로 싸우던 이스라엘 사람들이 고맙게 생각하기는커녕 오히려 모세를 밀치고는, "네가 우리의 재판장이냐, 애굽 사람을 죽이더니 네가 우리까지 죽이려 하느냐" 하면서 모세를 궁지에 몰아넣었습니다.

모세 편에서 볼 때는 얼마나 섭섭했겠습니까. 이것이 인간의 정의입니다. 이것이 인간이 보인 애국심의 결과입니다. 그는 할 수 없이 미디안 광야로 도망갈 수밖에 없었습니다. 모세의 애국심이나 정의는 다 어디로 가 버린 것입니까? 그는 살인자의 누명을 쓰고 말 못 하는 짐승들과 더불어 광야에서 살아야 했습니다. 그리고 거기서 평범한 한 여자와 결혼을 한 뒤 두 아이의 아버지가 되었습니다. 이것이 모세가 얻은 전부입니다.

일생 중 마흔에서 여든까지는 한창 일할 나이입니다. 머리가 번뜩이는 나이입니다. 정열이 있고, 건강이 있고, 아이디어가 있고, 무언가 해볼 수 있는 나이입니다. 그런데 그러한 나이에 하나님은 모세의 기를 완전히 꺾어 놓으신 것입니다.

우리에게 능력이 있을 때, 우리가 무언가를 할 수 있다고 자부심을 가질 때, 혹은 돈이 있을 때, 하나님은 역사하시지 않습니다. 하나님은 우리가 무능할 때 역사하십니다. 그것이 하나님의 방법입니다. 하나님이 능력이 없어서 우리의 돈과 지능과 지위를 탐내시

는 것이 절대 아니라는 것입니다. 하나님은 모세가 완전히 고꾸라
질 때까지 그를 쓰지 않으셨습니다.

나이 여든에 하나님에 눈뜨다

사십 년이 차매 천사가 시내 산 광야 가시나무 떨기 불꽃 가운데서
그에게 보이거늘 모세가 그 광경을 보고 놀랍게 여겨 알아보려고
가까이 가니 주의 소리가 있어 나는 네 조상의 하나님 즉 아브라함
과 이삭과 야곱의 하나님이라 하신대 모세가 무서워 감히 바라보지
못하더라(행 7:30-32).

'사십 년이 차매', 즉 80세에 시작된 모세의 인생 제3기는 하나
님에 대해 눈뜨는 시기였습니다. 인간의 절망과 좌절은 모든 것의
끝이 아니라 하나님을 만나는 시작입니다. 시내 산에서 모세는 하
나님을 만납니다. 시내 산은 무엇입니까? 모세의 현주소입니다.
절망에 빠져 낮아질 대로 낮아지고 약해질 대로 약해져서, 자기는
아무것도 아니라고 느낀 장소가 시내 산이었습니다. 그 시내 산에
서 그는 지난 40년 동안 똑같은 생활을 반복하며 청춘을 송두리째
빼앗겨 버렸던 것입니다.
그런데 하나님은 그 사람을 붙들고 이야기하십니다. 인생의 가

장 밑바닥에서 그는 하나님을 만났습니다. 가장 낮은 자리에서 하나님을 만났습니다. 이분이 하나님이십니다.

우리는 하나님을 만나기에는 너무나 교만합니다. 너무 편한 자리에 있습니다. 모든 것이 완벽한 것 같습니다. 그러나 그런 곳에서는 하나님이 느껴지지 않습니다. 인생의 모든 껍질을 다 벗을 때, 거품이 사라질 때, 자유와 건강과 젊음이 그리고 돈이 사라질 때, 그래서 진정한 자기 모습으로 돌아올 때, 하나님은 바로 거기 계십니다. 그리고 그 하나님이 당신의 하나님이 되십니다.

하나님은 불꽃 가운데서 나타나셨습니다. 불이 붙었으나 타지 않는 떨기나무 불꽃 속에 하나님이 임재하셨습니다. 그리고 하나님의 음성이 들렸습니다. "나는 네 조상의 하나님 즉 아브라함과 이삭과 야곱의 하나님이라." 이 말을 듣는 순간 모세는 두려움과 무서움으로 떨었습니다. 하나님을 알아보지 못할 만큼 두려움에 떨고 있었습니다. 이분이 하나님이십니다.

모세는 이스라엘 백성, 특히 레위인으로 태어났습니다. 그런데 하나님을 몰랐을까요? 율법을 읽지 않았을까요? 다 했습니다. 그러나 그가 정말 하나님을 만난 것은 그의 나이 80세 때였습니다. 모세는 드디어 진짜 하나님을 인식하기 시작했습니다. 하나님의 음성을 들었습니다. 그의 인생에 하나님이 개입하시기 시작했습니다. 이것이 모세에게 있어 인생의 제3기였습니다.

하나님은 모세 인생의 어느 한 부분을 점령하신 것이 아닙니다.

그의 인생 전체를 점령하셨습니다. 지금까지 모세는 자기 인생과 민족과 역사를 생각했던 땅의 사람이었지만, 하나님을 만난 순간 부터 그는 하나님의 사람으로 변했습니다.

하나님을 만난 사람들이 겪는 두 가지 과정

> 주께서 이르시되 네 발의 신을 벗으라 네가 서 있는 곳은 거룩한 땅이니라 내 백성이 애굽에서 괴로움 받음을 내가 확실히 보고 그 탄식하는 소리를 듣고 그들을 구원하려고 내려왔노니 이제 내가 너를 애굽으로 보내리라 하시니라(행 7:33-34).

하나님을 만난 사람들은 두 가지 과정을 겪습니다. 첫째는, 신을 벗는 과정입니다. 하나님의 첫 번째 음성은 "네 발의 신을 벗으라"였습니다. '과거를 단절하라', '네게 있는 옛 사람을 벗어 버리라'는 것입니다.

우리가 하나님을 향해 뛰어가기 위해서는 과거와 단절해야 합니다. 배가 출발하려면 밧줄을 풀어야 하는 것과 같습니다. 밧줄을 묶어 놓고는 아무리 엔진을 돌려도 배는 나가지 않습니다. 왜 나의 믿음에 진보가 없습니까? 왜 나의 믿음에 기적이 없습니까? 왜 나의 믿음에 문제가 있습니까? 밧줄로 묶여 있기 때문입니다. 어느 부분은 하나님을 받아들였고, 어느 부분은 하나님을 받아들이지 않았기 때문입니다. 그래서 내 믿음은 언제나 다람쥐 쳇바퀴 돌듯 제자리만 빙빙 도는 것입니다. 세월이 지나갔지만 변화가 없습니다. 그래서 하나님을, 나를 변화시킬 수 없는 무능한 분으로 만들어 버립니다.

둘째는, 명령을 받는 과정입니다. 하나님은 모세에게 "내 백성이 애굽에서 괴로움 받음을 내가 확실히 보고 그 탄식하는 소리를 듣고 그들을 구원하려고 내려왔노니 이제 내가 너를 애굽으로 보내리라"고 말씀하셨습니다. 이것을 신학적 용어로 표현하자면, 선교 명령입니다. "모세 너를 이 땅에 둔 이유가 바로 여기 있다. 너는 가서 모든 이스라엘 백성을 애굽 땅에서 해방시켜라."

살인자로서 숨어 살아야 했던 모세를 하나님은 당신의 사람으로 훈련시키셔서, 이스라엘 백성을 애굽의 압제에서 해방시키는 지도자로 세워 주셨습니다. 이것이 스데반의 설교의 주된 요점입니다.

모세의 세 가지 역할
모세는 누구입니까?

이 사람이 백성을 인도하여 나오게 하고 애굽과 홍해와 광야에서 사십 년간 기사와 표적을 행하였느니라(행 7:36).

하나님은 모세를 택하시어 이스라엘 백성이 애굽에서 나오도록 하시고, 홍해를 가르게 하셨으며, 또 광야 40년 동안 이스라엘 백성을 훈련시키는 훈련자로 사용하셨습니다.

또 하나님은 그를 선지자로 세우셨습니다.

이스라엘 자손에 대하여 하나님이 너희 형제 가운데서 나와 같은 선지자를 세우리라 하던 자가 곧 이 모세라(행 7:37).

그리고 하나님은 모세를 이스라엘 백성의 목회자로 세우셨습니다.

시내 산에서 말하던 그 천사와 우리 조상들과 함께 광야 교회에 있었고 또 살아 있는 말씀을 받아 우리에게 주던 자가 이 사람이라(행 7:38).

스데반은 40년 동안 천막을 치고 이리저리 방황하던 광야 생활에 대해 '광야 교회'라는 말을 썼습니다. 하나님은 모세를 광야 교회의 목회자로 세우셨다는 것입니다.

결국 모세는 자신의 생애 동안 이스라엘 백성을 인도해 낸 훈련자로서, 선지자로서, 광야 교회의 목회자로서의 역할을 한 것입니다.

하나님을 대항하는 세력

> 우리 조상들이 모세에게 복종하지 아니하고자 하여 거절하며 그
> 마음이 도리어 애굽으로 향하여 아론더러 이르되 우리를 인도할
> 신들을 우리를 위하여 만들라 애굽 땅에서 우리를 인도하던 이 모
> 세는 어떻게 되었는지 알지 못하노라 하고 그때에 그들이 송아지
> 를 만들어 그 우상 앞에 제사하며 자기 손으로 만든 것을 기뻐하더
> 니(행 7:39-41).

스데반의 설교 목적 중 하나는 모세를 이스라엘의 지도자로, 선
지자로, 훈련자로, 목회자로 세워 주셨던 하나님의 구원을 이야기
하는 것이었습니다. 또 한 가지 목적은, 하나님이 모세를 이스라엘
의 지도자로 세워 주셨음에도 불구하고 이스라엘 백성 가운데 모
세에게 복종하지 않았던 세력이 있었음을 보여 주는 것이었습니
다. 특정한 한 개인이 아닌 집단이었습니다. 그들은 불평하는, 불
만을 가진 세력들이었습니다.

어느 조직에든지 불평하는 세력이 있습니다. 완벽한 조직이나
사람이 있겠습니까? 좋은 점이 있으면 나쁜 점 또한 있게 마련입
니다. 불평불만이 많은 사람들은 좋은 점을 안 봅니다. 언제나 약
점만을 꼬투리 잡습니다. 약점을 끄집어내어 이야기하면 설득력
이 있습니다. 그래서 그것을 가지고 계속 큰 문제가 있는 것처럼

자꾸 말합니다. 하지만 그것은 결국 그 조직을 파괴하는 행동입니다. 물론 의도하지 않았을 수 있습니다. 잘해 보려고 했던 것일 수도 있습니다. 그러나 결과는 그렇게 될 수 있는 것입니다.

사탄은 이스라엘 백성 중에 불평의 세력을 심어 놓았습니다. 어느새 소외된 그룹, 불평하는 그룹들이 모이기 시작했습니다. 그리고 슬슬 모세를 비판하기 시작했습니다. 사실 모세를 비판한 것이 아닙니다. 모세가 당하는 모든 비판은 궁극적으로 하나님에 대한 것이었습니다. 그들이 가하는 비판의 배후에는 하나님에 대한 반항이 있었던 것입니다. 그들은 계속해서 여론을 만들어 갔습니다. 그리고 모세가 산으로 기도하러 간 그 사이에 결정적인 계기를 만들어 민중을 오도했습니다.

이 민중의 단순함을 보십시오. 그들은 홍해를 건넜습니다. 메추라기와 만나를 먹었습니다. 그들은 기적을 목격하고 샘물을 마셨던 장본인들입니다. 그러나 아무리 잘해 주어도 조금만 잘못하면 금세 불평을 가졌습니다. 원망하는 것입니다. "우리가 이렇게 고생할 게 뭐 있느냐? 애굽으로 돌아가자." 이것이 그들을 선동한 첫 번째 메시지였습니다. "젖과 꿀이 흐르는 땅을 고생스럽게 왜 가야 하느냐? 모세가 우리를 이렇게 고통스럽게 만들었다." 이렇게 선동한 것입니다. 백성은 현실적인 고난 앞에서 그들을 선동하는 자들에게 쉽게 동의했습니다. 어떤 결과를 빚을지도 모르는 채, 그렇게 쉽게 동의한 것입니다.

그들을 선동한 두 번째 메시지는, "여기까지 인도해 주신 분은 하나님이 아니다"라는 것이었습니다. 그리고 금을 걷어서 금송아지를 만들고, 흥분하고 좋아하며 그 금송아지에 절을 했습니다. 이게 인간입니다. 대중입니다. 민중입니다. 사람들은 너무나 민중을, 대중을 신성시합니다. 그러나 민중의 깊은 곳에는 우상이 자리 잡고 있습니다. 이기적인 요소들이 있습니다.

스데반에 의하면, 그렇게 불평하던 세력이 모세 시대에만 있었던 것이 아니라, 지금 여기에도 있다는 것입니다. 그들이 누구입니까? 사도들을 비판했던 바리새인들과 서기관들과 대제사장들과 종교 지도자들입니다. 그들은 하나님을 위해서 하나님의 이름으로 비판을 합니다. 그러나 그 비판은 결국 하나님에 대한 비판이었던 것입니다.

그들은 스데반의 설교를 귀 기울여 들으며 자기들이 모세이고 아브라함이라고 생각하며 기분이 좋았을 것입니다. 그런데 결정적인 순간에 스데반이, "바로 너희가 선지자를 죽인 사람들이다"라고 하자, 그들은 얼굴을 일그러뜨리고 이를 갈며 스데반을 돌로 쳐 죽인 것입니다.

그 정체 없는 불평 세력은 지금도 존재합니다. 금송아지를 만들고 애굽으로 돌아가자고 말했던 사람들은 모세 때도 있었고, 스데반 때도 있었으며, 지금도 있을 수 있습니다.

하나님과 함께 성령의 음성을 들으십시오. 부정적인 생각은 아예 지워 버리십시오. 부정적인 생각을 많이 하면 부정적인 체질이 됩니다. 비판을 많이 하면 비판적인 체질이 됩니다. 그것이 굉장히 지적이고 멋진 것 같지만, 최후는 늘 비참합니다. 모든 것을 좋게 생각하십시오. 긍정적으로 생각하십시오. 믿음은 바라는 것들의 실상이요, 보이지 않는 것들의 증거입니다. 이것은 황당무계한 인간의 야망을 꿈꾸자는 게 결코 아닙니다. 하나님이 주시는 위대한 비전을 갖자는 것입니다.

27

스데반의 설교 4:
합당한 예배, 합당한 삶을 드리라

사도행전 7:42-50

은혜를 기억하지 못하는 이스라엘 백성

이스라엘 백성은 선택받았지만 하나님에게 불순종했습니다. 아브라함을 통해 그들은 선택을 받았고, 약속을 받았고, 축복을 받았습니다. 또한 모세를 통해서는 애굽의 압제에서 해방되었고, 특별히 홍해가 갈라지는 기적을 경험했습니다. 그들은 40년 동안 사람이 살 만한 환경이 아닌 광야에서 살았지만, 생업이 불가능한 그곳에서 사는 동안에도 그들의 의복은 해어지지 않았고, 발은 부르트지 않았습니다. 이는 하나님이 얼마나 불가능한 환경 속에서 축복해 주셨는지를 보여 주는 말입니다. 그들은 물이 없었을 때 바위에서 샘물이 터져 나오는 일을 경험했고, 먹을 것이 없었을 때 하나님이 만나와 메추라기를 먹게 해 주셨습니다. 또한 불기둥과 구름 기둥으로 인도해 주셔서 그 험악한 광야 생활을 잘 지낼 수 있었습니다.

광야를 생각할 때 우리는 최악의 상황이라도 하나님이 계시면 천국이 될 수 있고, 불가능한 조건 속에서라도 하나님이 동행하시면 기적이 일어난다는 사실을 깨닫게 됩니다. 광야에서의 생존이란 하나님과 함께하는 동행의 경험입니다. 그러나 이스라엘 백성은 약속과 축복과 기적을 체험했지만, 그 축복 속에서도 기회만 주어지면, 순간적으로 어려움에 부딪히면 원망하고 불평했습니다.

그때에 그들이 송아지를 만들어 그 우상 앞에 제사하며 자기 손으로 만든 것을 기뻐하더니(행 7:41).

인간이란 알 수 없는 존재입니다. 이렇게 축복하고 기적을 베풀고 순간순간 도와주셨지만, 인간들은 그 은혜를 기억하지 않고 작은 불편이나 기대에 어긋나는 일들이 조금만 생겨도 곧바로 하나님을 원망했습니다. 심지어 금송아지까지 만들어 하나님을 가슴 아프게 했습니다.

형식적인 예배를 받지 않으시는 하나님

스데반의 설교 속에서 우리는 다음의 세 가지 사실을 발견하게 됩니다. 그중 첫째로, 하나님은 '40년 광야 생활에서 너희를 보호하고 지켜 주었건만, 너희가 정말 나에게 희생과 제물을 드린 일이 있느냐'고 물으십니다. 이 말의 뜻은, '희생과 재물을 드렸다. 그런데 거짓으로, 형식으로 드렸다'는 것입니다. 그들은 모세의 율법의 규정에 따라 형식상 제물을 드렸고, 예배를 드렸습니다. 그러나 하나님이 받으신 제사는 한 번도 없었다는 것입니다.

하나님이 외면하사 그들을 그 하늘의 군대 섬기는 일에 버려두셨으니 이는 선지자의 책에 기록된바 이스라엘의 집이여 너희가 광야에서 사십 년간 희생과 제물을 내게 드린 일이 있었느냐 몰록의 장막과 신 레판의 별을 받들었음이여 이것은 너희가 절하고자 하여 만든 형상이로다 내가 너희를 바벨론 밖으로 옮기리라 함과 같으니라 (행 7:42-43).

참된 예배는 형식이 아닌 마음에 있습니다. 눈에 보이는 부분에 있지 않고 보이지 않는 부분에 있습니다. 진정한 헌신과 봉사도 형식에 있지 않습니다. 사람은 얼마든지 형식에 만족할 수 있습니다. 사람 보기에, 나 보기에 좋게 만들 수 있습니다. 그러나 문제는, 하나님이 그것을 받으시느냐입니다. 정작 하나님이 그러한 예배를 받으시느냐는 것입니다.

하나님은 그들의 예배를 받지 않으셨습니다. 그들의 예배는 형식과 이해관계에 따른 것이었을 뿐, 마음의 중심으로 하나님을 찾은 것이 아니었기 때문입니다.

결국 이스라엘 백성이 40년 동안 하나님에게 드린 예배는 하나님의 영광을 위한 것이 아니라, 자기 이익을 위한 것이었습니다. 그들은 하나님을 이용했습니다. 만나를 위해 하나님이 필요했고, 자기들의 목을 축일 샘물을 위해 하나님이 필요했습니다. 자기들이 보호를 받아야 했기 때문에 하나님이 필요했던 것입니다.

하나님을 이용하는 사람에게는 감격이 없습니다. 일은 있어도 감격이 없습니다. 하나님을 이용하는 사람에게는 기쁨도 축복도 보람도 없습니다. 그에게는 팽팽히 맞서는 대결만 있을 뿐입니다. 하나 주고 하나 받는 것입니다. 율법적 관계만이 있는 것입니다.

진정한 예배, 곧 헌신은 내가 얼마나 하나님에게 마음을 드렸느냐에 달려 있습니다. 이것을 가늠하는 것은 내가 얼마나 헌신하고, 희생하고, 손해 보았냐는 것입니다. 손해를 한 번도 보지 않은 사람은 진정한 예배를 드린 사람이 아닙니다. 희생을 한 번도 해 보지 않은 사람은 하나님에게 예배를 한 번도 드리지 않은 사람입니다. 시간의 희생, 돈의 희생, 내 모든 것의 희생이 들어가야, 손해가 들어가야 진짜 예배를 드리는 것입니다. 그러한 사람들이야말로 손해를 보면서도 기뻐하고, 오래 참고, 온유하고, 겸손해하면서 하나님에게 예배를 드리는 자들입니다.

이스라엘 백성은 항상 자기들의 안전을 생각했습니다. 자기들의 이익을 생각했습니다. 하나님의 영광은 한 번도 생각해 보지 않고 하나님의 영광을 이용하려고만 했던 것입니다.

참된 예배와 헌신 대신 우상을 만들다

둘째, 그들은 하나님에게 참된 예배와 헌신을 드리는 대신 우상을 만들어 섬겼습니다. '몰록의 장막과 신 레판의 별'이 그들이 절한 숭배의 대상이었습니다.

우상이란 영원한 것이 아닙니다. 그럼에도 사람들은 우상을 만듭니다. 우상은 우리를 구원해 주지 못합니다. 그렇지만 사람들은 우상을 만들어서 하나님 대신에 그것을 섬기려고 합니다. 하나님이 없는 사람, 하나님을 경외하지 않는 사람은 반드시 우상을 만들게 되어 있습니다. 이런 우상은 교회를 다니는 사람에게도 있습니다. 교회를 적당히 다니는 사람은 교회에 왔다 갔다 하면서 자기 우상을 가지고 있습니다. 하나님을 신뢰하지 못하면 우상이 있게 마련입니다.

하나님 대신 무엇이 우상이 됩니까? 자신을 위한 최고의 가치, 최고의 결정이 우상이 됩니다. 무슨 일을 결정할 때 하나님과 의논하지 않습니다. 무슨 일을 할 때 하나님의 영광을 생각하지 않습니다. 제일 먼저 자기 가족과 환경과 직장을 생각합니다.

사람들에게는 하나님 대신에 권력과 돈, 지식, 명예를 의지하는 모습이 있습니다. 겉으로는 찬송가를 부르고 기도도 합니다. 교회도 나옵니다. 그러나 그 마음에는 하나님이 없습니다. 하나님이 없는 사람은 반드시 자기 나름대로 우상을 갖게 되어 있습니다. 스데반은 그 점을 지적한 것입니다.

우상 숭배의 대가는 파멸과 심판

셋째, 우상을 섬긴 결과는 파멸이라는 사실입니다. 스데반은 이 설교에서 특별히 이 부분을 강조하고 있습니다.

몰록의 장막과 신 레판의 별을 받들었음이여 이것은 너희가 절하
고자 하여 만든 형상이로다 내가 너희를 바벨론 밖으로 옮기리라
(행 7:43).

아모스서에도 비슷한 말씀이 있습니다.

내가 너희를 다메섹 밖으로 사로잡혀 가게 하리라 그의 이름이 만
군의 하나님이라 불리는 여호와께서 말씀하셨느니라(암 5:27).

결국 이스라엘 백성은 하나님을 버리고 우상을 섬겼기 때문에
바벨론의 포로로 잡혀간 것입니다. 70년 동안 철저하게 망한 것입
니다. 성경은 하나님이 '버려두셨다'고 말씀합니다.

기억하십시오. 하나님을 섬기지 않으면 사람은 자기 나름대로
우상을 갖게 마련이고, 어떤 형태든지 우상을 갖게 되면 징계가 옵
니다. 심판이 옵니다. 이때 하나님의 심판은 어떤 형태로 이루어집
니까? 포기입니다. 그냥 내버려두시는 것입니다.

가장 무서운 것은 하나님의 은혜의 보호막이 없어지는 것입니
다. 우리가 이 세상을 살아갈 수 있는 이유가 무엇입니까? 하나님
의 은혜의 보호막이 있기 때문입니다. 우리를 위해 기도해 준 누군
가가 있었기 때문입니다. 하지만 우리는 그 은혜 가운데 살고 있다
는 사실을 깨닫지 못합니다. 그러나 그 은혜의 보호막이 흐트러지

면, 우리는 그 즉시 죄악에 빠져 버리게 됩니다.

우리의 본질은 죄인입니다. 하나님이 우리를 은혜로 지켜 주셨기에 이렇게 사는 것입니다. 심판이란, 그 은혜의 보호막이 제거되는 것입니다.

성경에 이와 비슷한 말씀이 있습니다. "그러므로 하나님께서 그들을 마음의 정욕대로 더러움에 내버려두사 그들의 몸을 서로 욕되게 하게 하셨으니"(롬 1:24). 그들이 하나님을 마음에 두기 싫어할 때, 하나님은 그들을 마음의 정욕대로 하도록 내버려두셨다는 것입니다.

생각해 보십시오. 우리가 마음의 생각과 정욕대로만 한다면 어떻게 될까요? 예배드리기 위해 앉아 있을 사람은 아무도 없을 것입니다. 하나님은 우리 마음에 정욕이 일어날 때 그것을 꺾어 주셨습니다. 그런 생각을 하지 못하도록 막아 주셨습니다. 심판이란 무엇입니까? 내 마음의 정욕대로 행동하도록 그냥 내버려두는 것입니다. 그러면 어떤 일이 일어날까요? 비참한 결과가 옵니다. 치명적인 결과가 오는 것입니다.

이어지는 28절에도 비슷한 내용이 나옵니다. "또한 그들이 마음에 하나님 두기를 싫어하매 하나님께서 그들을 그 상실한 마음대로 내버려두사 합당하지 못한 일을 하게 하셨으니"(롬 1:28). 인간이란 본질상 하나님을 마음에 두기 싫어합니다. 우리 안에 성령님이 계시고 하나님의 은혜가 있기에 하나님을 좋아하는 것이지, 인간 자체는 하나님을 싫어합니다. 죄인이기 때문입니다. 합당하지 못한 일을 스스로 하게 내어 놓는 것, 이게 심판입니다.

죄를 지어도 아무 문제가 없고, 악을 도모하고 사기를 쳤는데도 특별한 사건이 일어나지 않는 것은, 겉으로는 평안하지만 심각한 상태라는 것을 알아야 합니다. 그건 결코 좋은 게 아닙니다. 죄를 지으면 벌을 받아야 합니다. 나쁜 짓을 하고 남을 속이면 들통이 나고 대가를 치러야 합니다. 그게 축복입니다. 매를 맞을 때는 사랑이 있습니다. 채찍이 있다는 것은 사랑입니다. 우리가 악을 도모해도 아무 일이 일어나지 않았다면, 그것은 저주일 수 있습니다. 하나님의 보호막이 흐트러졌는지도 모르기 때문입니다. 간섭받고, 들키고, 매 맞는 게 좋은 것입니다.

나쁜 일이 슬쩍 넘어가지 않으면 사람들은 재수 없다고 말합니다. 그리고 넘어간 것은 기도 덕분일 것이라고 생각하며 죄를 짓습니다. 그러나 이렇게 슬쩍 넘어가는 게 무서운 것입니다. 그런 일들이 계속되면 엄청난 비극이 생깁니다.

성막 중심의 신앙

스데반은 이런 이야기를 하면서 좀 더 본질적인 부분으로 들어갑니다.

광야에서 우리 조상들에게 증거의 장막이 있었으니 이것은 모세에게 말씀하신 이가 명하사 그가 본 그 양식대로 만들게 하신 것이라 (행 7:44).

증거의 장막이란, 하나님이 모세를 통해서 이스라엘 백성에게 주신 장소입니다. 이곳은 하나님이 이스라엘 백성을 만날 수 있는 어떤 장소였습니다. 만나는 장소, 예배하는 장소, 교제하는 장소, 우리를 용서해 주시는 특별한 장소로 장막을 주셨습니다. 그 장막 안에는 성소와 지성소가 있었습니다. 하나님을 만나는 법궤가 거기 있었던 것입니다.

증거의 장막, 곧 성막은 이스라엘 백성이 광야에서 하나님과 동행한 증거입니다. 이스라엘 백성은 언제나 이 성막을 중심으로 이동했습니다. 그들의 신앙이란 바로 이 성막 중심의 사랑이었습니다. 신앙뿐 아니라 그들의 삶도 성막 중심이었습니다. 그것은 하나님이 친히 나의 삶에 들어와 간섭하시는 것을 의미합니다.

하나님을 객관적으로 믿는 사람과 하나님과 동행하는 사람 사이에는 하늘과 땅 같은 차이가 있습니다. 믿는 것과 동행하는 것은 다릅니다. 우리는 하나님을 믿으며 예배하고, 찬양하고, 헌금하고, 봉사할 수 있습니다. 그러나 하나님과 동행하는 것은 다른 문제입니다. 동행하는 것은 24시간 함께하는 것을 의미합니다. 신앙이란 하나님을 믿는 게 아니라 하나님과 동행하는 것입니다.

이 증거의 성막은, 하나님이 인간 속에 들어오셔서 우리의 삶을 인도하시고, 우리의 먹고 마시는 것과 재판하는 것까지 간섭하시는 구체적인 하나님의 동행이었던 것입니다.

광야에서 우리 조상들에게 증거의 장막이 있었으니 이것은 모세에게 말씀하신 이가 명하사 그가 본 그 양식대로 만들게 하신 것이라 우리 조상들이 그것을 받아 하나님이 그들 앞에서 쫓아내신 이방인의 땅을 점령할 때에 여호수아와 함께 가지고 들어가서 다윗 때까지 이르니라(행 7:44-45).

이 성막은 하나님이 모세에게 치수와 디자인까지 가르쳐 주셔서 만든 것입니다. 이스라엘 백성이 약속의 땅에 들어갈 때 법궤가 앞서갔습니다. 여리고 성과 가나안 땅을 점령할 때, 요단 강을 건널 때도 이 법궤가 앞서갔습니다. 다윗이 왕국을 세울 때까지 법궤는 항상 앞서갔습니다.

다윗 왕 시절, 왕이 사는 집은 화려했습니다. 그런데 하나님이 거하시는 집은 조그마한 장막에 불과했습니다. 다윗은 이 점이 늘 마음 아팠습니다. 그래서 하나님이 거하시는 집을 멋지게 짓고 싶었습니다. 하지만 다윗은 그 집을 짓지 못하고, 그 아들 솔로몬이 대신 짓게 됩니다.

그러고 보면 성전을 짓는 일은 아무나 하는 게 아닌 것 같습니다. 헌금이나 헌신도 다 받으시는 것 같지는 않습니다. 우리가 하나님에게 헌신하고 섬길 수 있는 특권을 주신 것은 굉장히 큰 축복이라는 생각이 듭니다.

우주 전체가 하나님의 집이다

다윗이 원했던 하나님의 집은 그의 아들 솔로몬이 지었습니다. 솔로몬 성전은 지상에서 가장 아름다운 건물입니다. 왜냐하면 하나님이 거하시는 집이기 때문입니다. 인간의 모든 신앙과 정성과 고백이 내포되어 있는 집을 솔로몬이 지었습니다. 하지만 문제는 그 다음부터 생깁니다. 과연 하나님이 그 집에 계시느냐는 것입니다.

> 그러나 지극히 높으신 이는 손으로 지은 곳에 계시지 아니하시나니 선지자가 말한 바 주께서 이르시되 하늘은 나의 보좌요 땅은 나의 발등상이니 너희가 나를 위하여 무슨 집을 짓겠으며 나의 안식할 처소가 어디냐 이 모든 것이 다 내 손으로 지은 것이 아니냐 함과 같으니라(행 7:48-50).

하나님은 사람의 손으로 지은 곳에 계시지 않다는 것입니다. 이게 무슨 말입니까? 하나님은 이스라엘 백성을 사랑하셔서 그들을 만나기 위해 처소를 만들라고 하셨습니다. 그리고 거기 계시면서 간섭하고 인도하고 동행해 주셨습니다. 그러므로 하나님은 반드시 그 건물 안에 계십니다. 그렇지만 스데반의 설교를 보면, 하나님은 사람의 손으로 지은 곳에는 계시지 않는다는 것입니다.

사람들은 언제나 자기중심으로 생각합니다. 사람의 위기는 하나님을 안 믿는 데 있는 게 하니라, 하나님을 자기 식으로 믿는 데 있습니다. 예수를 잘 믿는 사람일수록 더 문제가 큽니다. 심각합니다. 하나님의 관점에서 하나님을 보지 않고 자기 관점에서 하나님을 보는 것입니다. 성경의 관점으로 하나님을 생각해야 하는데, 내가 생각하는 하나님을 고백하려 합니다. 내 경험, 내 지식, 내 취향, 내 방법, 내가 속해 있는 그 분야에서 하나님을 보려고 합니다. 다른 말로 하면, 인간이 하나님을 소유하려고 하는 것입니다.

인간이 어찌 하나님을 소유할 수 있겠습니까? 세상에서 사람을 많이 부리는 사람은 하나님도 부리려고 합니다. 하나님을 자기 편한 대로 만들려는 것입니다. 그래서 예수를 잘 믿는 사람들은 한편으로 하나님에게 영광을 돌리면서도 하나님에게 욕을 돌리는 사람들입니다. 초기 단계에는 그런 문제가 별로 없습니다. 그런데 믿음이 깊어지면 문제가 생깁니다. 하나님을, 구원을, 축복을 독점하려는 것입니다.

그런 자들이 바리새인과 서기관들이었습니다. 그들은 종교적으로 하나님을 완벽하게 독점했습니다. 평신도들에게도 하나님을 주지 않았습니다. 성직자들이 독점했습니다. 성직자를 통하지 않는 구원은 없도록 만들었습니다. 얼마나 무서운 죄악입니까? 그들은 하나님에게 영광을 돌리는 일부터 시작했습니다. 그러나 하나님에게 욕을 돌리는 것으로 결론을 맺고 말았습니다. 특별히 목사, 선교사, 전문 사역자들에게 이런 일이 많습니다. 하나님을 섬기려다 하나님을 독점하는 것입니다.

우리는 앞의 말씀에서 크게 두 가지 사실을 보았습니다. 첫째, 하나님은 손으로 지은 집 안에 계시면서도 사람의 손으로 지은 곳에 제한받지 않으신다는 것입니다. 이 놀라운 하나님을 찬양하십시오. 둘째, 하나님이 어디 계시냐는 것입니다. 하나님은 "하늘이 나의 보좌요 땅은 나의 발등상이니"라고 말씀하셨습니다. 즉, 우주 전체가 하나님의 집입니다. 하나님은 어느 한곳에 계시는 분이 아니십니다. '도대체 너희가 나를 위해 무슨 집을 짓겠다는 것이냐, 나의 안식처를 어디에 두겠다는 것이냐' 질문하시는 것입니다.

이 모든 것이 다 내 손으로 지은 것이 아니냐(행 7:50).

가장 어리석은 게 인간입니다. 우주가 하나님의 창조물이고, 하나님의 소유입니다. 그럼에도 불구하고 사람들은 그것을 자기 소유로 생각합니다.

의인을 대적하고 율법을 거스른 조상들

목이 곧고 마음과 귀에 할례를 받지 못한 사람들아 너희도 너희 조
상과 같이 항상 성령을 거스르는도다(행 7:51).

설교를 마친 스데반은 그 즉시 청중들에게, "목이 곧고 마음과
귀에 할례를 받지 못한 사람들아"라고 말했습니다. 그러니 그 사
람들이 얼마나 충격을 받고 놀랐겠습니까? '목이 곧고 마음에 할
례를 받지 않은 사람'은 어떤 일을 합니까? 항상 성령을 거스릅니
다. 성령이 역사할 때 성령을 거스르는 것입니다. 성령을 슬프게
하는 것입니다.

목이 곧고 마음과 귀에 할례를 받지 못한 사람들이 또 있었습니
다. 사도행전 3장에서 베드로가, "너희가 생명의 주를 죽였다"고
설교했을 때, 그들은 "가슴을 찢고 통곡하며 우리가 어찌할꼬"라
고 말했습니다. 똑같이 목이 곧고 마음과 귀에 할례를 받지 못했지
만, 어느 한 그룹은 성령이 임할 때 순종했습니다. 가슴을 치며 회
개했습니다.

예수님의 십자가 양 옆에 두 강도가 있었습니다. 똑같이 살인자
요, 강도였지만, 한 강도는 예수님에게 손가락질을 했습니다. 예수
님을 보면서도 그분을 몰랐던 것입니다. 자기의 죄를 지고 십자가
에 달려 돌아가시는 예수님이 바로 옆에 있는데도, 그 강도는 몰라

보고 예수님을 조롱했습니다. 그러나 다른 한 강도는 어떻게 했습니까? 예수님의 얼굴을 바라보면서, "예수여 당신의 나라에 임하실 때에 나를 기억하소서"(눅 23:42) 하고는 구원을 요청했습니다. 성령이 임할 때 그는 눈물을 흘렸습니다. 마음을 곱게 가졌습니다. 반항하지 않았습니다. 비판하지 않았습니다.

성령이 임할 때 순종하십시오. 순종해야 할 때 순종하지 않으면 어려운 일이 옵니다. 사람이 감당할 수 없는 일이 생깁니다. 성령이 임하면 순종하십시오. 거스르지 마십시오. 듣기 싫어도 들으십시오. 하고 싶지 않아도 순종하십시오. 그때 축복이 옵니다. 기적이 임하는 것입니다.

성령을 거스르는 자는 무슨 일을 합니까?

> 너희도 너희 조상과 같이 항상 성령을 거스르는도다 너희 조상들이 선지자들 중의 누구를 박해하지 아니하였느냐 의인이 오시리라 예고한 자들을 그들이 죽였고 이제 너희는 그 의인을 잡아 준 자요 살인한 자가 되나니(행 7:51-52).

좋은 것만 하면 얼마나 좋겠습니까. 그러나 조상들의 나쁜 것들을 계속 유전으로 갖게 된다는 것입니다. 조상들의 문제는 무엇입니까? 한마디로 말하면, 의인을 핍박한 것입니다. 의인이 올 것이라고 예고했는데, 그들은 그를 환영하지 않고 핍박하고 죽였습니다. 그들은 왜 그렇게 했습니까? 신앙을 독점했기 때문입니다. '내가 의인이지 누가 의인이냐'는 것입니다. 하나님의 사람을 대적하면 하나님을 대적하게 됩니다. 하나님의 종을 죽이려는 것은 하나님을 죽이려 하는 것입니다. 그들의 마음에는 '우리는 잘했다'는 자신감이 있었습니다. 그러나 하나님은, '너희는 예언자를 죽였고, 의인을 죽였다'고 보시는 것입니다.

이들은 선지자를 죽인 조상들의 유전을 갖고 있었습니다. 그러나 이 말을 들을 때 기분이 나쁘지만 '가슴을 치며 회개했으면' 아무 일도 없었을 것입니다. 그런데 자존심을 계속 내세웠기 때문에 결국 이를 갈고 돌을 들어 스데반을 죽였던 것입니다.

> 너희는 천사가 전한 율법을 받고도 지키지 아니하였도다 하니라
> (행 7:53).

조상들의 문제가 또 있습니다. 율법을 받았지만 지키지 않았다는 것입니다. 말씀을 받았다면 그대로 지켜야 합니다. 예수님은 말씀을 듣고도 지키지 않는 사람을 가리켜 모래 위에 집을 짓는 어리석은 자라고 말씀하셨습니다. 모든 것이 다 되어 있는 것 같지만, 비가 내리고 창수가 나면 하루아침에 무너지고 맙니다.

하나님을 믿는 것보다 더 중요한 것은 동행하는 것입니다. 하나님과 동행하십시오.

28

스데반의 순교:
주님 품에 잠들다

사도행전 7:54-60

잘못을 지적받은 사람들의 두 가지 반응

스데반은 자기를 모함하고 위증하는 사람들 앞에 서 있었습니다. 공회에서 재판을 받고 있었습니다. 그 사람들은 형식적인 순서에 의해 스데반에게 변론할 시간을 주었습니다. 그런데 스데반은 이 시간을 복음을 전하는 기회로 삼았습니다.

스데반은 구약의 역사를 인용해서 그들에게 아브라함과 모세와 모든 예언자들에 관하여 이야기했습니다. 그리고 설교를 거의 마칠 무렵, 이렇게 결론을 내렸습니다.

> 목이 곧고 마음과 귀에 할례를 받지 못한 사람들아 너희도 너희 조상과 같이 항상 성령을 거스르는도다(행 7:51).

이렇게 구약에 나타난 모든 말씀을 바로 그들에게 적용시킨 것입니다. 그 순간 스데반의 설교를 듣고 있던 사람들은 굉장한 충격을 받았습니다. 성령의 음성을 들었습니다. 그 영혼이 비수로 찔리듯 그렇게 찔림을 받은 것입니다.

> 그들이 이 말을 듣고 마음에 찔려 그를 향하여 이를 갈거늘(행 7:54).

그러나 성령의 그 음성과 찔림은 회개로 이어지기는커녕, 반대로 분노와 미움으로 이어졌습니다. 그것을 우리는 '이를 갈았다'는 표현 속에서 충분히 짐작할 수 있습니다.

사람은 누구든 실수를 합니다. 실수를 하고 싶어 하는 것이 아니라, 하지 않으려 했지만 잘못하는 경우가 참 많습니다. 그런데 이상하게도 잘못을 지적받으면 마음이 편하지 않다는 것입니다. 마틴 로이드 존스는 이런 말을 했습니다. "사람은 자기가 잘못한 것을 스스로 깨달으면 눈물을 흘리고 은혜를 받지만, 남이 지적하면 화를 낸다." 그렇습니다. 이게 바로 인간입니다. 똑같은 잘못인데도 자기가 깨달아야지, 남이 지적하면 화가 난다는 것입니다. 그리고 고치려 하지 않습니다.

잘못을 지적받았을 때 나타나는 두 부류의 사람이 있습니다. 한 부류는, 겸손하고 온유한 사람입니다. 이들은 자기의 허물을 발견했을 때 그것을 겸손하게 인정하고 회개합니다. 반면 다른 한 부류는 교만하고 거짓된 사람으로서, 자기의 허물을 지적받았을 때 그것을 인정하고 회개하기보다 자기의 잘못을 지적한 그 사람을 미워합니다. 그 사람을 원수처럼 생각합니다. 그 사람에게 분노하고 공격합니다. '네가 지적하지 않았으면 넘어갈 일인데, 왜 긁어 부스럼을 만드느냐'는 반응을 보이는 것입니다.

성령 충만한 스데반

분노하는 사람들 앞에서 스데반은 다음과 같은 반응을 보입니다.

> 스데반이 성령 충만하여 하늘을 우러러 주목하여 하나님의 영광과
> 및 예수께서 하나님 우편에 서신 것을 보고 말하되 보라 하늘이 열
> 리고 인자가 하나님 우편에 서신 것을 보노라 한대(행 7:55-56).

스데반이 보인 첫 번째 반응은 성령 충만이었습니다. 모든 그리
스도인에게는 성령이 계십니다. 그러나 모든 그리스도인에게 성
령이 충만한 것은 아닙니다. '성령이 충만하다'는 말은 '성령의 지
배, 혹은 통제를 받고 있다'는 뜻입니다.

스데반은 지금 성령의 통제, 곧 성령의 지배를 받고 있습니다.
성령의 지배를 받고 있는 사람에게는 환경이 중요하지 않습니다.
좋은 환경이든 나쁜 환경이든, 건강하든 병들든, 성공하든 실패하
든 그것은 중요하지 않습니다. 그러나 성령의 지배를 받고 있지 않
은 사람들은 환경이 굉장히 중요합니다. 조금만 상황이 좋으면 기
뻐하고, 조금만 환경이 나빠지면 좌절합니다.

성령 충만이란 무엇입니까? 성령의 능력이 그 사람 안에 있다는
것입니다. 성령의 역사 속에 그가 동참하고 있는 것을 의미합니다.
그렇다면 성령이 충만할 때 어떤 일이 생깁니까? 자기 자신이 없
어집니다.

어떤 사람은 성령 충만 대신 자아가 충만합니다. 자기에게 굉장히 예민합니다. 자기 생각, 자기 방법, 자기 한숨, 자기 좌절, 이런게 굉장히 중요합니다. 그냥 죽으면 되지, 자기 좌절이 뭐가 그렇게 중요합니까? 모든 사람이 다 죽지 못해서 문제가 생깁니다. 성령이 충만한 사람은 세상도 나도 간 곳이 없습니다. 주님만 홀로 남는 것입니다.

스데반은 재판을 받아 사형을 당하는 최악의 상태에서 최선의 삶을 살고 있었습니다. 그것은 바로 성령 충만이었습니다.

하늘의 영광을 보는 스데반

두 번째로, 그는 하늘을 우러러 보았습니다. 이 세상에는 하늘을 보는 사람이 있는가 하면 땅을 보는 사람이 있습니다. 자기를 보는 사람은 자아가 충만하게 될 것입니다. 그는 자기에게 예민하게 될 것입니다. 자기 문제가 모든 문제의 최우선이 될 것입니다. 하지만 그리스도로 충만한 사람, 성령이 충만한 사람들은 자기가 중요하지 않습니다. 자기가 중요하지 않은 사람들은 고집을 피우지 않습니다. 그들은 분명 땅에서 살고 있지만, 땅을 보지 않고 하늘을 봅니다. 무엇을 보느냐가 무엇을 행하느냐를 결정합니다.

이런 기가 막힌 상황 속에서도 스데반은 자신을 의식하지 않았습니다. 지금 벌어지고 있는 재판의 결과를 놓고 고민하지 않았습

니다. 몇 년형을 받을 것인지, 이 사람들이 자신을 어떻게 할 것인
지 따위의 문제에 대한 두려움을 갖지 않았다는 것입니다.

사람에 대한 두려움보다 무서운 두려움은 없습니다. 저는 당신
이 사람을 두려워하지 않고 하나님을 두려워하길 바랍니다. 사람
으로부터 자유한 사람은 모든 것으로부터 자유합니다.

우편에 서신 예수님을 바라보는 스데반

세 번째로, 그는 "하나님의 영광과 및 예수께서 하나님 우편에 서
신 것"을 보았다고 말했습니다. 스데반이 목격한 것은 하나님의
영광입니다.

당신이 목격한 것은 무엇입니까? 하나님의 영광이길 바랍니다.
당신의 생각 속에 하나님이 충만하길 바랍니다. 하나님을 생각하
는 것보다 더 위대한 사상은 없습니다. 하나님보다 더 높은 가치는
없습니다. 그러므로 날마다 하나님을 묵상하는 것이 인생의 가장
큰 행복입니다. 가장 위대한 사상이라는 것입니다. 이데올로기와
는 비교할 수 없습니다. 어떤 철학과도 비교할 수 없습니다. 세상
의 어떤 상대적 가치와도 비교할 수 없습니다. 그는 하나님의 영광
을 보았습니다.

하나님의 영광 보기를 사모하십시오. 목마르게 사모하는 자에
게 물을 주십니다. 사모하지 않는 사람에게는 그런 일이 일어나지

않습니다. 성령 세례 받기를 간절히 사모하십시오. 어느 날 당신에게 성령의 세례가 임하게 될 것입니다. 능력 얻기를 간절히 사모하십시오. 어느 날 당신에게 능력이 임하게 될 것입니다. 전도하기를 열망하십시오. 당신에게 놀라운 전도의 능력들이 나타나게 될 것입니다. 정말 하나님의 위대한 자녀로 살고 싶은 꿈을 가져 보십시오. 그렇게 될 것입니다. 꿈을 가지고 기도하는 사람과 평범하게 사는 사람은 하늘과 땅처럼 차이가 큰 법입니다.

스데반은 하나님의 영광을 보았고, 그 영광과 동시에 인자가 하나님 우편에 서 계신 광경을 보았습니다. 이것을 가리켜 우리는 '거룩의 경험'이라고 합니다. 인간은 거룩의 경험을 못 합니다. 인간이 경험하고 있는 것은 죄악의 경험입니다. 끊임없는 죄의식, 좌절감, 깊은 죄의 뿌리가 인간에게 있습니다. 인간의 경험은 실패의 경험입니다. 인간의 경험은 좌절의 경험입니다. 인간의 경험은 거절 받는 경험입니다. 인간의 경험은 열등감의 경험입니다. 인간의 경험은 비참한 경험입니다. '내가 왜 세상에 태어났을까!' 그래서 사람은 하나님을 묵상하기보다 자살을 많이 묵상합니다. 패배감을 많이 묵상하는 것입니다. 그것이 인간의 본질입니다.

이런 인간이 거룩을 경험할 수 있다는 것은 천지개벽할 일대 사건입니다. 우리 안에 거룩이 들어오는 것입니다. 우리 안에는 거룩이 없습니다. 하나님만 거룩하십니다. 하나님의 영광을 보았다는 것은, 우리가 경험할 수 없는 놀라운 거룩을 경험했다는 것입니다.

그 거룩은 예수 그리스도 안에, 하나님 안에 있는 것입니다.

스데반이 본 것은 하나님의 영광이었습니다. 영광만 본 것이 아니라, 그 영광 깊은 곳에 계신 어린 양 예수 그리스도가 하나님 우편에 서 계시는 모습을 보았습니다. 하나님의 영광의 깊은 곳에는 어린 양 예수가 계십니다. 이것은 마치 반지에 끼어 있는 보석과 같습니다. 하나님 안에 계신 예수 그리스도는 바로 하나님 자신이셨습니다. 영광의 빛이 거기서부터 나옵니다. 예수님은 지상에 계실 때 "나는 세상의 빛"(요 8:12)이라고 말씀하셨습니다. 바로 이 빛이 우리의 구원이 됩니다. 그 빛이 우리 안에 있는 모든 어둠을 몰아내는 것입니다.

예수님은 하나님 우편에 그냥 존재하시는 것이 아니라, 출정식이라도 마치고 막 떠나려는 듯한 동작을 취한 모습을 보이셨습니다. 그것이 '서 계셨다'는 표현으로 등장합니다. 우리의 구주 예수님은 스데반이 순교하려는 바로 그 상황, 모든 사람이 이를 갈고 있는 그 상황에서 그대로 앉아 계실 수 없으셨음을 볼 수 있습니다.

시편 121편의 말씀처럼, 하나님은 주무시거나 졸지 않으십니다. 예수님은 승천하신 이후에 지상의 모든 사역이 끝났으므로 안식하고 계신 것이 아니라, 하나님 우편에서 우리를 위해 중보 기도하고 계십니다. 우리 주님은 한 번도 쉬는 일이 없으십니다. 그분이 예수 그리스도십니다.

그분은 성령을 통해서 우리를 위해 탄식하며 기도하십니다. 이러한 상태에 있던 스데반은 자기가 목격한 것을 있는 그대로 그 자리에서 이야기했습니다. "보라 하늘이 열리고 인자가 하나님 우편에 서신 것을 보노라"(행 7:56). 환상을 본 사람은 침묵하지 못합니다. 그러나 아무것도 보지 못한 사람은 말할 것이 없는 법입니다. 스데반의 이런 발언에 대해 이를 갈며 미워하던 그들은 어떤 반응을 보입니까?

> 그들이 큰 소리를 지르며 귀를 막고 일제히 그에게 달려들어 성 밖으로 내치고 돌로 칠새 증인들이 옷을 벗어 사울이라 하는 청년의 발 앞에 두니라(행 7:57-58).

그들이 큰 소리를 지르며 귀를 막아야 했던 것은 성령이 그들의 양심을 찔렀기 때문에, 하나님의 말씀이 그들의 영혼을 강타했기 때문에 견딜 수 없어서였습니다. 그들은 귀를 막아야만 했습니다. 소리를 질렀습니다. 일제히 스데반에게 달려들었습니다. 성경은 그에게 달려들어 스데반을 성 밖으로 내쳤다고 말씀합니다. 구약의 레위기에 보면, 하나님을 망령되이 일컫는 자는 진 밖에 내보내서 먼저 증인들로 하여금 돌로 치게 합니다. 그리고 많은 사람들이 돌로 쳐서 죽이는 것입니다. 그것이 모세의 율법이었습니다. 그들은 스데반에게 이 율법을 적용한 것입니다.

스데반과 사울의 만남

여기서 우리는 스데반과 사울의 절묘한 만남을 보게 됩니다. 당시 청년 사울은 스데반의 죽음을 아주 당연하게 여겼습니다. 죽어 마땅하다고 생각했습니다. '스데반은 하나님의 이름을 망령되이 일컫는 사악한 예수쟁이'라는 생각이 청년 사울에게 얼마나 강했던지, 그는 스스로 예수쟁이들을 잡으려고 다메섹까지 갔습니다. 그들을 잡아다가 감옥에 집어넣으려는 열심이 그에게 있었습니다.

이러한 사울의 입장에서 보면 그는 분명 스데반의 죽음에 흔쾌히 동의했을 것입니다. 그리고 '저 사람은 죽어 마땅하다'며 박장대소했을 것입니다. 이것이 스데반과 사울의 첫 번째 만남입니다.

우리가 알다시피, 사울은 결국 예수님을 만나고 바울로 바뀝니다. 사울이 바울이 된 첫 시작은 스데반입니다. 스데반은 죽어 마땅한 사람이라고 생각했는데, 그의 죽음을 보면서 사울은 이상하다는 생각을 하게 됐을 것입니다. 신비스럽다는 생각을 하게 되었을 것입니다. 보통 사람의 죽음과는 달랐기 때문입니다. 이런 의미에서 사울의 출발은 스데반입니다.

우리가 억울함을 당한 채 손해를 보고 세상에서 내쫓김을 당한다 할지라도, 어쩌면 그러한 고난과 아픔 또는 죽음이 사도 바울을 잉태하는 동기가 될 수 있습니다. 그러므로 그리스도인에게는 결코 실패가 없습니다. 스데반의 죽음은 무의미한 것이 아니었습니다. 스데반의 죽음은 위대한 바울을 탄생하게 했던 한 계기가 되었습니다.

우리 생애에 볼 수 있는 사역의 열매가 있습니다. 그러나 우리 생애에 나타나지 않는 열매도 있습니다. 아무 뜻도 없이 무의미하게 손해 보고 일생을 끝낼 수도 있습니다. 그러나 하나님 안에 있는 자들의 삶은 결코 무의미하지 않습니다.

죽음을 뛰어넘은 스데반

결국 스데반은 이렇게 죽었습니다. 그는 마지막 죽는 순간에 이해할 수 없는 두 마디 말을 했습니다.

> 그들이 돌로 스데반을 치니 스데반이 부르짖어 이르되 주 예수여 내 영혼을 받으시옵소서 하고 무릎을 꿇고 크게 불러 이르되 주여 이 죄를 그들에게 돌리지 마옵소서 이 말을 하고 자니라(행 7:59-60).

첫 번째는, "주 예수여 내 영혼을 받으시옵소서"입니다. 돌에 맞아 피투성이가 되어 죽어 가는 바로 그 순간에도 그는 하나님을 생각했다는 것입니다. 이것은 아주 위대한 믿음입니다. 고난이 오면 사람들은 하나님을 쉽게 잊어버립니다. 하지만 스데반은 고난이 올 때 하나님을 생각했습니다. 그는 죽음 앞에서 자기의 영혼을 의탁하는, 마치 예수님이 십자가에서 돌아가실 때 "아버지 내 영혼을 아버지 손에 부탁하나이다"(눅 23:46)라고 말씀하셨던 것과 똑같은 말을 남겼습니다. 스데반의 죽음은 결코 나쁜 것이 아닙니다. 그것은 더 놀라운 축복일 수 있습니다.

두 번째는, "주여 이 죄를 그들에게 돌리지 마옵소서"입니다. 스데반은 죽음을 초월하고 있었습니다. 죽음으로부터 자유하고 있었습니다. 그는 자신 안에 있는 미움과 분노로부터 자유하고 있었습니다. "주여 이 죄를 그들에게 돌리지 마옵소서" 하는 이 기도는 예수님이 십자가에서 하셨던 기도입니다. 예수님의 영이 그에게 임한 것입니다. 그는 이미 예수님의 심정까지 도달한 것입니다. 그는 이미 예수님의 경지까지 도달한 것입니다.

기독교 윤리의 최고봉은 원수를 사랑하는 데 있습니다. '원수를 기억하지 말고 잊어버려라', '복수를 포기하라'고 하면 좋겠습니다. 그러면 좀 할 수 있을 것 같습니다. 그런데 '원수를 사랑하라'고 하니 못 하겠습니다. 이것은 인간 안에는 없는 개념입니다. 이것은 하나님 안에만 있는 개념입니다. 스데반은 인간이 가질 수 있는 도덕, 윤리, 선행, 철학의 차원을 넘어서고 있는 것입니다. 그는 원수를 위해 기도하고 있었습니다.

누가는 이 스데반의 죽음을 죽음이라 표현하지 않았습니다. 죽음을 잠자는 것으로 보았습니다. 스데반의 죽음은 더 이상 죽음이 아니었습니다. 그는 죽음을 순교의 차원으로 바꿔 놓았습니다. 그는 죽음을 결코 사탄에게 내맡기지 않고 영광스런 죽음으로 바꿔 놓았습니다. 그는 죽음을 극복하고 있었고, 죽음을 이기고 있었습니다.

죽음은 모든 것의 끝입니다. 그러나 잠자는 것은 다시 부활하는 것을 의미합니다. 다시 깨어나는 것입니다. 스데반은 죽음 이후 곧바로 주님과 함께 영광스럽게 부활했을 것입니다.

29

흩어짐의 축복,
세계 선교의 시작

사도행전 8:1-13

스데반의 죽음과 바울의 탄생

스데반의 죽음은 세 가지 결과를 가져왔습니다. 그중에서 첫째는, 사울이라는 청년을 바울로 바꾸는 계기를 마련해 주었습니다.

> 사울은 그가 죽임 당함을 마땅히 여기더라 그날에 예루살렘에 있는 교회에 큰 박해가 있어 사도 외에는 다 유대와 사마리아 모든 땅으로 흩어지니라(행 8:1).

스데반이 죽을 무렵, 사울은 스데반의 죽음이야말로 당연한 것이라고 생각했습니다. 사울에게 스데반은 하나님을 망령되이 일컫는 사악한 예수쟁이였습니다. 그는 스데반의 죽음에 박수를 쳤습니다. 사울은 여기에서 그치지 않고 교회를 핍박했습니다. 교회를 잔멸했고, 예수 믿는 사람이 모인 곳이면 어디든지 찾아가서 그들을 끌어내어 옥에 가두는 일을 했습니다.

그러나 이 사울은 예수 믿는 사람을 핍박하려고 다메섹으로 가는 도중에 예수님을 만나고, 그분의 음성을 듣습니다. 그리고 그의 인생의 극적인 대전환을 맞이합니다. 예수님을 핍박했던 사울이 예수님을 위한 사도로 부름을 받은 것입니다. 성경에는 기록되어 있지 않지만 순교했다고 전해지는데, 그는 예수님을 위해 살다가 생애를 마쳤습니다.

그토록 예수 믿는 사람을 핍박하고 싫어했던 사울이 예수님을 위한 사도로, 종으로 극적인 대전환을 한 첫 번째 동기는 스데반이었습니다. 사울이 처음으로 만난 예수 믿는 사람이 스데반이었습니다. 그는 스데반의 죽음을 목격하게 되었고, 스데반을 죽이려는 사람들의 옷을 맡게 되었습니다. 사울이 스데반의 죽음에 의해 큰 영향과 도전을 받았음에 틀림없습니다.

특별히 스데반은 죽음 앞에서 초연하며 천사의 얼굴을 했습니다. 아마 사울은 분명히 스데반이 보여 준 마지막 죽음의 모습에 큰 인상을 받았을 것입니다. 또 한 가지는, 스데반이 자기를 죽이려는 많은 사람을 위해 용서의 기도를 했다는 점입니다.

우리는 스데반의 죽음에서 예수님의 모습을 발견하게 됩니다. 이러한 스데반의 죽음이 결국 사울이 바울 되게 하는 결정적인 계기가 되었을 것입니다. 한 사람의 죽음이 또 다른 위대한 전도자를 탄생시키는 역사를 만들어 낸 것입니다.

순교의 결과, 핍박

둘째, 스데반의 죽음은 핍박을 끌고 왔습니다. 스데반의 죽음이 핍박의 기폭제가 된 것입니다. 여기서도 우리는 이상한 사실을 보게 됩니다. 순교의 결과가 더 좋은 쪽으로 나오지 않고 더 나쁜 쪽으로 나왔다는 것입니다.

우리는 가끔 이런 역설을 보게 됩니다. 주님을 위해 수고했는데도 그 결과가 나쁩니다. 주님을 위해 희생했는데도 대가가 없습니다. 이때 우리는 당황하게 됩니다. 정의를 위해, 진리를 위해 살았는데 그 결과가 비참합니다. 스데반이 그렇게 순교했는데, 그것을 계기로 핍박이 더 심하게 밀어닥쳤습니다.

핍박과 고난을 좋아할 사람은 없습니다. 그러나 구약에서부터 신약까지 쭉 훑어보면 하나님의 사람들은 핍박을 통해 성장했고, 하나님 나라도 핍박을 통해 이 땅에 확장되었습니다. 고난이 없이 신앙은 성장하지 않습니다. 핍박이 없이 하나님 나라가 확장되는 법은 없다는 말입니다. 이것은 굉장히 놀라운 역설입니다.

모세 개인의 삶을 보면, 그도 40년의 광야 생활이라는 대가를 치렀습니다. 만약 위대한 지도자 모세가 40년의 삶을 광야에서 보내지 않았다면, 과연 그가 이스라엘 백성의 출애굽을 인도하는 큰일을 감당할 수 있었을까요? 분명히 우리 신앙은 고난이라는 영양소를 필요로 합니다. 고통, 손해, 인간적으로 감당할 수 없는 시련들이 우리의 믿음을 키웁니다. 이스라엘 백성도 예외는 아니었습니다. 그들은 하나님의 백성으로 인쳐지기 위해 민족 전체가 40년 동안 광야에서 방황했습니다.

우리도 마찬가지입니다. 고난이 없이는 신앙이 성장하지 않습니다. 하나님 나라는 핍박을 통해 확장되는 것입니다. 이런 면에서 볼 때, 고난이 깊을수록 축복이 많습니다. 고난과 핍박이 많을수록 은혜가 더할 수 있는 것입니다.

핍박과 흩어짐

스데반의 순교가 핍박을 가져왔는데, 우리는 그 핍박을 통해 또 다른 측면을 보게 됩니다. 핍박은 흩어짐을 초래한다는 것입니다. 이 흩어짐이 스데반의 죽음이 가져온 세 번째 결과입니다. 왜 하나님은 우리를 모으지 않으실까요? 왜 하나님은 사랑하는 당신의 자녀를 곱게 키우지 않고 이렇게 폭풍 속에 던져 넣으실까요?

거기에는 하나님의 놀라운 축복이 깃들어 있습니다. 우리는 보지 못하는 하나님의 섭리가 그 안에 있는 것입니다. 하나님은 우리 민족을 한국 전쟁을 통해 사방으로 흩으셨습니다. 정말 민족 전체가 겪었던 고난이었습니다. 우리 민족만큼 고난을 많이 겪은 민족도 없을 것입니다. 따라서 우리 민족은 예수만 믿으면 축복이 되는 것입니다. 예수를 믿을 때 그 많은 고난이 변해서 축복이 되기 때문입니다.

특별히 고난을 많이 겪고 핍박을 받은 사람은 예수님을 꼭 만나야 합니다. 예수님을 만나지 않으면, 그 고난은 저주로 변할 것입니다. 그러나 예수님을 만나면, 그가 당했던 과거의 모든 고난은 축복으로 변하게 됩니다. "우리를 괴롭게 하신 날수대로와 우리가 화를 당한 연수대로 우리를 기쁘게 하소서"(시 90:15). 우리는 핍박과 고난을 두려워하지 말고, 예수를 만나느냐 못 만나느냐를 더 중요하게 생각해야 합니다.

우리나라에 일어난 많은 혼란과 어려움으로 많은 사람들이 미국을 비롯한 여러 나라로 이민을 갔습니다. 그런데 미국의 이민 역사상 우리 민족만큼 교회를 많이 지은 사람들이 없습니다. 미국에 축복을 준 것입니다. '중국 사람들은 가는 곳마다 중국 식당을 열고, 일본 사람들은 가는 곳마다 비즈니스를 일으키고, 한국 사람들은 가는 곳마다 교회를 짓는다'는 우스갯소리가 있습니다. 한국 사람들은 어디를 가든지 교회를 짓고 새벽 기도를 했습니다. 하나님은 한국 민족을 흩으셔서 전 세계가 복을 받게 만드신 것입니다.

이런 의미에서 예수님이라는 관점을 통해 고난을 보면, 고난은 고난이 아니요, 핍박은 핍박이 아닌 것입니다. 이런 것들은 어쩌면 하나님이 더 놀라운 역사와 섭리를 이루시는 계기가 될지도 모르기 때문입니다.

스데반의 죽음을 통해 핍박이 온 것은 단순한 저주가 아니었습니다. 이 핍박과 고난을 통해서 하나님은 더 힘 있게, 능력 있게 당신의 교회를 확장하고 계셨습니다. 이것은 미래를 향한 하나님의 도전이요, 하나님의 손짓이요, 하나님 나라의 개척이요, 창조라는 것입니다.

흩어짐보다 오히려 더 나쁜 것이 있는데, 그것은 현실에 만족하며 안주하는 것입니다. "이 정도면 됐다. 이곳에 왕국을 짓고, 주님 오실 때까지 편안하게 살자." 이것처럼 나쁜 것이 없습니다. 이렇게 안주하려는 사람을 하나님이 흩으십니다. 편안하게 지내려는 사람을 하나님이 흩으십니다. 더 놀라운 축복과 미래와 세계가 있다는 사실을 하나님은 우리에게 가르쳐 주려고 하시는 것입니다.

흩어짐은 하나님의 놀라운 계획과 축복

핍박이 왔습니다. 순교가 있었기 때문에 핍박이 왔고, 핍박이 왔기 때문에 흩어졌습니다. 이로 인해 예루살렘을 포기하고 떠나야 했습니다. 이것이 네 번째 결과입니다. 하나님의 목표는 예루살렘이 아닙니다. 예루살렘은 시작에 불과합니다. "성령이 너희에게 임하시면 너희가 권능을 받고 예루살렘과 온 유대와 사마리아와 땅 끝까지 이르러 내 증인이 되리라"(행 1:8)고 말씀하셨습니다. 이를 위해 예수님은 "예루살렘을 떠나지 말고 내게서 들은 바 아버지께서 약속하신 것을 기다리라"(행 1:4)고 하신 것입니다.

제자들은 예수님이 승천하신 이후에 다른 곳으로 가지 않고 감람 산에서 예루살렘으로 내려왔습니다. 그리고 예루살렘의 한 다락방에 모여 기도했습니다. 120명이 기도했을 때 성령이 임했습니다. 3천 명이 되었습니다. 5천 명이 되었습니다. 순식간에 수를 셀 수 없을 정도로 많은 사람들이 모여들었습니다. 이것이 바로 예루살렘입니다. 예루살렘에는 기적이 있었습니다. 축복이 있었습니다.

이때 사람들은 무슨 생각을 했을까요? 아마도 '주여, 여기가 좋사오니'라고 생각했을 것입니다. 그러나 여기는 우리의 자리가 아니라는 것입니다. 이것이 바로 사도행전적 메시지입니다. 예루살렘에서 은혜를 받았습니다. 예루살렘에서 시작했습니다. 그러나 예루살렘이 목표가 아니라는 것입니다.

하나님의 목표는 다른 데 있었습니다. "예루살렘만 복 받을 게 아니라 온 유대가 복을 받아야겠다. 너희가 미워하고 민족적 감정 때문에 가기 싫어하는 사마리아 땅에도 가서 복음을 전해야 한다. 아니, 사마리아가 아니라 온 세계, 땅 끝까지 이르러 그리스도의 증인이 되어야겠다." 이것이 하나님의 꿈입니다.

하나님은 지리적인 예루살렘을 꿈꾸시는 것이 아니라 새 하늘과 새 땅, 새 예루살렘에 관심이 있으십니다. 그러나 사람은 자꾸 안주하려 합니다. 모험하려 들지 않습니다. '이제 고생이 끝났는데 또 어디를 가란 말입니까?' 대부분의 사람들은 이렇게 생각하는 것입니다.

왜 흩으셨을까요? 안 가니까 흩으신 것입니다. 이것이 성경의 원리입니다. 하나님은 아브라함을 결코 갈대아 우르에 내버려두지 않으셨다는 것입니다. 그리스도인은 영원한 순례자입니다. 그리스도인은 영원히 나그네의 삶을 사는 것입니다. 어느 한곳에 머물지 말라, 어느 한곳에 집착하지 말라, 그곳에 우상을 만들지 말라는 것입니다. 나 자신이 우상이 될 수 있습니다. 내가 하고 있는 일이 우상이 될 수 있습니다. 그 자체가 하나님보다 더 높아졌을 때, 그것이 내 마음의 우상이 되는 것입니다.

사도행전에서 보면 예루살렘의 역사는 7장으로 끝납니다. 그래서 사도행전은 1장 8절의 순서에 따라 분류를 합니다. '예루살렘과'는 7장에서 끝이 납니다. '유대와 사마리아'는 8장부터 그 역사가 시작됩니다.

상황이 아닌, 나를 변화시키시는 하나님

사울은 그가 죽임 당함을 마땅히 여기더라 그날에 예루살렘에 있는 교회에 큰 박해가 있어 사도 외에는 다 유대와 사마리아 모든 땅으로 흩어지니라(행 8:1).

핍박과 흩어짐, 그것은 최악의 상태였습니다. 그러나 하나님은 언제나 최악의 것에서 최선을 만드십니다. 하나님은 절망에서 소망을 끌어내는 분이십니다. 하나님은 우리의 좌절로부터 축복을 끌어내십니다. 그러므로 당신의 모든 좌절을 축복으로 해석하십시오. 당신의 모든 실패, 모든 고통은 하나님의 영광스런 미래를 향하는 하나님의 시작이라고 해석해도 틀림이 없습니다. 그렇게 해석하는 것이 사도행전적 해석입니다.

경건한 사람들이 스데반을 장사하고 위하여 크게 울더라(행 8:2).

이스라엘 백성 중에는 스데반을 죽인 악한 세력만 있었던 게 아니라, 스데반을 존경하고 또 좋게 생각한 사람들도 있었습니다. 경건한 일단의 사람들이 스데반의 장례를 치러 줍니다. 스데반의 생애는 여기에서 끝이 났습니다. 세상에 왔다가 이렇게 간단하게 끝을 맺는 것은 사람마다 비슷합니다. 그러나 한 사람의 죽음이 어떤 영향력을 미치느냐 하는 것은 사람마다 다릅니다. 어떻게 사느냐가 어떻게 죽느냐를 결정합니다. 어떻게 죽느냐가 그다음 하나님의 뜻을 어떻게 이루느냐를 결정합니다.

상황은 변하지 않았습니다. 핍박은 계속됩니다. 오히려 더 증가되고 있습니다. 예수 믿는 사람들은 운신의 폭이 더 좁아졌고, 할 수 있는 일들이 제한되었습니다.

사울이 교회를 잔멸할새 각 집에 들어가 남녀를 끌어다가 옥에 넘기니라(행 8:3).

상황은 변한 것이 없습니다. 우리는 기도할 때 상황이 변하길 원합니다. 그러나 하나님은 상황을 변화시키는 데는 관심이 없으시고, 우리를 바꾸는 데 관심을 가지고 계십니다. 우리는 내가 변하는 데는 별로 관심이 없고, 내 주위의 고통스런 환경이 변하는 데 관심이 많습니다. 하나님은 사람을 찾고, 사람은 제도를 찾습니다.

무슨 문제가 생길 때 우리는 기도를 합니다. 기도가 응답될 수도 있지만 사정이 더 나빠질 수도 있습니다. 그때 우리는 당황합니다. 사실 응답이 잘될 때도 있지만 응답대로, 기대대로 안 될 때도 있습니다. 그렇게 병이 빨리 안 낫습니다. 바울처럼 우리는 가시를 평생 가지고 삽니다. 미운 사람을 계속 끼고 살아야 합니다. 하나님은 우리의 상황을 변화시키기도 하시지만, 상황을 악화시키실 수도 있습니다.

그러나 하나님이 분명히 하시는 일이 있습니다. 우리를 변화시키신다는 것입니다. 내가 변하면 상황을 이길 수 있습니다. 어떤 악한 상황도 이길 수 있습니다. 그러나 내가 변하지 못하면 어떤 좋은 환경도 나를 이기지 못한다는 것입니다. 상황이 변하는 게 좋겠습니까, 당신이 변하는 게 좋겠습니까? 당신이 변하기를 바랍니다. 우리가 변할 때 폭풍 같은 상황, 절망적인 어떤 상황도 헤쳐 나갈 수 있기 때문입니다.

그 흩어진 사람들이 두루 다니며 복음의 말씀을 전할새 빌립이 사마리아 성에 내려가 그리스도를 백성에게 전파하니(행 8:4-5).

핍박 때문에 흩어진 사람들은 갈 곳이 없어 이곳저곳을 옮겨 다녀야 했습니다. 그들은 이곳저곳을 다니면서 예수 그리스도를 전했습니다. 그들은 환경을 이기고 있었던 것입니다. 어떤 자리, 어떤 위치, 어떤 상황의 안정으로 말미암아 전도하는 게 아니라, 전혀 그런 것이 없어도 전도할 수 있는 것입니다.

초대 교회 성도들은 성령과 믿음을 가지고 있었습니다. 그래서 그들은 어느 곳에 가든지 복음의 말씀을 전할 수 있었는데, 그중에 대표적인 사람이 빌립입니다. 이 빌립은 복음의 열정이 너무나 강해서 유대 땅까지 가는 정도가 아니라, 그들이 가장 가기 싫어하고 만나기 싫어하는 사마리아인들의 땅까지 가서 사마리아 사람들을 만났습니다.

우리는 여기서 이런 정의를 내릴 수 있습니다. 하나님은 믿는 자들로 하여금 복음을 싫어하는 사람, 그런 지역으로 가게 하신다는 것입니다. 그리스도인들은 어떤 의미에서 피난민과 같은 존재입니다. 이스라엘식으로 표현하자면 '디아스포라'입니다. 흩어져 정처 없이 나그네로 살아가는 것입니다. 사람들은 피난민이 되었을 때 은혜를 많이 받습니다. 안정을 찾으면 은혜가 떠납니다. 자기 혼자 힘으로 살 것 같고, 자기 능력으로 모든 것을 해결할 수 있을 것 같기 때문에 하나님을 덜 의지합니다. 그렇지만 하나님을 의지할 때가 제일 행복한 시간입니다. 하나님을 의지할 때가 가장 축복받는 시간입니다.

우리는 언제 하나님을 심각하게 의존합니까? 자기 힘으로 할 수 없다고 느낄 때입니다. 내 힘으로 뭔가 할 수 있다고 느낄 때는 하나님보다 나를 의지합니다. 사람이 언제 하나님에게 정직해집니까? 먹을 게 없을 때 정직해집니다. 잠잘 곳이 없을 때 정직해집니다.

수가 성의 한 여인은 태양이 지는 그 시간에 물을 길러 나왔습니다. 예수님이 그 여자를 만났습니다. 그때 이 여자가 예수님에게 물었습니다. "당신이 어찌 사마리아인인 나에게 물을 달라고 하십니까?" 결국 이 여인을 통해 복음은 사마리아를 뚫고 들어가게 됩니다. 예수를 만난 그녀는 물동이를 버려두고 동네로 뛰어 내려가, 동네 사람들에게 예수님을 전했습니다. 이것이 복음입니다.

복음을 받은 자들에게 일어난 현상

그 흩어진 사람들이 두루 다니며 복음의 말씀을 전할새(행 8:4).

여기서 중요한 단어는 '복음'(good news)입니다. 저는 당신이 복음을 소유하게 되길 바랍니다. 교회 나오는 사람 가운데 복음이 없는 사람이 참 많습니다. 복음은 예수 그리스도, 그분이십니다. 죽어 있는 예수가 아니라 살아 있는 예수 그리스도십니다. 복음을 가지고 있는 사람은 침묵할 수 없습니다. 복음은 능력, 다이너마이트 같은 것입니다. 복음은 가만히 앉아 있지 못하게 합니다. 뛰어가게 합니다. 움직이게 합니다. 복음을 가지고 있는 사람이 어찌 기도하지 않을 수 있겠습니까? 복음을 가지고 있는 사람이 어찌 찬양하지 않을 수 있겠습니까? 이게 복음입니다. 죽은 예수가 아니라 살아 있는 예수입니다. 어떻게 이 핍박 속에서도 그들은 살아날 수 있었겠습니까? 어떻게 선교 속에서도 그들은 천사의 얼굴을 할 수 있었겠습니까? 복음 때문입니다.

그들은 이 복음의 말씀을 전했습니다. 케루소(khrnvssw, 공포하다, 말씀을 퍼뜨리다, 전도·설교하다는 의미의 동사)라는 단어에서 캐리그마 (khvrngma, 케루소에서 파생한 명사. 선포, 메시지, 설교, 전도의 의미)라는 말이 나옵니다. 설교가 무엇입니까? 복음을 선포하는 것입니다. 설교란 좋은 이야기하는 게 아닙니다. 윤리와 교양과 도덕을 선포하는 게 아닙니다. 설교는 예수 그리스도를 선포하는 것입니다. 복음을 타협 없이 분명하게 선포하는 것입니다.

무리가 빌립의 말도 듣고 행하는 표적도 보고 한마음으로 그가 하는 말을 따르더라(행 8:6).

사람들은 빌립이 전하는 말을 들었습니다. 보통 우리가 하는 대화는 성령이 충만해서 하는 말과는 다릅니다. 안수도 마찬가지입니다. 안수라고 해서 다 안수가 아닙니다. 진짜 안수가 있습니다. 빌립은 성령과 지혜가 충만해서 하나님의 말씀을 전했습니다. 빌립은 또 말씀만 전한 것이 아니라 능력도 행했습니다. 무리가 '행하는 표적도 보았다'고 했습니다. 기적이 있었습니다. 얼마나 놀랍습니까? 생명의 복음, 뜨거운 복음, 살아 역사하는 복음이 있었던 것입니다.

사람들이 이렇게 말씀을 듣고 기적들을 보았을 때, 다음과 같은 현상들이 나타나기 시작했습니다.

> 많은 사람에게 붙었던 더러운 귀신들이 크게 소리를 지르며 나가고 또 많은 중풍병자와 못 걷는 사람이 나으니(행 8:7).

복음의 말씀을 들으면 무슨 일이 생깁니까? 복음의 말씀을 들으면 감화 감동하게 됩니다. 물론 좋은 강의를 들어도 감정적으로 일체감을 가질 수 있습니다. 그러나 그것은 명강의가 될 수는 있어도 복음은 아닙니다. 진짜 복음을 들으면 무슨 일이 생깁니까? 간단합니다. 귀신이 나갑니다. 정말 그것이 복음인지의 여부는 여기서 결정됩니다. 하나님의 복음을 들으면 지적인 동의, 합리적인 동의, 감정적인 변화뿐만 아니라, 심령의 변화까지 오는 것입니다.

빌립의 전도를 듣고 많은 사람에게 붙었던 더러운 귀신이 나갔습니다. 예수를 믿지 않는 대다수의 사람에게는 귀신이 있습니다. 귀신 들린 사람은 귀신 이야기하면 제일 싫어합니다. 자기 안에 귀신이 있기 때문입니다. 그러나 마음에 성령이 있는 사람들은 귀신 이야기하면 좋아합니다. 자기 안에 귀신이 없으니 그렇습니다.

그런데 많은 사람에게 '붙었던'이라고 했습니다. 이 말은 '붙었다 떨어졌다' 한다는 말도 됩니다. 'Possessed', 곧 억눌림을 받았다는 말입니다. 귀신은 영적인 것입니다. 보이지 않지만 우리에게도 딱 붙어 있을 수 있습니다. 이게 들어와 있으면 기도가 안 됩니다. 이것이 대표적인 사인입니다. 기도가 자꾸 샙니다. 5분을 기도하지 못합니다. 어둠의 세력이 내 영혼을 덮어 버리는 것입니다. 마치 마비된 현상과 같습니다. 찬송을 불러도 기쁨이 없습니다. 재미가 없습니다. 귀신들이 나를 억압하고 있으면 찬양도 안 됩니다. 설교를 들으면 자꾸 졸게 됩니다. 머리가 아픕니다. 답답하고, 괜히 사람이 밉고, 자기도 모르게 자꾸 화가 납니다. 이게 다 억압이 돼서 그렇습니다.

그러나 복음이 들어오면 어떻게 됩니까? 순식간에 자기도 모르게 이 쇠사슬이 다 끊어져 버립니다. 설교자가 되어 보십시오. 알게 됩니다. 설교를 시작할 때는 사람들의 얼굴이 어둡다가도 끝날 무렵이면 환해집니다. 설교 시간에 복음을 듣고 귀신이 다 나가는 것입니다.

귀신이란 무엇입니까? 귀신의 본질은 '더러운 것'입니다. 인간은 거룩하고 멋있게 앉아 있지만 다 더럽습니다. 더러운 생각들을 많이 합니다. 굉장히 거룩하고 고상한 말만 골라 하지만 잘 안 됩니다. 그것은 인간의 속이 더럽기 때문에, 야심이 있고, 욕심이 있고, 자존심이 있고, 이기주의가 있고, 경쟁심, 시기, 질투가 있기 때문입니다. 인간의 지성, 이성, 인격이 사람을 깨끗하게 하지 못합니다. 공부를 많이 했고 지적이고 격이 있다 할지라도, 더러운 것은 매일반입니다. 언제나 '더러운 영'(unclean spirit)이 우리를 지배하고 있는 것입니다.

복음이 들어오면 이 더러운 귀신이 떠나갑니다. 당신의 여러 가지 지적인 욕구를 만족시켜 주는 것은 설교가 아니요, 복음이 아닙니다. 당신에게서 더러운 귀신을 내쫓고, 예수 그리스도의 온전한 인격과 성령의 역사를 당신의 영혼 속에 넘치게 하는 것이 복음입니다.

말씀을 읽을 때마다 그 말씀이 살아 움직여서 당신의 눈에 보이기를 바랍니다. 성경을 읽을 때 성령이 임하면 말씀이 '튀어나오는' 것입니다. 저는 당신이 그렇게 성경을 읽기를 바랍니다.

복음이 선포될 때의 첫 번째 반응은, 반드시 숨어 있는 악령이 떠난다는 것입니다. 어두운 세력이 떠납니다. 나로 기도하지 못하게 하며, 찬양하지 못하게 하며, 전도하지 못하게 하며, 부정적인 생각을 하게 하며, 쓸데없이 화를 내게 하며, 작은 일도 예민하게 반응하게 하는 그런 어두운 세력들, 기쁨을 들락거리게 만드는 이런 것들이 다 떠난다는 것입니다.

두 번째 반응은, 병 고치는 역사가 있다는 것입니다. 잠시 눈을 감고 예수님의 생애를 가만히 생각해 보십시오. 3년 동안 제일 많이 하신 일이 병을 고치는 일이었습니다. 어찌 이런 일들과 복음을 구분해서 이야기할 수 있겠습니까? 복음이 있으면 악령이 떠나가고 병 고치는 역사가 있다는 사실을 부인해서는 안 됩니다. 예수 믿는 것을 단순히 지적인 사건, 인격적이고 윤리적인 사건만으로 규정하려고 해서는 안 됩니다.

복음으로 변화된 마술사 시몬

그러나 조심할 게 있습니다. 귀신이 나가고 병 고침을 받는 게 복음의 전부는 아니라는 사실입니다. 기적과 능력이 나타날 때 교만해지는 이유가 여기에 있습니다. 예수 그리스도가 바로 복음입니다. 우리는 기적과 능력이 나타날 때 더욱 겸손해져야 합니다. 이것은 하나님이 우리에게 주신 하나의 축복이요, 은혜이기 때문입니다. 다시 말하면, 기적 그 자체가 우상이어서는 안 됩니다.

빌립이 이렇게 전도를 하자, 그 동네에서 마술을 잘하는 시몬이라는 사람이 세례를 받고 예수를 믿게 되었습니다.

그 성에 시몬이라 하는 사람이 전부터 있어 마술을 행하여 사마리아 백성을 놀라게 하며 자칭 큰 자라 하니(행 8:9).

여기서 우리는 하나님의 능력을 빙자한 사탄의 능력, 곧 마술을 행하는 모습을 보게 됩니다. 위의 말씀은 이 마술을 행하는 사람의 전형적인 모습을 보여 줍니다. 대개 귀신들은 한 장소에 뿌리를 내리며, 전통적이고 토착적인 모습을 갖고 있습니다. 사람들을 놀라게 합니다. 마술을 하는 사람은 영계에 접촉한, 초자연적인 능력을 소유한 사람으로 소개가 됩니다. 그들은 사탄의 힘을 빌려서 어떤 특별한 기적과 점과 술수들을 행하기도 합니다. 이것이 그들의 특징입니다. 재미있는 것은, 이 마술에 대한 관심이 낮은 사람으로부터 높은 사람에 이르기까지 모두에게 있었다는 사실입니다.

젊고 유식한 사람 중에 그런 사람들을 많이 봅니다. 예수 믿으면서도 가끔씩 점을 보거나, 결혼할 때 궁합 같은 것을 보는 사람들이 있습니다. 무지하고 무식한 사람만 귀신의 힘을 빌리는 것이 아니라, 아주 유식한 사람들도 마술에 의존하고, 점이나 미신에 의존합니다. 여기서 마술의 능력과 하나님의 능력을 섞는 것을 볼 수 있습니다.

낮은 사람부터 높은 사람까지 다 따르며 이르되 이 사람은 크다 일 컫는 하나님의 능력이라 하더라 오랫동안 그 마술에 놀랐으므로 그 들이 따르더니(행 8:10-11).

그런데 이 마술을 행하던 사람이 빌립을 만났습니다. 하나님 나라와 예수 그리스도의 이름에 관한 도를 그가 들었습니다. 빌립이 전한 도는 무엇입니까? 다른 세상적인 학문 이야기가 아닙니다. 하나님 나라와 예수 그리스도의 도를 전한 것입니다. 이게 복음입니다. 이 마술을 행하던 사람은 빌립의 말을 듣고 무엇이 진리인지를 알게 되었습니다. 결국 그는 세례를 받고 빌립을 따라다니기 시작했습니다.

시몬도 믿고 세례를 받은 후에 전심으로 빌립을 따라다니며 그 나타나는 표적과 큰 능력을 보고 놀라니라(행 8:13).

하나님의 능력과 마귀의 능력을 혼동하지 마십시오. '이것은 전통 문화다.' '이것은 관습이며 관례다.' 이런 변명으로 마귀 문화에 묻혀 가지 마십시오. 하나님의 사람답게 살고, 복음의 능력을 가지고 살고, 귀신의 능력을 쫓으면서 승리하는 삶을 살아가십시오.

●

30

사마리아에
복음이 들어가다

사도행전 8:14-25

●

예루살렘에서 사마리아로

사도행전의 핵심 구절은 1장 8절입니다. 역사란 바로 사도행전 1장 8절에 의해 결정되는 것입니다. 사도행전 전체는 1장 8절에 의해 순서가 결정되는 것입니다. 복음이 예루살렘의 한 다락방에서 시작되었습니다. 제자들은 성령의 기름 부음을 받았습니다. 능력을 얻었습니다. 성령을 받자마자 그들은 이상한 말을 하기 시작했고, 밖으로 뛰어나가 예수 그리스도를 선포하기 시작했습니다. 예루살렘에서 복음이 편만하게 전파되기 시작했습니다. 이것이 예루살렘 중심가에서 일어났던 사건입니다.

성령은 첫째, '예루살렘'에 임했습니다. 이것이 1-7장까지의 내용입니다. 둘째인 '온 유대와 사마리아'가 8-12장까지 나옵니다. 그다음 13-23장까지는 사도 바울을 통해서 '땅 끝까지' 복음이 전해지는 내용입니다.

당신의 생애도 사도행전 1장 8절에 의해 결정됩니다. 성령이 임하시면 먼저 당신과 당신의 가정이 구원을 받습니다. 그리고 당신 주변에 있는 친척과 이웃, 좋아하는 사람들과 싫어하는 사람들이 모두 구원을 받게 됩니다. 뿐만 아니라, 성령이 임하면 당신이 알지 못하는 사람들에게도 복음을 전하게 됩니다.

우리나라로 말하면, 성령이 임하면 먼저 우리나라가 복을 받습니다. 이 복은 사마리아와 같은 존재인 일본과 주변 국가에 전해집니다. 이 땅에 전해진 복음이 불과 100년 사이에 한국 선교사들에 의해 일본과 중국을 넘어 이제는 무슬림 지역과 예전에는 전혀 생각하지 못했던 지역에까지 전파되었고, 그곳 사람들도 복음을 깊이 생각하고 눈물을 흘리며, 기도하고 헌신하는 일들이 생겨나고 있습니다. 복음과 성령이 임하면, 이런 일들이 일어납니다. 성령이 역사할 때는 상식과 전통과 제도와 법들을 모두 초월합니다.

성령이 임하면 제일 놀라는 것은 자기 자신입니다. 성령 세례가 임하면 내가 생각했던 신앙의 틀을 벗어나기 때문입니다. 사람들에게는 자기가 생각하는 신앙의 틀이 있습니다. 그러나 성령이 임하면 자기를 초월합니다. 자기의 가치관, 성격, 이성과 같은 것들이 유감스럽게도 다 깨져 버리는 것입니다. 완전히 산산조각 나는 것입니다. 성령이 임하면 우리는 자신이 원하지 않는 곳에도 가게 됩니다. 심지어 원수에게도 가게 됩니다. 바로 이것이 성령의 역사입니다. 성령은 이데올로기, 지역, 인간관계를 초월합니다. 성령은 교파, 선교 단체를 초월하는 것입니다.

성령을 받고 제일 놀란 사람은 베드로였습니다. 복음은 당연히 예루살렘 중심, 유대인 중심이라고 생각했기 때문입니다. 이방인에게 복음이 갈 것이라는 상상은 미처 하지 못했습니다. 사도행전 10장 9-16절을 보십시오. 베드로 앞에 보자기 하나가 내려왔습니다. 그 보자기에는 구약성경에서 더러워서 먹을 수 없다고 규정한 음식이 있었고, 하나님은 베드로에게 그것들을 먹으라고 명령하셨습니다. 그러나 베드로는 용감하게 그것을 거절합니다. "이 더러운 것을 나보고 어떻게 먹으라고 하시는 겁니까."

그러나 하나님은 결국 베드로를 이방인이었던 고넬료와 만나게 하십니다. 베드로의 전통적인 생각, 가치관, 문화적 배경에서는 이방인에게 복음을 전할 수 없었습니다. 그러나 하나님은 이렇게 말씀하십니다. "내가 깨끗하다고 한 것을 왜 네가 더럽다고 하느냐. 내가 인정하는데 왜 네가 제한하느냐."

우리는 예수님을 믿으면서 너무나 많이 제한합니다. 하나님을 너무나 많이 제한합니다. 하나님은 우주의 하나님이십니다. 대한민국의 하나님만이 아니십니다. 나만의 하나님이 아니십니다. 하나님은 우리 모두의 하나님이십니다. 하나님은 선인에게도 비를 내리고, 악인에게도 비를 내리는 분이십니다.

사마리아를 뚫는 복음

사도들은 성령을 받고 나서도 복음은 유대인 중심, 예루살렘 중심이라고 생각했습니다. 그러나 성령님의 생각은 달랐습니다. 성령님은 예루살렘을 뛰어넘어 사마리아를 뚫고 들어가신다는 사실을 보게 됩니다. "예루살렘에 있는 사도들이 사마리아도 하나님의 말씀을 받았다 함을 듣고"(행 8:14). 이 구절은, 곧 그들이 사마리아에는 하나님의 말씀이 가지 않을 거라 생각했다는 뜻입니다. 하나님이 그들을 버리실 거라 생각한 것입니다.

'저 사람은 하나님이 버리셨을 거야'라고 생각되는 그 사람에게 하나님은 관심을 가지십니다. 대부분의 사람들은 '하나님이 나를 버렸을지도 몰라' 하고 말할지 모르겠습니다. 그러나 하나님은 그런 사람에게 제일 관심을 두신다고 말할 수 있습니다.

"사도들이 사마리아도 하나님의 말씀을 받았다 함을 듣고" 다음에 빠진 몇 마디가 있습니다. '깜짝 놀랐다'라는 말이 빠져 있습니다. 예수를 믿으면 당황하는 게 정상입니다. 하나님이 갑자기 엄청난 일을 하게 하시기 때문입니다. 사람들은 자신들이 살고 있는 정상적인 과정에서 하나님이 무엇인가 해 주시기를 바랍니다. 그러나 하나님은 정상적인 삶에 무언가를 더해 주시는 것이 아니라, 내 뿌리, 내 근거를 흩트리십니다.

당신의 도덕, 정의감, 선행에 하나님의 정의가 하나 더 붙는 게 아닙니다. 당신이 생각하는 정의의 근본, 기본적인 가치관을 근본적으로 뒤흔들어 놓으시는 것입니다. 세상의 도덕은 플러스알파를 말합니다. 그러나 하나님의 성령은 뒤집어 놓으십니다. 우리가 당황하는 것은, 성령님이 그렇게 빠르고 강력하게 역사하실 줄 몰랐기 때문입니다.

성령은 우리가 싫어하는 곳에도 가십니다. 지역을, 인종을, 이데올로기를 초월하십니다. 하나님 앞에서는 막힌 담이 없습니다. 따라서 성령님을 정말 의지하고 체험하는 사람들은 바로 이런 우주적인, 자유로운 하나님의 백성이 되는 것입니다. 성령의 역사란 우리의 고정관념과 상식과 전통의 틀을 뛰어넘습니다.

말씀에 즉시 순종하는 베드로와 요한

성령의 역사가 일어났을 때 사도들은 즉시 응답했습니다. "사마리아도 하나님의 말씀을 받았다 함을 듣고 베드로와 요한을 보내매"라고 되어 있습니다. 베드로와 요한은 당시 최고의 지도자급에 속했습니다. 이들이 갔다는 것은 그 일이 굉장히 중요했음을 의미합니다. 중요한 사건에는 중요한 사람을 보냅니다. 베드로와 요한이 이 문제를 알아보려고 사도들을 대표해서 '즉시' 갔다는 것입니다.

성령이 임하시면 우리는 즉각적으로 응답해야 합니다. 성령을 받은 사람들은 자기 한계를 뛰어넘을 뿐 아니라, 즉각적으로 반응합니다. 살아 있는 교회란 즉각적으로 반응할 수 있는 교회입니다. 죽은 교회는 반응이 늦거나 없습니다. 성령이 아무리 역사하셔도 그 교회가 죽었기 때문에, 혹은 비만증에 걸렸기 때문에, 또는 도저히 일어날 수 없도록 허약해졌기 때문에 반응할 수 없는 것입니다.

우리는 그리스도의 몸입니다. 그리스도의 몸은 반응하게 되어 있습니다. 반응하지 못하는 몸은 시체입니다. 사도들은 사마리아가

복음을 받았다는 말을 듣고 주저하거나 의심하지 않고 즉시 베드로와 요한을 파송했습니다. 하나님이 말씀하신다면, 주저하지 말고 즉각 반응하십시오. 베드로와 요한은 즉각 사마리아로 갔습니다.

> 그들이 내려가서 그들을 위하여 성령 받기를 기도하니(행 8:15).

그들이 사마리아에 내려가서 한 최초의 일은 우리의 생각과는 전혀 다른 것이었습니다. 사마리아 사람들이 성령 받기를 기도하는 일이었습니다. 왜 이런 일들을 제일 먼저 해야 할까요? 간단합니다. 아주 중요하기 때문입니다. 우리가 중요한 일이라고 결정할 때는 사람이 생각할 때 중요한 것이 있고, 하나님이 생각하실 때 중요한 것이 있습니다. 이것을 가리켜 우리는 우선순위라 말합니다. 우리는 무엇을 해야 합니까? 그리스도인들은 좋은 일이라서 해야 하는 것이 아닙니다. 하나님의 뜻이기 때문에 해야 합니다. 하나님의 뜻이 아니라면 좋은 일도 다 포기해야 합니다. 내가 선택해서 해야 될 일은 제한되어 있습니다. 큰 것을 결정하면 작은 것은 쉽게 되는 법입니다.

물세례와 성령 세례
먼저, 하나님이 그들에게 명하신 것은 이 사람들이 성령의 세례를 받도록 기도하라는 것입니다. 그 이유는 다음과 같습니다.

> 이는 아직 한 사람에게도 성령 내리신 일이 없고 오직 주 예수의 이
> 름으로 세례만 받을 뿐이러라(행 8:16).

우리는 여기서 두 가지 종류의 세례가 있음을 보게 됩니다. 하나
는, 예수님의 이름으로 받는 세례입니다. 우리는 이것을 가리켜 '구
원을 받았다'고 말합니다. 물세례를 의미합니다.

빌립이 하나님의 말씀을 전파했습니다. 하나님의 복음의 말씀
을 가리켜 우리는 '유앙겔리온'(enjggevlion, 좋은 책, 복음)이라고 합
니다. 그리고 전파하는 것을 '케루소'라고 말합니다. 그들은 예수
그리스도의 복음을 전한 것입니다.

사람들은 예수 그리스도의 복음을 듣고 충격을 받았습니다. 더
러운 귀신이 떠나갔습니다. 걷지 못하던 자가 일어났습니다. 중풍
병자가 나음을 받았습니다. 사람들은 뒤집어졌습니다. 그래서 그
들은 물세례 주었던 것을 알게 됩니다. 예수님의 이름으로 받는 세
례는 구원의 세례인 것입니다. 그것은 위치의 변화입니다. 이 자리
에서 다른 자리로 옮긴 것입니다. 세상에서 하늘로 옮긴 것입니다.
마귀에게서 하나님에게로 옮긴 것입니다. 죄인에서 의인으로 바
뀐 것입니다. 우리 안에 하나님의 생명이 있는 것입니다. 고린도전
서에서는 이를 다음과 같이 말했습니다.

그러므로 내가 너희에게 알리노니 하나님의 영으로 말하는 자는 누구든지 예수를 저주할 자라 하지 아니하고 또 성령으로 아니하고는 누구든지 예수를 주시라 할 수 없느니라(고전 12:3).

예수님의 이름으로 세례를 받고 구원을 받게 된 것은 성령의 역사입니다. 그래서 어떤 사람들은 예수 믿을 때 성령으로 세례를 받았다고 말하기도 합니다. 그러나 그렇지 않습니다. 같이 받을 수 있지만 다른 것입니다. 예수님을 영접했습니다. 귀신도 나갔습니다. 기적도 일어났습니다. 예수님이 내 안에 계셔서, 나의 주인이 되셨습니다. 그러나 성령의 세례가 또 있다는 것입니다.

이 성령의 세례란 무엇입니까? 예수님이 나를 위해 십자가에 피흘려 돌아가시고, 부활하시고, 다시 승천하셔서 내가 그분을 믿어 구원받고 하나님의 자녀가 된 일은 나를 위한 것입니다. 절대로 구원은 다른 사람을 위한 것이 아닙니다. 내가 구원받았다고 해서 다른 사람이 구원받지는 않습니다. 이것이 성령의 역사입니다. 이 성령의 역사로 구원을 받은 것인데, 그렇다면 성령의 기름 부어 주심은 무엇을 의미하는 것입니까? 구원받은 사람들이 능력 있게, 기쁘게, 즐겁게, 충만하게 그리스도를 증거할 수 있는 능력의 세례인 것입니다.

구원받았다고 능력이 생겼습니까? 생길 수도 있고, 생기지 않을 수도 있습니다. 위치가 변했다고 갑자기 그 사람의 인격이 변하는 것은 아닙니다. 예수 그리스도를 믿고 구원을 받았어도 성령의 기름 부음을 받아야, 성령이 임해야 능력을 받습니다. 능력은 나를 위해 받는 게 아닙니다. 구원은 나를 위해 받는 것이지만, 능력은 봉사하기 위해 받는 것입니다. 그것이 곧 은사입니다. 그분의 능력을 받아서 전도하는 것입니다. 그러므로 똑같이 예수를 믿지만 기쁨으로 능력 있게 전도하는 사람이 있고, 죽어도 전도를 못 하는 사람이 있는 것입니다. 성령으로 능력을 받지 않으면 전도를 못 합니다. 자기 구원은 받을 수 있어도, 하나님의 일은 하지 못합니다. 바로 이것 때문에 성령의 세례가 있는 것입니다.

그러나 성령에 대해 무지한 사람이 너무 많습니다. 예수님, 곧 육으로 오신 하나님은 잘 알지만, 영으로 오신 그리스도에 대해서는 무지합니다. 그런 사람은 능력을 가질 수 없습니다. 찬송을 부를 힘이 없습니다. 기도할 능력이 없습니다. 전도할 힘이 없습니다. 그런 사람들이 어떻게 순교를 합니까? 무섭고 두려워서 못 합니다. 그런 사람들이 어떻게 자기 안에 있는 죄와 싸워 이길 수 있습니까? 이길 수 없습니다. 성령의 능력이 나를 사로잡을 때, 마귀와 싸워 이기고, 죄와 싸워 이기고, 나와 싸워 이기는 것입니다. 이것이 지식으로 될 것 같습니까? 안 됩니다.

성령의 기름 부음 받은 교회는 부흥합니다. 성령의 기름 부음 받은 성도들은 놀라운 능력을 행하게 됩니다. 그러나 성령의 세례가 없다고 해서 구원받지 못한 것은 아닙니다. 예수님의 제자들을 생각해 보십시오. 베드로와 요한과 야고보가 구원받았을까요? 물론 받았습니다. 예수님의 제자 중에 가룟 유다를 빼놓고는 다 받았을 것입니다. 그들은 예수님과 같이 먹고, 자고, 기적을 목격했습니다. 예수님의 제자들은 십자가도 보았고, 부활도 보았습니다. 목격자들입니다. 그런데 힘이 없었습니다. 두려움에 사로잡혀 있었습니다. 많은 사람들이 예수를 믿지만 아직도 힘이 없고 능력이 없어 피투성이가 되어 죄와 맞서 싸우고 있습니다. 그러나 해결점이 없는 것입니다. 그런 사람들은 성령의 세례를 사모하십시오. 당신의 힘으로는 절대로 안 된다는 사실을 기억하십시오.

하나님의 일은 하나님의 방법으로 되는 것입니다. 하나님의 사람은 하나님의 음식을 먹어야 합니다. 세상 음식을 먹으면 안 됩니다. 그래서 예수님은 제자들에게 "예루살렘을 떠나지 말고 내게서 들은 바 아버지께서 약속하신 것을 기다리라"고 하셨습니다. 약속하신 그것이 오순절에 임한 성령입니다. 불의 혀처럼 갈라지는 게 보였고, 홀연히 급하고 강한 바람 소리 같은 게 들렸고, 성령의 임재, 충만이 무리에게 나타났습니다. 그들의 몸에 이 성령이 역사하신 것입니다. 그분은 바로 영으로 오신 예수 그리스도십니다. 이것이 자기들 안에 뚫고 들어올 때 그들은 견딜 수가 없었습니다. 이상한 말을 하기 시작했고, 방 안에 머물러 있을 수 없어 뛰쳐나간 것입니다.

이것이 성령의 역사입니다. 그들이 구원을 몰라서 예수님이 그렇게 하신 것이 아닙니다. 구원이 있다면 이 구원이 능력으로 바뀌기 위해, 이 구원과 이 복음이 전파되게 하기 위해 우리는 성령님을 의지해야 합니다. 성령님에게 사로잡혀야만 합니다. 이것이 성령 세례입니다.

성령 세례가 임할 때 일반적으로 무슨 일이 일어납니까? 방언과 예언과 기적과 표적들이 따라옵니다. 그분이 우리 안으로 몰래 들어오시겠습니까? 굉장하게 들어오십니다. 땅이 진동하는 것입니다. 어떤 사람은 불을 받는 것 같을 것입니다. 어떤 사람은 방언이 터지기도 합니다. 그러나 방언이 없을 수도 있습니다. 스데반은 방언이 없었습니다. 성령이 임하시면 이런 현상들이 많이 임하는 것입니다. 나는 방언을 못 할지라도 다른 사람이 방언하는 게 기쁘고 좋습니다. 자기 이성으로는 동의하지 못할지라도 하나님이 하시는 것에 대해서는 이해가 되는 것입니다.

성령이 계신 곳에는 역사가 있습니다. 성령이 계시는 곳에는 팽창이 있습니다. 어떤 역동성이 있습니다. 정지하지 않습니다.

사도가 안수할 때 임하는 성령 세례

이에 두 사도가 그들에게 안수하매 성령을 받는지라(행 8:17).

언제 성령의 세례가 임했습니까? 사도가 안수할 때였습니다. 성령 세례는 안수할 때, 기도할 때 일어나는 것입니다. 기도하십시오. 기도하면 성령의 세례가 아주 빨리 옵니다. 어떤 경우에는 안수를 할 때 더 빨리 옵니다. 특별히 신령한 사람들이 안수할 때 성령의 역사가 더 빨리 일어나는 것입니다.

그러면 안수할 때만 성령의 세례가 임합니까? 그렇지 않습니다. 베드로의 경우를 보면, 고넬료의 집에 가서 말씀을 전할 때 성령이 말씀을 듣는 모든 사람에게 임했다고 했습니다. 기도할 때만 성령의 세례가 일어나는 것이 아니라, 정말 하나님의 말씀이 선포될 때, 그래서 하나님의 말씀을 들을 때 성령의 임재, 곧 세례가 임합니다. 기도하고 안수할 때 성령의 세례가 임하는 것입니다. 당신이 마치 어린아이같이 기도하며, 성령을 사모하며 말씀을 들을 때, 하나님의 성령이 당신과 만나십니다. 성령의 세례가 임하면 방언을 하는 등의 일들이 나타납니다. 그러나 없을 수도 있습니다. 어떤 사람은 조용하게 비둘기처럼 임하기도 합니다.

대표적인 두 예가 바울과 디모데입니다. 디모데는 믿음의 아들이었지만, 그에게는 기적이 없었습니다. 그러나 바울이 기도하면 사람들이 넘어지고 깨지는 일이 많았습니다. 두 사람이 동일한 유형은 아니지만, 공존합니다. 사람에 따라, 은사에 따라, 능력에 따라 다 다른 것입니다. 그러므로 나와 다른 측면을 존중할 줄 알아야 합니다. 서로 조화를 이룰 줄 알아야 합니다. 자기와 다르다고 해서 비판해서는 안 됩니다.

성령 세례와 사탄의 공격

성령의 세례가 임하면 어떤 일이 일어납니까? 사탄이 공격을 합니다.

> 시몬이 사도들의 안수로 성령 받는 것을 보고 돈을 드려 이르되 이 권능을 내게도 주어 누구든지 내가 안수하는 사람은 성령을 받게 하여 주소서 하니(행 8:18-19).

마귀는 우리를 두 가지 방법으로 공격합니다. 첫째는, 스데반이 성령 충만해서 설교할 때 군중들이 돌을 들어 쳐 죽인 것과 같이 전투적으로 공격합니다. 이것은 중요하지 않습니다. 무서운 것은 두 번째 유형의 공격입니다. 아주 교활하게도, 우리가 감지할 수 없도록 은밀하게 오는 것입니다. 성령을 물질화하는 것입니다. '성령을 상품화'하는 것입니다. '성령을 세속화'하는 것입니다.

성령의 역사는 너무나 아름다운 일입니다. 땅의 기쁨만 알던 사람이 하늘의 기쁨을 맛보는 것은 무엇과도 비교할 수 없을 정도로 좋은 것입니다. 성령의 역사가 있으면 기적이 일어납니다. 시몬이라는 사람이 그 기적을 보고 놀랐습니다. 자기도 왕년에 점을 쳐 보고 기적을 행했던 사람인데, 이걸 보니까 장사가 될 것 같았습니다. 그래서 시몬은 이렇게 기적을 보일 수 있는 능력을 돈을 주고 사려고 했던 것입니다.

여기에 성령 사역의 결정적 위기가 있습니다. 성령의 역사란 결국 그리스도의 구원의 복음을 능력 있게 전하는 데 그 목적이 있습니다. 그래서 은사도 주셨고, 축복도 주셨고, 건강도 주셨고, 기적도 주신 것입니다. 그러므로 성령의 역사에는 반드시 선교가 있어야 합니다. 하지만 성령을 이야기하면서 선교를 이야기하지 않는 경우가 있습니다. 성령의 능력으로 다른 것을 합니다.

성령의 역사, 복음을 전하는 능력

성령의 역사는 결국 전도하는 것입니다. 구제하는 것입니다. 가난한 자를 돕고, 병든 자를 돕고, 기적이 일어나는 것입니다. 그러나 어떤 성령의 사역들은 물질 축복, 성공, 병 고치는 것, 은사 자랑 등으로만 꽉 차 있습니다. 그렇게 해서 뭘 어떻게 하자는 것입니까?

여기에 우리의 맹점이 있습니다. 정말 성령의 은사를 받았는데, 한참 사용하다 보니 사람들이 고마워서 자꾸 돈을 갖다 줍니다. 그런데 나중에는 돈이 좋아집니다. 그래서 돈이 많이 벌리는 쪽으로만 사역을 하려고 합니다. 하나님의 영광 쪽으로는 일을 안 하고, 어떻게 하면 돈을 많이 벌 수 있을까에만 관심이 가는 것입니다. 그러다가 돈으로 망합니다. 돈과 함께, 성공과 함께, 물질과 함께 망하는 것입니다. 성령 사역의 결정적인 위기가 여기에 도사리고 있습니다.

교회의 이름으로 돈벌이를 해서는 안 됩니다. 성령의 이름으로, 예수님의 이름으로 돈벌이를 해서는 안 됩니다. 인기를 얻어서도 안 되고, 성공을 해서도 안 됩니다. 성령님이 수단화되어서는 안 되는 것입니다.

하나님이나 성령님이나 그리스도는 우리의 영광이요, 예배의 대상이지, 우리의 개인적인 축복의 수단이 아닙니다. 하지만 너무나 많은 사람들이 하나님이나 예수님이나 성령님을 자신의 성취를 위한 대상으로 바꿔 버리는 데 문제가 있습니다. 여기에 사탄의 속임수가 있는 것입니다.

시몬이란 사람은 돈을 주고 안수의 능력을 사고 싶었습니다. 그래서 그의 이름 simon에 y를 붙여 '성직의 매매'라는 뜻의 영어 단어 simony가 생겼습니다. 요즘에는 돈으로 교회를 사고팝니다. 어떤 사람은 부흥을 조작하기 위해 사람들에게 최면을 걸기도 합니다. 인위적으로 부흥을 조작하는 것입니다. 그래서 하나님의 진짜 부흥과 착각하게 만드는 것입니다. 얼마나 위험한 일입니까!

귀신을 쫓고 능력을 행하는 것보다 더 중요한 것은 열매입니다. 거룩의 열매가 있는가, 희생과 헌신의 열매가 있는가를 살펴보아야 합니다. 성령을 통해 무엇을 얻었습니까? 성령을 통해 무엇을 주었다고 말할 수 있습니까? 어떤 것입니까? 이익을 보았습니까, 아니면 손해를 보았습니까? 여기에 진정한 성령 사역의 갈림길이 있는 것입니다.

성령 사역에서의 가장 큰 유혹은 물질과 세속의 영광을 섬김과 연관시킴으로써 하나님의 거룩과 영광과 빛을 보지 못하게 하는 데 있습니다. 그리하여 자기 내면의 깊은 세계를 보지 못하는 데 있습니다. 물질적인 성경관에는 어떤 결과가 따릅니까?

베드로가 이르되 네가 하나님의 선물을 돈 주고 살 줄로 생각하였으니 네 은과 네가 함께 망할지어다(행 8:20).

하나님의 은사, 성령의 역사, 하나님의 교회를 물질적인 것과 연관시켜 해석하고 사역할 때는 돈과 함께 망하는 것밖에 없습니다.

하나님 앞에서 네 마음이 바르지 못하니 이 도에는 네가 관계도 없고 분깃 될 것도 없느니라(행 8:21).

성령을 물질화, 상품화하는 사람은 '도'와 '분깃'과는 아무 상관이 없다는 것입니다.

그러므로 너의 이 악함을 회개하고 주께 기도하라 혹 마음에 품은 것을 사하여 주시리라(행 8:22).

하나님은 여기에서 우리에게 놀라운 은총을 베풀어 주셨습니다. 비록 시몬이 그랬던 것과 마찬가지로 이렇게 악한 결과를 갖게 되었을 경우라도, 우리가 회개하고 주님에게 돌아오면 용서해 주십니다. 시몬은 이 말을 듣자마자 다음과 같은 요청을 합니다.

시몬이 대답하여 이르되 나를 위하여 주께 기도하여 말한 것이 하나도 내게 임하지 않게 하소서 하니라(행 8:24).

시몬은 참 순진했습니다. 이 사람은 원래 점치는 무당이었습니다. 예수 믿은 지 얼마 되지도 않았습니다. 성령의 안수로 인해 기적이 일어나는 것을 보고 돈을 주고 그 능력을 사려고 했습니다. 그러나 베드로가 "네 은과 네가 함께 망할지어다" 하니까 아무것도 일어나지 않게 해 달라고 말합니다. 순진합니다. 이런 순진함이 우리에게도 있어야 합니다.

우리는 이 장에서 성령 세례가 얼마나 중요한지, 구원받은 사람이 왜 능력을 얻어야 하는지를 알게 되었습니다. 성령의 세례는 세 가지 형태로 옵니다. 첫째는, 예수님의 이름으로 세례를 받고 난 후에 성령 세례가 늦게 오는 경우입니다. 대부분이 이렇습니다. 둘째는, 동시에 오는 경우입니다. 예수를 믿자마자 불을 받는 사람이 있습니다. 마지막으로 셋째는, 불 세례가 먼저 오고 고넬료처럼 나중에 물세례를 받는 경우입니다.

어떻게 성령 세례를 받든지 간에, 우리에게는 두 가지가 필요합니다. 예수님의 이름으로 세례 받고 구원받는 것과 동시에, 주님을 위해 능력 있게 살 수 있도록, 승리하며 살 수 있도록 성령의 기름 부음을 받는 것입니다. 당신에게 성령의 기름 부으심이 있게 되길 바랍니다.

31

하나님의 특별한 부르심에
순종하다

사도행전 8:26-40

사도행전에는 성령 받은 중요한 인물들이 몇 명 나옵니다. 그 가운데 첫째가 베드로와 요한일 것입니다. 그들은 사도들을 대표하는 사람들로서, 초대 예루살렘교회 탄생의 주역을 맡았던 목회자들입니다. 또 한 사람은 우리가 잘 아는 스데반이라고 말할 수 있습니다. 스데반은 초대 교회 성도들의 대표입니다. 베드로와 요한이 사도들의 대표라 한다면, 스데반은 성도들의 대표였습니다. 그는 성령과 지혜가 충만한 사람이었습니다. 그는 믿음의 비밀을 가진 자였습니다. 믿음을 사수하기 위해 그는 결국 순교를 하게 됩니다. 그리고 또 한 사람이 있습니다. 우리가 이 장에서 공부하게 될 빌립입니다. 빌립은 스데반과 같이 성령과 지혜가 충만한 초대 교회 성도들의 대표들 가운데 한 사람이었습니다. 스데반을 순교자라고 한다면, 빌립은 전도자라고 말해야 할 것입니다. 그는 특별히 전도의 은사를 받았고, 예수 그리스도를 증거하는 뜨거운 열정을 가진 개인 전도자였습니다.

뒤에서 살펴보게 될 바울은 선교사였습니다. 바나바는 상담자였습니다. 그리고 브리스길라와 아굴라는 초대 교회에서 예수님을 섬기던 사도행전적인 부부였습니다.

성령을 받은 사마리아인

> 두 사도가 주의 말씀을 증언하여 말한 후 예루살렘으로 돌아갈새 사마리아인의 여러 마을에서 복음을 전하니라(행 8:25).

베드로와 요한은 사마리아가 복음을 받았다는 소식을 듣고 즉시 찾아갔습니다. 베드로와 요한이 사마리아에 가서 한 일은 오직한 가지, 구원받은 이들에게 성령 세례가 임하도록 기도한 것입니다. 이것이 너무나 중요했기에, 다른 일은 하지 않고 오직 한 가지, 성령 받기를 위해 기도한 것입니다. 안수하면서 기도했을 때 성령이 임했습니다. 기적이 일어나기 시작했습니다. 그들이 능력을 받았습니다.

구원받은 자에게 꼭 필요한 것은 성령 세례입니다. 성령 세례가임하지 않으면 능력을 받을 수 없습니다. 능력이 없으면 전도할 수없습니다. 능력을 받지 않으면 죄와 싸워서 이길 힘이 없습니다. 마귀와 싸워 이길 힘이 없습니다.

많은 사람들이 예수를 믿지만 능력이 없습니다. 자기 구원 하나지탱하기도 힘들어서 낑낑대는 사람들이 참 많습니다. 악을 써야겨우 5분 기도합니다. 찬송이 잘 되지 않습니다. 전도가 잘 되지 않습니다. 미운 사람을 사랑할 힘이 없습니다. 그렇지만 예수는 믿는사람입니다. 예수님을 인정하는 사람입니다. 그저 힘이 없을 뿐입니다.

그러나 어떤 사람은 24시간을 기도해도 지치지 않습니다. 일주일, 20일, 40일간 금식해도 전혀 문제가 되지 않습니다. 쉽게 사람들을 용서합니다. 이 사람은 기쁨이 안에서부터 흘러넘칩니다. 너무 흥분이 되고 좋아서 잠을 이룰 수가 없습니다. 이 사람은 예수도 믿지만, 능력 있는 사람입니다. 놀라운 능력이 있습니다.

저는 우리가 이런 능력을 갖게 되기를 바랍니다. 베드로와 요한이 기도해 줄 때 사마리아의 그리스도인들은 예수를 믿을 뿐만 아니라, 성령의 능력을 받았습니다. 그들은 두 사도가 주의 말씀을 증거해서 전하고 예루살렘으로 돌아간 후, 사마리아의 여러 촌에서 복음을 전했습니다.

우리는 여기서 굉장히 놀라운 하나의 현상 내지 원리를 발견하게 됩니다. 성령이 임하면 그리고 성령의 세례가 임하면 사람은 스스로 전도하게 된다는 것입니다. 전도는 누가 시켜서 하지 않습니다. 스스로 하는 것입니다. 무슨 일이든, 누구든, 시켜서 일하면 시킨 만큼만 합니다. 그러나 스스로 일하면 그 이상의 일을 합니다. 시켜서 일하면 노동의 대가를 요구합니다. 그러나 스스로 하는 것에는 노동의 대가가 없습니다. 밤을 새도 괜찮습니다. 시켜서 하는 일은 언제나 피곤합니다. 그러나 스스로 좋아서 하는 일에는 과로라는 게 없습니다. 자기가 좋아서 하는 것은 과로가 아닙니다. 피곤도 아닙니다. 그것은 기쁨과 즐거움과 보람입니다.

성령이 임하면 자기도 모르는 사이에 샘에서 물이 흘러넘치듯 성령이 내 안에서 흘러넘쳐 다른 사람에게로 흘러갑니다. 그 사람이 싱긋 웃으면 다른 이들의 얼어붙었던 마음이 확 풀려 버립니다. 그 사람이 말을 하면 상처받았던 영혼이 치유를 받습니다. 그 사람이 기도하면 귀신들이 벌벌 떱니다. 놀라운 일입니다. 이것이 바로 성령의 능력입니다.

오순절 날 성령이 임했을 때 제자들은 변화를 받아, 모여든 사람들의 난 곳 방언으로 말하기 시작했습니다. 성령이 임하시자 한곳에 모여 있던 그들은 그곳에 있을 수 없었습니다. 그 자리에서 뛰쳐나갔습니다. 자기가 경험하고 목격한 예수를 말할 수밖에 없었던 것입니다. 스스로 하기 때문에 그 얼굴에는 기쁨이 있었을 것입니다. 자원하는 마음이 있었기 때문에 선포하는 말에 설득력이 있었을 것입니다. 이것이 바로 성령의 역사입니다.

예수님에 대해 말하고 싶어 견딜 수 없고 잠을 이룰 수 없어, 그들은 사마리아 촌으로 흩어지면서 복음을 증거했습니다. 이것은 단순해 보이지만, 그 안에는 엄청난 내용이 숨어 있습니다. 엄청난 변화가 그 안에 담겨 있는 것입니다.

제가 처음 예수님을 개인적인 구주로 영접했을 당시의 일을 아직도 생생하게 기억합니다. 어렸을 때부터 예수를 믿었지만, 제가 예수님을 개인적인 구주로 만났던 때의 그 1년은 어떻게 보냈는지 모르게 보냈습니다. 너무 흥분이 되었습니다. 한 달 동안 〈주 달려 죽은 십자가〉(새찬송가 149장) 찬송을 불러서 목이 터졌습니다. 주님이 제 대문 밖에 서 계셨지만 그 문을 단단히 잠그고 지냈던 그동안의 제 모습을 보면서 저는 얼마나 회개했고, 그럼에도 저를 만나 주신 주님을 얼마나 찬양했는지 모릅니다. 저는 남대문 역 곳곳을 다니면서 노방 전도를 했습니다. 그래서 서울역이나 버스, 지하철 안에서 복음을 전하는 이들의 심정을 이해합니다. 그렇게도 예수를 전하고 싶어 견딜 수 없는 것입니다.

일제시대에 '예수 천당'을 외치며 복음을 전했던 최권능 목사님 애기가 기억납니다. 저는 그분을 사모합니다. 그는 일본 경찰이 고문하려고 매를 한 대 때리면 '예수', 또 한 대 때리면 '천당'이라고 했습니다. 그의 전도법은 '예수 천당'이었습니다. 저는 그분이 성령 충만했다고 믿습니다. 우리는 이렇게 하루 종일 예수님만 생각해야 합니다. 환경이 어떻든지 간에, 우리 마음속에는 천국이 있어야 합니다.

순수하고 뜨거운 이 정열, 입을 틀어막아도 예수 그리스도를 말할 수밖에 없는 이것이 그들을 사마리아인의 모든 촌으로 흩어서 전도하게 했습니다.

영국의 저명한 수학학자이자 철학자로 알려진 화이트헤드 박사가 예수를 믿게 된 동기를 전해들은 일이 있습니다. 그분이 교회에 나왔습니다. 당대의 석학이 교회에 나온 일로 그 교회 목사님이 흥분을 했습니다. 그러면서 그다음 주일부터 목사님의 설교가 갑자기 어려워지기 시작했습니다. 당대의 석학이 알아듣도록 설교하기 위해서 성경보다는 철학과 과학 서적을 열심히 찾았던 것입니다.

그 목사님이 나중에 화이트헤드 박사를 만나, 어떻게 예수를 믿게 됐고 어느 설교에 감동을 받았는지를 물었더니, 그분이 "당신의 설교에서는 감동받은 것이 하나도 없다"고 하면서 이러한 이야기를 들려주었다고 합니다. 눈 오는 어느 날 외출을 하는데, 어느 할머니가 눈에 빠져 죽게 되었답니다. 그분을 눈구덩이에서 건져 드렸는데 그 얼굴에 평화가 있었습니다. "지금 돌아가시려고 하는데 할머니에게는 어떻게 그렇게 평화가 있고 찬송이 있으십니까?" 하고 물었더니 그 할머니가, "내가 지금 천국을 생각하고 있다오"라고 대답했다고 합니다. 여기에서 화이트헤드 박사가 충격을 받았습니다. '저 할머니에게 있는 미소는 어떤 것일까?' 그래서 교회에 나왔다는 것입니다.

그렇습니다. 당신 안에 이런 감격이 있습니까? 이런 기쁨이 있습니까?

전도의 두 가지 종류

전도에는 일반적으로 두 가지 종류가 있습니다. 하나는, 때를 얻든지 못 얻든지 성령의 능력을 받아 시간과 공간을 초월해서 물이 흐르듯이, 성령이 인도하시는 대로 계속 전도하는 일반 전도입니다.

그리고 또 하나는, 하나님의 어떤 의도와 뜻이 있어서, 섭리와 목적이 있어서 특별히 어느 한 사람을 향해 하게 하시는 개인 전도입니다.

주의 사자가 빌립에게 말하여 이르되 일어나서 남쪽으로 향하여 예루살렘에서 가사로 내려가는 길까지 가라 하니 그 길은 광야라 (행 8:26).

개인 전도에는 하나님의 특별한 의도와 섭리가 있습니다. 아브라함을 보십시오. 아브라함은 어느 날 적당히 예수를 믿은 게 아닙니다. 누가 전도해서 믿은 것도 아닙니다. 하나님이 특별히 아브라함에게 나타나셔서 개인 초청을 하셨습니다. 모세의 경우도 마찬가지입니다. 그의 나이 80세가 지난 후, 하나님은 그를 시내 산에서 부르셨습니다. 하나님은 이렇게 어떤 사람을 개인적으로 부르십니다. 구약에 나타난 모든 예언자들을 보십시오. 이사야, 예레미야, 에스겔 등, 이 모든 사람들은 어느 날 적당히 믿은 게 아니라, 하나님이 그들의 이름을 직접 부르셨습니다. 개인 전도를 할 때는 하나님의 이런 특별한 의도와 목적이 있습니다. 사도 바울을 보십시오. 그는 예수 믿는 사람들을 죽이려고 다메섹으로 가는 길에 예수님의 음성을 직접 듣게 됩니다.

우리는 보통 부름을 받을 수도 있고, 어떤 경우에는 이렇게 특별한 부름을 받을 수도 있습니다.

> 너는 두려워하지 말라 내가 너를 구속하였고 내가 너를 지명하여
> 불렀나니 너는 내 것이라(사 43:1).

> 내가 너를 내 손바닥에 새겼고(사 49:16).

또 이사야 44장 21절을 보면 이렇게 말씀하고 있습니다. "야곱아 이스라엘아 이 일을 기억하라 너는 내 종이니라 내가 너를 지었으니 너는 내 종이니라 이스라엘아 너는 나에게 잊혀지지 아니하리라." 참 재미있는 말씀입니다. 많은 사람들은 하나님이 자신들을 잊으신 줄 압니다. 그러나 하나님은 결코 우리를 잊지 않는다고 말씀하십니다. 하나님은 우리를 기억하고 계십니다. 보통의 경우로 부르실 수도 있고, 특정한 목적을 가지고 특별하게 부르실 수도 있습니다.

예수님을 보십시오. 예수님은 수천 명을 만나 전도하셨습니다. 보리떡 다섯 개와 물고기 두 마리로 1만 5천 명을 먹이고도 남았던 일이 있었습니다. 그러나 예수님은 열두 명을 지명해서 부르셨습니다. 예수님은 수많은 사람들에게 시간을 많이 내주신 것이 아니라, 열두 명에게 3년의 세월을 내주셨습니다. 낭비입니다. 너무 지나친 편애입니다. 같이 자고 같이 먹고 같이 이야기하면서 특

별히 몇몇 소수의 사람들에게 예수님은 자기의 전 생애를 집중해서 내주셨습니다. 왜 그러셨을까요? 그 열두 명에게 세상을 맡기기 위한 뜻이 있었던 것입니다. 하나님은 왜 사도 바울을 부르셨을까요? 사도 바울에게 이방인의 세계를 맡기기 위해서 그렇게 하신 것입니다.

개인 전도

> 주의 사자가 빌립에게 말하여 이르되 일어나서 남쪽으로 향하여 예루살렘에서 가사로 내려가는 길까지 가라 하니 그 길은 광야라 (행 8:26).

이런 경우에 주의 사자가 나타납니다. 성령이십니다. 빌립에게 아주 구체적으로 특별 지시를 하십니다.

개인 전도는 얼핏 보기에는 별로 중요한 가치가 없는 것처럼 보입니다. 지금 여러 가지 지켜야 할 약속들과 계획이 많은데, 그걸 다 포기하고 예루살렘에서 가사로 내려가는 길까지 가라는 것입니다. 그곳은 광야입니다. 더 이해할 수 없는 것은, 지금 빌립이 전도하는 곳에 열매가 많다는 것입니다. 그런데 하나님은, 이렇게 많은 역사와 기적을 일으키며 전도를 하는데, 이것을 멈추고 빌립에게 가사로 내려가는 길까지 가라고 하시는 것입니다. 이상하지 않습니까? 상식과 이치에 맞지 않습니다. 인간의 경험에 맞지 않습니다. 더욱이 가라고 하시는 곳이 사람이 많은 데면 조금은 이해를 하겠는데, 그곳은 광야입니다. 사람도 없는데 그곳으로 가라는 것입니다.

그러나 우리는 상식에 어긋나고 도저히 갈피를 잡을 수 없을지라도, 주의 사자의 말씀에 순종해야 합니다. 잘 생각해 보십시오. 빌립이 그때 떠나지 않았다면 광야에서 에디오피아 내시를 만나지 못했을 것입니다. 시간이 굉장히 중요합니다. '하나님, 그 자리에 가지 않고 사람이 많은 데로 골라 가겠습니다'라고 주장한다면, 이것은 잘못된 생각입니다.

시간에 맞지 않은 순종은 순종이 아닙니다. 그 시간에 가야 순종입니다. 장소에 맞지 않은 순종은 순종이 아닙니다. 자기가 가고 싶은 대로 가는 순종은 순종이 아닙니다. 하나님의 시간에, 하나님의 방법으로, 하나님의 장소에 가 있어야 하나님의 역사가 나타나는 것입니다.

왜 오늘날 그렇게 많은 교회가 있음에도 하나님의 일이 일어나지 않을까요? 바로 영적인 눈이 없기 때문입니다. 교회는 너무나 상식적입니다. 교회는 너무나 합리적인 결정을 합니다. 어떻게 보면 하나님이 하시는 일이 사람 눈에는 이상하게 보입니다. 열매가 없어 보이는 것입니다. 하나님은 무의미하고 허무한 일에 투자하라고 하실지도 모릅니다. 그럴 때 현대 교회는 결정하지 못합니다. 사람 보기에 좋은 것, 사람 귀에 듣기 좋은 것, 사람 마음에 맞는 것, 누가 봐도 좋은 일에 투자하려고만 합니다. 하나님의 마음에 맞는 투자를 하려고 하지 않습니다.

이런 모습은 교회뿐만이 아닙니다. 개인의 삶도 마찬가지입니다. 왜 오늘날 우리 개인의 삶과 수많은 현대 교회에서 기적이 일어나지 않습니까? 하나님이 원하시는 결정을 내리지 않기 때문입니다. 하나님이 원하시는 방법으로 가지 않기 때문에 그런 것입니다. 교회는 이런 의미에서 하나님의 음성을 듣는 귀가 있어야 합니다. 교회는 이런 의미에서 처음부터 끝까지 영적이어야 합니다. 우리의 상식을 뒤집어엎을지도 모르겠습니다. 사람이 보기에 안 되는 일을 하도록 선택할지도 모르겠습니다. 불가능한 일에 도전할지도 모르겠습니다. 하지만 하나님이 그쪽에 계획을 갖고 계시면, 우리는 조용히 순종해야 하는 것입니다.

그러면 순종의 결과는 무엇입니까?

순종했던 빌립

일어나 가서 보니 에디오피아 사람 곧 에디오피아 여왕 간다게의 모든 국고를 맡은 관리인 내시가 예배하러 예루살렘에 왔다가 돌아가는데 수레를 타고 선지자 이사야의 글을 읽더라(행 8:27-28).

'일어나 가서 보니'라는 이 말이 우리에게도 상관있게 되기를 바랍니다. 하나님의 음성이 들렸을 때 내 조건, 내 형편, 내 상식 그리고 똑똑한 사람을 찾지 마십시오. 기도 많이 하는 사람을 찾아가십시오.

빌립은 순종했습니다. '일어나 가서 보니' 하나님의 일이 그곳에 있었습니다. 에디오피아의 큰 권세를 가진 한 대신이 그곳에 있었습니다. 하나님의 관심은 바로 이 한 사람에게 있었습니다. 하나님은 나 한 사람을 보실 때 인류 전체를 보는 것처럼 보십니다. 예수님은 제자 열두 명에게 당신의 생애를 다 쏟아 주셨습니다. 하나님은 우리에게 당신의 생애를 다 쏟아 주십니다. 그렇게 우리에게 관심이 많으십니다.

성령이 빌립더러 이르시되 이 수레로 가까이 나아가라 하시거늘 (행 8:29).

성령님이 '바로 이 사람이다' 하고 말씀하셨습니다. "너는 지금 전도가 잘되는 이곳을 떠나 사람이 없는 광야로 가라. 네 이성과 의논하지 마라. 네 경험과 합리와 의논하지 마라. 내 음성을 분명히 듣고 따라가라." 그런데 일어나 가서 보니 한 사람이 있었습니다. 성령의 음성이 또 들렸습니다. "그 사람에게 가라." 빌립이 달려갔습니다. 가서 보니 에디오피아 내시가 이사야의 글을 읽고 있었습니다. 빌립도 어찌할 바를 몰라 답답했을 것입니다. 가라고 해서 갔는데 에디오피아 내시가 혼자서 글만 읽고 있으니 얼마나 놀랐겠습니까. 게다가 "당신 뭐요?"라고 말하기라도 하면 빌립이 얼마나 당황하겠습니까. 그런데 이 에디오피아 사람은 성경을 읽고 있었습니다.

빌립의 전도는 간단했습니다. 복잡하지 않았습니다. 굉장히 훈련된 그런 전도가 아니었습니다. 생긴 대로, 있는 그대로 하는 것이었습니다. '하나님은 당신을 사랑하십니다.' 이런 말도 하지 않았습니다. 그 사람이 성경을 들여다보는 모습을 보고, "읽는 것을 이해하고 있습니까?"라고 물었습니다. 얼마나 간단합니까? 이것이 빌립이 첫 번째로 한 말입니다.

우리는 가끔 어려운 일에 직면합니다. 우리가 원하는 계획이 이루어지지 않습니다. 우리의 생각대로 모든 일이 돌아가지 않습니다. 그때 우리는 흔히 좌절을 경험합니다. 세상만사가 모두 원하는 대로 풀리지 않는 그때, '할렐루야'를 외치십시오. 그때가 하나님의 뜻이 이루어질 시간이기 때문입니다.

요셉을 보십시오. 그는 깊은 우물 속에 들어갔습니다. 하나님이 자기를 버리신 것 같았습니다. 그래도 그는 하나님을 의심하지 않고 최선을 다했습니다. 그때 그는 건짐을 받았습니다. 그는 자기

형들의 미움을 받아 고향을 등져야만 했습니다. 알지도 못하는 이방 나라에서 알지도 못하는 대신의 집에 가서 종노릇을 해야 했습니다. 최선을 다했지만 나쁜 여자를 만나 오해를 받아 감옥에 들어가게 되었습니다. 이것이 그의 인생의 전부였습니다. 그러나 우물 속에 들어가고, 외국인으로서 낙오된 생활을 하고, 종살이를 하고, 감옥살이를 해야 했던 모든 일들은 그를 총리대신이 되게 하기 위한 하나님의 각본이었습니다.

우리의 실패는 하나님의 성공을 위한 각본입니다. 우리가 기도해서 건강을 얻었다면, 우리는 그것이 하나님의 응답이고 축복이라고 믿습니다. 분명히 그것은 하나님의 응답이고 축복입니다. 하지만 병들었거나 부도가 났거나 패배를 한 것 역시 결코 좌절할 게 아닙니다. 그것은 우리와 하나님을 더 크게 만나게 하는 하나님의 축복인 것입니다.

사도 바울은 빌립보서 4장에서 "내가 궁핍하므로 말하는 것이 아니니라 어떠한 형편에든지 나는 자족하기를 배웠노니 나는 비천에 처할 줄도 알고 풍부에 처할 줄도 알아 모든 일 곧 배부름과 배고픔과 풍부와 궁핍에도 처할 줄 아는 일체의 비결을 배웠노라"(빌 4:11-12)고 말했습니다. 사도 바울의 신앙은 무엇입니까? 가난해도 하나님에게 찬양을, 부유해도 하나님에게 찬양을, 병들어도 하나님에게 찬양을, 건강해도 하나님에게 찬양을, 실패해도 하나님에게 찬양을, 성공해도 하나님에게 찬양을 했다는 것입니다. "부자가 된 것, 가난하게 된 것, 성공한 것, 실패한 것, 건강한 것, 아프게 된 것은 별로 중요한 게 아니다. 그 어떤 상황에서든지 나는 하나님 찬양하는 것을 배웠다. 감사하는 것을 배웠다. 내게 능력 주시는 자 안에서 내게 능치 못함이 없는 하나님의 놀라운 사랑과 풍성을 나는 배우게 되었다."

이런 축복이 우리에게 있게 되길 바랍니다. 저는 당신이 병 낫기를 바랍니다. 그것을 통해서 하나님에게 영광을 돌리십시오. 그러나 병든 것을 통해서도 하나님에게 영광을 돌릴 수 있습니다. 실패를 통해서도 하나님에게 영광을 돌릴 수 있는 것입니다.

먼저 하나님의 음성에 민감하십시오. 하나님의 음성을 듣는 귀가 필요합니다. 하나님의 음성이 들렸다면, 성령의 지시에 순종하십시오. 그리고 그 결과를 하나님에게 맡기십시오. 의심하지 마십시오. 광야 길로 간다고 해도 의심하지 마십시오. 내게 주어진 길이 축복의 길이 아니고 사람 보기에 비참한 길일지라도, 찬송을 부르며 가십시오. 여기에 하나님의 놀라운 비밀이 숨어 있습니다. 성공만이 전부가 아닙니다. 좌절과 실패와 고난은 더 큰 축복입니다.

대답하되 지도해 주는 사람이 없으니 어찌 깨달을 수 있느냐 하고 빌립을 청하여 수레에 올라 같이 앉으라 하니라(행 8:31).

전도란, 하나님이 이미 택하고 부르고 정하신 그 사람을 데려오는 것입니다. 아주 간단합니다. 우리가 가서 설득해서 그 사람을 변화시키는 것이 아닙니다. 착각하지 마십시오. 하나님이 이미 준비해 놓으신 감을 따는 것입니다. 설익은 감을 따면 안 됩니다. 전도할 때는 익은 감만을 따야 됩니다. 하나님이 택하지 않으셨다면, 그 사람은 절대로 반응하지 않습니다.

에디오피아 내시는 하나님이 이미 다 익혀 놓으신 감입니다. 빌립은 가서 따 온 것뿐입니다. 그러니 전도하는 것을 두려워하지 마십시오. 당신이 설득해야 하는 것도 아니고, 설득해서 되는 것도 아닙니다. 우리는 누가 하나님의 택하신 사람인지 모르기 때문에 미련스럽게 전도해야 하는 것입니다. 하나님은 전도를 함에 있어서 미련한 방법으로 구원하기를 기뻐하십니다.

빌립을 만난 내시

또 하나 재미있는 사실을 발견할 수 있습니다. 에디오피아 내시라면 굉장히 높은 사람인데도 빌립을 자기 옆에 앉혔다는 것입니다. 처음 본 사람을 옆에 앉힌 것입니다. 주님의 이름으로 가면, 하나님의 이름으로 가면 대접을 받는다는 사실을 여기서 배우게 됩니다. 우리가 언제 만났습니까? 언제 보았습니까? 우리가 무슨 상관이 있습니까? 그러나 우리는 말씀 안에서, 하나님 안에서 서로 존중하며 그리워하는 관계가 된 것입니다. 얼마나 놀라운 일입니까?

예수를 믿으면 이러한 관계들이 이루어집니다. 예수를 믿게 되면 내 친구, 내 가정과 내 주변의 모든 삶이 이런 아름다운 관계로, 은혜의 관계로 변화됩니다. 내시는 빌립을 제일 좋은 자리에 앉혀 놓고 다음과 같은 궁금한 점을 질문했습니다.

읽는 성경 구절은 이것이니 일렀으되 그가 도살자에게로 가는 양과 같이 끌려갔고 털 깎는 자 앞에 있는 어린 양이 조용함과 같이 그의 입을 열지 아니하였도다 그가 굴욕을 당했을 때 공정한 재판도 받지 못하였으니 누가 그의 세대를 말하리요 그의 생명이 땅에서 빼앗김이로다 하였거늘 그 내시가 빌립에게 말하되 청컨대 내가 묻노니 선지자가 이 말한 것이 누구를 가리킴이냐 자기를 가리킴이냐 타인을 가리킴이냐(행 8:32-34).

내시의 관심은 무엇입니까? 그의 호기심은 무엇입니까? '이사야서에 나오는 그가 과연 누구냐' 하는 것입니다. 강렬한 호기심이 이 사람에게 있었습니다. 그렇습니다. 인류 사회에 던져진 최대의 질문은 바로 '그가 과연 누구냐?' 하는 것입니다.

예수 믿는 사람을 핍박하러 갔던 사울은 다메섹 도상에서 성령의 빛을 받았습니다. "사울아 사울아 어찌하여 네가 나를 핍박하느냐?" 이때 사울은 무슨 말을 합니까? "주여, 당신은 누구십니까?" 에디오피아 내시가 지금 강렬하게 호기심을 갖고 질문하고 싶은 것은 '그가 누구냐' 하는 것입니다. 우리에게도 이런 강렬한 질문이 있어야 합니다.

예수님을 죽이려던 빌라도가 예수님을 보며 "진리가 무엇이냐?"고 질문했습니다. 그분은 누구십니까? 2천 년 전에 죽은, 그래서 무덤에 갇힌 분이 아닙니까? 당신은 이렇게 반문할지 모르겠습니다. "그러면, 어째서 지금도 그 예수님을 위해 목숨을 내놓고 따르는 사람이 줄을 잇고 있습니까? 예수님이 죽으셨다면, 그래서 무덤에 갇히셨다면, 어째서 이런 예배가 있을 수 있겠습니까? 예수님이 죽은 분이라면, 왜 선교사로 가려는 사람들이 그렇게 줄을 있는 것일까요? 누가 그들에게 큰돈을 주었습니까? 아니면 월급이라도 받는 걸까요?

'주여, 당신은 누구십니까?' 그 한 분에 대한 이 수수께끼가 풀리면 지구상의 모든 고난의 문제가 풀립니다. 그 한 분에 대한 해답이 있다면 우리 개인에게 있어 영혼의 문제가 풀립니다. 영생의 문제가 해결됩니다. 철학에 대한 해답도 예수 그리스도입니다. 교육에 대한 해답도 예수 그리스도입니다. 경제에 대한 해답도 예수 그리스도입니다. 나의 질병에 대한 해답도 예수 그리스도입니다. 영혼에 대한 해답도 예수 그리스도입니다.

세례를 받는 내시

빌립이 입을 열어 이 글에서 시작하여 예수를 가르쳐 복음을 전하
니(행 8:35).

이사야의 의문에 대한 해답은 예수였습니다. 빌립은 예수가 복음
이라고 말합니다. 신학자들은 너무 어렵게 설명합니다. 들으면 들
을수록 알 것 같기도 하고 모를 것 같기도 합니다. 그러나 예수님은
알 것 같기도 하고 모를 것 같기도 한 분이 아닙니다. "우리가 들은
바요 눈으로 본 바요 자세히 보고 우리의 손으로 만진 바"(요일 1:1)
인 그분이 예수 그리스도십니다. 그리스도는 너무나 분명합니다.
어려운 분이 절대 아닙니다. 모호한 분이 아닙니다. 분명한 분입니
다. 그는 죽은 분이 아니라 살아 계신 분입니다. 그는 내 안에 사시
는 분입니다.

에디오피아 내시의 반응을 보십시오.

길 가다가 물 있는 곳에 이르러 그 내시가 말하되 보라 물이 있으니
내가 세례를 받음에 무슨 거리낌이 있느냐(행 8:36).

분명히 내시에게 구원과 성령이 임한 것을 볼 수 있습니다. 내시
의 모든 영적인 의심이 사라지고 만 것입니다. "그분이 하나님의

아들이라면, 그분이 나를 위해 십자가에 죽으신 그분이라고 한다면, 내가 지금 세례 받는 것을 주저할 필요가 어디 있겠는가." 내시는 물이 있는 곳에 멈춰서 세례를 받았습니다.

저는 당신에게 이런 구원의 결단이 있기를 바랍니다. "세례를 받을까 말까", "내가 지금 담배를 피우고 있는데, 담배를 끊어야 세례를 받지", 아니면 "내가 술을 마시는데 술을 아주 끊어야 세례를 받을 수 있지 않을까?" 사람들은 이렇게 말하면서 방황을 합니다. 내시는 어떻습니까? 그는 이사야가 말한 그분이 예수라는 말을 했습니다. 그의 도덕적 삶과 상관없이, 그의 윤리적 삶과 상관없이 그는 자기 안에 찾아오신 예수 그리스도를 자신의 주, 자신의 하나님으로 발견한 것입니다.

사도행전 8장 37절의 주석에는 "어떤 사본에 '빌립이 이르되 네가 마음을 온전히 하여 믿으면 가하니라 대답하여 이르되 내가 예수 그리스도께서 하나님의 아들인 줄 믿노라'가 있음"이라는 설명이 나옵니다. 다른 사본에는 이런 내용이 있다는 것입니다. 그런데 이것은 권위 없는 사본이라며 성경에는 실리지 못했습니다. "주는 그리스도시요, 살아 계신 하나님의 아들이신 것을 내가 믿나이다"라는 고백을 내시가 한 것입니다. 드디어 광야 길, 사람이 살 수 없는 그 광야의 한 냇가에서 지금 천국의 구원 잔치가, 놀라운 축제가 벌어지고 있는 것입니다.

이에 명하여 수레를 멈추고 빌립과 내시가 둘 다 물에 내려가 빌립이 세례를 베풀고 둘이 물에서 올라올새 주의 영이 빌립을 이끌어간지라 내시는 기쁘게 길을 가므로 그를 다시 보지 못하니라(행 8:38-39).

그 즉시 그들은 물속에 함께 들어갔습니다. 그리스도와 함께 죽고 그리스도와 함께 사는, 그리스도와 연합해서 한 몸을 이루는 영광스런 세례를 내시가 받게 되었습니다. 저는 당신이 세례 받는 일을 주저하지 않기 바랍니다. 더 이상 방황하거나 고민하지 마십시오. 예수님이 당신의 주님이시라면, 당장 세례를 받으십시오. 요즘 우리는 공부도 하고, 학습도 합니다. 그러나 그런 것은 다 사람이 만든 것입니다. 세례는 이렇게 예수 믿으면 되는 것입니다. 물에 들어가는 것입니다. 육은 죽고 다시 사는 것입니다.

세례가 끝나자마자 성령님은 빌립을 채 가셨습니다. 내시는 기쁘게 길을 가므로 그를 다시 보지 못합니다. 거짓말 같지 않습니까? 하나의 드라마 같습니다. 저는 이런 거짓말 같은 사건이 우리에게 임하기를 바랍니다. 너무 놀랍지 않습니까? 세례를 받고 나니 빌립은 가 버렸습니다. 내시도 기쁘게 길을 갔습니다. 그들은 다시 만나지 못했습니다.

그러나 여기에 엄청난 영적 실존이 있습니다. 엄청난 사건이 있습니다. 세상의 지식이 이것을 어떻게 감당할 수 있겠습니까? 이 사실을 어떻게 이해할 수 있겠습니까? 그러나 사실입니다. 우리 안에 일어난 사실입니다. 그 후에 빌립에 대한 모습을 성경은 이렇게 말하고 있습니다.

> 빌립은 아소도에 나타나 여러 성을 지나다니며 복음을 전하고 가이사랴에 이르니라(행 8:40).

저는 40절의 말씀을 충분히 상상할 수 있습니다. 빌립은 아소도에 나타났다가 여러 성읍 이곳저곳에 나타나 복음을 전했다고 말합니다. 빌립이 가는 곳마다 사람이 모였을 것입니다. 빌립은 예수님이 하셨던 이야기들을 정말 감동적으로 전했을 것입니다. 그는 예수님을 정말 미친 사람처럼 전했을 것입니다. 살아 있는 예수를 본 그대로 생생하게 전하며, 그 사랑스럽고 소중한 예수님을 소개했을 것입니다. 사람들은 넋을 잃고 들었을 것입니다. 들으면서 감동을 했을 것입니다. 세례를 받고 싶어 했을 것입니다. 세례를 주었을 것입니다. 말씀을 듣고 세례를 받을 때 더러운 귀신이 소리 지르며 사람들에게서 나갔을 것입니다. 걷지 못하는 이가 걷게 되었을 것입니다. 병든 자가 일어났을 것입니다. 가난한 그들이 상상조차 할 수 없었던 상황 속에서 병이 나았을 때, 가족과 서로 얼싸안고 얼마나 울었겠으며, 또 얼마나 감동했겠습니까? 그런 일들이 곳곳에서 벌어진 것입니다. 실제로 그런 일들이 있었다는 것입니다.

이런 일이 우리 안에 있다면 얼마나 좋겠습니까? 당신의 생애

가운데 있으면 얼마나 좋겠습니까? 누구도 우리 생애를 축복하지 않지만, 우리가 가는 곳마다 죽은 자가 살아나고, 병든 자가 일어나고, 우리가 유명하지도 않고 신문에 나지도 않지만, 우리가 다른 사람의 집에 가서 기도하고 축복할 때 그 가정이 변하고, 이혼했던 사람이 다시 합하고, 정신병에 걸린 사람이 다 회복되고, 우울증에 걸린 사람들이 밝아지고, 병도 낫고, 귀신도 나가고, 구원도 받게 되고, 우리가 지나가는 모든 가정에서 가정 예배가 일어난다면 정말 기쁠 것입니다. 이것이 바로 개인 전도자 빌립을 통해서 볼 수 있었던 사건입니다. 하나님의 축복이 당신과 함께하시길 바랍니다.